儒道释博士论文丛书

《周易》虞氏学思想研究

王贻琛 著

巴蜀书社

《儒道释博士论文丛书》编委会

丛书创办人：卿希泰
编委会主席：陈耀庭　詹石窗
主　　编：吉宏忠（执行）　袁志鸿（执行）
　　　　　盖建民（执行）　罗中枢　姚乐野
副 主 编：唐大潮　李　刚　潘显一
编　　委（以姓氏笔画为序）：

　　　马建勋　王　雷　田旭东　刘冬生　刘巧林
　　　吉宏忠　吕建福　余孝恒　李　刚　李　纪
　　　巫金明　陈　兵　陈耀庭　张泽洪　张　钦
　　　罗中枢　林　建　周　旭　周　冶　段玉明
　　　姚乐野　侯安国　唐大潮　郭　武　袁　征
　　　黄小石　盖建民　詹石窗　潘显一

《儒道释博士论文丛书》由上海城隍庙和北京东岳庙资助出版

《儒道释博士论文丛书》缘起

国家"985工程"四川大学宗教、哲学与
社会研究创新基地首席科学家
《儒道释博士论文丛书》
编委会主编　卿希泰

　　儒道释是中华民族传统文化的三大支柱，源远流长，内容丰富，影响深远，它对中华民族的共同心理、共同感情和强大凝聚力的形成与发展，均起了极其重要的作用，是我们几千年来战胜一切困难、经过无数险阻、始终立于不败之地的精神武器，在今天仍然显示着它的强大生命力，并在新的世纪里，焕发出更加灿烂的光彩。

　　自从1978年中国共产党第十一届三中全会确立改革开放路线以来，我国对儒道释传统文化的研究工作，也有了很大的发展，在全国各地设立了许多博士点，使年轻的研究人才的培养工作走上了有计划有组织地进行的轨道，一批又一批的博士毕业生正在茁壮成长，他们是我国传统文化研究方面的一支强大的新生力量，是有关各学科未来的学术带头人。他们的博士学位论文有一部分在出版之后，已在国内外的同行学者中受到了关注，产生了很好的影响。但因种种原因，学术著作的出版甚难，尤其是中青年学者的学术著作出版更难。因此还有相当多的博士学位论文难以及时发表。不及时解决这一难题，不仅对中青年学者的成长不利，且对弘扬中华优秀传统文化，促进学术交流也不利。我们有志于解决此一难题久矣，始终均以各种原因未能如愿。直到1999年，经与香港圆玄学院商议，喜得该院慨然允诺捐资赞助出版《儒道释博士论文丛书》，当年即出版了第一批共5本博士学位论文。此后的10余年间，在圆玄学院的鼎力支持及丛书编委会同仁的共同努力下，一批又一批优秀的博士学位论文通过这个平台展现在世人面前，到2013年，已出版了15批共130部；这些论著的作者，有很多已经成长为教授、博士生导师。2014年，圆玄学院因自身经济方面的原因，停止资助本丛书，我们深感遗憾，同时也对该院过往的付出与支持致以敬意和感谢！

令人欣慰的是，当陈耀庭教授得知本丛书陷入困境的消息后，即与上海城隍庙商议，上海城隍庙决定慷慨施以援手。2015年，慈氏文教基金有限公司董事长王联章先生也发心资助本丛书。学术薪火代代相传，施善之士前赴后继。在党中央弘扬中华民族优秀传统文化的英明决策指引下，本丛书必然会越办越好，产生它的深远影响。

本丛书面向全国（包括港澳台地区）征稿。凡是以研究儒、道、释为内容的博士学位论文，皆属本丛书的出版范围，均可向本丛书的编委会提出出版申请。

本丛书的编委会是由各有关专家组成，负责审定申请者的博士学位论文的入选工作。我们掌握的入选条件是：（1）对有关学科带前沿性的重大问题做出创造性研究的；（2）在前人研究的基础上有新的重大突破、得出新的科学结论从而推动了本学科向前发展的；（3）开拓了新的研究领域、对学科建设具有较大贡献的。凡具备其中的任何一条，均可入选。但我们对入选论文还有一个最基本的共同要求，这就是文章观点的取得和论证，都须有科学的依据，应在充分占有第一手原始资料的基础上进行，并详细注明这些资料的来源和出处，做到持之有故、言之成理，避免夸夸其谈、华而不实。我们提出这个最基本的共同要求，其目的乃是期望通过本丛书的出版工作，在年轻学者中倡导一种实事求是地、一步一个脚印地进行学术研究的严谨学风。

由于编委会学识水平有限和经验与人力的不足，难免会有这样或那样的失误，恳切希望能够得到全国各有关博士点和博士导师以及博士研究生们的大力支持和帮助，对我们的工作提出批评和建议，加强联系和合作，给我们推荐和投寄好的书稿，让我们一道为搞好《儒道释博士论文丛书》的出版工作、为繁荣祖国的学术文化事业而共同努力。

2015 年 10 月 1 日于四川大学宗教、哲学
与社会研究创新基地，道教与宗教文化研究所

编委会按：2017 年，慈氏文教基金有限公司因自身原因中止资助，其资助金额由北京东岳庙管委会慷慨承担，谨此致谢。

目 录

序 …………………………………………… 刘大钧（1）
绪　论 ………………………………………………（1）
　第一节　虞翻的心路历程与主要著述 ………………（1）
　　一　生平行谊 …………………………………………（1）
　　二　家世家学 …………………………………………（4）
　　三　经学时代氛围激荡下的虞翻 ……………………（6）
　　四　对马、荀、郑、宋经学的批评 …………………（8）
　　五　治《易》的经师、王者之师的期许 …………（11）
　　六　重要著述 ………………………………………（13）
　第二节　文献综述 ……………………………………（17）
　第三节　选题意义、研究思路与方法及创新点 ……（25）
　　一　选题意义 ………………………………………（25）
　　二　研究思路与方法 ………………………………（27）
　　三　创新之处与不足之处 …………………………（28）

第一章　虞翻解《易》理路的形成……………………（32）

第一节　《周易》古经的文本框架……………………（33）
第二节　《易传》的解《易》理路与诠释视域…………（35）
第三节　汉代易学阴阳之道下的解《易》视域…………（37）
第四节　汉代易学象数优先的治《易》理路……………（41）
　　一　孟喜的卦气说……………………………………（41）
　　二　京房的八宫卦说…………………………………（51）
　　三　郑玄的爻辰说……………………………………（54）
　　四　荀爽的升降、卦变说……………………………（66）
　　五　《周易参同契》的月体纳甲说…………………（71）
第五节　集汉代象数易学之大成的虞翻解《易》理路
…………………………………………………………（74）
　　一　《大畜》诠释典型体现的以象解《易》理路……（75）
　　二　《益》诠释典型体现的以象解《易》理路………（89）
　　三　《系辞下传》"盖取诸离"诠释典型体现的以
　　　　象解《易》理路…………………………………（93）
　　四　解《易》象数体例、学说与《周易》虞氏学
　　　　的建构………………………………………………（96）

第二章　易道阴阳消息下的易场……………………（98）

第一节　日月在天所成的八卦易场……………………（99）
　　一　在天八卦之象……………………………………（99）
　　二　在天八卦易场……………………………………（102）
　　三　在天八卦易场与四时……………………………（107）
　　四　对以往日月为易、纳甲诸说的转进……………（109）
第二节　对八卦图式的重建……………………………（116）

- 一 《说卦传》八卦宇宙方位图式 …………………… (116)
- 二 汉代易学八卦卦气图式 …………………………… (119)
- 三 八卦卦气宇宙图式在《易》诠释中的运用 ……… (123)
- 四 虞翻《说卦传》八卦方位新释 …………………… (126)
- 五 新释的是与非 ……………………………………… (130)

第三节 十二消息卦易场的敞开 ……………………………… (134)
- 一 十二消息卦地位的确立 …………………………… (134)
- 二 日月运转与十二消息 ……………………………… (148)
- 三 十二消息卦易场下的阴阳消息之象 ……………… (156)

第三章 消息大化易场中的万物万象 ……………………… (195)

第一节 消息语境下的万物万象生生大化 …………………… (195)

第二节 消息生卦启示下的万物万象产生 …………………… (199)
- 一 卦之变与卦变 ……………………………………… (199)
- 二 虞翻言及的卦之变 ………………………………… (206)
- 三 乾坤生六子说及其启示的造化之象 ……………… (217)
- 四 消息卦生杂卦说启示的万物万象化生亨通之象
  ……………………………………………………… (219)

第三节 旁通开显的万物万象间的动静互通 ………………… (286)
- 一 六十四卦间的旁通关系及其提出 ………………… (287)
- 二 现在之维下本卦含藏涵摄贯通旁通卦所符显的
  天道人事旁通之象 ………………………………… (298)
- 三 时间过程维度下旁通卦通往本卦所符显的天道
  人事旁通之象 ……………………………………… (306)
- 四 时间过程维度下本卦通往旁通卦所符显的天道
  人事旁通之象 ……………………………………… (329)

五　旁通的哲学意蕴……………………………………（339）
　第四节　反象、上下象易、互体连互、半象等下的
　　　　　万象多重面相………………………………………（343）
　　一　反象下的万象面相……………………………………（343）
　　二　上下象易下的万象面相………………………………（355）
　　三　互体连互与半象下的万象面相………………………（360）

第四章　消息语境下"大衍筮法"的重建………………………（374）
　第一节　虞翻所释"大衍筮法"之具体操作…………………（375）
　第二节　大衍之数以数涵象………………………………………（384）
　　一　大衍之数源自天地之数，内涵天地之象……………（385）
　　二　大衍之数内涵五行诸象………………………………（387）
　　三　大衍之数内涵日月运转下的阴阳消息之象…………（389）
　　四　大衍之数一体未分，内涵天地未分的宇宙本原
　　　　太一之象…………………………………………………（395）
　第三节　筮占操作以数显象………………………………………（396）

第五章　消息大化语境下的人文易世界愿景…………………（406）
　第一节　阴阳消息的善恶意蕴……………………………………（407）
　　一　《易传》开示的造化之善……………………………（407）
　　二　虞翻之前阴阳术数、天文历法中阴阳的德刑意义
　　　　………………………………………………………………（409）
　　三　阳息的生生之善与阴息消阳的肃杀之恶……………（411）
　第二节　消息所成的阴阳本然之位与位的价值应然…………（415）
　　一　《易传》位正、位失的价值理念……………………（416）
　　二　虞翻之前京房、郑玄、荀爽的位正、位失说………（417）
　　三　消息与阴阳之位的确立………………………………（422）

四　既济定的理想境地与美好愿景 …………………………（427）
第六章　《周易》虞氏学思想衡评 ………………………………（439）
　第一节　集汉代象数易学之大成的虞翻 ……………………（439）
　第二节　《周易》虞氏学的贡献、影响与不足 ………………（446）
　　一　突出贡献 ………………………………………………（446）
　　二　重大影响 ………………………………………………（449）
　　三　不足之处 ………………………………………………（455）
参考文献 ……………………………………………………………（460）
后　记 ………………………………………………………………（477）

序

虞翻易学是两汉象数易学发展之高峰，对后世易学产生了广泛影响。20 世纪 80 年代，我曾在接续前人研究成果的基础上，为虞氏《易》义作了全面的梳理辑集与辨析，撰写《虞翻周易注校释》。随着近年来我将研究重心置于对马王堆帛书《易传》诸篇与西汉今文《易》的考证与辨析上，对于虞氏《易》的研究也更加深入。经过多年的考证辨析，虞氏《易》中确有西汉今文《易》之传，而在由西汉初至东汉末的流传中，受当时风气影响，虞翻又承继了汉人以象解《易》的理路，并多有新创，故而研究虞氏《易》义是极有价值的，借此既可窥见西汉古《易》的某些说《易》之旨，又可考得东汉人象数易学中"观象系辞"之大要。我便在李证刚《周易虞氏义笺订》的基础上，辑录清儒惠栋、张惠言、李道平、曾钊、纪磊，民国徐昂、沈祖绵，及今人潘雨廷、徐芹庭等人之虞氏易学论著，且参考马王堆帛书《易传》诸篇文字及上海博物馆藏战国楚竹书《周易》经文，对比探求虞氏易学之源流与本貌，以"案语"的形式对虞氏《易》义作了辨析考证，撰成《虞氏易集义》，以期考见虞氏易与西汉乃至先秦古易之关系及两汉四百年间学风之变迁。

贻琛自硕士至博士皆跟随我问学，他的硕士论文与博士论文都是在我指导下完成的。当初他就择何为其博士论文研究选题征询我的意见时，我建议他将虞翻易学作为研究选题，因为他硕士阶段的选题是宋代程颢易学研究，若能再对汉代易学有所深入，定会在象数、义理两个维度助益其易学研究的学养、视野与见识，而虞翻作为两汉象数易学集大成者，正是切入汉易的首选研究对象之一。于是，他便基于学界已有相关研究成果，在我指导下撰写完成了以《〈周易〉虞氏学思想研究》为题的博士学位论文，顺利以优秀的等级通过了答辩。

论文紧扣"思想"二字，确实提出了一些自己的有得之见。如认为虞翻诠《易》的象数体例，有着以"日月为易、日月在天成八卦、十二消息、十二消息变生杂卦、旁通、反象、上下象易、互体连互、半象、动之正与成既济"为主干的内在逻辑关联次序。再如，就学界所关注的卦变说，认为虞翻以消息卦生杂卦为核心的卦变说，表达的是乾天坤地对万物万象的造化创生与赋能生生，昭示阳阴交感、刚柔交通则造化畅、百事通的天道人事阴阳大义，是虞翻给《周易》文本中的"亨"字所作的精妙注脚。再如，就虞翻的旁通指出，旁通显示，人们所处的天地宇宙间、生活世界中，因阴阳消息动力作用的发挥及其对生命生生的赋能，阴阳两大造化创生力量，阳刚阴柔两大生命力量，天道人事的万物万象，在显与隐二维，广泛存在着层层相互涵摄贯通，普遍发生着环环彼此流转互通，使得这个宇宙与生活世界成了一个涵摄贯通场、流转相通场。又如，断言虞翻的成既济定，既揭示了天地宇宙阴阳消息大化的理想境地，更揭示了人文天下的美好愿景，这成为《周易》虞氏学的终极旨归，充分表达了他对生活世界、人文天下的性正、命正、位正、关系正、井然有序、和谐融洽的深挚追求，这是立足于阴阳消息之天道，守护天地人三才之格局，发扬礼乐文化之精神，高标人文意识，坚定理想信念的经学精神的集中体现；当然，由旁通观之，既济在过去、现在、未来三个时间维度上皆通于未济，虞翻就此未着深思。

当然，论文也存在一些不足，如对旁通的复杂内涵，有待进一步研思；对于乾嘉以来的虞氏易研究成果，未来可有针对性地作出回应；对于出土文献与虞氏易研究的关联有待加强。贻琛正值年富力强的大好年华，期望他未来厚积薄发，在易学、经学的研究上有更令人欣慰的成绩，这是此刻作为他的导师最想表达的话。

今值贻琛的博士学位论文即将在巴蜀书社付梓之际，作为他的导师，我深感欣慰。贻琛前来索序于我，我欣然应允，叙此数言，以表祝贺。是为序。

刘大钧
2023年7月26日于山东大学运乾书斋

绪　论

第一节　虞翻的心路历程与主要著述

一　生平行谊

虞翻（约164—233），字仲翔，东汉末年会稽余姚（今浙江余姚西北）人。汉末著名易学家、经学家，汉代象数易学的集大成者。

关于虞翻的生卒年，《三国志·虞翻传》仅载"年七十卒"① 而未明其具体生卒年份，但学界通常认为其约生于汉桓帝延熹七年（164），约卒于吴嘉禾二年（魏青龙元年、蜀汉章武十一年）（233），如清钱大昕《疑年录》考证"虞仲翔翻七十，生汉延熹七年（164）甲辰，卒吴嘉禾二年（233）癸丑。《本

---

① （晋）陈寿撰，（南朝宋）裴松之注：《三国志》，北京：中华书局，1982年，第1324页。

传》无卒年，《江表传》推知之"①；清吴荣光《历代名人年谱》考证汉桓帝"延熹七年（164），虞仲翔翻生"，"（蜀）汉后主建兴十一年（魏青龙元年、吴嘉禾二年）（233），虞仲翔卒（年七十）"②；清康发祥《三国志补义》考证"按翻之卒《本传》未书何年，注《江表传》所云在权使臣三至辽东之岁，是为嘉禾二年"③。笔者赞同这一观点。值得指出的是，除此主流观点外，还有另外三种观点：一是认为生于163年卒于232年，宋司马光有言："丁卯，吴大赦，改明年元曰嘉禾。烈祖明皇帝中之上太和六年九月……会翻已卒，以其丧还。"④ 意谓虞翻卒于嘉禾元年即232年，生于163年。二是认为生于172年卒于241年，民国时期学者裴占荣提出，虞翻生于熹平元年（172），卒于魏正始二年（蜀延熙四年、赤乌四年）（241）⑤。三是认为生于170年卒于239年，2003年杨淑琼考虞翻生卒年，据卢弼《三国志集解》引清姚振宗之语，认为姚振宗持此说⑥。

虞翻的生平事迹主要见诸《三国志》卷五十七《吴书·虞翻传》。虞翻年少时便好学，十二岁时已有不同寻常的表现。他初随太守王朗，被任命为功曹，后孙策征伐会稽，虞翻在面临征

---

① （清）钱大昕：《疑年录》卷一，《粤雅堂丛书》二编第十四集，清咸丰四年刊本，第1页。
② （清）吴荣光：《历代名人年谱》，上海：上海书店出版社，1989年，第57、76页。
③ （清）康发祥：《三国志补义·吴书》卷三，清咸丰十年刻本。
④ （宋）司马光编著，（元）胡三省音注：《资治通鉴》卷七十二，北京：中华书局，1956年，第2275—2277页。
⑤ 裴占荣：《虞仲翔先生年谱》，《儒藏·史部·儒林年谱》第三册，成都：四川大学出版社，2007年，第644、664页。
⑥ 杨淑琼：《虞翻易学研究——以卦变和旁通为中心的展开》2003年中兴大学硕士学位论文，第14页。

战前对王朗的劝诫与撤退中对王朗的不弃,无不展现出其有义有勇。后追随孙策,孙策命他继续为功曹,并对其以朋友之礼相待:"策书谓翻曰:'今日之事,当与卿共之,勿谓孙策作郡吏相待也。'"① 后来有一次孙策独自骑马逐贼而无人保护,虞翻再次展现其忠义勇敢而保其周全。虞翻自言"翻是明府家宝……明府良佐"②。在跟随王朗与孙策二人之时的虞翻,展现出的更多的是一位足智多谋且忠义不二的谋士形象。

孙策之后,孙权主事,虞翻被任命为骑都尉,其间发生魏降将于禁与孙权骑马并行而被虞翻痛斥"尔降虏,何敢与吾君齐马首乎"③ 并欲抗鞭击之一事,可见,一是他对孙权作为其君的尊重,二是他对投降之人秉持的是蔑视厌恶的态度,他与此类人形成鲜明对比,展现了其刚直不阿的性情。而于禁虽为虞翻所恶,然犹盛叹虞翻。然而因其刚直不阿的禀性,导致他后来多次对孙权犯颜谏争而引发孙权的极度不满,甚至后来差点丧命孙权剑下。加之多次遭人诽谤,最终被发配丹杨泾县、交州。

遭受贬谪后的虞翻,"自恨疏节,骨体不媚,犯上获罪,当长没海隅,生无可与语,死以青蝇为吊客,使天下一人知己者,足以不恨","以典籍自慰","虽处罪放,而讲学不倦,门徒常数百人"④,其原来单纯的刚直傲气已被消磨殆尽,转而向训注《老子》《论语》《国语》等典籍以及授徒讲学来寻求心灵慰藉。

以上关于虞翻政治生涯中的诸多事迹,表明了虞翻是一位忠

---

① (晋)陈寿撰,(南朝宋)裴松之注:《三国志》,北京:中华书局,1982年,第1317页。
② 同上,第1319页。
③ 同上,第1320页。
④ 同上,第1323、1321页。

义有勇而率性刚直之人。

二 家世家学

虞翻之所以能够留名后世，不仅在于其刚直不阿的禀性，更为重要的原因，乃是其凭借厚实的家学渊源，在治经尤其是治《易》方面做出了不朽贡献。

虞翻治《易》的直接原因，就是因其有家学治《易》的传统，而他们家族所传承的易学乃是西汉被设立为易经博士的孟喜之易学。据他言："臣高祖父故零陵太守光，少治孟氏《易》，曾祖父故平舆令成，缵述其业，至臣祖父凤为之最密。臣亡考故日南太守歆，受本于凤，最有旧书，世传其业，至臣五世。"[1]可见自其高祖父虞光始专治孟喜易学，之后传承于其曾祖父虞成，再传其祖父虞凤，又传其父虞歆，最终传至虞翻。裴占荣先生根据《史记》《汉书》《后汉书》《三国志》《晋书》所载，分别对虞翻的家学传承与家世作了梳理[2]，见下图：

---

[1] （晋）陈寿撰，（南朝宋）裴松之注：《三国志》，北京：中华书局，1982年，第1322页。
[2] 裴占荣：《虞仲翔先生年谱》，《儒藏·史部·儒林年谱》第三册，成都：四川大学出版社，2007年，第640、642页。其中，虞学渊源图"凡实线皆表示确相师承，凡虚线皆表示间接师承或学术上之从同"。

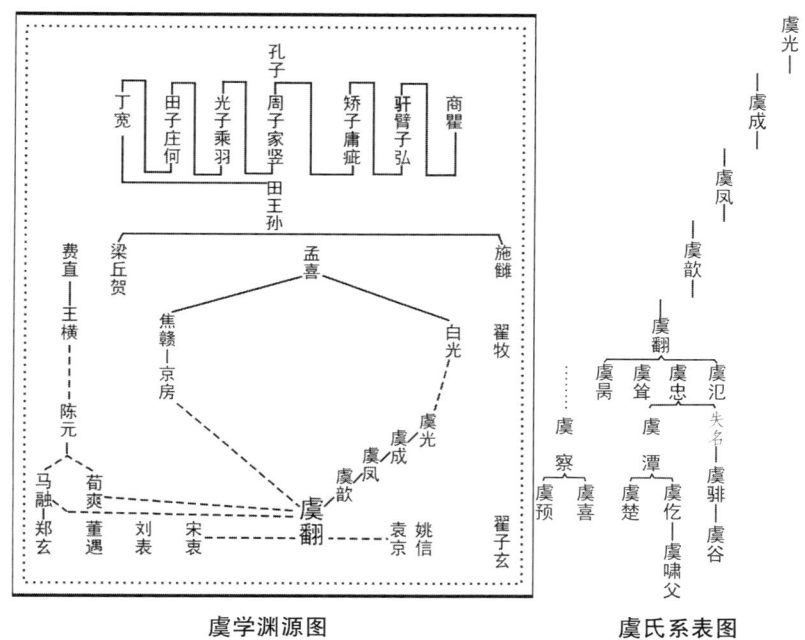

虞学渊源图   **虞氏系表图**

家学是其学术与人生的启动力量。由此也触发了他对当时时代面临问题的高度责任意识。

虞翻一生历经东汉末至三国时期，始终身处动荡不安的社会政治局势中。东汉中后期便开始了持续约百年的外戚与宦官之间的政治夺权纷争，戚宦双方挟持天子，交替专擅朝政。至桓、灵二帝为政，民不聊生，终于在公元184年爆发黄巾起义，造成地方豪强势力拥兵自重的局面。190年董卓之乱，令天子大权旁落，揭开了东汉末年豪强混战的序幕。196年，曹操迎汉献帝迁都许昌。220年，曹丕篡汉，东汉覆灭，进入魏蜀吴三国割据时期。东汉末期的动荡局势与春秋战国时期的社会局势相似。春秋时期伴随着诸侯国间的兼并与更替称霸，周王室势力衰微，周天子逐渐成为无实权的名义上的天下共主，战国时期的孟子直言："春秋无义战。"（《孟子·尽心下》）至战国时期更是进入了各国混战不休的状态。东汉末期同样是汉天子权力式微，各路诸侯征伐不断，最终成三国鼎立之势。社会动荡不安欲产剧变之际，往往令人对前代作出反思，激发新思想以解决时代所面临的问题，于是春秋战国时期有了诸子百家的争鸣，提出各自学说以解决国家社会人生所面临的问题。而到了虞翻这里，汉代经学早已确立，经师经世致用的责任担当同样令他提出自己的主张，希冀为平治天下贡献出自己的力量，于是他向当朝天子上呈其所作《易注》并表达了"斯诚天子所宜协阴阳，致麟凤之道矣"[①] 的诚挚期许。

三 经学时代氛围激荡下的虞翻

身处汉代经学大背景下的虞翻，有着时代激荡出的学术人生志趣。

因受孔子整理六经、志在为后王立法、法天道立王道、兴礼乐化天下信念的影响，汉武帝之后，汉代全面进入到推崇经典的经学时代。虞翻则生活在这一经学时代的末期，经学的氛围是他生发时代问题意识、确立学术人生志向的基础。

《汉书·五行志》云："景、武之世，董仲舒治《公羊春秋》，

---

① （晋）陈寿撰，（南朝宋）裴松之注：《三国志》，北京：中华书局，1982年，第1322页。

始推阴阳,为儒者宗。"①《论衡·超奇》言:"文王之文在孔子,孔子之文在仲舒。"② 冯友兰先生亦断言:"董仲舒之主张行,而子学时代终;董仲舒之学说立,而经学时代始。"③ 汉代就整体而言,可以说是由为儒者宗的董仲舒(前179—前104)治《公羊春秋》之学始推阴阳而确立起的以礼乐文化为核心精神的经学时代。

在这一经学时代,对虞翻影响重大的,一是《周易》地位的跃升,二是天道阴阳消息之义的显立,三是治经者人生定位的选择。

关于《周易》地位的跃升,《周易》在两汉之交,因其阴阳论基础上的天人之学的重大影响力,上升为最高的经典。标志性的论述,就是众所周知的《汉书·艺文志》所言:"六艺之文,《乐》以和神,仁之表也;《诗》以正言,义之用也;《礼》以明体,明者著见,故无训也;《书》以广听,知之术也;《春秋》以断事,信之符也。五者,盖五常之道,相须而备,而《易》为之原。故曰:'《易》不可见,则乾坤或几乎息矣。'言与天地为终始也。"④

关于天道阴阳消息之义的显立,由董仲舒大力提倡:"天道

---

① (汉)班固撰,(唐)颜师古注:《汉书》卷二十七上《五行志第七上》,北京:中华书局,1962年,第1317页。
② (汉)王充著,黄晖撰:《论衡校释》卷第十三《超奇篇》,北京:中华书局,1990年,第614页。
③ 冯友兰:《中国哲学史》上,《冯友兰文集》第三卷,吉林:长春出版社,2017年,第24页。
④ (汉)班固撰,(唐)颜师古注:《汉书》卷三十《艺文志第十》,北京:中华书局,1962年,第1723页。

之大者在阴阳。阳为德，阴为刑；刑主杀而德主生。"[1]

关于治经者人生定位的选择，治经者首先是圣人、圣王经典的阐发者，为经典、圣人、王与万民之间的交通桥梁与纽带，角色定位即为经师；经典是法天道立王道而化成天下的王者之书，治经诠释经典为的是让王有平治天下的经典、圣人依据，角色定位即为王师；经典颁行天下，经学精神传向万民，角色定位即为民师。这三种角色定位，也深深鼓舞激励着虞翻。

四 对马、荀、郑、宋经学的批评

正是凭借厚实的家学渊源，并受时代经学语境的影响，虞翻对经学有了高度关注，并向当代几位著名经学家提出了批评。

虞翻生活的时代，《周易》早已被视作最高经典，成为学者关注的焦点。对于前人就这部经典所作的诠释理解，虞翻甚为不满：

> 前人通讲，多玩章句，虽有秘说，于经疏阔……经之大者，莫过于《易》。自汉初以来，海内英才，其读《易》者，解之率少。[2]

所谓"解之率少"，意谓真正理解《易》这部经典的人大致可说少之又少。他断言"自汉初以来，海内英才，其读《易》者，解之率少"，这几乎将汉初以来《周易》经师、易学诠释阐

---

[1]（汉）班固撰，（唐）颜师古注：《汉书》卷五十六《董仲舒传第二十六》，北京：中华书局，1962年，第2502页。
[2]（晋）陈寿撰，（南朝宋）裴松之注：《三国志》，北京：中华书局，1982年，第1322页。

发者中的绝大部分人都否定了,言外之意,自己才是真正理解《易》这部经典的人。这是何其自信,何其自负,何其目空一切!

我们知道,在虞翻生活的时代中,对《易》作出注解的几位最具影响力的经学家有马融、荀爽、郑玄、宋忠,而虞翻对于他们的注解显然是持不满态度的,于是他通通作出了相应批评:

> 颍川荀谞号为知《易》,臣得其注,有愈俗儒,至所说西南得朋,东北丧朋,颠倒反逆,了不可知。孔子叹《易》曰:"知变化之道者,其知神之所为乎!"以美大衍四象之作,而上为章首,尤可怪笑。又南郡太守马融,名有俊才,其所解释,复不及谞。孔子曰:"可与共学,未可与适道。"岂不其然!若乃北海郑玄,南阳宋忠,虽各立注,忠小差玄而皆未得其门,难以示世。①

这里牵涉到对日月在天所成八卦之象、阴阳消息、八卦方位图式、爻辰以及大衍筮法等的不同看法,正是由于这些不同看法,才使虞翻对马融、荀爽、郑玄、宋忠等人产生了不满,并进行了相应的批评。荀爽的阴阳升降说、爻变说、卦变说对《周易》虞氏学的建构曾起到过重大启发作用,因对经文具体理解的差异,也使虞翻对自己所尊重的荀爽忍不住在"有愈俗儒"赞扬之外又提出了"了不可知""尤可怪笑"的尖刻评价。

郑玄作为备受世人推崇的著名经学家、易学家,他的"伏

---

① (晋)陈寿撰,(南朝宋)裴松之注:《三国志》,北京:中华书局,1982年,第1322页。

羲作十言之教，以厚君民之别，曰乾坤震巽坎离艮兑消息"①说，他的爻辰下的十二候卦气说，他的大衍筮法解析，都曾正面影响过虞翻，但是虞翻还是对他的易学作出了"未得其门，难以示世"的刻薄评价。不但如此，对于郑玄的其他经学成就，虞翻也进一步作出了否定，这集中表达于其上奏汉献帝的奏书中，指责郑玄"《尚书》违失事目"，挑出郑玄五经"违义尤甚"条目，具体批驳说：

> 若此之类，诚可怪也……然此不定，臣没之后，而奋乎百世，虽世有知者，怀谦莫或奏正。又玄所注五经，违义尤甚者百六十七事，不可不正。行乎学校，传乎将来，臣窃耻之。②

郑玄的经学成就有目共睹，尤其是他的《三礼注》构建起《三礼》郑氏学的丰碑。在郑玄心目中，《易》同样是诸经之首，只有充分理解了其他经典，才能更准确地理解《易》，所以他花费毕生心力注解《三礼》及其他经典，最后才注解《易》，其《易》之外的经学成就，如同他的经学成就最后结晶的《易》的成就，平心而论，值得人们给予应有的尊重，虞翻的表现则过分了。

---

① （清）孙堂辑：《郑康成周易注（附补遗一卷）》，《汉魏二十一家易注》，严灵峰编：《无求备斋易经集成》第169册，台北：成文出版社有限公司，1976年，第430页。下引该书，仅标注书名、出版社、年份与页码。
② （晋）陈寿撰，（南朝宋）裴松之注：《三国志》，北京：中华书局，1982年，第1323页。

五 治《易》的经师、王者之师的期许

挑战权威,才能更好地突显自身存在,引起他人重视,目标则是确立自己正宗治《易》经师身份,进而成为接通传承圣脉圣学的王师、民师。他依经立注,认为包括马融、荀爽、郑玄、宋忠在内的几位当世在治《易》方面有着巨大影响力的代表性人物,其对经尤其是对《易》的注解并不正确,会将错误的认知传于学校及后世,因而对其进行了猛烈批评。在批评的基础上,他凭借其家学资源与其他资源,重新诠释了众经之首的《易》,以此实现着他的治经期许。

在经学时代,经典是靠经师的阐发接通现实、发挥经典效应的。虞翻正是基于这样的思考,自觉推进着自己的心路历程,努力追求着自己的治经目标与人生目的。

有学者说:"汉代经学阐释具有如下特征:第一,对五经的诠释乃是以儒家所总结的上古三代的社会理想和价值观为依据的;第二,汉代经学阐释以'天人合一'为其基本思维方式;第三,经史合一;第四,经以致用。"[①] 其中第四点特征经世致用,就是经学的最终落脚点。经世致用,就是关注社会现实,面对社会矛盾,并用所学解决社会问题,以求达到如《大学》所说修身、齐家、治国、平天下的国治民安境地。这一思想,充分体现了中国传统知识分子讲求"以天下为己任"的情怀。虞翻也不例外。

---

① 姜广辉主编:《中国经学思想史》第二卷,北京:中国社会科学出版社,2003年,第9—10页。

在上奏汉献帝书中，虞翻所言"蒙先师之说，依经立注。又臣郡吏陈桃梦臣与道士相遇，放发被鹿裘，布《易》六爻，挠其三以饮臣，臣乞尽吞之。道士言易道在天，三爻足矣。岂臣受命，应当知经"①，道出了他受命来到世间做经师的自觉使命反省与使命担当。

据《三国志》载，虞翻完成《周易注》后，便将著作呈予两人，一是当朝天子汉献帝，二是孔融。由《周礼》"太卜掌三易"可知，《易》起初为秘而不示世人的王者之书，因而虞翻呈其《易注》于当朝天子，彰显了其要以经师身份接通传承圣脉，接通天子，做王者之师、进而做万民之师的使命担当意识。

由虞翻生平可知其目光甚高，包括集今古文经学之大成的郑玄在内的众多大家皆不能入其眼，示《易注》于孔融，并非因钦佩其能跻身"建安七子"之才华，而是看重其乃孔子二十世孙这一作为当时的圣脉象征的缘故。将己作《易注》呈送孔融，一方面体现了虞翻对孔子的敬重，另一更为重要的方面，则表明了他志在承继作《易传》诠《易》的孔子而作此《易注》。《易》后来之所以能够膺得众经之首的地位，离不开孔子及其后学为《易经》作《传》的功劳。将自己重新诠释的《易注》呈送孔融，彰显了其要以经师身份接通圣脉的使命担当意识。

《论语·子罕》记载："子畏于匡。曰：'文王既没，文不在兹乎？天之将丧斯文也，后死者不得与于斯文也；天之未丧斯文也，匡人其如予何？'"孔子当年的使命担当，也成了当时虞翻的使命担当。虞翻以其《周易》虞氏学的突出成就实践着这一

---

① （晋）陈寿撰，（南朝宋）裴松之注：《三国志》，北京：中华书局，1982年，第1322页。

使命担当，并得到了当世及后人的赞赏。在赞赏人中，最具代表性的是当世的孔融与清代的张惠言。在阅读过虞翻所赠送的《周易注》后，孔融回信激赏道："闻延陵之理乐，睹吾子之治《易》，乃知东南之美者，非徒会稽之竹箭也。又观象云物，察应寒温，原其祸福，与神合契，可谓探赜穷通者也。"① 系统梳理并创造性诠释《周易》虞氏学而成《周易虞氏义》的一代汉易大家张惠言，则曰："翻之言《易》，以阴阳消息，六爻发挥、旁通、升降、上下，归于乾元用九而天下治。依物取类，贯穿比附，始若琐碎，及其沉深解剥，离根散叶，畅茂条理，遂于大道，后儒罕能通之……求七十子之微言，田何、杨叔、丁将军之所得者，舍虞氏之注，其何所自焉？"②

六 重要著述

由《三国志》本传及裴松之注的记载可知，虞翻早年即撰写完成其标志性易学专著《周易注》，标志着易学史上里程碑意义的《周易》虞氏学的诞生，并分别呈递汉献帝、赠送孔融。《隋书·经籍志》《旧唐书·经籍志》《新唐书·艺文志》都记载虞翻注《周易》九卷③；唐陆德明《经典释文·序录》则记

---

① （晋）陈寿撰，（南朝宋）裴松之注：《三国志》，北京：中华书局，1982年，第1320页。
② （清）张惠言：《周易虞氏义》，《续修四库全书·经部·易类》第26册，上海：上海古籍出版社，2002年，第429—430页。
③ （唐）魏徵等：《隋书》卷三十二《志第二十七·经籍一》，北京：中华书局，1973年，第909页；（后晋）刘昫等：《旧唐书》卷四十六《志第二十六·经籍上》，北京：中华书局，1975年，第1967页；（宋）欧阳修等：《新唐书》卷五十七《志第四十七·艺文一》，北京：中华书局，1975年，第1424页。

载虞翻注《周易》十卷①，指的当是虞翻早年所完成的这部《周易注》。

本传还记载，在罪放交州之际，他笔耕不辍，"又为《老子》《论语》《国语》训注，皆传于世"②。《老子》是道家的经典，其阴阳刚柔观念必定深深启发过虞翻，使其借鉴它解读《易》中的阴阳刚柔思想。今存虞翻《周易注》对《老子》一书的相关引用，就是很好的说明。《论语》与圣人孔子密切相关，《易传》又被视为是孔子的作品，将《论语》与《周易》合而观之以解《易》，当是虞翻做的一番大工夫，今存虞翻《周易注》对《论语》一书的相关引用，就是所做工夫很好的明证。《国语》往往被视为《春秋外传》或《左氏外传》，是解读经学《春秋》学的重要文献，自董仲舒、司马迁以来，《易》被视为天道下贯人事的经典，《春秋》一类典籍则被视为由人事上达天道的书，解读《国语》，是虞翻所下的会通易学与春秋学、实现天道人事双向贯通的重要工夫，这对其易学的构建与深化，必定起到过重要作用。

裴松之注引的《虞翻别传》中说，在罪放交州时，虞翻"又以宋氏解《玄》颇有缪错，更为立法，并著《明杨》《释宋》以理其滞"③。《玄》指的是西汉末年扬雄（一作杨雄）的《太玄经》。宋氏指的是东汉末学者宋衷（一作忠）。据刘大钧教授《虞翻著作考释》考证："据《隋书·经籍志》载，宋衷曾撰

---

① （唐）陆德明撰，吴承仕疏证：《经典释文序录疏证》，北京：中华书局，2008年，第40页。
② （晋）陈寿撰，（南朝宋）裴松之注：《三国志》，北京：中华书局，1982年，第1321—1322页。
③ 同上，第1323页。

'《扬子法言》十三卷''《扬子太玄经》九卷',并有'《扬子太玄经》十卷,陆绩宋衷撰'。虞翻与宋衷为同时代人,所谓'宋氏解玄颇有缪错',即指宋衷上述《太玄经》训注有'缪错'。《明扬》当有'更为立法'阐述《太玄经》本旨的内容,《释宋》当有纠正宋衷训注之'缪错''以理其滞'之旨。这两部分的内容皆为训注《太玄经》而作。考虞翻所撰《老子注》《论语注》《国语注》,既见于《三国志·吴书·虞翻传》,亦载于《经典释文·序录》或《隋书·经籍志》,惟《明扬》、《释宋》虽见于《翻别传》,却不载于以上诸书。而《隋书·经籍志》与《唐书·艺文志》却载有'虞翻注《太玄经》十四卷',由此而思之,可能后人在整理收录时,据《明扬》《释宋》的内容而直接称之谓'虞翻注《太玄经》'了,故疑《太玄经注》可能即《翻别传》之《明扬》、《释宋》。"[1] 考证甚是。《太玄经》是扬雄仿《易》之作。据司马光的《太玄集注》可知,扬雄模仿的是孟喜卦气易学下的《易》[2],而孟喜易学是虞翻的家学,诠释《太玄经》,纠正宋衷《太玄经注》的过失,是阐发孟喜易学,维护《周易》虞氏学的必要步骤。

由《隋书·经籍志》的记载可知,虞翻当年还撰写过以下三种易学类著作:"《周易日月变例》六卷,虞翻、陆绩撰""《周易集林律历》一卷,虞翻撰""《易律历》一卷,虞翻撰"[3]。

陆德明《经典释文·周易音义》开篇诠释"易"字时,称

---

[1] 刘大钧:《虞翻著作考释》,《周易研究》1990年第2期。
[2] 参见(宋)司马光:《太玄集注》,北京:中华书局,1998年,第4页。
[3] (唐)魏徵等:《隋书》卷三十二《志第二十七·经籍一》第911页、卷三十四《志第二十九·经籍三》第1033页、卷三十四《志第二十九·经籍三》第1034页,北京:中华书局,1973年。

引"虞翻注《参同契》云：字从日下月。"① 可知虞翻曾经给东汉末魏伯阳《周易参同契》作注。据刘大钧教授考证："按：虞翻释'易'字首见于《参同契》，可知其注《参同契》要早于注《周易》。且虞氏注《周易》，多受《参同契》影响，如注《象》《乾》：'天行健，君子以自强不息。'虞翻称：'天一日一夜过周一度'，此乃释《参同契》语，注《象》《坤》：'东北丧朋，乃终有庆。'曰：谓月三日，震象出庚，故'乃终有庆'……谓阳月三日变而成震出庚，至八日成兑见丁，庚四丁南，故'西南得朋'……二十九日消乙入坤灭藏于癸，乙东癸北故'东北丧朋'等亦释《参同契》语。"② 所考可信。孟喜易学与《周易参同契》是虞翻构建《周易》虞氏学的两大思想渊源。

上述著述之外，隋唐史书的《经籍志》《艺文志》还记载有虞翻的著作集。《隋书·经籍志》："后汉侍御史《虞翻集》二卷，梁三卷，录一卷。"《旧唐书·经籍志》与《新唐书·艺文志》则著录："《虞翻集》三卷。"③

虞翻的重要著述大致如上。这些著述，后世大多亡佚。

就易学类著述而言，《周易日月变例》《周易集林律历》《易律历》以及《周易参同契注》早已亡佚，《周易注》则幸赖唐李鼎祚《周易集解》的采录，许多内容得以在后世留传，《经典释

---

① （唐）陆德明：《经典释文》卷第一《周易音义》，（清）阮元校刻：《十三经注疏》，北京：中华书局，2009年，第207页。
② 刘大钧：《虞翻著作考释》，《周易研究》1990年第2期。
③ （唐）魏徵等：《隋书》卷三十五《志第三十·经籍四》，北京：中华书局，1973年，第1058页；（后晋）刘昫等：《旧唐书》卷四十七《志第二十七·经籍下》，北京：中华书局，1975年，第2056页；（宋）欧阳修等：《新唐书》卷六十《志第五十·艺文四》，北京：中华书局，1975年，第1580页。

文》等著作的采录，也使其吉光片羽得以传世。这是我们今天研究《周易》虞氏学的第一手基本文献资料。

除此之外，清代以来还有传世虞翻《周易注》的专门辑佚著述，值得我们参考。辑佚代表性著述有二，一为清儒孙堂所辑《汉魏二十一家易注》中的《虞翻周易注》十卷、《附录》一卷[1]，一为清儒黄奭所辑《黄氏逸书考》（又名《汉学堂经解》《汉学堂丛书》）中的《虞翻易注》一卷[2]。

第二节　文献综述

虞翻易学的研究，清代以来，学界已取得重大成就。这些成就主要表现在两个方面：一是对其象数体例与学说的梳理，二是对其象数体例与学说思想内涵的阐释。

清代乾嘉以来，针对虞翻《易注》诠释阐论的代表性著述，主要有：清儒惠栋《周易述》与《易汉学》[3]，这是两部开风气之先，含有对虞氏易学进行较为全面梳理、诠释与阐发的著作；清儒张惠言《周易虞氏义》，这是一部专就传世虞氏《易注》首度作出系统辑补与建设性诠释的著作，并且张惠言对虞氏易还著有《周易虞氏消息》《虞氏易礼》《虞氏易事》《虞氏易候》《虞

---

[1]　（清）孙堂辑：《虞翻周易注》，《汉魏二十一家易注》，严灵峰编：《无求备斋易经集成》第170册，台北：成文出版社有限公司，1976年，第445—931页。下引该书，仅标注书名、出版社、年份与页码。
[2]　（清）黄奭辑：《虞翻易注》，《汉学堂经解》，扬州：广陵书社，2004年，第114—253页。
[3]　参见（清）惠栋：《周易述（附：易汉学易例)》上下册，北京：中华书局，2007年。

氏易言》①；接续张惠言，清儒曾钊《周易虞氏义笺》②，近人李翊灼《周易虞氏义笺订》③，对虞氏《易注》又有新的梳理与注释，《周易虞氏义笺订》成为人们研读虞氏《周易注》，把握《周易》虞氏学及其新生发之义的必读重要文献；清儒李锐《周易虞氏略例》④，总结虞氏易义例为十八例，分为：日月为《易》、日月在天成八卦、乾、消息、临观否泰遯大壮例、乾二五之坤成坎坤二五之乾成离、旁通、震巽特变、反、两象易、半象、体、四时象具、十二月卦、中、正、成既济定、权，扼要、全面地梳理、诠释了《周易》虞氏学的象数体例，为研究者提供了方便；此外还有清儒胡祥麟《虞氏易消息图说》⑤，清儒方申《虞氏易象汇编》⑥，清儒纪磊《虞氏逸象考正》及其《续纂》、《虞氏易义补注》及其《附录》⑦，诸书对虞氏易说皆有所诠解、推阐。另外，清儒李道平的《周易集解纂疏》⑧，内中汇集惠栋、张惠言诸人之说，时加己见，对李鼎祚《周易集解》的虞氏《易注》予以全面梳理阐释，亦成为研究虞氏易学的常

---

① 参见（清）张惠言：《周易虞氏义》《周易虞氏消息》《虞氏易礼》《虞氏易事》《虞氏易候》《虞氏易言》，《续修四库全书·经部·易类》第26册，上海：上海古籍出版社，2002年。
② 参见（清）曾钊：《周易虞氏义笺》，《续修四库全书·经部·易类》第32册，上海：上海古籍出版社，2002年。
③ 参见李翊灼：《周易虞氏义笺订》，北京：九州出版社，2015年。
④ 参见（清）李锐：《周易虞氏略例》，《续修四库全书·经部·易类》第28册，上海：上海古籍出版社，2002年。
⑤ 参见（清）胡祥麟：《虞氏易消息图说》，《续修四库全书·经部·易类》第28册，上海：上海古籍出版社，2002年。
⑥ 参见（清）方申：《虞氏易象汇编》，《续修四库全书·经部·易类》第30册，上海：上海古籍出版社，2002年。
⑦ 参见（清）纪磊：《虞氏逸象考正》及其《续纂》、《虞氏易义补注》及其《附录》，《续修四库全书·经部·易类》第35册，上海：上海古籍出版社，2002年。
⑧ 参见（清）李道平：《周易集解纂疏》，北京：中华书局，2013年。

见参考文献。民国徐昂《周易虞氏学》，以"周易虞氏学"提示虞翻易学思想自成一家之言的独到造诣，则属近代研究《周易》虞氏学的重要著述。

现代以来，对于虞氏易学的研究，有了新的学术视域与方法，成果也相当丰硕。研究虞氏易并发表在学术期刊与论文集的具有代表性的成果主要如下：1985年孔怀《虞翻》[1]一文，指出虞翻批评荀爽、马融、郑玄、宋衷之《易》注，唯对荀爽存敬意，并着重总结了前人张惠言、张洪之、黄奭、李证刚对虞翻易学的评价。1988年李周龙《虞翻易说探原》[2]一文，主要探究虞翻易说的渊源，列旁通、反卦、互体、半象、两象易、卦变、三变受上、纳甲诸说，认为虞翻的旁通、反卦、互体之说乃源于对《易传》中已有之义的发挥，半象乃是对焦延寿的继承，卦变源于十二消息卦等等。1990年刘大钧教授发表的《虞翻著作考释》[3]，对虞翻的著作作了一番详细考释，考证《参同契注》《周易注》《郑玄解〈尚书〉违失事目》《周易日月变例》《太玄经注》《名扬》《释宋》等十五部，为学界深入探究虞翻思想提供了宝贵线索。1996年周立升先生发表《虞氏易学旁通说发微》[4]，由虞氏易旁通说切入，论述了旁通、反卦、两象易、既济定等《易》注体例；1998年发表《虞翻的易说与老学》[5]，论述了虞翻援引《老子》《参同契》为代表的老学思想以注

---

[1] 孔怀：《虞翻》，《中华易学》1985年第5卷第11期。
[2] 李周龙：《虞翻易说探原》，《孔孟学报》1988年第56期。
[3] 刘大钧：《虞翻著作考释》，《周易研究》1990年第2期。
[4] 周立升：《虞氏易学旁通说发微》，《象数易学研究》第一辑，济南：齐鲁书社，1996年。
[5] 周立升：《虞翻的易说与老学》，《道家文化研究》第12辑，北京：生活·读书·新知三联书店。

《易》。1993年林忠军教授发表论文《虞翻卦变说探微》[①]，阐述了虞氏卦变说的思想渊源，梳理了虞氏消息与卦变的逻辑，分析了虞氏卦变体系的内在矛盾；1995年发表《论虞翻纳甲说》[②]，探究了魏伯阳《周易参同契》"月体纳甲"，论述了虞氏纳甲内容。1996年刘玉建教授发表论文《论虞翻易学批评》[③]，评述了虞翻与马融、郑玄、荀爽等人《易》注的不同之处；《论虞翻别卦逸象》[④] 梳理了虞氏《易》注中运用别卦逸象二十余卦的卦例，指出虞翻解《易》重视经文整体上的融会贯通，在六十四卦的互释上有很好的体现；《论虞氏易的震巽特变及权变》[⑤]，对虞氏易中的震巽特变及权变义例作了列举与论述；《论虞翻易学中的月体纳甲说》[⑥]，亦详细论述了虞氏易中的月体纳甲说。1996年王新春教授发表《虞氏易学的两大理论支柱："卦气说"与"月体纳甲说"》[⑦]，阐发了"卦气说"与"月体纳甲说"是虞氏易学的两大理论支柱；《试论虞氏易学"旁通说"的易理内涵》[⑧]，针对虞氏易中"旁通说"作了新诠，指出旁通蕴含的阴与阳、卦与卦、卦象与卦象间相互涵摄的思想；其后又有《虞翻易学旁通说的哲理内涵》《虞翻易学十二消息说语境下的宇宙

---

① 林忠军：《虞翻卦变说探微》，《大易集述》，济南：齐鲁书社，1993年。
② 林忠军：《论虞翻纳甲说》，《易学心知》，北京：华夏出版社，1995年。
③ 刘玉建：《论虞翻易学批评》，《象数易学研究》第一辑，济南：齐鲁书社，1996年。
④ 刘玉建：《论虞翻别卦逸象》，《象数易学研究》第一辑，济南：齐鲁书社，1996年。
⑤ 刘玉建：《论虞氏易的震巽特变及权变》，《管子学刊》1996年第3期。
⑥ 刘玉建：《论虞翻易学中的月体纳甲说》，《益阳师专学报》1996年第4期。
⑦ 王新春：《虞氏易学的两大理论支柱："卦气说"与"月体纳甲说"》，《象数易学研究》第一辑，济南：齐鲁书社，1996年。
⑧ 王新春：《试论虞氏易学"旁通说"的易理内涵》，《周易研究》1996年第3期。

大化》①等论文,将虞翻十二消息卦与旁通卦纳入宇宙大化洪流中去审视,并将其解读为物事之间"静态上的一显一隐、相互涵摄……动态上的变动不居、流转互通"。文平《虞翻易学"成既济定"说刍议》②指出虞翻以其成既济定说论证了宇宙大化的流行规律以及儒家治世的终极理想。丁四新教授的《汉末易学的象数逻辑与"中"的人文价值理念的象数化》③站在哲学的高度,对包括虞翻在内的汉末易学的象数逻辑与义理内涵作了贯通性的精辟揭示,指出"汉末易学的天道观以'天地'和'阴阳'为核心原则,重视'乾坤'和'八卦'在卦爻符号系统和宇宙图景中的建构作用。'中正''中和''时中'是三种爻位论,同时是对'中'的人文价值理念的象数化,它们综合起来均以'成既济定'为基本指向。'成既济定'是一种'天下和平'(普遍和谐)的理念在爻位论上的具体反映"。

著作方面:徐芹庭先生著有《虞氏易述解》《汉易阐微》④对虞氏易整体内容作了分类述解,并绘制了各种相关内容的图表,对虞氏易源流、特点与价值及对后世的影响作了一番探讨。王新春教授著《周易虞氏学》上下两卷⑤,立足两汉易学乃至两汉思想文化发展演变的大背景,对虞翻易学作了系统剖析,集中

---

① 王新春:《虞翻易学旁通说的哲理内涵》,《哲学研究》2001年第9期;王新春:《虞翻易学十二消息说语境下的宇宙大化》,《中国哲学史》2011年第2期。
② 文平:《虞翻易学"成既济定"说刍议》,《洛阳理工学院学报(社会科学版)》2013年第2期。
③ 丁四新:《汉末易学的象数逻辑与"中"的人文价值理念的象数化》,《哲学研究》2019年第5期。
④ 徐芹庭:《虞氏易述解》,台北:五洲出版社,1974年;徐芹庭:《汉易阐微》,北京:中国书店出版社,2010年。
⑤ 王新春:《周易虞氏学》,台北:顶渊文化事业有限公司,1999年。

诠释了虞氏《易》注，率先阐发虞氏易学中的哲学思想，提出，旁通说、消息卦变说等蕴含着事物之间静态的相互涵摄及动态的流变互通，将象数易学哲学化。潘雨廷先生的《周易虞氏易象释》①，以图画形式分析虞氏卦变，对虞氏易学的消息旁通作了详尽的分析。另外还有诸多涉及虞翻易学的易学史和通论著作，具有代表性的有：清代黄宗羲的《易学象数论》，对于虞翻的卦气、卦变、易象皆有探讨；朱伯崑先生的《易学哲学史》有"虞翻的卦变说"②，着重对虞翻的卦变说作了说明，但未对虞翻易学的其他部分作深入解析；刘大钧教授的《周易概论》③，在"卦变"一节对虞氏易卦变作了探析；高怀民先生的《两汉易学史》④，论述了虞氏易中的卦变、旁通、反对、互体、半象、成既济定、逸象；简博贤教授《今存三国两晋经学遗籍考》⑤对虞翻史事与可考述著作了梳理，列举虞翻《易》注中半象及象不见、旁通及两象易、之正及权变的易例，着重阐述虞翻易学中的卦变、互体、纳甲学说，在文末总结虞氏逸象，整体而言是在清儒张惠言与李锐的基础上对虞氏易进行的总结；牟宗三先生《周易的自然哲学与道德函义》⑥中有"虞仲翔的易学"一节，

---

① 潘雨廷：《周易虞氏易象释》，《潘雨廷著作集》伍，上海：上海古籍出版社，2016年。
② 朱伯崑：《易学哲学史》上，北京：北京大学出版社，1986年。本文引用版本为朱伯崑：《易学哲学史》第一卷，北京：昆仑出版社，2005年。
③ 刘大钧：《周易概论》，济南：齐鲁书社，1986年。本文引用版本为刘大钧：《周易概论》，成都：巴蜀书社，2010年。
④ 高怀民：《两汉易学史》，台北：文津出版社，1971年。本文引用版本为高怀民：《两汉易学史》，桂林：广西师范大学出版社，2007年。
⑤ 简博贤：《今存三国两晋经学遗籍考》，台北：三民书局，1986年。
⑥ 牟宗三：《周易的自然哲学与道德函义》（1932年撰成），台北：文津出版社，1988年。

在张惠言《周易虞氏义》基础上对虞翻的日月为易、卦变、消息、旁通等象数体例与学说作了一番梳理，限于篇幅而未深入细致，认为独旁通为虞翻发明，其余皆是虞翻对以往学说的继承；林忠军教授的《象数易学发展史》第一卷①，对郑玄、荀爽和虞翻三人尤其是虞翻的易学思想进行分析比较，指出虞翻的互体说、纳甲说、消息卦说等皆出自西汉孟京之说，阐述了虞翻的旁通、反象等等易例；林忠军教授在姜广辉教授主编的《中国经学思想史》第二卷中撰有"虞翻的象数易学"一章②，着重阐释了虞翻象数易学中的卦变、之正、纳甲说；刘玉建教授的《两汉象数易学研究》③，在"虞翻易学"一章中详细论述了虞氏易内容，对虞氏易中逸象特别是别卦逸象有充分的研究；张其成教授的《象数易学》④，梳理象数易学的发展，对于象数本质有较深发掘。

学位论文方面：专门研究虞翻易学的有2003年中兴大学杨淑琼撰写的硕士论文《虞翻易学研究——以卦变和旁通为中心的展开》，首先对虞翻的生平与著作稍作考证，认为虞翻以孟氏易为主而旁采各家易说，以卦变和旁通为中心展开对虞氏易的讨论，论卦变问题时指出虞翻解《易》配合反卦，论旁通问题时指出旁通有互易、迭变之法，起到生卦作用，总结虞氏易解卦特点为"以卦变为经，以旁通为纬，以互体为中介，以既济为依归"；2004年高雄师范大学廖婉利撰写的硕士论文《虞翻易学思

---

① 林忠军：《象数易学发展史》第一卷，济南：齐鲁书社，1994年。
② 姜广辉主编：《中国经学思想史》第二卷，北京：中国社会科学出版社，2003年，第590—628页。
③ 刘玉建：《两汉象数易学研究》下册，南宁：广西教育出版社，1996年。
④ 张其成：《象数易学》，北京：中国书店出版社，2003年。

想研究》，在借鉴清儒张惠言、李锐、今人王新春教授对虞氏易的解释与屈万里、简博贤、李周龙诸先生对虞氏易的评论基础上，归纳出虞翻"以卦气为基础，以卦变为方法，以取象为目的，以诠说经文为最高原则，以成既济定为理想"的解《易》特色；2004年山东大学王帆硕士论文《虞翻易学的哲学思考》，总结了虞翻象数体例中的卦变说、之正说、旁通说、互体说、半象说、翻象说、卦气说和纳甲说；2010年湘潭大学文平撰写博士论文《虞翻易学思想研究》后以专著出版，将虞翻的易学思想概括为太极说、卦气说、卦变说、易象说，分别阐述了月体纳甲对虞氏易的影响、虞翻卦气说的内容、虞翻卦变说的内容以及虞氏易逸象，着重分析了虞翻消息卦变与消息旁通的卦例，其对虞翻太极说的揭示为一大亮点；2019年山东大学卜章敏博士论文《虞翻象数易学思想新探》立足师法家法，对虞翻的象数易学思想作了探讨；2019年山东大学牟晓琳硕士论文《论虞氏阴阳消息之易学哲学》以阴阳消息为线索对虞翻易学作了探讨，总结了虞翻的宇宙图式。另外涉及虞翻易学的有2010年山东大学夏博硕士论文《浅析尚秉和对虞氏易学的批判》，探析了尚秉和先生对虞氏易中卦变、易象的批判；2013年山东大学姜喜任硕士论文《陆绩易学思想研究》、2004年山东大学黎馨平博士论文《〈周易虞氏消息〉研究》、2016年山东大学陶英娜博士论文《朱震易学哲学探微》、2018年山东大学苏建强博士论文《消息视域下张惠言易学思想研究》、2018年山东大学赵晓翠博士论文《惠栋易学研究》等皆涉及了虞翻易学。

综上可见，学界对于虞翻易学的研究成果数量极为可观，涵盖了象数、哲学诸多方面，尤其是对虞翻象数体例与学说已有相当深入的探讨，对其思想内涵也有相当深入的挖掘，但对于其象数体例与学说的内在逻辑关联，对其思想的细致而系统的把握还存在许多不足。例如，对于虞翻易学消息下的象，对于象的动态生成变化的多重面相，对于卦变所内涵的天道人事亨通所以然意涵，对于旁通的复杂意涵，对于虞翻易学的经学语境与治《易》期许，对于《周易》虞氏学在同《周易》荀氏学、《周易》郑氏学等的比较中展现其独到内涵与旨趣，这些都有进一步研究的空间。本书在学界有关虞翻易学象数体例与学说及其思想意涵研究的基础上，基于这些体例与学说的内在逻辑关联，着力探究虞翻借此诠释《易》所构建的《周易》虞氏学思想体系。

第三节 选题意义、研究思路与方法及创新点

一 选题意义

汉末易学家虞翻，在承荟两汉易学学术成果的基础上，秉阴阳消息为主脉，创构纷繁象数体例为辅助，于解《易》过程中筑建起了体系闳博的《周易》虞氏学，与荀爽、郑玄所分别建立的《周易》荀氏学、《周易》郑氏学并立。

《四库全书总目提要》云："《易》之为书，推天道以明人事者也。《左传》所记诸占，盖犹太卜之遗法。汉儒言象数，去古未远也；一变而为京、焦，入于禨祥；再变而为陈、邵，务穷造化。《易》遂不切于民用。王弼尽黜象数，说以《老》《庄》；一变而胡瑗、程子，始阐明儒理；再变而李光、杨万里，又参证

史事。《易》遂日启论端。此两派六宗，已相互攻驳。"① 这里将易学总结为象数与义理两大派，而汉儒言象数，去古未远，其思想应当是更为接近经典的原本之义。

象数易学肇始自西汉孟喜、焦赣、京房，但他们更多是在《易》的基础上提出全新的象数易学体系，构建易学的新天人之学，并非针对《周易》经传文本而作出诠释。至东汉郑玄、荀爽，能够在注解经传的基础上有个人发明，然所留传注《易》条例却未能全面具体，唯有虞翻，留传下来诠解《周易》经传条例最多，是其他易学家皆不能望其项背的。虞翻的易学思想既是对西汉易学正宗之继承，又突出地表现出西汉易学向东汉易学的转变，集两汉象数易学之大成，吸收诸家易说而又不为所囿，有诸多已见发明。而且在象数易学和义理易学的转换过程中，虞氏易呈现出承上启下的作用。胡自逢先生、林忠军教授已有《周易郑氏学》《周易郑氏学阐微》② 专著，民国徐昂已有《周易虞氏学》专著，刘大钧教授已有《虞氏易集义》（稿本），王新春教授已有《周易虞氏学》专著，立足于新的时代文化语境，在中华优秀传统文化创造性转化与创新性发展时代背景下，研究《周易》虞氏学思想，对于深化两汉易学乃至整个汉代经学思想的研究，对推进整个易学史思想的研究有着不可或缺的重要意义。

---

① （清）永瑢等：《四库全书总目提要》，北京：中华书局，1965 年，第 1 页。
② 胡自逢：《周易郑氏学》，台北：文史哲出版社，1969 年；林忠军：《周易郑氏学阐微》，上海：上海古籍出版社，2005 年。

二 研究思路与方法

其一,经学诠释法。虞翻依经立注,依传解经,依据经文文本做出相应诠释,对于其思想的研究,一定要立足于此,严格掌握第一手文献资料及内中所包含的经学诠释方法。

其二,比较研究法。就《周易》虞氏学的象数体例与学说之提出与运用,同其前的易学的相关象数体例与学说进行比较,如就卦变,与虞翻同时代的荀爽的乾升坤降作出比较;如就旁通,与京房的飞伏作出比较,以期求得卦变、旁通等的思想渊源与思想发展,比较虞翻思想与他人思想的异同,发现《周易》虞氏学思想的独到之处。

其三,归纳和分析相结合的方法。对学界已梳理总结出来的虞翻《易》注义例作出进一步梳理,进行分析后,重新作出新的归纳分类。

其四,基于象数义理合一的易学语境展开研究。作为专门之学的易学,有着其借助象数、义理构建起的独特话语系统与语境,象数、义理学分析并重,本书的研究自然也要立足于这一实际,立足当代,接通历史,实现视域融合下的诠释学意义上对《周易》虞氏学思想的创造性诠释与研究。

其五,逻辑与历史相统一的研究方法。哲学文化思想的产生,与其所置身的时代背景与文化背景密不可分,从黑格尔哲学到马克思主义哲学,都深刻揭示了这一点。虞翻易学也是如此。本书立足虞翻所置身的汉代经学的历史文化语境,基于他光前裕后、继往开来的价值理想,在深刻把握时代问题意识自觉的基础上，展开对其易学的逻辑与历史相统一的研究，并立足当代，尝试揭示其易学思想的现代意义。

其六，借鉴西方当代哲学诠释学方法。运用西方诠释学诠释法，既要尊重文本从而接近原典精神，又要结合时代需求进行意义生成。

三 创新之处与不足之处

（一）创新之处

本书尝试在学界已有研究成果的基础上，提出以下不成熟的拙见：

《周易》虞氏学揭示了层次井然的如下象系列：日月之象、日月在天所成八卦之象、十二消息之象、十二消息变生杂卦之象、旁通之象、反象、上下象易之象、互体连互之象、半象、动之正与成既济之象。为揭示这些象，构建了具有内在逻辑关联次序的象数体例与学说体系，这一体系的主干次序为：日月为易、日月在天成八卦、十二消息、十二消息变生杂卦、旁通、反象、上下象易、互体连互、半象、动之正与成既济。《周易》虞氏学思想体系就是基于此构建起来的，本书的探讨也将依循这一主干次序展开。

离日坎月的运转及由此引发的在天八卦易场阴阳消息场流，显宇宙阴阳消息之密，促成乾天坤地阴阳二气的消息进退变通流转，开启以十二消息卦易场为代表的宇宙造化气场，日月在天八卦之象成为最具本原意义的易象。

以消息卦生杂卦为核心的卦变说，启示万物万象的产生，表达乾天坤地对万物万象的造化创生与赋能生生，昭示阳阴交感、刚柔交通则造化畅、百事通的天道人事阴阳大义。指明阴阳往来交感，才能带来具体赋能生生，迎来造化通、万物生、一亨百亨之局面；生命、人事力量阳刚阴柔的往来交感，才能带来生命畅遂、人事亨通、一通百通之局面。可以说，十二消息下的阴阳交感互通，由消息卦生杂卦符显，给《周易》文本中的"亨"字作了精妙的注脚，也给现实阴阳生生的易世界的"亨"的现实作了精妙的注脚。

十二消息之象具有过去、现在、未来三个时间维度上显隐互依一体、消息转化相通的历程展现，十二消息阴阳往来交感互通，赋能杂卦之象阴阳显隐互依一体、变化流转相通。这是旁通的内涵。旁通之旁，表明旁通卦与本卦时刻依傍不离，本卦当下即含藏着其旁通卦，本卦随时即可发生与其旁通卦的变化相通；旁通之通，有现在之维下本卦与其旁通卦的显隐互通，有时间历程之维下本卦通往其旁通卦与旁通卦通往本卦的通。后一种通，表位显现本卦通往旁通卦，则里位含藏旁通卦通往本卦；表位显现旁通卦通往本卦，则里位含藏本卦通往旁通卦。旁通显示，人们所处的天地宇宙间、生活世界中，因阴阳消息动力作用的发挥及其对生命生生的赋能，阴阳两大造化创生力量，阳刚阴柔两大生命力量，天道人事的万物万象，在显与隐二维，广泛存在着层层相互涵摄贯通，普遍发生着环环彼此流转互通，使得这个宇宙与生活世界成了一个涵摄贯通场、流转相通场，人与人事成为这一涵摄贯通场、流转相通场的有机重要环节。

虞翻对大衍筮法的诠释，大衍之数以数涵象，筮占操作则以数显象。大衍之数，内涵宇宙终极本原太一之象、天地之象、五行之象以及日月运转下的阴阳消息之象，通过筮占操作令它们回应于筮问事项而显现。依笔者之见，学彰显的是哲学与价值的理性，术体现的则是非理性的信仰。由哲学与价值的理性直接落实为非理性的信仰下的术的操作，以为模拟宇宙大化模式的筮占操作，足以接通打开呈现与筮问事项相关的宇宙大化历程下的一切，其合法性的依据并不能由作为前者的学直接给出。本书专列一章"消息语境下'大衍筮法'的重建"，目的就是为全面展现《周易》虞氏学《易》象之揭示与《易》象筮占之用，以便对李鼎祚《周易集解》所造成的视野偏蔽稍作补救，使人们对《周易》虞氏学有一个更完整的印象。

一卦各爻皆当位得正，卦成既济定，这是卦的理想归宿。依据这一理想归宿，虞翻既揭示了天地宇宙阴阳消息大化的理想境地，更揭示了人文天下的美好愿景。这成为《周易》虞氏学的终极旨归。成既济定充分表明了虞翻对造化、生命和生活的热爱，表达了他对生活世界、人文天下的性正、命正、位正、关系正、井然有序、和谐融洽的深挚追求，这是立足于阴阳消息之天道，守护天地人三才之格局，发扬礼乐文化之精神，高标人文意识，坚定理想信念的集中体现。而每卦成既济，虽有失位之爻应当动变之正的价值理由，但是，失位者发生变化，是需要天时地利人和等一定条件的，因此虞翻的成既济过于理想化，显然有违于《易》"不可为典要"的精神，其现实可操作性也值得怀疑。

虞翻揭示了象世界的临场感，给人们提供了一个象思维的范例，在为阴阳消息之道的易学构建一个典范的体系的同时，又为阴阳消息之道易学向性命之理易学的历史转换提供了重要铺垫。依照当代哲学诠释学，文本的思想意旨，是由原作者与读者共同建构起来的,正是原作者与像虞翻这样的读者的视域融合,才使得《周易》经典文本走进新时代,展现新面目,发挥新作用,成为时代耀眼经典。

(二) 不足之处

由于学识和时间所限,本书在对虞翻与同时代及之前易学家易学思想之横向比较方面,主要择取了与荀爽、郑玄、《易纬》作者、京房、孟喜等的比较,其他人物的比较有待进一步深入;对虞翻旁通说的复杂内涵,有待进一步深挖;对虞翻易学在后世的影响,也有待进一步从广度与深度两个维度作出拓展深化研究。以上不足之处的解决,有待文献资料的深入梳理与解读,有待哲学诠释学方法下的有效改进。

第一章 虞翻解《易》理路的形成

　　成为经典的《周易》一书，包括古经与《易传》两个组成部分。前者大致问世于周初，后者当成书于孔子之后。以六十四卦经文系列作为文本问世之后，古经就向世人慢慢敞开，召唤人们以各自的视域对其进行解读、诠释、应用、发展，这就先后涌现了不同的解《易》理路与诠释视域、方法，以此实现了各种富有成效的视域融合，促成了源远流长的易学长河。在此长河中，《易传》的解《易》理路与诠释视域、方法，具有典范的开创性意义，在后世发挥了根基作用。作为留传最早解《易》文本《易传》开启了"阴阳之道"与"性命之理"两条解《易》路径，汉代易学继承了前一路径，构画了阴阳之道视域下的"大化之易"，由孟喜、京房、《易纬》为代表的卦气易学引领，发展出东汉荀爽、郑玄等人为代表的汉代易学象数优先的诠《易》理路，最终成就了虞翻集汉代象数易学之大成，紧扣消息大义并受《参同契》"月体纳甲"说影响所形成的诠解《易》的理路。

第一节 《周易》古经的文本框架

《周易》古经作为一部卜筮之书，其成书年代大约在西周初期。古经向世人展示了由卦爻画符号与卦爻辞文字相互结合在一起而构成的独特文本，通行本《周易》上篇有《乾》《坤》《屯》《蒙》《需》《讼》《师》《比》《小畜》《履》《泰》《否》《同人》《大有》《谦》《豫》《随》《蛊》《临》《观》《噬嗑》《贲》《剥》《复》《无妄》《大畜》《颐》《大过》《坎》《离》共三十卦，下篇有《咸》《恒》《遯》《大壮》《晋》《明夷》《家人》《睽》《蹇》《解》《损》《益》《夬》《姤》《萃》《升》《困》《井》《革》《鼎》《震》《艮》《渐》《归妹》《丰》《旅》《巽》《兑》《涣》《节》《中孚》《小过》《既济》《未济》共三十四卦，上下篇共六十四卦，据刘大钧教授考证"孟喜以来，人们已称'上下经'……大致可考定在田何、孟喜之间"①。每卦皆有六爻，六十四卦共有三百八十四爻；每卦皆有卦辞、爻辞，六十四卦共有三百八十六个爻辞。一方面卦爻辞是对卦爻符号的说明与表达，另一方面卦爻符号也是卦爻辞的符号性体现，通过二者的互相诠释，表达出了特定的思想内涵。

由于《周易》古经本身是因占筮而诞生，属于占筮的体系，所以其中的卦爻符号与卦爻辞表征的即是有关各种占问事项的吉凶悔吝休咎，卦爻符号以符号的形式蕴含并表达着占问事项的吉

---

① 刘大钧：《周易概论》，成都：巴蜀书社，2010年，第4页。

凶，卦爻辞以文字的形式表达这种吉凶休咎情状，乃至继而开示相应的趋避对策等。

六十四卦经文系列构成的《易》之古经，发源于卜筮活动，《易》诞生之初即作为卜筮之用。古时卜筮意义重大，据《礼记·表记》载："昔三代之明王，皆事天地之神明，无非卜筮之用，不敢以其私亵事上帝。"① 至周代之时，面对疑惑，周天子命专司卜筮之职的官员进行卜筮。《尚书·周书·洪范》载周武王造访箕子，向其询求治国之方略大法，箕子列叙了九条，谓"洪范九畴"，当中有"稽疑"② 一则，专门讲卜筮。"凡国之大事，先筮而后卜"③，"稽疑"说的是王在决策之际，须考虑卿士、庶民的意见与卜筮的结果，其中，卜筮的结果对于最终决策意义重大，甚至可以说起到关键决定性作用。因为按照当时的信仰，王奉天行道，须按照上天的旨意行事，卜筮的结果便是上天旨意的体现。汉末郑玄（127—200）注《周礼·春官·天府》言："凡卜筮实问于鬼神，龟筮能出其卦兆之占者耳。"④ 鬼神在周代指天神（在天之神，最高者为天帝、上帝）、人鬼（逝者，先祖）、地示（地祇，在地之神，山川之神）⑤。卜筮旨在与鬼神

---

① （汉）郑玄注，（唐）孔颖达疏：《礼记正义》卷第五十四《表记第三十二》，（清）阮元校刻：《十三经注疏》，北京：中华书局，2009年，第3568页。
② 参见（唐）孔颖达疏：《尚书正义》卷第十二《洪范》，（清）阮元校刻：《十三经注疏》，北京：中华书局，2009年，第398页。
③ （汉）郑玄注，（唐）贾公彦疏：《周礼注疏》卷第二十四，（清）阮元校刻：《十三经注疏》，北京：中华书局，2009年，第1739页。
④ （汉）郑玄注，（唐）贾公彦疏：《周礼注疏》卷第二十，（清）阮元校刻：《十三经注疏》，北京：中华书局，2009年，第1675页。
⑤ 《周礼·春官·大宗伯》云："大宗伯之职：掌建邦之天神、人鬼、地示之礼，以佐王建保邦国。"参见（汉）郑玄注，（唐）贾公彦疏：《周礼注疏》卷第十八，（清）阮元校刻：《十三经注疏》，北京：中华书局，2009年，第1633页。

相感应,与天地相感通。人与鬼神之间沟通的媒介与方法便是卜筮。《系辞上传》所谓"探赜索隐、钩深致远,以定天下之吉凶,成天下之亹亹者,莫大乎蓍龟"。作为卜筮之用的《易》,便起到能使王与天地神明相沟通的作用,这一权力为王所专享,《易》也就专为天子所有,诸侯与天下之人不可得见。正如刘大钧教授所言:"在西周前期,《周易》一书由天子的卜筮之官世守着。由于这门学问由专人掌管,因此,一般人是无法接触的。"①

在卜筮的形式下,《周易》古经蕴含着古朴的天人感通、趋吉避凶、处世为人等多方面的哲理与智慧,加上它带有开放诠释空间的符号与文字结合的框架与体系,为其日后被创造性转化、创新性发展为哲学著作,以及在哲学著作的品位下包罗万象,奠定了良好的基础。这是我们今天不能单单以卜筮之书视之的原因所在。

第二节　《易传》的解《易》理路与诠释视域

对于由卦爻的符号与卦爻辞、传文的文字构成的《周易》这一符号与文字密切相关的文本,应当如何进行理解与诠释,成为面对它的人们所必须首先解决的问题。自其诞生之日起,学人便从未停止过对它的解读,而成书于战国中后期的《易传》始终是所有解读著作中最为权威的。

---

① 刘大钧:《周易概论》,成都:巴蜀书社,2010年,第75页。

众所周知，至春秋末，周王室权势衰微，于是，《周易》这部能上通天地鬼神之意的专门佐王建邦保国的神圣之书，便流落传出至各诸侯国。《系辞下传》言："《易》之兴也，其当殷之末世。"至其传出，已有近三百年的时间，为读懂这部上通天地神明旨意以趋吉避凶的书，人们对其展开诠释。在孔子及其门人的诠释下，至战国中后期，成就了最终在汉代定型为七种十篇的《易传》。① 作为最早诠释《易》的经典性文本，《易传》通过创造性的发挥，将《易》从卜筮之用转向哲学性作品，以此为契机，对其后的中华文化产生了源远流长之影响。

针对《易》的诠释，自《易传》以来产生过不同的解读思路与视域。归根结底不外乎由《易传》开启的两条路径：一是"阴阳之道"的解读路径，一是"性命之理"的解读路径。

《系辞上传》云："一阴一阳之谓道。"《周易》古经虽然未曾并言"阴阳"二字，只是在《中孚》九二爻提及"阴"字，但《易传》用阴阳的观点来解释《周易》古经中的"--""—"两种符号，《说卦传》言："《易》六画而成卦，分阴分阳。"于是有了阴阳消息以及阴阳彼此关系态势的显豁象征，指明整个宇宙及其中的万事万物都是由于阴阳的相互作用而进行着生生不息的大化流行和持续变化，展现了一幅宇宙大化流行、生生日新图景。《庄子·天下篇》称："《易》以道阴阳。"可以说是对《易传》诠释后的《易》的精到概括。

《系辞上传》在"一阴一阳之谓道"之后，接着说："继之者

---

① 据近年来出土的文献，包括数字卦资料，马王堆帛书《易》，阜阳简《易》，上博简《易》，清华简等，可知《周易》经传的形成与定型，经历了相当久远而又复杂的过程。

善也，成之者性也。"这是在言性命之理。《乾·文言传》称："乾道变化，各正性命，保合太和，乃利贞。"说的则是天道下贯，赋予万物，天所赋谓之命，万物所受谓之性，万物从天道那里得以正定本然之性命，从而拥有了固守其正的天道、性命厚重的根基，也使得大千世界保持最大的和谐状态。正是在此基础上，《说卦传》言："昔者圣人之作《易》也……观变于阴阳而立卦，发挥于刚柔而生爻，和顺于道德而理于义，穷理尽性以至于命。昔者圣人之作《易》也，将以顺性命之理，是以立天之道，曰阴与阳；立地之道，曰柔与刚；立人之道，曰仁与义。兼三才而两之，故《易》六画而成卦。"于是，有阴阳而有大化，有大化而有万物之性命，阴阳之道最终落实为万物的性命之理。天地人三才是宇宙间的核心力量，三才之道最终也表现为性命之理。

第三节 汉代易学阴阳之道下的解《易》视域

整体而言，汉代易学抓住了《易传》所揭示的这一阴阳之道，以之为切入点解读《易》，阐发易学的底蕴，整个汉代经学最终所确立起的，正是这一阴阳之道支撑下的经典诠释视域。这也反映了那个时代经学的基本精神。正如余敦康先生所言：董仲舒"援引阴阳术数来阐发《春秋公羊传》的微言大义，把儒家的文化价值理想纳入阴阳家的世界图式之中，领导发动了一场波及整个经学的思想变革"[1]。在奉答汉武帝策问时，董仲舒说：

---

[1] 余敦康：《汉代易学》，《内圣外王的贯通——北宋易学的现代阐释·附录一》，上海：学林出版社，1997年，第455页。

"天道之大者在阴阳。阳为德，阴为刑；刑主杀而德主生。是故阳常居大夏，而以生育养长为事；阴常居大冬，而积于空虚不用之处。以此见天之任德不任刑也。天使阳出布施于上而主岁功，使阴入伏于下而时出佐阳；阳不得阴之助，亦不能独成岁。终阳以成岁为名，此天意也。"① 这里指明天道就是一种阴阳之道，阳气主生体现了天的好生之德，阴气主杀仅起辅佐作用。在他看来，天地借助阴阳流转，化生五行，引发四时，成就万物："天地之气，合而为一，分为阴阳，判为四时，列为五行。"② 人为万物之灵，于是有了他将天地、阴阳、五行与人视为天的十端的"十端说"。③ 有天有地有人，显然内中受到了《易传》三才学说的影响，含有易学的底蕴。而针对《易》与易学，他也基于阴阳之道的视域作出了阐发。他说："《易》本天地，故长于数。"④ 而《史记》则载其说云："余闻董生曰：……《易》著天地阴阳四时五行，故长于变……《易》以道化。"⑤

应当说，这一阴阳之道的经典诠释视域，正是《易传》"一阴一阳之谓道"思想压倒性影响力的必然结果。伴随着西汉后期《易》升格为群经之首、大道之源，这一视域成为思维定式，

---

① （汉）班固撰，（唐）颜师古注：《汉书》卷五十六《董仲舒传第二十六》，北京：中华书局，1962年，第2502页。
② （汉）董仲舒：《春秋繁露》卷第十三《五行相生第五十八》，上海：上海书店出版社，2012年，第174页。
③ （汉）董仲舒：《春秋繁露》卷第七《官制象天第二十四》，上海：上海书店出版社，2012年，第149页。
④ （汉）董仲舒：《春秋繁露》卷第一《玉杯第二》，上海：上海书店出版社，2012年，第122页。
⑤ （汉）司马迁：《史记》卷一百三十《太史公自序第七十》，北京：中华书局，2011年，第3297页。

并被顺理成章地视为开启于《易》①。

主流的汉代易学是一种天地阴阳消息大化流行下的卦气易学，阴阳消息引发了节气更替，带来万物的春生夏长与秋收冬藏，人所置身于其中的，就是一个阴阳消息、四时更迭、万物生化的宏大的"气场"，以阴阳消息气化流行形成的这个周而复始的气场，就是天道具体落实过程的必然结果，把握这一过程及其结果，遵循这一过程所展示的天道，成了人生的必由之路。《乾·文言传》所说"夫大人者，与天地合其德，与日月合其明，与四时合其序"，就在这种易学中得到了阴阳气化的进一步诠释。作为《周易》符号性的八卦六十四卦，就成了阴阳消息气化流行的符显。正是在符显阴阳消息气化流行的形式下，八卦构成了八卦的阴阳消息流变"气场"，六十四卦构成了六十四卦的阴阳消息流变"气场"。孟喜易学的卦气说、《易纬》各篇的卦气说以及号称五世家传孟氏易学的虞翻的易学，典型代表了此一时期卦气易学的成就。这一卦气易学以阴阳消息流转之道为核心，以遵循阴阳消息流转所展现的天道为人生追求，构成了这一时期易学的基本精神，使易学三才之道获得了遵循阴阳消息之道的基本归趋。

汉代易学在阴阳学说核心基础上，阐释了阴阳大化流行生生

---

① 《易》升格为群经之首、大道之源，如前所言，《汉书·艺文志》云："六艺之文，《乐》以和神，仁之表也；《诗》以正言，义之用也；《礼》以明体，明者著见，故无训也；《书》以广听，知之术也；《春秋》以断事，信之符也。五者，盖五常之道，相须而备，而《易》为之原。"参见（汉）班固撰，（唐）颜师古注：《汉书》卷三十《艺文志第十》，北京：中华书局，1962年，第1723页。再如，《汉书·扬雄传》云："（扬雄）以为经莫大于《易》，故作《太玄》。"参见（汉）班固撰，（唐）颜师古注：《汉书》卷八十七下《扬雄传第五十七下》，北京：中华书局，1962年，第3583页。

不息，化生了万物大千世界。具体而言，即是：元气化分为阴阳之气，阴阳之气相互交感变化产生木火土金水五行之气，木气对应春天，火气对应夏天，金气对应秋天，水气对应冬天，土气对应长夏或季春、季夏、季秋、季冬四季，由此五行之气的交替显现，引发了寒暑四季的更迭。万物春生夏长秋收冬藏，如此循环往复，生生不已，此为宇宙"大化之易"。宇宙间生生不息着的万事万物，构成了这个现实的"易"世界。换言之，现实世界所呈现出的，就是生生流转不已的"大化之易"。此"大化之易"，就是阴阳之道下的大化之易，是汉代易学所理解与所阐释的核心内容。

这个阴阳消息"大化之易"，首先发生在外在的大宇宙。相对于外在易世界，人体又是一个小宇宙。小宇宙与大宇宙一体同构，如春天是木，对应人的肝脏；夏天是火，对应人的心脏；秋天是金，对应人的肺脏；冬天是水，对应人的肾脏；长夏或四季是土，对应人的脾脏。外界是一个大的气场，人体是一个小的气场，人体小气场由外在大气场而来并受其制约。天地阴阳消息促成的大气场，引发了包括人在内的万物每一个体的小气场，大气场与小气场间息息相通。

在汉代阴阳之道下的"大化之易"的视域下，人必须无条件遵循阴阳之道来行事，阴阳天道好像首要的是在人的生命之外发生，具有不可抗拒的决定性。在这一时期的易学中，三才之道中的天道、地道分外突显，人道成了天道的被动接受者、遵循者、敬畏者、执行者。其重心不在于人的性命，而在于阴阳消息大化之故。

第四节　汉代易学象数优先的治《易》理路

《系辞上传》曾言："圣人设卦观象系辞焉，而明吉凶。"作《易》圣人通过设立六十四卦，再于各卦各爻后，根据各卦各爻所表征的象，附上与之相应的卦辞、爻辞，进而表明吉凶。于是象成了连接卦爻符号与卦爻辞的媒介。刘大钧教授指出："自春秋战国起，经汉唐至明清止，以《易》象解释经文，一直是两千多年来易学长河中的一支主流。"[①] 汉代易学突显的就是一种象数优先的治《易》理路。坚持这一理路的突出代表，虞翻之前，就是孟喜、焦赣、京房、《易纬》、郑玄与荀爽。

焦赣易学将孟喜卦气说运用于占验，《易纬》属于孟焦京易学的同类，这里不再赘述，只在论及郑玄易学时，提及《易纬》相关内容。后文主体部分分析《周易》虞氏学思想时，这些象数思想都会在适当的场合出场。

一　孟喜的卦气说

汉代易学以象数优先，孟喜易学当为汉代象数易学的真正起始。孟喜，推出了六十四卦卦气说，突出了卦与《易》气的意涵，将六十四卦视为阴阳消息之气与物候节令之气的象征。其中坎、离、震、兑四正卦象征二十四节气与四时，其余六十卦被置

[①] 刘大钧：《周易概论》，成都：巴蜀书社，2010年，第35页。

于十二月中，在侯、大夫、卿、公、辟的名义下，象征各月的消息之气与物候时令。① 作为五世家传易学，孟喜易学对于《周易》虞氏学的形成发挥了基础思想资源的重要作用。

《易传》的《说卦传》曾开示过一种时空合一的八卦的宇宙图式：

> 帝出乎震，齐乎巽，相见乎离，致役乎坤，说言乎兑，战乎乾，劳乎坎，成言乎艮。万物出乎震，震东方也。齐乎巽，巽东南也，齐也者、言万物之洁齐也。离也者、明也，万物皆相见，南方之卦也。圣人南面而听天下，向明而治，盖取诸此也。坤也者、地也，万物皆致养焉，故曰：致役乎坤。兑、正秋也，万物之所说也，故曰：说言乎兑。战乎乾，乾、西北之卦也，言阴阳相薄也。坎者、水也，正北方之卦也，劳卦也，万物之所归也，故曰：劳乎坎。艮、东北之卦也。万物之所成终而所成始也。故曰：成言乎艮。

孟喜在八卦卦气说的基础上将卦气说发展成为六十四卦卦气说，赋予四正卦、另外六十卦以全新的内涵。他说：

> 自冬至初，中孚用事，一月之策，九六、七八，是为三十。而卦以地六，候以天五，五六相乘，消息一变，十有二变而岁复初。坎、离、震、兑，二十四气，次主一爻，其初则二至、二分也。坎以阴包阳，故自北正，微阳动于下，升而未达，极于二月，凝涸之气消，坎运终焉。春分出于震，始据万物之元，为主于内，则群阴化而从之，极于南正，而

---

① 参见刘大钧：《"卦气"溯源》，《中国社会科学》2000年第5期。

丰大之变穷，震功究焉。离以阳包阴，故自南正，微阴生于地下，积而未章，至于八月，文明之质衰，离运终焉。仲秋阴形于兑，始循万物之末，为主于内，群阳降而承之，极于北正，而天泽之施穷，兑功究焉。故阳七之静始于坎，阳九之动始于震，阴八之静始于离，阴六之动始于兑。故四象之变，皆兼六爻，而中节之应备矣。①

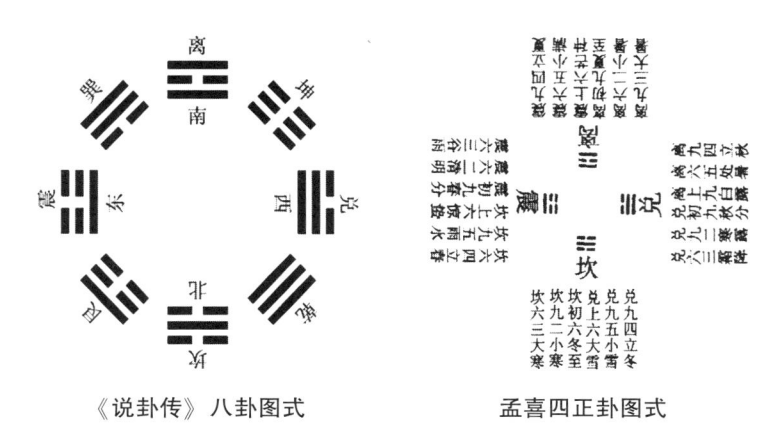

《说卦传》八卦图式　　　　孟喜四正卦图式

以八卦作为一个系统符显气，就叫八卦卦气；以六十四卦作为一个系统符显气，就叫六十四卦卦气。卦气说，主要就有八卦卦气说与六十四卦卦气说两种。孟喜的这一卦气说，就是一种典型的六十四卦卦气说，它"以《周易》卦象解说一年节气的变化，即以六十四卦配四时、十二月、二十四节气、七十二候"②，展现为"以六十四卦三百八十四爻象配合一年中四时、十二月、

---

① （清）孙堂辑：《孟喜周易章句》，《汉魏二十一家易注》，严灵峰编：《无求备斋易经集成》第169册，台北：成文出版社有限公司，1976年，第56—57页。
② 朱伯崑：《易学哲学史》第一卷，北京：昆仑出版社，2005年，第130页。

二十四气、七十二候、三百六十五日的一套庞大的组织系统"①。正如刘大钧教授所言，"如果'爻辰'说是以古人的星学知识解《易》，则'纳甲'说是以古人的月学知识以解《易》，而'卦气'之说，其实质无非是以古人朴素的太阳历学，亦即以日学知识以解《易》了"②。卦气的气，最直接的就是卦所符显的四时之气、节气、物候之气，其次就是卦所符显的这些气背后消息着的阴阳之气，前者显现于外，后者隐藏于内，构成卦气之气的一体两面。因此，对于卦气可以做出这样的理解："'卦'指《周易》六十四卦，'气'指自然界消长进退的阴阳之气。'卦气'具体来说，就是《周易》六十四卦与一年中体现阴阳之气进退消长的四时、二十四节气、十二个月、七十二候的相互结合交配。"③

孟喜卦气说以六十四卦符显四时、十二月、二十四节气、七十二物候之气，符显由弱到强，由盛转衰，消息流转着的阴阳之气。在此卦气说中，六十四卦被分为坎、震、离、兑四正卦与另六十卦两组，前者就卦整体而言符显四时之气，就爻而言符显二十四节气；后者就一组五卦而言符显一月之气，就一卦而言符显物候之气，后者所符显的内容可谓前者所符显内容的具体化。于是在这一卦气说中，四正卦的卦气主要表现为四时之气与节气，另六十卦的卦气集中表现为物候之气，而带来这一切的消息进退的阴阳二气就被淹没其中。人们关注的，往往是显现于外的四时

---

① 高怀民：《两汉易学史》，桂林：广西师范大学出版社，2007年，第73页。
② 刘大钧：《周易概论》，成都：巴蜀书社，2010年，第88页。
③ 刘玉建：《两汉象数易学研究》上册，南宁：广西教育出版社，1996年，第121页。

第一章 虞翻解《易》理路的形成

之气、节气、物候之气的验应与否,而作为其背后所以然消息进退的阴阳之气则常常被忽略。也许是因为考虑到了这一点,孟喜之说"阳七之静始于坎,阳九之动始于震;阴八之静始于离,阴六之动始于兑。故四象之变,皆兼六爻,而中、节之应备矣"就特别提醒人们,在关注作为卦气一体两面的四时之气、节气、物候之气一面之外,还要关注消息进退的阴阳之气这一面。"阳七之静始于坎"表示阳气处于坎初六冬至之气所显示的息长的初期,力量相对弱于阴气,以默默之势推进自身;"阳九之动始于震"表示阳气处于震初九春分之气所显示的息长的盛期,力量远远强大于阴气,以活跃之势推进自身;"阴八之静始于离"则表示阴气处于离初九夏至之气所显示的息长的初期,力量相对弱于阳气,以默默之势推进自身;"阴六之动始于兑"则表示阴气处于兑初九秋分之气所显示的息长的盛期,力量远远强大于阳气,以活跃之势推进自身。这一卦气说的六十四卦系列如下:

小过、蒙、益、渐、泰、寅;
需、随、晋、解、大壮、卯;
豫、讼、蛊、革、夬、辰;
旅、师、比、小畜、乾、巳;
大有、家人、井、咸、姤、午;
鼎、丰、涣、履、遯、未;
恒、节、同人、损、否、申;
巽、萃、大畜、贲、观、酉;
归妹、无妄、明夷、困、剥、戌;
艮、既济、噬嗑、大过、坤、亥;
未济、蹇、颐、中孚、复、子;

屯、谦、暌、升、临，丑。

坎六，震八，离七，兑九。以上四卦者，四正卦，为四象。每岁十二月，每月五月（月当为卦字），卦六日七分。①

在孟喜卦气说中，一月中的五卦，分别被称为侯卦、大夫卦、卿卦、公卦、辟卦。侯卦连接前后月，内卦符显上月中气的末候之气，外卦符显本月节气的初候之气；大夫卦符显本月节气的次候之气；卿卦符显本月节气的末候之气；公卦符显本月中气的初候之气；辟卦符显本月中气的次候之气，下月侯卦内卦符显本月中气的末候之气。一岁十二月，于是有了与十二月对应的十二侯卦、十二大夫卦、十二卿卦、十二公卦、十二辟卦。笔者特绘图如下：

---

① （清）赵在翰辑：《七纬（附论语谶）》，北京：中华书局，2012年，第90页。

第一章　虞翻解《易》理路的形成

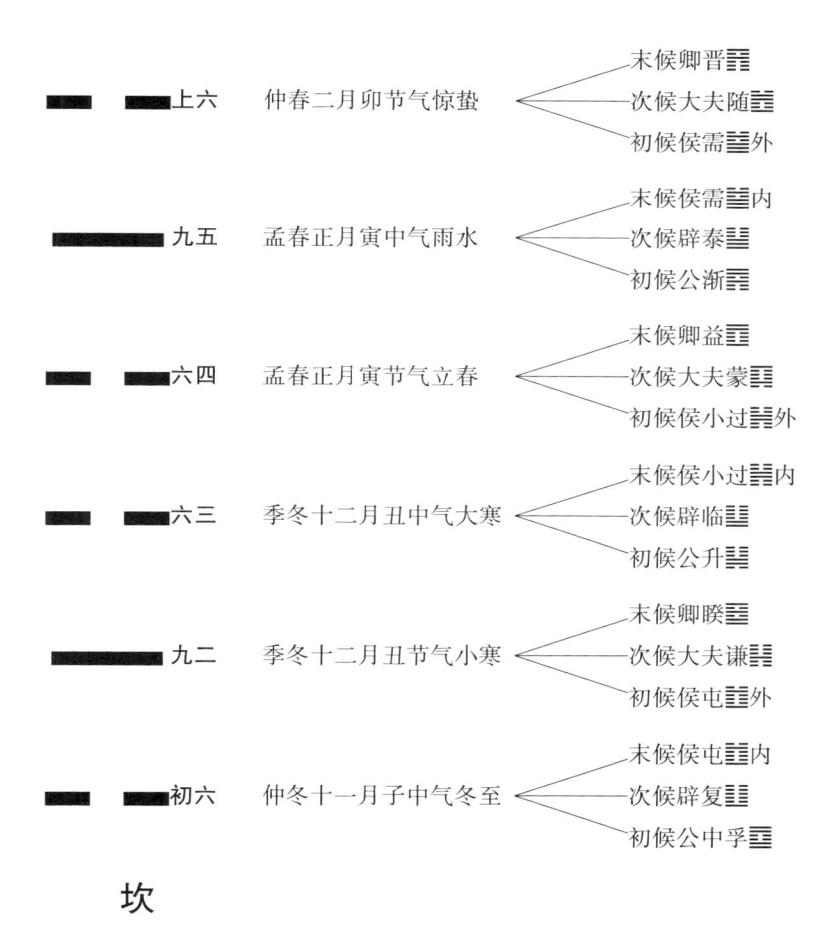

▬▬ ▬▬ 上六	仲春二月卯节气惊蛰	末候卿晋 ☷☲ 次候大夫随 ☱☳ 初候侯需 ☵☰ 外
▬▬▬▬▬ 九五	孟春正月寅中气雨水	末候侯需 ☵☰ 内 次候辟泰 ☷☰ 初候公渐 ☴☶
▬▬ ▬▬ 六四	孟春正月寅节气立春	末候卿益 ☴☳ 次候大夫蒙 ☶☵ 初候侯小过 ☳☶ 外
▬▬ ▬▬ 六三	季冬十二月丑中气大寒	末候侯小过 ☳☶ 内 次候辟临 ☷☱ 初候公升 ☷☴
▬▬▬▬▬ 九二	季冬十二月丑节气小寒	末候卿睽 ☲☱ 次候大夫谦 ☷☶ 初候侯屯 ☵☳ 外
▬▬ ▬▬ 初六	仲冬十一月子中气冬至	末候侯屯 ☵☳ 内 次候辟复 ☷☳ 初候公中孚 ☴☱

坎

☷ 上六	仲夏五月午节气芒种	末候卿井䷯ 次候大夫家人䷤ 初候侯大有䷍外
☷ 六五	孟夏四月巳中气小满	末候大有䷍内 次候辟乾䷀ 初候公小畜䷈
☷ 九四	孟夏四月巳节气立夏	末候卿比䷇ 次候大夫师䷆ 初候侯旅䷷外
☷ 六三	季春三月辰中气谷雨	末候侯旅䷷内 次候辟夬䷪ 初候公革䷰
☷ 六二	季春三月辰节气清明	末候卿蛊䷑ 次候大夫讼䷅ 初候侯豫䷏外
☷ 初九	仲春二月卯中气春分	末候侯豫䷏内 次候辟大壮䷡ 初候公解䷧

震

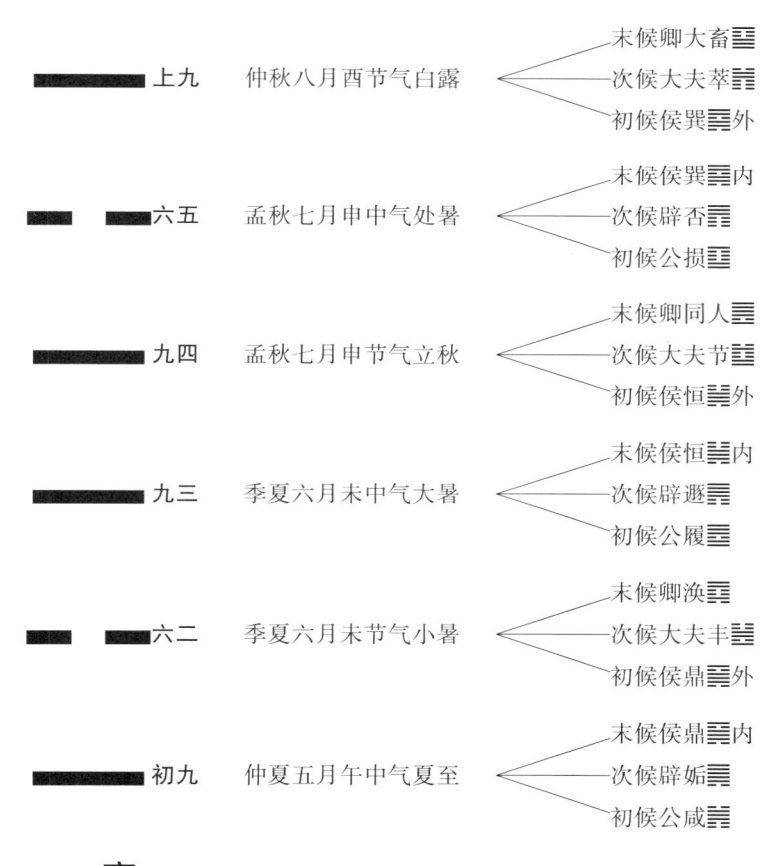

▬▬▬ 上九	仲秋八月酉节气白露	←	末候卿大畜 ䷙ 次候大夫萃 ䷬ 初候侯巽 ☴ 外
▬ ▬ 六五	孟秋七月申中气处暑	←	末候侯巽 ☴ 内 次候辟否 ䷋ 初候公损 ䷨
▬▬▬ 九四	孟秋七月申节气立秋	←	末候卿同人 ䷌ 次候大夫节 ䷻ 初候侯恒 ䷟ 外
▬▬▬ 九三	季夏六月未中气大暑	←	末候侯恒 ䷟ 内 次候辟遯 ䷠ 初候公履 ䷉
▬ ▬ 六二	季夏六月未节气小暑	←	末候卿涣 ䷺ 次候大夫丰 ䷶ 初候侯鼎 ䷱ 外
▬▬▬ 初九	仲夏五月午中气夏至	←	末候侯鼎 ䷱ 内 次候辟姤 ䷫ 初候公咸 ䷞

离

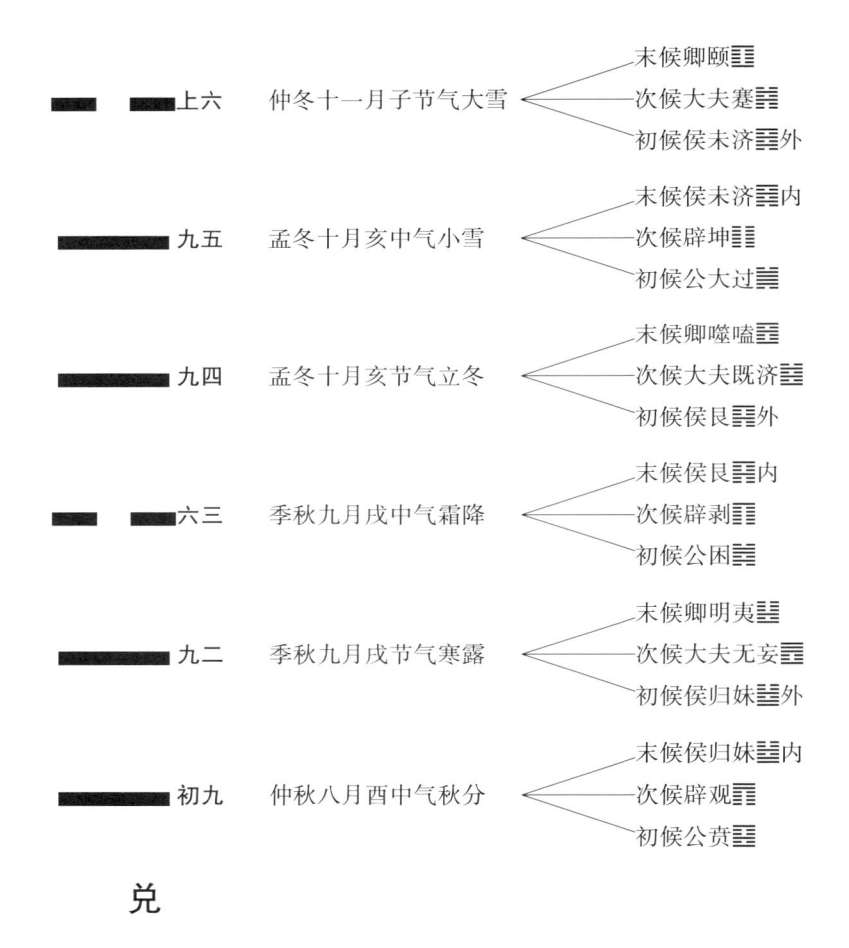

▬▬ ▬▬	上六	仲冬十一月子节气大雪	末候卿颐䷚ 次候大夫蹇䷦ 初候侯未济䷿外
▬▬▬	九五	孟冬十月亥中气小雪	末候侯未济䷿内 次候辟坤䷁ 初候公大过䷛
▬▬▬	九四	孟冬十月亥节气立冬	末候卿噬嗑䷔ 次候大夫既济䷾ 初候侯艮䷳外
▬▬ ▬▬	六三	季秋九月戌中气霜降	末候侯艮䷳内 次候辟剥䷖ 初候公困䷮
▬▬▬	九二	季秋九月戌节气寒露	末候卿明夷䷣ 次候大夫无妄䷘ 初候侯归妹䷵外
▬▬▬	初九	仲秋八月酉中气秋分	末候侯归妹䷵内 次候辟观䷓ 初候公贲䷕

兑

侯、大夫、卿、公、辟这些卦的称谓,反映的是它们所符显的物候之气在节气之中、在一月之中、在四时之中、在一岁之中重要性的差异。

孟喜的卦气说，对于虞翻阴阳消息的易学体系的建立，发挥了核心作用。

二　京房的八宫卦说

作为孟喜易学三传的京房（前77—前37），推出了八宫六十四卦象数的体系，对虞翻也产生过影响。

针对六十四卦系统，京房有着鲜明的本原性创生与被创生问题意识自觉。他将六十四卦划分为八宫，每宫由八纯卦中的一卦统领另外的七卦，这一卦与七卦间构成本原性创生与被创生关系，同时，在《说卦传》"父母六子说"基础上，每一宫的八纯卦之间也存在着本原性创生与被创生的关系。

众所周知，就八宫六十四卦而言，"八卦各主一宫，自初爻变至第五爻，五世以成。四返为游魂，三复为归魂"[1]。一宫八卦由一个本原之卦与七个派生之卦构成，本原之卦为本宫卦，由它作为一宫之原，依次变生出本宫的一世、二世、三世、四世、五世、游魂、归魂七卦，从而成为一宫之主。作为本原之卦的本宫卦为何卦，这一宫的八卦就称为何宫八卦。具言之，乾宫八卦，八纯卦乾（☰）为本原之卦，称乾宫本宫卦，由它变生出另外七卦，初爻阳变阴，生出姤卦（䷫），为世在初的乾宫一世卦；二爻继之阳变阴，生出遯卦（䷠），为世在二的乾宫二世卦；三爻继之阳变阴，生出否卦（䷋），为世在三的乾宫三世卦；四爻继之阳变阴，生出观卦（䷓），为世在四的乾宫四世

---

[1]　徐昂：《京氏易传笺》卷三，《徐昂著作集》卷一，上海：复旦大学出版社，2019年，第153页。

卦；五爻继之阳变阴，生出剥卦（䷖），为世在五的乾宫五世卦；上爻符显宗庙，为本宫卦世之所在，也是本宫本原所在，不可变，四爻阴变阳，返回本宫四爻本来面目，生出晋卦（䷢），为世在四的乾宫游魂卦；三爻、二爻、初爻相继阴变阳，恢复本宫卦下卦本来面目，生出大有卦（䷍），为世在三的乾宫归魂卦。姤（䷫）、遯（䷠）、否（䷋）、观（䷓）、剥（䷖）、晋（䷢）、大有（䷍）七卦皆由乾卦变生而来，乾卦就成为另外七卦的本原之卦，另外七卦则成为乾卦的派生之卦，这八卦间就在本原性创生与被创生关系下构成了由乾卦所主导的乾宫八卦。震宫八卦，八纯卦震（䷲）为本原之卦，称震宫本宫卦，由它变生出另外七卦，初爻阳变阴，生出豫卦（䷏），为世在初的震宫一世卦；二爻继之阴变阳，生出解卦（䷧），为世在二的震宫二世卦；三爻继之阴变阳，生出恒卦（䷟），为世在三的震宫三世卦；四爻继之阳变阴，生出升卦（䷭），为世在四的震宫四世卦；五爻继之阴变阳，生出井卦（䷯），为世在五的震宫五世卦；上爻符显宗庙，为本宫卦世之所在，也是本宫本原所在，不可变，四爻阴变阳，返回本宫四爻本来面目，生出大过卦（䷛），为世在四的震宫游魂卦；三爻、二爻、初爻相继阳变阴、阳变阴、阴变阳，恢复本宫卦下卦本来面目，生出随卦（䷐），为世在三的震宫归魂卦。豫（䷏）、解（䷧）、恒（䷟）、升（䷭）、井（䷯）、大过（䷛）、随（䷐）七卦皆由震卦变生而来，震卦就成为另外七卦的本原之卦，另外七卦则成为震卦的派生之卦，这八卦间就在本原性创生与被创生关系下构成了由震卦所主导的震宫八卦……坤宫八卦，八纯卦坤（䷁）为本原之卦，称坤宫本宫卦，由它变生出另外七卦，初爻阴变阳，生出复卦

（䷗），为世在初的坤宫一世卦；二爻继之阴变阳，生出临卦（䷒），为世在二的坤宫二世卦；三爻继之阴变阳，生出泰卦（䷊），为世在三的坤宫三世卦；四爻继之阴变阳，生出大壮卦（䷡），为世在四的坤宫四世卦；五爻继之阴变阳，生出夬卦（䷪），为世在五的坤宫五世卦；上爻符显宗庙，为本宫卦世之所在，也是本宫本原所在，不可变，四爻阳变阴，返回本宫四爻本来面目，生出需卦（䷄），为世在四的坤宫游魂卦；三爻、二爻、初爻相继阳变阴，恢复本宫卦下卦本来面目，生出比卦（䷇），为世在三的坤宫归魂卦。复（䷗）、临（䷒）、泰（䷊）、大壮（䷡）、夬（䷪）、需（䷄）、比（䷇）七卦皆由坤卦变生而来，坤卦就成为另外七卦的本原之卦，另外七卦则成为坤卦的派生之卦，这八卦间就在本原性创生与被创生关系下构成了由坤卦所主导的坤宫八卦……兑宫八卦，八纯卦兑（䷹）为本原之卦，称兑宫本宫卦，由它变生出另外七卦，初爻阳变阴，生出困卦（䷮），为世在初的兑宫一世卦；二爻继之阳变阴，生出萃卦（䷬），为世在二的兑宫二世卦；三爻继之阴变阳，生出咸卦（䷞），为世在三的兑宫三世卦；四爻继之阳变阴，生出蹇卦（䷦），为世在四的兑宫四世卦；五爻继之阳变阴，生出谦卦（䷎），为世在五的兑宫五世卦；上爻符显宗庙，为本宫卦世之所在，也是本宫本原所在，不可变，四爻阴变阳，返回本宫四爻本来面目，生出小过卦（䷽），为世在四的兑宫游魂卦；三爻、二爻、初爻相继阳变阴、阴变阳、阴变阳，恢复本宫卦下卦本来面目，生出归妹卦（䷵），为世在三的兑宫归魂卦。困（䷮）、萃（䷬）、咸（䷞）、蹇（䷦）、谦（䷎）、小过（䷽）、归妹（䷵）七卦皆由兑卦变生而来，兑卦就成为另外七卦的本原之卦，另外七卦则成为兑卦的派生之卦，这八卦间就在本原性创生与被创生关系下构成了由兑卦所主导的兑宫八卦。在传世《京氏易传》中，针对八宫体系，京房还阐发了互体说等。这一切都影响着建构《周易》虞氏学的虞翻。

三　郑玄的爻辰说

东汉著名经学家郑玄（127—200）融合诸家，对前人成果进行吸收、扬弃、总结，从而构建了以爻辰说为核心的《周易》郑氏学，成为虞翻建构《周易》虞氏学面对的重要对象。

"爻辰"，顾名思义，是"爻"与"辰"两者之结合。"辰"指十二地支。《周易》六十四卦每卦皆有六爻。郑玄易学的"爻辰说"，即是将十二地支纳入六十四卦的每一爻之中，这样每卦的各爻就分纳十二地支中的一支。关于其具体纳法，首先要明乾坤两卦之爻辰，因为六十四卦爻辰是以乾坤两卦爻辰为依据确立的。乾卦与坤卦由下到上、自初爻至上爻，依次是纳"子、寅、辰、午、申、戌"六阳支与"未、酉、亥、丑、卯、巳"六阴支，由此十二地支在乾坤两卦中全部得以与爻相配。显然乾卦六爻皆为阳爻，因此皆纳阳支，坤卦六爻皆为阴爻，因此皆纳阴支。而余下的六十二卦之爻辰则本自乾坤两卦的爻辰，换而言之即阳爻所值之辰以乾卦同位的爻辰为依据，阴爻所值之辰以坤卦同位的爻辰为依据。其具体配法如下：初爻若为阳爻则以"子"配之，若为阴爻则以"未"配之；二爻若为阳爻则以"寅"配之，若为阴爻则以"酉"配之，三爻若为阳爻则以"辰"配之，若为阴爻则以"亥"配之；四爻若为阳爻则以"午"配之，若为阴爻则以"丑"配之；五爻若为阳爻则以"申"配之，若为阴爻则以"卯"配之；上爻若为阳爻则以"戌"配之，若为阴爻则以"巳"配之。各爻所值之辰皆依据乾坤爻辰推之。

十二地支图式　　　　乾坤十二爻辰图式

例如泰卦（䷊），自下而上各爻分别为阳、阳、阳、阴、阴、阴，因此分别与乾初、二、三和坤四、五、上所纳地支相同，即依次纳子、寅、辰、丑、卯、巳。

再如既济卦（䷾），自下而上各爻分别为阳、阴、阳、阴、阳、阴，因此分别与乾初、坤二、乾三、坤四、乾五、坤上所纳地支相同，即依次纳子、酉、辰、丑、申、巳。

至此看似郑玄爻辰说仅有以爻纳地支这一项内容而已，其实不然。因为传统文化中与十二地支紧密关联的是十二月、二十四节气、十二律、二十八宿、五行等众多涉及历法、天文、音律等内容要素。通过与地支的联系可以将上述诸多方面内容全部纳进卦爻之中，因此郑玄爻辰说涵盖内容极为广博。

我们首先要探究的是郑玄排列乾坤十二爻辰次序的依据是什么，前文已明其他卦的爻辰是由乾坤十二爻辰派生出来的，因此乾坤两卦的爻辰是为探究整个郑玄爻辰说的根本。众所周知，十二地支直接代表着一年当中的十二个月份，也就是说乾六爻自下而上分别代表夏历十一月、一月、三月、五月、七月、九月；坤六爻自下而上分别代表夏历六月、八月、十月、十二月、二月、四月。郑玄爻辰说中乾坤十二爻辰的这种排列次序是有天文历法之根据的，而它直接反映的就是阴阳二气的变化。阴气于亥月即夏历十月大盛，其后的子月即夏历十一月一阳来复，阳气生长，息长至巳月即夏历四月阳气大盛，阴气生于午月即夏历五月，然而午月为阳月，阴不敌阳，故阴要往后退一个月。于是我们看到郑玄在注《易纬·乾凿度上》"乾坤，阴阳之主也。阳始于亥，形于丑，乾位在西北，阳祖微据始也。阴始于巳，形于未，据正立位，故坤位在西南，阴之正也"时说："阳气始于亥，生于子，形于丑，故乾位在西北也，阴气始于巳，生于午，形于未，阴道卑顺，不敢据始以敌，故立于正形之位。"[①] 因此乾初爻之辰起始于子，坤初爻之辰起始于未，而不开始于午。所以乾坤两卦的爻辰自初爻到上爻，所表现的意义是伴随月份推进，阴阳二气随之增长。可见爻辰之根本还是在于阴阳二气之消息，正所谓"《易》以道阴阳"（《庄子·天下篇》），《系辞上传》所云"一阴一阳之谓道""生生之谓易"即是告诉人们《易》的第一要义便是生生，整个宇宙皆时刻处在生生不息的大化流行之中，而大化流行的背后则是阴阳二气的相互交感与此消彼长。

另外十二律吕与郑玄爻辰说有密切关联，中国古代的音律十二律吕在本质上是同于历法的，它们虽然是不同的形式，但从根本上却都是在反映宇宙天地间阴阳二气的生成与变化。惠栋《易汉学》卷六《郑康成易》指出："栋案《易纬》之说与十二

---

① （清）赵在翰辑：《七纬（附论语谶）》，北京：中华书局，2012年，第32—33页。

律相生图合,郑于《周礼·太师》注云:'黄钟初九也,下生林钟之初六,林钟又上生太簇之九二,太簇又下生南吕之六二,南吕又上生姑洗之九三,姑洗又下生应钟之六三,应钟又上生蕤宾之九四,蕤宾又上生大吕之六四,大吕又下生夷则之九五,夷则又上生夹钟之六五,夹钟又下生无射之上九,无射又上生中吕之上六。'韦昭注《周语》云:'十一月黄钟乾初九也,十二月大吕坤六四也,正月太簇乾九二也,二月夹钟坤六五也,三月姑洗乾九三也,四月中吕坤上六也,五月蕤宾乾九四也,六月林钟坤初六也,七月夷则乾九五也,八月南吕坤六二也,九月无射乾上六也,十月应钟坤六三也。'郑氏注《易》,陆绩注《太玄》,皆同前说。"[1]

郑玄的"爻辰说"虽然是独特的,但是"爻辰"相值之法早在郑玄之前就已有之,刘大钧教授根据《汉书·律历志》之记载,考证"以《乾》《坤》两卦十二爻与十二辰相值,又与十二月及五行配合,西汉人早已用之"[2]。据此我们可以知晓爻与辰相配之法并非郑玄独创。

在郑玄之前明显直接涉及"爻辰说"的主要就是京房八宫纳甲体系中的"纳支说"和《易纬·乾凿度》的"爻辰说"。

西汉之时,京房推出了著名的八宫纳甲体系,而所谓"纳甲"也就是爻纳干支,将六十四卦各爻配以天干和地支。其"纳支说"亦即另一种"爻辰说"。对此有学者认为:"卦与地支的对应关系可称为京房'爻辰说'。因历史上人们将'爻辰说'

---

[1] (清)惠栋:《周易述(附:易汉学易例)》下册,北京:中华书局,2007年,第612页。
[2] 刘大钧:《周易概论》,成都:巴蜀书社,2010年,第82页。

视为郑玄《易》注的专利，所以一些学者将京房爻辰说称为京房纳支说。其实，强立二名，徒增纷纭，不如统一称谓，以利读者理解。"① 余敦康先生认为："爻辰的体例创始于京房……京房以乾、坤十二爻左右相错与十二辰相配……这就是爻辰说的滥觞。"② 又郑玄在师从马融学习费氏易以前，是跟随第五元先学习京氏易的，于是郑玄"爻辰说"始自京房"纳支说"似乎就显得十分顺理成章了。但是京房纳支是以八宫的八个本宫卦即八纯卦纳支为基础，其他卦纳支外卦取八纯卦内卦，内卦取八纯卦外卦，即所有卦纳支皆取自于八纯卦，这一点与郑玄爻辰以乾坤爻辰为基础不同。乾震两卦初爻纳子，坎初爻纳寅，艮初爻纳辰，坤初爻纳未，兑初爻纳巳，离初爻纳卯，巽初爻纳丑。从纳支顺序来看，四纯阳卦是顺时纳支，四纯阴卦是逆时纳支。这一点也与郑玄爻辰皆顺时纳支不同。就乾坤两卦所纳而言，郑玄同于京房的是乾，不同于京房的是坤。乾，自下而上，二者皆是子、寅、辰、午、申、戌；坤，自下而上，京房为未、巳、卯、丑、亥、酉，郑则一如上述，未、酉、亥、丑、卯、巳。

而在京房之后、郑玄之前"比较系统地论述爻辰说，莫过于《易纬·乾凿度》"③。《易纬·乾凿度下》云："故阳唱而阴和，男行而女随，天道左旋，地道右迁，二卦十二爻而期一岁。乾阳也，坤阴也，并治而交错行。乾贞于十一月子，左行，阳时六；坤贞于六月未，右行，阴时六，以奉顺成其岁。岁终次从于

---

① 杨效雷：《爻辰说：郑玄〈易〉注的显著特色》，《郑学论丛》，上海：上海科学技术文献出版社，2013年，第118页。
② 余敦康：《汉宋易学解读》，北京：华夏出版社，2006年，第80页。
③ 林忠军：《周易郑氏学阐微》，上海：上海古籍出版社，2005年，第105页。

屯蒙，屯蒙主岁。屯为阳，贞于十二月丑，其爻左行，以间时而治六辰。蒙为阴，贞于正月寅，其爻右行，亦间时而治六辰。岁终则从其次卦。阳卦以其辰为贞，丑与左行，间辰而治六辰。阴卦与阳卦同位者，退一辰以为贞，其爻右行，间辰而治六辰。泰否之卦，独各贞其辰，共北辰，左行相随也。中孚为阳，贞于十一月子，小过为阴，贞于六月未，法于乾坤。三十二岁而周，六十四卦，三百八十四爻，万一千五百二十圻，复从于贞。"[1] 清代经学家惠栋认为郑玄爻辰说源出于《易纬·乾凿度》，因此他在其所撰《易汉学》中考究郑玄爻辰说之初便引《易纬·乾凿度》之文。这也难怪，因为在前所引《易纬·乾凿度》一段文字，分明展现了一个与郑玄爻辰说十分近似的以乾坤十二爻辰为基础的框架。但近似终究非为等同，二者还是有不同的。第一点不同在于《易纬·乾凿度》的爻辰说是将六十四卦分为三十二对，每对由阴阳两卦组成，配十二辰代表一年十二个月，六十四卦代表了三十二岁一大周期，显然卦与卦之间没有从属关系。第二点不同也在乾坤爻辰，刘玉建教授以扎实的证据证明了"《乾凿度》中的乾坤爻辰说，与京房的乾坤爻辰说是相同的"[2]。

因此，郑玄爻辰说既不同于京氏亦不同于《易纬》。据《后汉书·郑玄传》，郑玄曾至太学问学于第五元先，通晓了京氏易。他又研究过《易纬》，可以说正是在融会改造以上两种"爻辰说"的基础上才推出了自己的"爻辰说"。

下面，我们从现今可见的几条郑玄以爻辰之法注《易》的

---

[1] （清）赵在翰辑：《七纬（附论语谶）》，北京：中华书局，2012年，第46—57页。
[2] 刘玉建：《郑玄爻辰说述评》，《周易研究》1995年第3期，第40页。

例子来看郑玄是如何利用爻辰与诸多因素结合来注解《易》的。

一是以爻辰结合月份与四时。如《泰》六五"帝乙归妹,以祉元吉"郑玄注曰:"五爻辰在卯春为阳中,万物以生。"① 泰卦六五爻所对应的辰为卯,卯月为夏历二月仲春,时值春季,万物得以生发,宜嫁娶,故而有归妹得吉。

二是以爻辰结合五行。如《困》九二"困于酒食、朱绂方来"郑玄注曰:"二据初,辰在未,未为土,此二为大夫有地之象。"② 《困》九二爻所以有"酒食"之辞,是因此爻值未,未为土,故有大夫有地而富有之象。

三是以爻辰结合生肖。如《坎》上六"系用徽纆"郑玄注曰:"爻辰在巳,巳为蛇,蛇之蟠屈似徽纆也。"③ 坎卦上六爻值巳,巳在十二生肖中代表蛇,郑玄认为蛇蟠屈似徽纆。

四是以爻辰结合星象。郑玄将爻辰与星象结合来注释《周易》卦爻辞,是其爻辰说最突出的特点。如《比》初六"有孚盈缶"郑玄注曰:"爻辰在未,上值东井,井之水,人所汲,用缶汲器。"④ 这里为了解爻辞中的"缶",郑玄用《比》初六爻值东井星,星名中"井"字,取井水用"缶"。再如《坎》六四"尊酒簋贰用缶纳约自牖"郑玄注曰:"六四上承九五,又互体在震上,爻辰在丑,丑上值斗,可以斟之象。斗上有建星,建星之形似簋。贰,副也。建星上有弁星……"⑤ 这里所说的东

---

① (清)孙堂辑:《郑康成周易注(附补遗一卷)》,台北:成文出版社有限公司,1976年,第313页。
② 同上,第364页。
③ 同上,第338页。
④ 同上,第310页。
⑤ 同上,第338页。

井、斗、建星、弁星皆为天上的星。又如《困》九二"困于酒食"郑玄注曰："未上值天厨，酒食象。"① 困卦初爻值未值天厨星，因此有酒食象。

我们可以看到郑玄用爻辰说解《易》涉及了十二月份、四时、五行、十二生肖、星象等诸多内容，确实令象数易理论体系更加丰富，但同时也不可否认其中确有牵强附会的地方。至于到底应该如何看待郑玄的爻辰说，我们认为，应当从进一步的挖掘其中的哲学意义做起。

郑玄易学爻辰说以十二地支贯通六十四卦，首先确立起了一种时空合一的宇宙图式。

十二地支在郑玄的易学语境下，符显着四时、十二个月与八个空间方位，从而构成了一种有机整体宇宙图式：子，夏历十一月，仲冬，正北；丑，夏历十二月，季冬，东北；寅，夏历正月，孟春，东北；卯，夏历二月，仲春，正东；辰，夏历三月，季春，东南；巳，夏历四月，孟夏，东南；午，夏历五月，仲夏，正南；未，夏历六月，季夏，西南；申，夏历七月，孟秋，西南；酉，夏历八月，仲秋，正西；戌，夏历九月，季秋，西北；亥，夏历十月，孟冬，西北。六十四卦的三百八十四爻以六十四种特有的形式符显了这种图式的复杂多样的丰富内涵。

例如，乾六爻符显着：初阳子，夏历十一月，仲冬，正北；二阳寅，夏历正月，孟春，东北；三阳辰，夏历三月，季春，东南；四阳午，夏历五月，仲夏，正南；五阳申，夏历七月，孟秋，西南；上阳戌，夏历九月，季秋，西北。坤六爻符显着：初

---

① （清）孙堂辑：《郑康成周易注（附补遗一卷）》，台北：成文出版社有限公司，1976年，第364页。

阴未，夏历六月，季夏，西南；二阴酉，夏历八月，仲秋，正西；三阴亥，夏历十月，孟冬，西北；四阴丑，夏历十二月，季冬，东北；五阴卯，夏历二月，仲春，正东；上阴巳，夏历四月，孟夏，东南。泰六爻符显着：初阳子，夏历十一月，仲冬，正北；二阳寅，夏历正月，孟春，东北；三阳辰，夏历三月，季春，东南；四阴丑，夏历十二月，季冬，东北；五阴卯，夏历二月，仲春，正东；上阴巳，夏历四月，孟夏，东南。既济六爻符显着：初阳子，夏历十一月，仲冬，正北；二阴酉，夏历八月，仲秋，正西；三阳辰，夏历三月，季春，东南；四阴丑，夏历十二月，季冬，东北；五阳申，夏历七月，孟秋，西南；上阴巳，夏历四月，孟夏，东南。

六十四卦三百八十四爻所纳的这十二地支，进而又对应着八卦的宇宙图式。

前已有云，《易传》的《说卦传》"帝出乎震""万物出乎震"曾开示过一种时空合一的八卦的宇宙图式，在汉代卦气易学的语境下，这一图式又与十二地支直接对应起来。最典型的就是郑玄诠释过的《易纬·乾凿度上》：

> 天地有春秋冬夏之节，故生四时。四时各有阴阳刚柔之分，故生八卦。八卦成列，天地之道立，雷风水火山泽之象定矣。其布散用事也，震生物于东方，位在二月；巽散之于东南，位在四月；离长之于南方，位在五月；坤养之于西南方，位在六月；兑收之于西方，位在八月；乾剥之于西北方，位在十月；坎藏之于北方，位在十一月；艮终始之于东北方，位在十二月。八卦之气终，则四正四维之分明，生长收藏之道备，阴阳之体定，神明之德通，而万物各以其类成

矣……岁三百六十日而天气周，八卦用事，各四十五日方备岁焉。故艮渐正月，巽渐三月，坤渐七月，乾渐九月。①

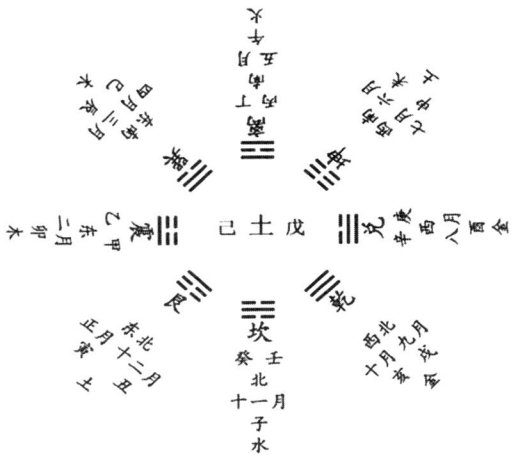

八卦方位宇宙图式

在此图式中，八卦与其符显的内容间的对应关系是：坎，子，夏历十一月，仲冬，正北；艮，丑，夏历十二月，季冬，东北与寅，夏历正月，孟春，东北；震，卯，夏历二月，仲春，正东；巽，辰，夏历三月，季春，东南与巳，夏历四月，孟夏，东南；离，午，夏历五月，仲夏，正南；坤，未，夏历六月，季夏，西南与申，夏历七月，孟秋，西南；兑，酉，夏历八月，仲秋，正西；乾，戌，夏历九月，季秋，西北与亥，夏历十月，孟冬，西北。

借助六十四卦所纳爻辰与八卦图式的对应关系，郑玄又进一

---

① （清）赵在翰辑：《七纬（附论语谶）》，北京：中华书局，2012年，第32页。

步揭示了六十四卦三百八十四爻的八卦卦气底蕴。

从《说卦传》到《易纬》有一条阴阳消息引发四时流转、万物生化的横线。贯穿于其中的是阴阳论是易学的核心，八卦图式中的各卦分别符显着阴阳消息、万物生化的不同时段、状态与态势。而深层决定这些时段、状态与态势的，就是气的消长状态。于是在汉代卦气易学的语境下，图式中的八卦就有了符显相应时段气的基本意涵：坎气，符显正北子位的子月之气；艮气，符显东北丑、寅位的丑月、寅月之气；震气，符显正东卯位的卯月之气；巽气，符显东南辰、巳位的辰月、巳月之气；离气，符显正南午位的午月之气；坤气，符显西南未、申位的未月、申月之气；兑气，符显正西酉位的酉月之气；乾气，符显西北戌、亥位的戌月、亥月之气。于是，六十四卦各爻以其所纳爻辰，就分别符显着相应的八卦卦气。例如既济卦，初阳子，符显坎气；二阴酉，符显兑气；三阳辰，符显巽气；四阴丑，符显艮气；五阳申，符显坤气；上阴巳，符显巽气。郑玄在其注《易纬通卦验下》"寒露霜小下……云出如冠缨"时就有"九二辰在寅，得艮气"[①]诸说。

此外与这一爻辰说相关联的还有二十四节气、十二律、十二生肖、二十八宿、五行等方面的内容。这些都极大地丰富了象数易学与经学的理论体系。

丁四新教授曾指出："郑玄不但以乾坤十二爻辰重构了几乎整个卦爻系统，而且通过卦象与物象的联系，又进一步对万有予以统构，并使之规范化、秩序化……郑玄由爻辰说进一步把卦卦

---

① （清）赵在翰辑：《七纬（附论语谶）》，北京：中华书局，2012年，第154页。

联系、卦物联系和万有间的联系涵摄进来，完成一全息的爻位理论，它实际上包含着一个繁杂多层的开放型场有系统。因此乾坤十二爻辰说是郑氏易学中最大的象数学，而其中反映的易理又是最高的义理，即'乾坤其易之蕴、易之门'的郑易宗旨。"① 这种以乾坤十二爻之爻辰为根本的思维方法，正是体现了《系辞》所讲"乾坤，其易之门邪"所蕴含的乾坤两卦为六十四卦之根本的这一思想，亦即乾坤生六十四卦。

京房根据其爻辰说，把阴阳、五行、干支结合起来，建立起一个八卦方位的宇宙模型和占验系统。《易纬》用爻辰来诠释一年十二个月的运转，并以六十四卦为一周期计算年代，也是着力于建构一个宇宙模型和占验系统，而不是为了解说经文。郑玄则是以他的爻辰说为切入点，把解说经文作为主要的着眼点。从宇宙论的思想而言，郑玄建构了一个更加庞杂的系统。但是郑玄的目的不是用来讲阴阳灾异与占验，而是力图找出一个普遍的原理来通贯地诠释《周易》的所有经文。照郑玄看来，乾、坤两卦所值之辰对其余的六十二卦是普遍适用的，凡阳爻所值之辰可以按乾卦的爻辰解释，阴爻所值之辰可以按坤卦的爻辰解释，从而使六十四卦、三百八十四爻都可以纳入爻辰的模式之中，根据爻辰的象数来阐发其中的义理，根据其解经的需要，灵活地运用这些学说以解《易》。由此可见郑玄借助其爻辰说成功地诠释了《易》，创造性地构建了全新的易学体系，揭示了一个新的《易》世界。

在看到郑玄通过其爻辰说创造性构建起了一个全新易学体系

---

① 丁四新：《郑氏易义》，《象数易学研究》第二辑，济南：齐鲁书社，1997年，第119页。

后，我们不禁为其思想建树的伟大而由衷赞叹。然而我们不应仅仅将郑玄所揭示的时空合一的宇宙图式与六十四卦三百八十四爻的八卦卦气底蕴作为思想理论呈现于纸面作研究，更不应仅仅止步于赞叹，而是应进一步思考其哲学意义带给我们的启示。

郑玄以乾坤十二爻辰为基础，本于阴阳二气之盈虚消长，基于乾天坤地化生万物、乾坤生六十四卦，以十二地支贯通六十四卦，确立起了一种时空合一的宇宙图式。在此基础上，六十四卦三百八十四爻所纳的这十二地支，又对应着八卦的宇宙图式。借助六十四卦所纳爻辰与八卦图式的对应关系，郑玄又进一步揭示了六十四卦三百八十四爻的八卦卦气底蕴。郑玄以此揭示了现实的世界即是在乾天坤地发用下由阴阳消息引发四时流转，彼此间息息相关的万物就处在这一和谐有序的境地中而得以生化流行不息。

四 荀爽的升降、卦变说

东汉易学家荀爽（128—190）提出了以乾升坤降、阳升阴降说为核心的易学体系，展现了《周易》荀氏学。这一体系对虞翻影响甚大。

荀爽提出乾升坤降、阴阳升降说与较为系统的卦变学说。荀爽的卦变学说有经卦系统的乾坤生六子说与别卦系统的卦变说。后一卦变说基于其乾升坤降、阴阳升降说，大致可以归纳为以下三端：一是乾坤同位之爻相互往来生卦，二是除乾坤以外的消息卦阴阳升降生卦，三是杂卦阴阳升降生卦。

荀爽易学最具原创性的学说莫过于其乾升坤降说、阴阳升降

第一章　虞翻解《易》理路的形成

说，透过乾阳之升与坤阴之降、透过阴阳的升降来达到阴阳的理想境地。例如《乾》九二爻、九四爻《小象传》"'见龙在田'，德施普也'"'或跃在渊'，进无咎也"荀爽注曰："'见'者，见居其位。'田'，谓坤也。二当升坤五。故曰'见龙在田'。'大人'，谓天子。见据尊位，临长群阴，德施于下，故曰'德施普也'。"①"乾者，君卦。四者，阴位。故上跃居五者，欲下居坤初，求阳之正。地下称'渊'也。阳道乐进，故曰'进无咎也'。"②荀爽在解读《乾》时不单就乾言乾，而是以乾坤并在言乾，在解读《坤》时亦如此，乾六位之阳与坤六位之阴，初九之阳与六四之阴、九二之阳与六五之阴、九三之阳与上六之阴、九四之阳与初六之阴、九五之阳与六二之阴、上九之阳与六三之阴相互应和。荀爽认为，所有阳皆宜升居五爻尊位，所有阴皆应以二爻之位为最佳之位，退而求其次，相互应和而失位之爻可互作升降往来以求其正。乾卦九二之阳与坤卦六五之阴互相应和，前者宜升居坤五爻之位，后者应降居乾二爻之位。乾阳符显龙之象，坤阴符显田地之象，乾九二之阳升居坤五爻天、天子尊贵之位，君临群阴，阳德普施于下，所以说"德施普也"。乾卦九四之阳与坤卦初六之阴相互应和。乾符显君之象，所有乾阳皆应升居往王位。乾卦九四之阳位居四爻阴位，宜升居坤五爻天、天子尊贵之位，退而求其次，可以下降居坤初爻之位，求得阳的正位。二爻是地之上位，初爻是地之下位，地下称渊。阳刚之道

---

① （清）孙堂辑：《荀爽周易注》，《汉魏二十一家易注》，严灵峰编：《无求备斋易经集成》第169册，台北：成文出版社有限公司，1976年，第165页。下引该书，仅标注书名、出版社、年份与页码。

② 同上。

乐于升进，所以说升进五爻之位无咎。这里，在乾升坤降、阴阳升降说下，乾卦九二之阳与坤卦六五之阴一升一降，使得乾卦变为同人卦、坤卦变为比卦；乾卦九四之阳与坤卦六五之阴、初六之阴一升一降，使得乾卦变为小畜卦、坤卦变为比卦，或乾卦变为小畜卦、坤卦变为复卦。爻的升降导致卦的变化，属于普泛意义上的卦之变，而不属于本原性创生与被创生意义上的卦变范畴。

荀爽经卦系统的乾坤生六子说，完全承袭《说卦传》的"父母六子说"。《系辞上传》"乾道成男，坤道成女"荀爽注曰："男谓乾初适坤为震；二适坤为坎；三适坤为艮，以成三男也。女谓坤初适乾为巽；二适乾为离；三适乾为兑，以成三女也。"① 经卦乾的初、二、三爻之阳分别到经卦坤的初、二、三爻之位，则各自生成经卦的震、坎、艮三阳男卦；经卦坤的初、二、三爻之阴分别到经卦乾的初、二、三爻之位，则各自生成经卦的巽、离、兑三阴女卦。

其别卦系统卦变说之乾坤同位之爻相互往来生卦之例，如《解·彖传》"'利西南'，往得众也……'其来复吉'，乃得中也……天地解而雷雨作"荀爽注曰："乾动之坤而得众，西南众之象也……来复居二，处中成险，故曰'复吉'也……谓乾坤交通，动而成解卦，坎下震上，故'雷雨作'也。"② 解卦（䷧）二阳四阴，在荀爽这里，它是由乾二、四之阳来到坤二、四之位生成。至外卦称往，至内卦称来。乾四之阳往至坤四之

---

① （清）孙堂辑：《荀爽周易注》，台北：成文出版社有限公司，1976年，第258页。
② 同上，第227—228页。

位，而得到坤，坤符显众之象，又因位于《说卦传》八卦图式西南之位而符显西南之象，此即"乾动之坤而得众，西南众之象"。乾二之阳来到坤二之位，坤内卦坤变成坎，坎符显险之象，二位为内卦中位，处中位则吉，此即"来复居二，处中成险，故曰'复吉'"。乾二、四之阳与坤二、四之阴交感互通，变动生成解卦，解卦下坎上震，震符显雷之象，坎符显雨之象，此即"雷雨作"。

乾坤以外的消息卦阴阳升降生卦之例，如《贲·彖传》"'贲：亨'，柔来而文刚，故'亨'。分刚上而文柔，故'小利有攸往'"荀爽注曰："此本泰卦。谓阴从上来，居乾之中，文饰刚道，交于中和，故'亨'也。分乾之二，居坤之上，上饰柔道，兼据二阴，故'小利有攸往'矣。"①贲卦（䷕）三阳三阴，由十二消息卦中的泰卦（䷊）阴阳升降生成。泰卦下乾上坤，乾阳符显阳刚之道，坤阴符显阴柔之道。泰卦上体坤的上爻之阴从上来到下体乾的二爻中位，居于乾之中，以阴柔文饰阳刚，以阴柔之道文饰阳刚之道，交感于中和之位，趋于中和之境，所以亨通。与此同时，分出下体乾的二爻之阳升往上体坤的上爻之位，以阳刚文饰阴柔，以阳刚之道往上文饰阴柔之道，同时居于四、五二阴之上而一并统摄之，阴称小，升上称往，所以说"小利有攸往"。可见贲卦由泰卦二爻之阳与上爻之阴阳升阴降、阳往阴来变动生成。

杂卦阴阳升降生卦之例，如《屯·彖传》"屯，刚柔始交而难生，动乎险中，大亨贞"荀爽注曰："物难在始生，此本坎卦

---

① （清）孙堂辑：《荀爽周易注》，台北：成文出版社有限公司，1976年，第207页。

也。案：初六升二，九二降初，是'刚柔始交'也。交则成震，震为动也，上有坎，是'动乎险中'也。动则物通而得正，故曰'动乎险中，大亨贞'也。"① 初九爻辞"盘桓，利居贞，利建侯"及《小象传》"虽盘桓，志行正也。以贵下贱，大得民也"荀爽注曰："盘桓者，动而退也。谓阳从二动而退居初，虽盘桓，得其正也。阳贵而阴贱，阳从二来，是以贵下贱，所以得民也。"②《象传》注之案语，一谓荀爽之言，一谓唐李鼎祚之言③，笔者以为案语是对"此本坎卦也"的具体解释，并不影响它是否是荀爽之言。屯卦（☳）二阳四阴，荀爽认为它来自十二消息卦之外的二阳四阴杂卦坎（☵）。坎卦（☵）初六之阴升往二爻之位，九二之阳则降至初爻之位，此即阳刚阴柔开始交感，交感就形成震卦，遂由上坎下坎的别卦坎变动生成下震上坎的屯。震卦符显动之象，上坎符显险之象，此即"动乎险中"。二之阳变动来至初之位，初之阴变动往至二之位，阳刚阴柔往来交感互通当位得正而万物生万物通，阳称大，所以说"动乎险中，大亨贞"。盘桓意谓动身后又回退，犹豫不定，指的是坎二爻之阳变动，退居初爻之位，虽然徘徊不定，但因以阳爻居初之阳位而当位得其正。阳尊阴卑，阳大阴小，二爻之阳以其尊贵身份降低身位下居卑贱初位，象征身居高贵地位的大人放下身段来到地位卑微的百姓群众中去体察民情，所以能够大得民心。可见，在荀爽这里，屯卦由十二消息卦以外的杂卦坎二爻之阳与初

---

① （清）孙堂辑：《荀爽周易注》，台北：成文出版社有限公司，1976年，第179页。
② 同上，第180页。
③ 孙堂认为是荀爽之言，李道平认为是李鼎祚之言。参见（清）李道平：《周易集解纂疏》，北京：中华书局，2013年，第96页。

爻之阴阳降阴升、阳来阴往变动生成。

如果说京房的八宫卦变问题意识深深影响了虞翻，那么荀爽的具体卦变学说进一步深深影响了虞翻。荀爽对虞翻正反两方面的影响还有很多，后文详述。

五 《周易参同契》的月体纳甲说

《周易参同契》为东汉魏伯阳所著，是道教的早期经典。魏伯阳，生卒年不详，东汉会稽上虞（今浙江上虞）人。《参同契》是一部采用《周易》理论、道家哲学与炼丹术参合而成的著作，借《易》述炼丹以养性强身、延年益寿。《周易参同契》认为，外界是大的消息场，人体是小的消息场。其炼丹工夫有三：一是月体纳甲周期工夫，二是十二消息周期工夫，三是六十四卦周期工夫。这些周期工夫所涉及的八卦纳甲、十二消息卦、六十四卦阴阳消息的意蕴，对虞翻阴阳消息学说的建构，发挥了重大作用。

一是对虞翻产生了重要影响的月体纳甲周期工夫所涉"月体纳甲"学说：

> 消息应钟、律，升降据斗、枢。三日出为爽，震庚受西方。八日兑受丁，上弦平如绳。十五乾体就，盛满甲东方。蟾蜍与兔魄，日月炁双明，蟾蜍视卦节，兔者吐生光。七八道已讫，屈折低下降。十六转受统，巽辛见平明，艮直于丙南，下弦二十三，坤乙三十日，东北丧其朋。节尽相禅与，

继体复生龙。壬癸配甲乙，乾坤括始终。①

这一学说的根柢在于以日月为易，在天八卦是其展现。修炼的工夫就是根据月体纳甲来修炼，在初三日至三十日这一过程中，月象变化展现了一个阴阳的消息进程，此阴阳消息是一个月的铁律，人的生命的场以及整个宇宙的场都是这样一个以一月为周期的阴阳消息的场，所以要遵循这一切来行事与修炼，可谓是生命消息的根本法则。

二是十二消息周期工夫所涉十二消息学说：

> 朔旦为复，阳气始通。出入无疾，立表微刚。黄钟建子，兆乃滋彰。播施柔暖，黎烝得常。临炉施条，开路正光。光耀渐进，日以益长。丑之大吕，结正低昂。仰以成泰，刚柔并隆。远游交接，小往大来。辐辏于寅，运而趋时。渐历大壮，侠列卯门。榆荚堕落，还归本根。刑德相负，昼夜始分。夬阴以退，阳升而前。洗涤羽翮，振索宿尘。乾健盛明，广被四邻。阳终于巳，中而相干。姤始纪序，履霜最先。井底寒泉，午为蕤宾。宾服于阴，阴为主人。遁世去位，收敛其精。怀德俟时，栖迟昧冥。否塞不通，萌芽不生。阴申阳屈，没阳姓名。观其权量，察仲秋情。任畜微稚，老枯复荣。荠麦牙蘖，因冒以生。剥烂肢体，消灭其形。化气既竭，亡失至神。道穷则反，归乎坤元。恒顺地理，承天布宣。玄幽远渺，隔阂相连。应度育种，阴阳之元。寥廓恍惚，莫知其端。先迷失轨，后为主君。无平不陂，道之自然。变易更盛，消息相因。终坤复

---

① （汉）魏伯阳：《周易参同契》，北京：中华书局，2020 年，第 45—54 页。

第一章　虞翻解《易》理路的形成

始，如循连环。①

此由复至临至泰至大壮至夬至乾至姤至遯至否至观至剥至坤，之后再由坤至复的循环十二消息，既是对应着十二个月，同时也对应着十二个时辰，以十二个时辰和十二个月为一个周期来修炼做功夫，进阳火退阴符。在其看来，宇宙是一个十二消息的场，个体生命也是一个十二消息的场，这是生命的节律，也是宇宙的节律。

三是六十四卦周期工夫所涉六十四卦：

> 乾、坤者，《易》之门户，众卦之父母。坎离匡廓，运毂正轴，牝牡四卦，以为橐籥。覆冒阴阳之道，尤工、御者，准绳墨，执衔辔，正规矩，随轨辙，处中以制外，数在律历纪。月节有五六，经纬奉日使，兼并为六十，刚柔有表里。朔旦屯直事，至暮蒙当受，昼夜各一卦，用之依次序。既、未至晦爽，终则复更始，日辰为期度，动静有早晚。春、夏据内体，从子到辰、巳，秋、冬当外用，自午讫戌、亥。赏罚应春秋，昏明顺寒暑。②

将六十四卦里的乾、坤、坎、离四卦抽出，剩余的六十卦放到一组两两对应，两卦一组对应一昼一夜，遵循此而做工夫进阳火退阴符。两卦是一个周期节律，两卦是十二时辰一昼夜的。这应是对《易纬·乾凿度》爻辰说的一种改造，《易纬》六十四卦对应着根据通行本卦序两卦一组十二爻每卦六爻对应一个月，六十四卦对应32年，其以32年为一个周期，由两卦对应一年而判

---

① （汉）魏伯阳：《周易参同契》，北京：中华书局，2020年，第201—233页。
② 同上，第2—20页。

定吉凶祸福。以上三个就是受孟喜以来的卦气的影响去修炼的工夫。《参同契》是有关生命的，而虞翻首先面对的是人置身于其中这个宇宙、天下，人与万物、人与人之间、天下君臣上下，怎样去遵循消息的铁律，然后去人文化成。但是《参同契》关注的核心不是天下万民、君臣上下，而是个体生命，而在虞翻这里最后必定要落实到生命的个体，即由宇宙万物，由生活的世界、天下到生命的个体，生命的个体要遵循消息的铁律。

第五节　集汉代象数易学之大成的虞翻解《易》理路[①]

汉代易学以象数易学著称，虞翻则集汉代象数易学之大成。《周易》虞氏学的大厦，就是借助于对《易》象的诠释与阐发构建起来的。易学发展史上，如果说北宋邵雍是易学数学的典型代表，那么虞翻可谓易学象学的典型代表。《系辞下传》说："是故《易》者象也，象也者，象（一作像）也。"对此，虞翻认为，作为一部经书，《易》的思想世界，由卦符显、文字表达的象奠定，解读《易》的关键就在于发现其中的象，以象的视域审视卦与文字，由象把握义理。这是解《易》的正确理路。而《易》象所指向的，就是与人息息相关的生活世界中的天人万象及其背后的阴阳消息之象等。

虞翻透过具体诠释《易》，揭示了《易》的象世界及其义理，体现出独具《周易》虞氏学典型特色的象视域下的解《易》

[①]　本节部分内容已发表，参见王贻琛：《虞翻象视域下的〈周易〉诠释探微》，《周易研究》2019年第4期。

理路。

这里谨以《大畜》《益》经文诠释与《系辞下传》"盖取诸离"诠释为例,审视虞翻的解《易》理路。

一 《大畜》诠释典型体现的以象解《易》理路

六十四卦经文系列中有《大畜》,虞翻对它作了独具《周易》虞氏学典型特色的具体诠释。该卦经文如下:

☲ 乾下、艮上大畜:利贞。不家食,吉。利涉大川。

初九:有厉,利已。

九二:车说腹。

九三:良马逐,利艰贞。日闲舆卫,利有攸往。

六四:童牛之牿,元吉。

六五:豮豕之牙,吉。

上九:何天之衢,亨。

九二爻辞"车说腹"通行本作"舆说輹","说"即脱,"腹"通"輹",谓系缚车身与车轴的绳索或皮革之类的物件。九三爻辞"闲"即闲习。六四爻辞"童牛之牿"的"牿",通行本作"牿",二字通,谓缚于牛角以防其触物受伤或触伤他物的横木。六五爻"豮豕之牙","豮"谓去公猪之势。上九爻辞"何天之衢","何"通"荷",担荷、承担。《周易》古经有着不同于其他经典的独特的文本形式,即符号和文字的有机结合,六十四卦各卦的卦爻画与卦辞爻辞构成其符号与文字的一体两面,两面间符号符显文字所表达的一切,文字则揭示符号所内含的一切。这一文本形式，尤其是它的符号，给解读者带来了无限的诠释空间。作为六十四卦中的一卦，《大畜》就有着与其他六十三卦同样的这一文本形式。大畜（䷙）初、二、三皆为阳爻，构成内卦乾（☰），四、五阴而上阳，构成外卦艮（☶），下乾上艮两经卦构成别卦大畜。大畜整体符显的，就是卦辞"利贞。不家食，吉。利涉大川"所表达的内容：利于固守其正，不在家中吃饭，而食禄于朝廷，吉祥如意，利于渡越大河或渡越大河般艰难之事。而其各爻所符显的，就是各爻爻辞所表达的内容：初爻符显"有厉，利已"，谓有凶危，利于果断停止行动。二爻符显"车说腹"，谓车脱掉了绑缚其车身与车轴的物件。三爻符显"良马逐，利艰贞。日闲舆卫，利有攸往"，谓好马驰逐训练，利于在艰难的境遇下固守其正，每日操练车战防卫之事，利于有所往。四爻符显"童牛之牿，元吉"，谓给牛犊加上防护牛角的横木，大吉。五爻符显"豮豕之牙，吉"，谓去势的公猪性情温和，虽露出牙齿，不足害物，大吉大利[①]。上爻符显"何天之衢，亨"，谓担荷天之四通八达之大道，亨通。

  作为首部系统诠释阐发古经的著作，含有七种十篇的《易传》通过象数义理相统一的方式，分别以《彖传》对卦象卦辞做出诠释，以《大象传》借对卦象的诠释阐发对人的启迪意义，以《小象传》对爻象爻辞做出诠释。虞翻的诠释基于《易传》、汉代易学的成果以及在此基础上他个人的独到见解。

  对于《大畜》的卦辞，虞翻诠释道：

[①] 崔憬言："《说文》：'豮，剧豕。'今俗犹呼'剧猪'是也。然以豕本刚突，剧乃性和，虽有其牙，不足害物。"参见（清）李道平：《周易集解纂疏》，北京：中华书局，2013年，第281页。

大壮初之上,"其德刚上"也。与萃旁通。二、五失位,故"利贞"。此萃五之复二成临,"临者,大也";至上有颐养之象,故名"大畜"也。二称"家"。谓二、五易位成家人,家人体噬嗑食,故"'利涉大川',应乎天也"。①

大畜卦(䷙)四阳二阴,由十二消息卦中四阳二阴的息卦大壮(䷡)变来:大壮初爻之阳往至上爻之位,其他各爻依次递降一位,上爻成五爻,上六成六五;五爻成四爻,六五成六四;四爻成三爻,九四成九三;三爻成二爻,九三成九二;二爻成初爻,九二成初九,大畜形成,由此显现出大畜符显有阳刚之德者高高居上、受到高度推崇之象。这就突显出朝廷的尊贤养贤之象,以此诠释贤人"不家食,吉",食朝廷俸禄,为天下所尊,无须食于家,贤人吉而天下吉。萃卦(䷬)初、二、三皆阴而成内卦坤(☷),四、五、上分别为阳、阳、阴而成外卦兑(☱),四阴二阳,与大畜同位爻皆阴阳相对,属于旁通关系。大畜二爻之阳居阴位,五爻之阴居阳位,皆不当位而失正,两爻阴阳互应,互易其位则皆得正,所以"利贞"。"利贞"所提示的,就是卦中九二、六五两爻符显物象的失位失正,以及它们变正的应然。六十四卦系列中,乾(䷀)坤(䷁)为诸卦之本,两卦旁通而互显。乾九四与坤初六、乾九五与坤六二、乾上九与坤六三相应。乾九四与坤初六互易其位,乾成小畜(䷈),坤成复(䷗),两卦亦互显,复一阳之小,显小畜之小。小畜(䷈)与豫(䷏)旁通,豫九四对应复初九,豫九四之阳来至小畜所

---

① (清)孙堂辑:《虞翻周易注》,台北:成文出版社有限公司,1976年,第578页。

自来的坤初之位，即成复，复象、豫象进一步对显小畜之象。进而乾九五与坤六二亦即小畜九五与复六二互易其位，分别形成大畜（☲☰）与临（☷☱），《序卦传》说"临，大也"，临阳息所显之大，显大畜之大。大畜（☲☰）与萃（☱☷）旁通，萃之九五对应临九二，萃九五之阳来至大畜所自来的复二之位，即成临，所以说"萃五之复二成临"。临大之象所显即大畜之大。① 这就在萃与大畜的深层复杂旁通关系下，进一步符显了大畜的蓄养深厚博大之象。大畜（☲☰）三至上四爻，三至五互体下震（☳），四至上互体上艮（☶），连互形成别卦颐（☶☳），符显大畜深微的颐养之象。以上种种象，就是大畜涵摄符显的象，也是卦名大畜的由来。二爻为大夫之位，大夫封地称家。大畜九二爻之阳与六五爻之阴互易其位，卦成别卦家人（☴☲），符显家之象；家人（☴☲）初至五五爻，初至三为离而初至二两爻（⚎）震象半见②，三至五互体外离，显一别卦噬嗑（☲☳），《杂卦传》云："噬嗑食也。"噬嗑符显食之象。今颐养之象出现，家、食之象不见，故曰"不家食，吉"。"故'利涉大川'，应乎天也"之前当有缺漏之文。

诠释《大畜》卦象卦辞的《彖传》说："大畜：刚健笃实，辉光日新。其德刚上而尚贤。能健止，大正也。'不家食，吉'，

---

① 潘雨廷先生对上述虞注释云："乾坤相通，干四之坤初成小畜复，亦即小畜四之复初，复一阳小，是谓小畜。小畜五之复二成大畜临，亦即大畜五之临二，临二阳大，是谓大畜。"（潘雨廷《周易虞氏易象释》，《潘雨廷著作集》伍，上海：上海古籍出版社，2016年，第150页）颇具启发意义。

② 李锐常以"某象半见"释虞翻所言连互之象，如："《需》☵☰《象》'君子以饮食宴乐'注云：'二失位变体噬嗑为食。'二变则初至五体噬嗑，初、二震象半见。"参见（清）李锐：《周易虞氏略例》，《续修四库全书·经部·易类》第28册，上海：上海古籍出版社，2002年，第262页。

养贤也。'利涉大川',应乎天也。"虞翻诠释道:

> "刚健"谓乾,"笃实"谓艮。二已之五,"利涉大川"。互体离、坎,离为日,故"辉光日新"也。"健",乾。"止",艮也。二、五易位,故"大正"。旧读言"能止健",误也。二、五易位成家人。今体颐养象,故"'不家食,吉',养贤也"。①

"能健止",通行本作"能止健"。《象传》之意,大畜内卦乾德刚健,外卦艮德笃实,为人处世刚健笃实,人格光辉,日新又新。下乾德健,上艮德止,能使刚健之德在合宜的限度内发挥作用,这才是极大程度的正。不在家吃饭意味着为国家天下效力,食朝廷俸禄,这是君王尚贤、养贤的标志。虞翻的诠释告诉人们:大畜下乾上艮,刚健说的是乾,笃实说的是艮,乾、艮符显的卦德分别就是刚健与笃实。二爻之阳已经往至与其相应的五爻之位,大畜成家人(䷤),二至四爻互体为坎(☵),坎为水,符显大川之象,故"利涉大川"。家人三至五爻、二至四爻分别互体成离(☲)与坎(☵),离符显日之象,所以说"辉光日新"。健与止分别为大畜下乾上艮的卦德,故谓"能健止"。失位互应的九二、六五两爻互易其位,皆居中得正,所以称"大正"。大畜九二、六五两爻互易其位成家人(䷤)。现大畜三至五互体下震,四至上上艮,三至上五爻连互成颐养之象(䷚),不见家人象,所以说"'不家食,吉',养贤也"。

在以上对《大畜》卦辞与《象传》的诠释中,虞翻聚全副

---

① (清)孙堂辑:《虞翻周易注》,台北:成文出版社有限公司,1976年,第579页。

精力，集中诠释了与《大畜》卦辞、《象传》相关的各种象：刚德居上、尊贤、失位、利正、大、养、蓄养盛大、家、家人、食、刚健、笃实、互应之正、日、辉光日新、健、止、大正、养贤等。不难看出，他对象的关注近乎达至偏执的程度，以象的视域观《易》辞、观卦符，成了他理解诠释《易》的终极支点。几乎卦辞、《象传》的每一个字，他都要用象的眼光做出解读，文字被理解成了集中环绕象的载体。以下他对《大畜》的《大象传》、各爻爻辞爻象以及整个《周易》经传文本的诠释，都是严格遵循了这一视野与理路。经过他的诠释，一个含括从天道到人事的复杂多面的《易》的象世界，生动鲜活地呈现在了读者面前，成为人们置身其中的现实世界的一面镜子，其所指向的就是与人们息息相关的现实象世界，现实就是一部活生生的《易》的象世界的大书。以象的视域读懂了《周易》这部经典，人们就可以打开探索世界奥秘的智慧大门，更敏锐地看清现实世界的真相，发现世界的美好与丑恶，迈向美好人生的愿景。不难发现，为了诠释上述各象，虞翻广泛采用了卦变说、旁通说、爻位爻象说、之正说、经卦别卦之象说、互体连互说等象数体例与学说。"大壮初之上"，采用的即为卦变说；"与萃旁通""萃五之复二成临"，采用的即为旁通说；"二五失位""二称'家'""二五易位成家人"，采用的即为爻位爻象说与之正说；"临者大也""噬嗑食""颐养之象"，采用的即为别卦之象说；"至上有颐养之象""体噬嗑""互体离、坎"，采用的即为互体连互说；"刚健谓乾""笃实谓艮""健乾""止艮""离为日"，采用的即为经卦之象说。

《大畜·大象传》云："天在山中，大畜；君子以多志前言往行，以畜其德。"虞翻诠释说：

> "君子"谓乾。乾为言，震为行，坎为志，"乾知大始"，震在乾前，故"志前言往行"。有颐养象，故"以畜其德"矣。①

大畜（䷙）下乾，三至五爻互体为震，失位的九二、六五两爻互易其位，卦成家人（䷤），二至四爻互体成坎。乾阳生生，富含德性，开显君子之象。乾符显君王、父亲、君子而能言，开显言之象。震为足、动（《说卦传》），开显行之象。坎为心病（《说卦传》），开显心、志之象。下三爻为乾，三至五爻为震，此即"震在乾前"。"乾知大始"，见《系辞上传》，谓乾天为宇宙天下终极直接本原，首先创始一切，开显起始之象。大畜（䷙）三至上爻连互成颐（䷚），此即"有颐养象"。乾君子，坎志，震前、行、乾言、始、颐养，以上各象相连，所以称"君子以多志前言往行，以畜其德"。

在以上诠释中，虞翻集中诠释了与《大畜·大象传》相关的各种象：君子、言、行、志、始、前、往、养、蓄养德性。为了诠释上述各象，虞翻采用了一卦本象的经卦之象说、互体之象说、互易其位的之正说、别卦之象说、连互说、逸象说等象数体例与学说。"君子谓乾""乾为言""乾知大始"，采用的即为一卦本象的经卦之象说；"震为行，坎为志""震在乾前"，采用的即为互体说；"坎为志"，用的还是两爻互易其位的之正说。"有颐养象"，采用的即为四爻的连互说与别卦之象说。"君子谓乾。

---

① （清）孙堂辑：《虞翻周易注》，台北：成文出版社有限公司，1976年，第580页。

乾为言，震为行，坎为志"，内中所言乾震坎所符显之象不见今本《易传》，它是虞翻在融会贯通相关易说、经说等的基础上所提出的，是为后人所常言的逸象说。

初九爻辞"有厉，利已"。《小象传》云："'有厉，利已'，不犯灾也。"虞翻诠释说：

> 谓二变正，四体坎，故称"灾也"。①

"犯"，触。大畜（䷙）九二爻以阳居阴位，失位不正，当动变之正。之正后，卦成贲（䷕），二至四爻互体成坎（☵），六四处坎体之中，初九爻与六四爻阴阳互应，坎为险，开显灾之象，灾象应初，此即"灾也"。

在对《大畜》初九爻爻辞、《小象传》的诠释中，虞翻聚焦于初九爻，集中诠释了变正、灾之象。为了诠释变正、灾之象，他采用了动之正说、互体说与爻位互应说。

九二爻辞"车说腹"。《小象传》云："'车说腹'，中无尤也。"虞翻诠释说：

> 萃坤为车，为腹，坤消乾成，故"车说腹"。"腹"，或作"輹"也。②

大畜（䷙）与萃（䷬）旁通，萃下体为坤，坤为大舆、为腹（《说卦传》），"舆"即车。动态上萃自初爻发生变化，阳变阴，阴变阳，最终即会通为大畜。这一过程可以视为旁通卦萃初六之阴、六二之阴、六三之阴渐消而下体坤消，继之，九四之

---

① （清）孙堂辑：《虞翻周易注》，台北：成文出版社有限公司，1976年，第580页。
② 同上。

阳、九五之阳、上六之阴渐消而上体兑消，从而全消，对应本卦大畜初九之阳、九二之阳、九三之阳渐息而下体乾成，继之，六四之阴、六五之阴、上九之阳渐息而上体艮成，从而全成的过程。大畜九二之阳所处的下体乾，即是在上述过程中因萃六二所处的下体坤消而成，故云"坤消乾成"。二爻所在下体乾成坤消，坤车、腹之象消失，此即"车说腹"。在诠释《大畜》九二爻时，解读者往往仅看到九二爻之象、九二爻与卦中其他爻的关系之象、九二爻所处的下经卦坤之象以及九二爻所处的整体别卦大畜之象，这些都属于一卦当下直接可观之本象，而本象之外是否还隐藏着什么，则每每为人们所忽视。虞翻正是抓住了这一被人所忽视之维，借助旁通揭示了显隐两个维度下的一切。他提示人们，九二爻所在下体乾象，仅仅是大畜卦显现于外之象，其下还含藏着与大畜旁通的六二爻所处的下体坤之象，乾坤二象直接相通，一显于外，一藏于内，相依共存，不可分开，而且还动态变动相通，乾象即由坤象变动流通而来，同理，坤象亦可由乾象变动流通而成。虞翻读"腹"如本字，不以"輹"释之，同时又提示了另一版本作"輹"。

在对《大畜》九二爻爻辞、《小象传》的诠释中，虞翻聚焦于九二爻，集中诠释了车、腹、消隐与息显、车说腹诸象。为了诠释以上各象，他采用了旁通说、经卦卦象说。"萃坤为车，为腹"，采用的即为旁通卦的下经卦之象说。"坤消乾成""车说腹"，采用的即为旁通卦间现在之维下显与隐互通、时间过程之维下流转相通说。

九三爻辞"良马逐，利艰贞，吉。日闲舆卫。利有攸往"，《小象传》曰："'利有攸往'，上合志也。"虞翻诠释说：

乾为良马，震为惊走，故称"逐"也。谓二已变，三在坎中，故"利艰贞，吉"。离为日，二至五体师象，坎为闲习，坤为车舆，乾人在上，震为惊卫，讲武闲兵，故曰"日闲舆卫"也。①

谓上应也。五已变正，上动成坎，坎为志，故"利有攸往"，与"上合志也"。②

大畜（䷙）下乾，乾为良马（《说卦传》）。三至五爻互体为震，震卦辞"震惊百里"，《说卦传》言震为足，于是震开显出惊走之象。乾良马、震惊走之象相连，显示良马惊走驰逐之象，故云"逐"。二爻之阳以阳爻居阴位，失位不正，动而之正，卦成贲（䷕），二至四爻互体成坎，坎符显险、艰险，三爻之阳当位得正，处坎险之象中，此即"利艰贞，吉"，即利于在艰难的人生境遇中固守其正，如此，人生才会吉祥如意。贲下体为离，离为日（《说卦传》）。二至五爻四爻连互，二至四互体下坎，三至五互体上震，成一别卦解（䷧），解卦五爻、上爻之阴的组合成坤象半见③（☷），下坎上坤而为别卦师（䷆），开显师之象。贲互体之坎，坎为水，水流而连续不绝，有反复练习之象，卦又称习坎，开显闲习之象。离日、师师、坎闲习之象互连，开显师日闲之象。大畜（䷙）与萃（䷬）旁通，大畜九三之阳所处下体为乾，旁通萃卦六三之阴所处下体之坤。坤为舆

---

① （清）孙堂辑：《虞翻周易注》，台北：成文出版社有限公司，1976年，第580—581页。
② 同上，第581页。
③ 相似情况有"《豫》'利建侯，行师'注云：'三至上体师象。'二至上体师，五、上坤象半见。"参见（清）李锐：《周易虞氏略例》，《续修四库全书·经部·易类》第28册，上海：上海古籍出版社，2002年，第263页。

(《说卦传》），开显车舆之象。乾为父，乾阳生生有德，人为万物之灵，于是，乾开显君子、人之象。乾人之象显现于外，坤车舆之象直接含藏于其下，此即人乘车舆。震为惊走，受惊则易引发防卫之心，于是震开显惊卫之象。人坐车马，讲习操练防卫作战之事，故曰"日闲舆卫"。

"上合志"《小象传》谓九三爻之阳与上心志相合，虞翻则明确认为九三爻之阳与上爻心志相合。九三爻之阳与上九之阳处在相应关系的爻位上，但前者当位得正，后者失位失正，二者爻性相同不得相应。与上九同处上体的六五之阴以阴爻居阳位，同样失位失正，在先于上九已经动变之正后，上九之阳再行变动之正，上体成坎，坎符显心志之象已见上，此时，三上一阳一阴，得以相应，九三之阳利于前往处坎心志象中的上六之阴所在上位，故"利有攸往"，与"上合志也"。

在对《大畜》九三爻爻辞、《小象传》的诠释中，虞翻聚焦于九三爻，集中诠释了良马、惊走、逐、变正、艰、艰中守正、吉、日、师、闲习、车舆、人在上、惊卫、讲武闲兵、相应、志、往诸象。为诠释以上诸象，虞翻采用了经卦别卦之象说、当位失位说、动之正说、互体连互说、旁通说、逸象说、爻位得应失应说。"乾为良马""震为惊走""坎艰""离为日""坎为闲习""坤为车舆""乾人""震为惊卫""坎为志"采用的即为经卦之象说。"二已变""五已变正，上动成坎"采用的即为当位失位说与动之正说。"震为惊走""二至五体师象"采用的即为互体连互说。"坤为车舆，乾人在上"采用的即为旁通说。"震为惊走""坎为闲习""乾人""震为惊卫"采用的即为逸象说。"上应也"采用的即为爻位得应失应说。

六四爻"童牛之告，元吉"。《小象传》云："六四'元吉'，有喜也。"虞翻诠释说：

> 艮为童，五已之正，萃坤为牛。"告"谓以木楅其角。大畜，畜物之家，恶其触害。艮为手，为小木，巽为绳，绳缚小木，横着牛角，故曰"童牛之告"。得位承五，故"元吉"而"喜"。"喜"谓五也。①

大畜（☰☶）六四阴爻所处的上体为艮，艮为少男（《说卦传》），故而本卦中艮符显童之象。六五爻以阴爻居阳位，动变之正后，上体成巽。大畜（☰☶）与萃（☷☱）旁通，与四爻相应的初爻所处萃下体为坤，《说卦传》言"坤为牛"。"告"即以横木缚于牛角，"楅"本谓缚于牛角之木，此作动词用。大畜是一个符显蓄养物类的专卦，蓄养牛而厌恶其触伤其他物类。"艮为手"，艮为少男，艮"其于木也，为坚多节"（《说卦传》），少男有少小之象，又为木，由此开显小木之象。"巽为绳直"见《说卦传》，于是，巽符显绳之象。以艮手用巽绳绑缚艮小小横木于牛角，此即"童牛之告"。六四爻以阴爻居阴位，当位得正，在九五阳爻之下，顺而承之，阴顺阳，柔承刚，大吉而有喜庆。"喜"说的是被六四阴柔所顺承的九五阳刚。

在对《大畜》六四爻爻辞、《小象传》的诠释中，虞翻聚焦于六四爻，集中诠释了童、变正、牛、施木楅于牛角、蓄物、触害、手、小木、绳、得位、顺承、元吉、喜诸象。为了诠释以上诸象，他采用了经卦别卦之象说、当位失位说、动之正说、旁通

---

① （清）孙堂辑：《虞翻周易注》，台北：成文出版社有限公司，1976年，第581—582页。

说、爻位乘承说、逸象说。"艮为童","萃坤为牛""大畜,畜物之家""艮为手,为小木,巽为绳"采用的即为经卦别卦之象说。"五已之正"采用的即为当位失位说、动之正说。"得位承五"采用的即为当位失位说、爻位乘承说。"艮为童""艮为小木,巽为绳"采用的即为逸象说。

六五爻辞云:"豶豕之牙,吉。"《小象传》云:"六五之'吉',有庆也。"虞翻诠释道:

> 二变时,坎为豕,剧豕称"豶",令不害物。三至上体颐象,五变之刚,巽为白,震为出,刚白从颐中出,牙之象也。动而得位,"豶豕之牙,吉"。①
>
> 五变得正,故"有庆也"。②

大畜六五之阴与九二之阳阴阳相反而互应,但皆失位失正,九二爻动而之正时,卦成贲(䷕),二至四爻互体成坎,坎为豕(《说卦传》)。"剧",即给公猪去势,去势的公猪即称"豶"。给公猪去势就是为了不使其伤害其他物类。大畜(䷙)与贲(䷕)三至上爻四爻连互,三至五爻互体为下震,四至上爻为上体艮,下震上艮成颐(䷚),符显腮颊之象。六五之阴动变之正,成阳刚之象,所在上体成巽,"巽为白"见《说卦传》,六五之阴未变时,三至五爻互体成震,六五即处此震体之中,《说卦传》言"万物出乎震",故而震有出之象。六五变阳刚,刚现巽白之象亦现,皆从颐腮颊象中出现,符显牙之象。六五动变成

---

① (清)孙堂辑:《虞翻周易注》,台北:成文出版社有限公司,1976年,第582页。

② 同上。

九五而得位，去势之猪露出其牙，吉祥如意。

六五之阴动变得正，故呈现喜庆之象。

在对《大畜》六五爻爻辞、《小象传》的诠释中，虞翻聚焦于六五爻，集中诠释了变正、豕、剧豕、不害物、颐腮颊、刚、白、出、牙、得位、吉诸象。为了诠释以上诸象，他采用了爻位互应说、动之正说、互体连互说、经卦别卦之象说、爻象说、逸象说。其中"二变""五变"采用的即为爻位互应说与动之正说，"坎为豕""三至上体颐象"采用的即为互体连互说，"坎为豕""巽为白，震为出""颐象"采用的即为经卦别卦之象说，"五变之刚"采用的即为爻象说，"坎为豕""巽为白，震为出"用的是逸象说。

上九爻辞"何天之衢，亨"。《小象传》曰："'何天之衢'，道大行也。"虞翻诠释道：

"何"，当也。"衢"，四交道。乾为天，震、艮为道，以震交艮，故"何天之衢"。"亨"，上变，坎为亨也。①

谓上据二阴，乾为天道，震为行，故"道大行"矣。②

"何"通"荷"，为担荷、担当。"衢"为"四交道"，即四通八达的大道。大畜（䷙）上爻与处下体乾中的三爻具有爻位上的相应关系，三至五互体震，上体为艮，三处震体，上处艮体，震艮二体相交连。"震为大涂"，"艮为径路，为门阙"（《说卦传》），于是震、艮符显道之象。震道、艮道之象相交，

---

① （清）孙堂辑：《虞翻周易注》，台北：成文出版社有限公司，1976年，第582页。

② 同上，第583页。

开显四交道的衢象。乾天之象在下，震道、艮道相交之象在上，符显"何天之衢"之象。上九以阳居阴位失位失正，在六五爻动变之正的基础上，上九爻再动变之正，所在上体由艮变成坎，《说卦传》言"坎为通"，亨通之象显现。一卦之中，阳爻在阴爻之上称"据"，谓阳刚能统领控制阴柔。上九阳爻在六四、六五二阴之上，具有统领控制后者之势。下乾符显天道，互震为足符显行之象，二象相连开显"道大行"之象。

在对《大畜》上九爻爻辞、《小象传》的诠释中，虞翻聚焦于上九爻，集中诠释了担荷、衢、四交道、天、道、交、亨、据、天道、行诸象。为了诠释以上诸象，他采用了经卦之象说、互体之象说、当位失位说、动之正说、逸象说、爻爻相据说等象数体例学说。其中"乾为天"采用的即为经卦之象说，"坎为亨"采用的即为互体之象说，"上变"采用的即为当位失位说与动之正说，"震、艮为道""坎为亨""乾为天道，震为行"采用的即为逸象说，"上据二阴"采用的即是爻爻相据说。

二 《益》诠释典型体现的以象解《易》理路

对《益》的卦辞、《彖传》，虞翻作了如下诠释。

《益》卦辞云："利有攸往，利涉大川。"虞翻诠释说：

> 否上之初也。"'损上益下'，其道大光"。二利往坎应五，故"'利有攸往'，中正有庆"也。谓三失正，动成坎，体涣，坎为大川，故"利涉大川"，涣，舟楫象，"木道乃

行"也。①

益卦内震外巽,它由否卦变来。否卦上爻之阳下降至初爻之位,其他各爻依次递升一位,益卦形成。亏减上卦以增益下卦,其道得以盛大光显。益卦所显现的益,就是损上益下之益。这一损上益下,就来自否卦上爻之阳降至初爻之位。益卦二爻以阴爻居二之阴位与下卦之中位,五爻以阳爻居五之阳位与上卦之中位,阴阳相反而中正互应,可相互往来。上爻以阳爻居上之阴位,三爻以阴爻居三之阳位,二者处互应之爻位,皆失位失正,一往一来互易其位,则皆当位得正,卦成既济（☲☵）,五处上卦坎中,二利于前往处此坎中的五,这就是"'利有攸往',中正有庆"。三爻失位失正,变阴为阳,当位得正,二至上五爻连互,二至四爻互体成坎,四至上爻为巽,下坎上巽为涣（☴☵）,三就处在涣体之中。坎卦符显水,进而符显大川,故曰"利涉大川"。《系辞下传》说:"刳木为舟,剡木为楫,舟楫之利,以济不通,致远以利天下,盖取诸涣。"因此涣有舟楫之象,木船航行之道得以顺利实现。

《益·彖传》曰:"益,损上益下,民说无疆,自上下下,其道大光。'利有攸往',中正有庆。'利涉大川',木道乃行。益,动而巽,日进无疆。天施地生,其益无方。"虞翻诠释说:

> 上之初,坤为无疆,震为喜笑,"以贵下贱,大得民",故"说无疆"矣。乾为大明,以乾照坤,故"其道大光"。或以上之三,离为大光矣。"中正"谓五,而二应之,乾为

---

① （清）孙堂辑:《虞翻周易注》,台北:成文出版社有限公司,1976年,第657—658页。

庆也。谓三动成涣,涣,舟楫象,巽木得水,故"木道乃行"也。震三动为离,离为日,巽为进,坤为疆,日与巽俱进,故"日进无疆"也。乾下之坤,震为出生,"万物出震",故"天施地生"。阳在坤初为无方,"日进无疆",故"其益无方"也。①

《彖传》之意,益卦符显减损在上者,增益在下者,天下百姓无限喜悦。天子将恩惠下施于天下百姓,这种仁政德治的王道盛大光显。利有所往,说的是五阳符显的天子之中正与二阴符显的臣民之中正,以及彼此的相应,有利于他们相互来往,吉庆祥和。利涉大川,说的是木制成的船一类交通工具航行之道得以实现。益卦下震上巽,震巽分别符显动、巽之德,巽即逊顺,动而逊顺,则日进无限。《彖传》盖谓益由减损否四增益否初而来,四所在的乾天施予,初所在坤地化生,广泛惠益万物,不受场域限制。虞翻的诠释:否卦上爻之阳来到初爻之位,否下卦坤为地,广袤无垠而有无疆之象,所成益卦下震符显春天生机盎然、万物欢欣喜乐之象。阳尊阴卑,否上之初,以阳的尊贵身份下至卑贱之阴之下,大得民心,所以民悦无疆。否外卦为乾,内卦为坤,乾纯阳而光明,《乾·彖传》谓"大明终始",是以乾符显大明之象。否之上乾光照下坤,并以一阳下施坤初,乾之道盛大光显。另一观点认为,益卦三上两爻互易其位,卦成既济,内卦离为日为火符显大光。中正指的是五爻之阳,而二爻之阴与其相互应和。乾阳为德为善,故否上乾表征吉庆之象。益卦三爻变

---

① (清)孙堂辑:《虞翻周易注》,台北:成文出版社有限公司,1976年,第658—659页。

动,二至上五爻连互形成涣卦,涣有舟楫之象。涣上巽木得下坎水,所以"木道乃行",木制成的船在水中得以顺利航行。益卦下震,三爻变动形成离卦,离卦符显日之象。益卦上巽,《说卦传》谓"巽为进退",故巽有进之象。否卦下坤有无疆之象,李道平认为"'坤为疆',当脱'无'字",是。所以日进无疆。否卦上乾之阳至下坤之初,下卦成震,震卦符显春天万物出生之象,《说卦传》说"万物出乎震",所以称"天施地生"。否卦下坤地为方,否上阳来初,坤方之象消失,日进无疆,所以"其益无方"。

通过以上虞翻对《益》卦辞与《象传》的诠释,我们不难发现,他的注文主要内容就是各种卦象、爻象,他诠释的核心内容在于象。在他看来,卦爻辞与传文表达的核心内容是象,这些象并非凭空而来,而是以卦爻符号作为其来源依据。卦爻作为符号,符显着各种象。他将卦爻符号与卦爻辞及传文相互对照,借助卦爻符号以找到卦爻辞及传文所表达的象。为寻得诸象,他采纳了卦变说、爻位爻象说、互应往来说、之正说、经卦别卦之象说、互体连互说等象数体例与学说。因此虞翻推出这些象数体例与学说,其第一位的目的,就在于找出经文中所涉及的象。象成了他诠释《易》的支点。

"否上之初",运采用的即为卦变说;"二利往坎应五",采采用的即为爻位互应往来说;"中正有庆",采用的即为当位中位的爻位爻象说;"上之三",采用的即为之正说与爻位往来说;"三失正,动成坎",采用的即为之正说;"体涣",采用的即为互体连互说;"坎为大川""坤为无疆""震为喜笑""乾为大明""乾为庆""离为日""巽为进""震为出生",采用的即为经卦之象说;

"涣舟楫象",采用的即为互体连互说与别卦之象说。

三 《系辞下传》"盖取诸离"诠释典型体现的以象解《易》理路

《系辞下传》曰:"古者庖牺氏之王天下也,仰则观象于天,俯则观法于地,观鸟兽之文,与地之宜,近取诸身,远取诸物,于是始作八卦,以通神明之德,以类万物之情。作结绳而为罟,以田以鱼,盖取诸离。"虞翻诠释说:

> "庖牺",太昊氏,以木德王天下。位乎乾五,五动见离,离生木,故知火化,炮啖牺牲,号"庖牺氏"也。谓庖牺观鸟兽之文,则天八卦效之。"《易》有太极,是生两仪,两仪生四象,四象生八卦。"八卦乃四象所生,非庖牺之所造也。故曰:"象者,象此者也。"则大人造爻象以象天卦可知也。而读《易》者,咸以为庖牺之时,天未有八卦,恐失之矣。"天垂象,示吉凶,圣人象之",则天已有八卦之象。离为目,巽为绳。目之重者唯罟,故结绳为罟。坤二五之乾成离。巽为鱼。坤二称"田",以罟取兽曰"田"。故"取诸离"也。①

《易传》提示人们,《易》的开创者庖牺,即伏羲,在其王天下时,放眼宇宙,心系天下,仰观日月星辰之象,俯察山川草木之形,观鸟兽毛皮纹理,察地生长生存之宜,进而近处观取于

---

① (清)孙堂辑:《虞翻周易注》,台北:成文出版社有限公司,1976年,第847—848页。

身体，远处观取于他物，由是创作出八卦，用以感通神明的德性，归类万物之情实。有了八卦就有了《易》的滥觞，有了八卦和《易》进而就可以之来反观宇宙，于是，宇宙就成了八卦的世界和《易》的世界。他将绳索结成网来打猎捕鱼，改善民生，大概就是启发自八卦中的离卦之象。于是，开启了以八卦与《易》进行器物制造、文明建设，从而拓展人文天下这一伟大历史进程。虞翻进而从象的角度做出了进一步阐发。太昊伏羲，以木德王天下，王之位在乾之九五爻之位，九五阳爻动变成六五阴爻，上体变为离，离为火生于木，知晓生火烧烤后食用牺牲，因而号称庖牺氏。庖牺仰观天文星象，尤其是日月运转所历十二星次、二十八星宿之象①，效法日月在天所成已有的八卦，画出了由阴阳两种爻画符号构成的八卦。于是，伏羲八卦的内涵首先指向的就是日月在天所成八卦的内涵，这一内涵也成了《易》的奠基石。《系辞上传》说"《易》有太极，是生两仪，两仪生四象，四象生八卦"，说的是宇宙终极本原太极，即阴阳二气尚未分化的太一，它发生分化后，形成了乾天（☰）与坤地（☷）两仪，两仪中气相交，形成离日（☲）坎月（☵），离下离上、坎下坎上符显日月在天运转不息；别卦离下离上离，三至五互体兑，别卦坎下坎上坎，二至四互体震，震初兑秋，坎冬离夏，四象即四时，是为两仪生四象。别卦离三至五又互体巽，别卦坎三至五又互体艮，由是显现乾震坎艮坤巽离兑八卦。这八个卦，就本原意义而言，直接指向日月在天所成八卦，乾生于甲，坤生于乙，甲乙为东方春震春之位；艮生于丙，兑生于丁，丙丁为南方

---

① "陆绩曰：'谓朱鸟、白虎、苍龙、玄武四方二十八宿经纬之文。'"参见（清）李道平：《周易集解纂疏》，北京：中华书局，2013年，第622页。

夏离之位；震生于庚，巽生于辛，庚辛为西方兑秋之位；坎月离日往来中天中宫戊己之位，而后相会于壬癸，标志八卦壬癸位北方坎冬之位。可见八卦本来就在震春离夏兑秋坎冬四象场位出现，并非伏羲由无到有创作出来的。所以《系辞下传》说："象者，象此者也。"即八卦之象所象的就是在天八卦。那么就可以知晓，大人伏羲独具慧眼，发现了在天八卦，创造爻象画出八卦之象用以象征在天八卦。而阅读《易》的人们皆以为伏羲之时天没有八卦，这恐怕是错误的。天垂示在天八卦之象以示吉凶，圣人伏羲作八卦来象征在天八卦，说明天上本来就有八卦之象。日月在天八卦引动乾天坤地阴阳消息化生大千世界，于是就由八卦到六十四卦。圣人观象制器。六十四卦中有离（☲），发现八卦奥秘，创作《易》的第一位圣人伏羲，观离卦所内涵的象，制造出网，让万民用来打猎捕鱼，改善生活品质：别卦离下离上离，符显目重叠之象，二至四爻互体巽，符显绳之象。用绳结成目孔重重相叠的器物，网罟就制成了。故结绳为罟。坤六二、六五之阴往至乾二、五爻之位，乾变成离，二至四爻互体巽，巽符显鱼之象。坤符显地之象且坤二爻处地之位的上位，由此坤二符显田之象，用网罟猎捕动物称作"田"。因此，制作网罟打猎捕鱼是取象于离卦（☲）。

在虞翻看来，别卦离中内含的离目之象、巽绳之象、重离目孔重叠之象，是伏羲网罟得以制成的启发来源。巽鱼之象、坤二田之象，则是伏羲用网罟来打猎捕鱼的启发来源。可见，虞翻进一步指出，伏羲开启了依据《易》象进行器物制造的进程，拉开了人文天下发展的序幕。

四 解《易》象数体例、学说与《周易》虞氏学的建构

综上可见，虞翻遵循以象解《易》的理路，借助各种象数体例与学说，对《易》做出了诠释，借此构建起独具特色的《周易》虞氏学。这些象数体例与学说以及借这些象数体例与学说诠释着的象，每每给初学者以目不暇接、眼花缭乱之感。虞翻推出这些象数体例与学说，其第一位的目的，也是在于找出经文中所涉及的象。对于整部《易》的诠释，情形全然如此。借助这些象数体例与学说所诠释的象，有天道的也有人事的，有自然的也有人文的，广泛指向人所置身其中的大千世界、人文天下的万物万象。由此，虞翻以象为支点的《易》诠释理路昭然若揭，他借象诠释了卦爻符号、卦爻辞及传文，揭示了符号与文字密切相关的文本架构与内在底蕴。

虞翻所采纳的这些象数体例与学说，主要有：基本爻象说，爻位阴阳说，当位、失位说，得应、失应说，乘、顺（承）说，中位说，三才之位说，往来说，升降说，月体纳甲说，卦气消息说，卦变说，旁通说，反象说，上下象易说，互体连互说，半象说，动之正与成既济定说，权变说，逸象说，等等。这些体例与学说，在虞翻那里，首要的是诠释《易》象的有效工具和手段，但是它们本身则有着丰富的思想内涵，彼此之间也有着思想的深层关联，因而又成为构建《周易》虞氏学的系列支柱。虞翻透过这些体例与学说，不仅找到了相关的象，而且进而揭示了这些象在大千世界、人文天下中的本原、产生、变化、关联及它们整体的理想境地。对于这些象数体例与学说，学界多有研究，在此

笔者不再着墨。笔者的问题意识集中关注的是，虞翻借助这些象数体例与学说所构建起的《周易》虞氏学思想体系。围绕这一问题意识的探讨论述，将在以下章节中逐步展开。本书认为，虞翻的这些象数体例与学说，有着内在的逻辑关联次序，这一逻辑关联次序往往被学界所忽略。它们的主干次序是：日月为易、日月在天成八卦、十二消息、十二消息变生杂卦、旁通、反象、上下象易、互体连互、半象、动之正与成既济。本书对《周易》虞氏学思想体系的探究，将依循这一主干次序展开。

第二章　易道阴阳消息下的易场

在《易传》阴阳之道的基础上，接续汉代易学卦气易学的语境，虞翻认为，易道就是一种阴阳消息之道，阴阳消息形成了日月在天八卦易场，引发了大宇宙十二消息卦易场，化生了万物大千世界。涵括天道人事的《易》的象世界，指向的就是人现实置身其中的两个易场下的万物大千世界之象，而最深层的象，首先就是在天八卦易场下的日月各象，其次则是十二消息卦易场下的阴阳消息之象。

《易传》以阴阳诠释由"--""—"组成的八卦六十四卦的符号系列，诠释整个经文，揭开了《易》的阴阳的世界，揭示了阴阳之道是这一世界的根柢之道。汉代易学的卦气说立足于《易传》揭示的阴阳之道，突出了阴阳之气动态的消息进退。虞翻继之，以阴阳加消息，确立起《易》阴阳消息之大义。《丰·彖传》云："日中则昃，月盈则食，天地盈虚，与时消息，而况于人乎？况于鬼神乎？"天地宇宙间日月有其盈亏消息，天地亦有其盈虚消息，由此带来了一个盈虚消息着的世界，人在其中不例外，鬼神在其中也不例外。这一重要论断，启迪虞翻以日月盈虚与阴阳消息解读坎离与乾坤,解读《易》的阴阳世界,这是他推出日月在天成八卦阴阳消息之象与十二消息之象的经典依据。《剥·象传》云:"君子尚消息盈虚,天行也。"剥(䷖)呈现了阴消剥阳即将把阳消尽之象,阴阳的消息盈虚是天地宇宙间的天道必然,君子应当看重这一必然,直面并应对这一必然。这一论断使虞翻坚定确立起以阴阳消息解读《易》的信念与视域。

第一节 日月在天所成的八卦易场

在丰富多彩的《易》的象世界中,虞翻认为,最具本原意义的,就是由伏羲发现的在天八卦之象。正是此八卦之象,成为《系辞下传》所言"是故《易》者象也,象也者,象也"所首先指向的象,这一象系列呈现了内涵阴阳消息底蕴的在天八卦易场。

一 在天八卦之象

在《易传》看来,《易》开示人们的,归根结底是各种象,这些象是对现实大千世界中万物万象的模拟—象征—蕴含—符显,卦爻符号由模拟它们而画出,画出后,卦爻符号就成为它们的象征—蕴含—符显者,而卦爻辞则是它们的文字形式的表达者。例如,作《易》圣人模拟天、圜、君、父、玉、金、寒、冰、马之类(《说卦传》)画出了符号形式的乾卦(☰),画出后，乾卦就成了以上天等诸象的象征—蕴含—符显者，而相关卦爻辞等即以文字的形式表达着这些象。虞翻高度认同《易传》的上述观点，并据此借助各种象数体例与学说，抉发《易》文本中的各种象，而对《易》作出了细致具体的诠释。不仅如此，他还进一步揭示出，《易》开示人们的最本原之象，乃是日月悬天所成八卦之象。

针对"是故《易》者，象也"，虞翻注云："易谓日月在天成八卦象，县象著明，莫大日月是也。"① 又注《系辞上传》"县象著明，莫大乎日月"云："谓日月县天，成八卦象。"② 注"是故君子所居而安者，《易》之象也"云："'象'谓乾二之坤成坎月、离日，日月为象。"③ 注"显道神德行"云："乾二、五之坤，成离日、坎月，日月在天，运行照物。"④ 乾（☰）二、五之阳符显天阳的中气，坤（☷）二、五之阴符显地阴的中气，前者与后者互易其位、交感互通，形成下离上离、下坎上坎的离（☲）日坎（☵）月之象。在他看来，《易》开示的象，最根本的，最具本原意义的，也是最显明的，就是得天阳地阴中气的日月之象，就是日月运行于天所形成而垂示人们的八卦之象，因此，《系辞上传》说"县象著明莫大乎日月"。在他看来，离日坎月是打开《易》这部书奥秘的金钥匙。离日坎月作为宇宙阴阳消息的动力源，最终引动了一部阴阳大化、万象纷呈的现实壮观《易》书。要读懂圣人的《易》这部经典，要读懂人们自己

---

① （清）孙堂辑：《虞翻周易注》，台北：成文出版社有限公司，1976 年，第 856—857 页。
② 同上，第 836 页。
③ 同上，第 798—799 页。
④ 同上，第 823 页。

身处其中的现实壮观的《易》这部大书，就要从读懂离日坎月之象做起。

虞翻认为，《易》这部经典创作的源头乃八卦，而最本原的八卦在天上，这八个卦属于本然已然的存在，始终悬垂展示于世人面前，决定着宇宙大千世界的命运，不是由第一位作《易》圣人伏羲所创造，而是由伏羲所效法，才有了《易》文本中的八卦。天上的这八卦之象，因日月运转，而在几个特定的时间与空间，周而复始地依次出现。此即虞翻《系辞上传》"县象著明莫大乎日月"注所云：

> 谓日月县天，成八卦象：三日莫，震象出庚；八日，兑象见丁；十五日，乾象盈甲；十七日旦，巽象退辛；二十三日，艮象消丙；三十日，坤象灭乙；晦夕朔旦，坎象流戊；日中则离，离象就己，戊、己土位，象见于中，"日月相推，而明生焉"，故"县象著明，莫大乎日月"者也。①

每月初三日日暮时分，新月震象（☳）出现于庚位西方；初八日，上弦月兑（☱）象显现于丁位南方；十五日，圆月乾（☰）象盈满于甲位东方；十七日晨，缺月巽（☴）象消退于辛位西方；二十三日，下弦月艮（☶）象消退于丙位南方；三十日，全晦之月坤（☷）象灭丧光明于乙位东方；每月晦日傍晚、朔日之晨，月之坎（☵）象流动至于戊位中天；每日正午，日之离（☲）象贴近于己位中天。这就是最本原的八卦之象，正是由于它们的存在，才启迪伏羲画出符号形式的八卦，才有了

---

① （清）孙堂辑：《虞翻周易注》，台北：成文出版社有限公司，1976年，第836—837页。

《易》的诞生。所以在诠释《系辞下传》"于是始作八卦"时，他说：庖牺"则天八卦效之"，八卦"非庖牺之所造也"，"大人造爻象以象天卦可知也，而读《易》者，咸以为庖牺之时，天未有八卦，恐失之矣"，"则天已有八卦之象"①。

这就是《易》八个最本原之象在天出现的时空方位。

虞翻之前，八卦的作者为伏羲已成共识，然而虞翻却偏出惊人之语，说伏羲不是八卦的原创者，而是在天八卦的效法者，说在天八卦才是启发伏羲创作《易》的直接源头。言外之意，虞翻暗中自视为当代《易》直接源头在天八卦的重新发现者、《易》的源头奥秘的当代揭示者，与当年的伏羲对《易》的贡献一前一后，遥相呼应。这可看作虞翻甚为看重的《周易》虞氏学的重大贡献。

二 在天八卦易场

依虞翻之见，基于离日坎月运转出现于不同时空方位的在天八卦之象，呈现着阴阳消息的过程，构成了内涵阴阳消息之道的在天八卦易场。

对于此在天八卦之象，虞翻《坤·彖传》"'西南得朋'，乃与类行。'东北丧朋'，乃终有庆"注又有进一步诠释，并揭示了《易》这八个最本原之象所构成的在天八卦易场：

谓阳得其类，月朔至望，从震至乾，"与时偕行"，故

---

① （清）孙堂辑：《虞翻周易注》，台北：成文出版社有限公司，1976年，第847—848页。

第二章 易道阴阳消息下的易场

"乃与类行"。阳丧灭坤,坤终复生。谓月三日震象出庚,故"乃终有庆"。此指说《易》道阴阳消息之大要也。谓阳,月三日,变而成震出庚,至月八日,成兑见丁,庚西丁南,故"西南得朋"。谓二阳为朋,故《兑》"君子以朋友讲习",《文言》曰"敬义立而德不孤",《象》曰"乃与类行"。二十九日,消乙入坤,灭藏于癸,乙东癸北,故"东北丧朋"。谓之以坤灭乾,坤为丧故也。马君云:"孟秋之月,阴气始著,而坤之位,同类相得,故'西南得朋'。孟春之月,阳气始著,阴始从阳,失其党类,故'东北丧朋'。"失之甚矣!而荀君以为:"阴起于午,至申三阴,得坤一体,故曰'西南得朋'。阳起于子,至寅三阳,丧坤一体,故'东北丧朋'。"就如荀说,从午至申,经当言"南西得朋";子至寅,当言"北东丧朋"。以乾变坤,而言"丧朋",经以乾卦为丧耶?此何异于马也?[①]

虞翻在指明日月在天所成八卦象出现的时空方位后,这里即进一步点出了在天八卦之象所内涵的阴阳消息之意。月象光明面展现着阳,属于阳的同类;阴暗面展现着阴,属于阴的同类。从每月初一到十五望日,从庚西震象(☳),历丁南兑象(☱),至乙东乾象(☰),展现阳的月象光明面先后随着时间的推移而不断增大推进,此即"与时偕行",阳就与月象光明面这一同类同行。月有大小之分,大月三十日,小月二十九日。月二十九、三十日,阳丧灭于全晦的坤象(☷),坤象终结,阳又重新生

[①] (清)孙堂辑:《虞翻周易注》,台北:成文出版社有限公司,1976年,第473—475页。

出。这就是初三日出现在庚位西方的震象（☳）。这就意味着对于阳而言的喜庆之事终于发生。前文"出""见""盈""退""消""灭"几个字眼，这里出现的"变""成""出""见""消""入""灭藏"几个字眼，生动呈现着的，就是阴阳消息的鲜活场景。由上可见，这些因日月运转所形成的八卦之象，最先初步透显出阴阳消息的宇宙奥秘所在，初步透显出宇宙的阴阳消息之道。而这一阴阳消息之道，是大千世界背后起终极决定作用的宇宙根本大道，也是《易》所揭示的根本之道。《坤》卦辞"西南得朋，东北丧朋"与《象传》"'西南得朋'，乃与类行。'东北丧朋'，乃终有庆"所点示、指出、说明的，就是作为《易》道实质的阴阳消息之道的概要，也是宇宙阴阳消息根本大道的概要。这一阴阳消息以阳为主，说的是阳，在每月初三日，由全晦坤象（☷）变为一阳震象（☳），出现在庚位，到每月的初八日，形成二阳兑象（☱），出现在丁位，庚位在西，丁位在南，因此阳先后在西方、南方得到了其同类，此即"西南得朋"。说的是由震之一阳到兑之二阳，二阳为朋类。《兑·大象传》说的"君子以朋友讲习"的朋友，本卦《文言传》说的"敬义立而德不孤"，《象传》说的"乃与类行"都是指的兑之二阳为朋。每月二十九日或三十日，作为阳的同类的月象光明面，在乙位消失进入坤象（☷），又灭藏于癸位坤象（☷），乙位在东，癸位在北，所以阳先后在东方、北方失去了其同类，此即"东北丧朋"。说的是全晦的坤象（☷）消灭了全盈的乾象（☰），坤是符显丧灭之象的缘故。对此，马融与荀爽皆以阴阳消息说释之。马融解释称，按照十二消息说，孟秋之月为申月，阴阳消息呈现三阴消掉三阳，形成否卦（䷋）态势，阴气势力开始显著，此时正位于八卦卦气图式的坤位，势力显著的阴与八卦图式之坤为朋类，二者所处方位为西南，此即"西南得朋"。孟春之月为寅月，阴阳消息呈现三阳消掉三阴，形成泰卦（☷☰）态势，阳气势力开始显著，阴气势力消弱而开始顺从阳气，阴被阳消去其朋类，这一切所发生的方位在东北，此即"东北丧朋"。荀爽则认为，十二消息中，阴气息长起始于午位，呈一阴五阳之姤（☰☴）的态势，随着时间的推移，阴气息长至申月，呈三阴三阳之否（☰☷）的态势，此时得到否卦下体的一坤体，有此坤体的否位于西南，此即本卦坤在西南得到了自己的朋类，所谓"西南得朋"。阳气息长起始于子位，呈一阳五阴之复（☷☳）的态势，至寅月之时，阳息成三阳三阴之泰（☷☰）的态势，原先构成下体坤的三阴就被息出的三阳消掉，失去此坤体的泰位于东北，此即本卦坤在东北丧失了自己的朋类，所谓"东北丧朋"。虞翻认为，上述马融与荀爽二人的诠释是错误的。他指出，依照荀爽的解释，午位为南方，申位属西南而偏西方，言从午位到申位得到坤体这一朋类，经文应当作"南西得朋"；子位为北方，寅位属东北而偏东方，言从子位到寅位失去坤体这一朋类，经文应当作"北东丧朋"。自子至寅的消息态势，下体阳息成乾而消坤，将以乾变坤来解释丧失朋类，难道经文是以乾卦表征过丧失之义？显然经文从未这样过。是坤符显丧，乾符显得，而不是相反。用乾消坤诠释丧朋，这一错误同马融一样。离坎为日月本象，得乾天之阳与坤地之阴的中气，为阴阳精华凝聚所成，它们运转，先是引发从震（☳）至兑（☱）再至乾（☰）的阳息消阴，继之引发从巽（☴）至艮（☶）再至坤（☷）的阴息消阳，从而完成一个完整周期的宇宙阴阳消息过程，形成一个在天八卦构成的完整宇宙阴阳消息的场域场流。一个过程结束，一个在天八卦易场完整呈现，下一过程随即展开，就此周而复始，由此实现月复一月的宇宙阴阳消息场域场流的流动转换。宇宙间的一切，都深受这一八卦阴阳消息过程与阴阳消息场域场流的影响，并深深打上了上述八卦与这一过程、这一场域场流的印记。虞翻注《离·大象传》"明两作，离"所云"日月在天，动成万物"[①] 就内涵着这一切。

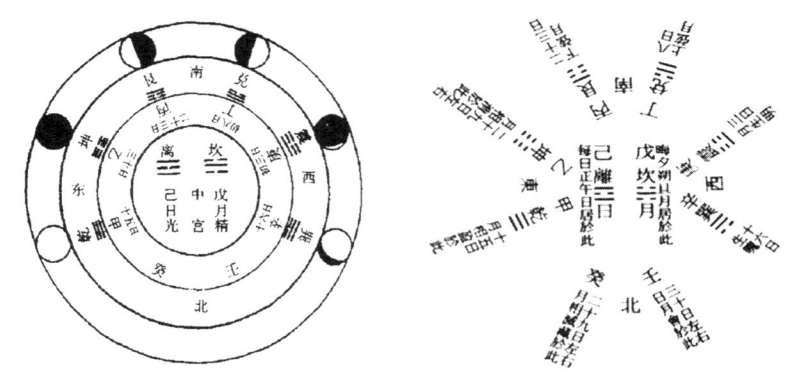

在天八卦易场

虞翻认为，《坤》的卦辞与《象传》，此处所用的，乃是日月在天所成八卦之象，乃是日月在天所成八卦阴阳消息易场。马融、荀爽用十二消息说解读《易》，大方向并没有错误，错就错在用错了地方。日月之象才是《易》的根本之象，十二消息之象次于日月之象与日月在天所成八卦之象，十二消息卦易场次于日月在天的八卦易场。解读《易》时，人们首先应当要把解读

---

① （清）孙堂辑：《虞翻周易注》，台北：成文出版社有限公司，1976年，第601—602页。

日月之象与日月在天所成八卦之象放在首位，当发现未着重涉及这类象时，再解读十二消息之象及其他各种天道人事之象。他们的错误还在于，用未经批判性反省的、前人人云亦云的八卦图式解读经文。《易》的根本性八卦图式，就是日月在天所成八卦图式，这一图式所呈现的八卦易场，笼罩统贯整个宇宙大千世界，而震东、巽东南、离南、坤西南、兑西、乾西北、坎北、艮东北组成的八卦图式并不准确。

三 在天八卦易场与四时

在虞翻看来，在天八卦之象所在八卦易场的十干场位，直接关联着春夏秋冬四时之象，简称四象，由此在天八卦易场成为联通四时之象的易场。

虞翻之前，十天干甲乙丙丁戊己庚辛壬癸以甲乙东、丙丁南、戊己中、庚辛西、壬癸北的时空场位，构成了时空一体的宇宙图式，这一图式成为人们的共识。虞翻尊重这一共识，并据之对在天八卦易场的意涵作出了进一步的解说。

作为汉代经学礼乐文化重要经典的《礼记》，在其表达一岁四时礼乐节目时曾说："孟春之月""其日甲乙"，"仲春之月""其日甲乙"，"季春之月""其日甲乙"；"孟春之月""其日甲乙"，"仲春之月""其日甲乙"，"季春之月""其日甲乙"；"孟夏之月""其日丙丁"，"仲夏之月""其日丙丁"，"季夏之月""其日丙丁"；"中央土，其日戊己"；"孟秋之月""其日庚辛"，"仲秋之月""其日庚辛"，"季秋之月""其日庚辛"；"孟冬之月""其日壬癸"，"仲冬之月""其日壬癸"，"季冬之月""其日壬癸"①。由此可见，春日在甲乙，夏日在丙丁，秋日在庚辛，冬日在壬癸，四时之间在戊己。虞翻注《系辞上传》"四象生八卦"云：

> 乾、坤生春，艮、兑生夏，震、巽生秋，坎、离生冬者也。②

在天八卦之象乾象在甲，坤象在乙，春日在甲乙，由此，乾坤关联着春；在天八卦之象艮象在丙，兑象在丁，夏日在丙丁，由此，艮兑关联着夏；在天八卦之象震象在庚，巽象在辛，秋日在庚辛，由此，震巽关联着秋；在天八卦之象坎象在戊，离象在己，离日坎月往来中天中宫戊己之位，月末相会于壬癸，冬日在壬癸，由此，坎离关联着冬。春就打上了乾坤之象的印记，夏就打上了艮兑的印记，秋就打上了震巽的印记，冬就打上了坎离的印记。在天八卦乾坤之象与其他卦共同作用生出春、夏、秋、冬，在春特别打上乾坤之象印记的同时，还打上其他六象的印记；以此类推，在夏特别打上艮兑之象印记、在秋特别打上震巽之象印记、在冬特别打上坎离之象印记的同时，还打上其他六象的印记。

---

① （汉）郑玄注，（唐）孔颖达疏：《礼记正义》卷第十四至卷第十七，北京：中华书局，2009年，第2928—3004页。
② （清）孙堂辑：《虞翻周易注》，台北：成文出版社有限公司，1976年，第835页。

四 对以往日月为易、纳甲诸说的转进

虞翻的上述思想,既深受过《周易参同契》"日月为易"[①]、《说文解字》"《秘书》说:日月为易,象阴阳也"[②] 及以往纳甲诸说的影响,又实现了对它们的学理转进。

《周易注》书成,虞翻在上呈汉献帝的同时,又于所奏书中云:"臣郡吏陈桃梦臣与道士相遇,放发被鹿裘,布《易》六爻,挠其三以饮臣,臣乞尽吞之。道士言:'易道在天,三爻足矣。'岂臣受命,应当知经!"[③] 这里所透露出来的,就是虞翻思想与道士的渊源,更直接地说,就是他的思想与东汉道士魏伯阳《周易参同契》一书的渊源。"易道在天,三爻足矣"透露出来的就是日月在天成八卦之象,就是日月之象,就是日月在天成八卦所呈现的八卦易场下阴阳消息之易道,就是整个易道阴阳消息的大要。《周易参同契》立足汉代孟喜以来的卦气说,依据阴阳消息来作丹道修炼功法。这些功法包括月体纳甲法、十二消息法、六十四卦法。其中,月体纳甲法直接启迪了虞翻对日月之象、对日月在天所成八卦的理解。

《参同契》云:"坎戊月精,离己日光。日月为易,刚柔相当……消息应钟律,升降据斗枢。三日出为爽,震庚受西方。八日兑受丁,上弦平如绳。十五乾体就,盛满甲东方……七八道已

[①] (汉)魏伯阳:《周易参同契》,北京:中华书局,2020年,第30页。
[②] (汉)许慎:《说文解字》,天津:天津古籍出版社,1991年,第198页下。
[③] (晋)陈寿撰,(南朝宋)裴松之注:《三国志》,北京:中华书局,1982年,第1322页。

讫，曲折低下降。十六转受统，巽辛见平明，艮直于丙南，下弦二十三，坤乙三十日，东北丧其明。节尽相禅与，继体复生龙，壬癸配甲乙，乾坤括始终。"① 月到中天分外明，日到中天分外亮。中天中宫的戊位是坎月之象大显之位，己位是离日之象大显之位。日月二字组成了易字，日月运转作为乾天坤地乾刚坤柔二用，拉开了阴阳消息之易的大幕。日月周天升降运转，经历星次有度，消息变化有节，形成宇宙阴阳消息的节律。就坎月消息的节律而言，每月的初三日，微明的新月震象，受一阳之光，出现于天空中的西方庚位；初八日，呈现右明左暗弓形的上弦月兑象，受二阳之光，出现于天空中的南方丁位，弦形左平如绳；十五日，满月乾象，受三阳之光，盛满出现于天空中的东方甲位。七八十五日，坎月迎受离日之光，光明月象阳息的过程至此结束，开始转而折向下降之势。十六日，坎月开始逆背离日之光，阴暗月象息长，接替了光明月象息长的统系，逆背一阳之光而呈一阴之暗的巽象，天刚放亮的平明时分，出现在西方辛位；二十三日，呈现左明右暗弓形的下弦月艮象，逆背二阳之光而呈二阴之暗，恰好出现于天空中的南方丙位；三十日，全晦之月坤象，逆背三阳之光，全然丧明于天空中的东方乙位，转而藏明于北方癸位，此时离日坎月相会于天空中的北方，坎壬而离癸，离日在壬位对应乾象，坎月在癸位对应坤象。经历这一十五日，坎月逆背离日之光，阴暗月象阴息的过程至此结束。接下去则是下一轮的坎月迎受离日之光而光明月象阳息的过程。"日月相会之地谓之辰，故一年十二度会也。而会必于朔，故曰：日月合璧谓之

---

① （汉）魏伯阳：《周易参同契》，北京：中华书局，2020年，第30—54页。

朔。惟其朔旦之合璧，故月魄有时而蚀日，然日月皆逆行于天，而日一日行一度，月则一日行十三度强也。月至三日而明始生，则去日已仅四十度，故当其日之西沉，而月受日之魂，如纯坤之得一阳也，是为震卦，而见于西方庚位之上，故震管庚。及至八日，去日愈远，阳魂日盛，是为兑卦。当日西沉，而月之行已至于南方丁位之上，乃上弦也，故兑管丁。及至十五日，则日月相望，而阳意满矣，故为乾卦。当日西沉，而月已出于东方甲位之上，故乾管甲。方其月魂之满也。及至中宵壬子之时，而阴魄已生矣，是为离卦，故离管壬。至十六已后，阴魄始见，如纯乾之得一阴也，是为巽卦。方其魂之初生也，则可自日沉而定其所管之方隅。及其魄之已生也，其出愈迟，则月之行住，尤不可以日沉而定之矣。故其定之也，则以日出而辨明之。故十六已后，其日将升，而月始抵于西方辛位之上，故巽管辛。至于二十三日，取日已近，而阳魂已消其半，是为艮卦。当日之升，而月之行度方至于南方丙位之上，故艮管丙，乃下弦也。古人云：近一远三谓之弦。上弦则去日前行为未远，故为近一。下弦则去日为尤远，而反在日之后，故为远三。自二十三至于月末，则阳意消尽，复为坤卦。当日之升始至于东方乙位之上，故坤管乙。惟其阴气既极，而阳意已于晦夜子、癸之时孕之矣，是为坎卦，故坎管癸。至于次月，复受震庚之符，故曰：继体复生龙。盖震为龙故也。"[1]

《参同契》的上述月体纳甲说揭示了宇宙阴阳消息的节律，以此就外丹而言，指导人遵循这一节律进行进阳火、退阴符的丹药炼制；就内丹而言，反照人体生命的节律，指导人对接两种节律，

---

[1] 原题无名氏注：《周易参同契注·卷上·第十三章》，《正统道藏·太玄部》第622册，上海：涵芬楼影印，1925年。

依照前一种节律来做进阳火、退阴符的修炼工夫，以期达到养生成仙的理想境地。虞翻抓住了《参同契》月体纳甲说所揭示的八卦宇宙阴阳消息节律，确立起自己的在天八卦说及基于日月运转的阴阳消息说，确立起日月对于《易》之"易"字内涵的基源性意义，坚定了日月之象与阴阳消息之为《易》的根本大义所在这一见解。同样是月体纳甲说，《参同契》将其核心关切放置于炼丹养生上，而虞翻则将核心关切置于解读经典《易》，探究宇宙奥秘，实现天下、天人理想境地。即此而言，虞翻实现了对《参同契》思想的转进与深化。《参同契》对虞翻影响的程度极深，他对《周易》"易"字的诠释就来自对《参同契》的诠释。唐代陆德明《经典释文·周易音义》"易"字下云："虞翻注《参同契》云'字从日下月'。"[1] 就此，刘大钧教授精辟指出："虞翻释'易'字首见于《参同契》，可知其注《参同契》要早于注《周易》。且虞氏注《周易》，多受《参同契》影响。"[2] 显然，将"易"字解释为"字从日下月"，直接来自《参同契》"日月为易，刚柔相当"[3] 之论，更来自包括月体纳甲说在内的《参同契》其他表达。《参同契》的这一论断，与前所言《说文解字》的"《秘书》说：日月为易，象阴阳也"，以及《易纬·乾坤凿度》的"易名有四义，本日月相衔……"[4] 是相通的，它们都基于《系辞上传》"阴阳之义配日月""县象著明莫大乎日月"而来，并对虞翻产生了举足轻重的影响。

---

[1] （唐）陆德明：《经典释文》卷第一《周易音义》，（清）阮元校刻：《十三经注疏》，北京：中华书局，2009年，第207页。
[2] 刘大钧：《虞翻著作考》，《周易研究》1990年第2期。
[3] （汉）魏伯阳：《周易参同契》，北京：中华书局，2020年，第30页。
[4] （清）赵在翰辑：《七纬（附论语谶）》，北京：中华书局，2012年，第12页。

当然，将十天干纳入八卦乃至六十四卦之中的纳甲说，作为孟喜易学后传的西汉京房《京氏易传》以及在此之前的先秦文献中早已存在。在《周易参同契》之前，《京氏易传》言："分天地乾坤之象，益之以甲乙壬癸，震巽之象配庚辛，坎离之象配戊己，艮兑之象配丙丁。八卦分阴阳，六位五行，光明四通，变易立节。天地若不变易，不能通气，五行迭终，四时更废，变动不居，周流六虚。"[1] 近年的出土简帛文献更有新的发现。关于虞翻从《周易参同契》中所吸纳来解《易》的月体纳甲学说的来源，刘大钧教授在《读清华简〈筮法〉》一文中明确地指出："清华简《筮法》的整理面世，不仅使我们找到了天干地支在先秦战国时代早已纳入八卦卦体的证据，更由此两段简文中，我们亦见到了《周易集解》所引虞翻以天体八卦纳甲说《易》'悬象著明，莫大乎日月'，实为战国时代即已有传之说，且战国时代甚至更早恐已有其说。"[2] 这一观点乃是刘大钧教授在对清华简《筮法》第二十二节"乾坤运转"这一段简文作了解析后得出的结论。该节简文云：

凡(凡)觉(乾)，月＝(月夕)吉；臭(坤)月朝吉。臭(坤)覭(晦)之日【九三】逆觉(乾)以长(当)巽，内(入)月五日豫(舍)巽，觉(乾)臭(坤)长(当)艮；旬，觉(乾)、臭(坤)乃各彶(返)亓(其)

---

[1] （汉）京房著，（汉）陆绩注：《京氏易传》上，北京：中华书局，1991年，第31页。
[2] 刘大钧：《读清华简〈筮法〉》，《周易研究》2015年第2期。

所。【四〇】①

对此，简文整理者作了如下释解："巺，即'坤'字，见《碧落碑》《汗简》等，也是辑本《归藏》的特征。此处论筮四位之卦而见乾、坤时的吉凶推断。乾在月夕时恒吉，坤在月朝时恒吉。同时，在一个月内，乾坤在卦位四隅上运动：在晦日，坤迎乾一起'长巽'，'长'读为同属端母阳部的'当'。《吕氏春秋·大乐》注：'当，合也。'乾坤合巽意指按巽的吉凶判定。'入月五日'即初五日，乾坤'豫巽'，豫读为舍，意即乾、坤离开巽，而一起'长艮'，即改合于艮，指按艮的吉凶判定。'旬'，即至初十日，乾坤各返回原位。乾、坤这样以十日为周期的运动，推想在每个月十一至二十日，二十一至三十日照样进行。"② 释文根据简文中的乾之吉与坤之吉，认为此段简文展现的是有关筮四位之卦见乾、坤时的吉凶推断，以一个月作为一个周期，一周期内乾、坤会移换于四个位置，每月的晦日，乾坤的吉凶依据巽；每月初五日，乾坤的吉凶依据艮；初十日，乾坤返回各自原位，每十日一次循环，每月三次。至于巽、艮为何是作为乾坤吉凶的依据，为何每十日乾坤要有此循环更换位置等等问题还不甚明了。而刘大钧教授则以简文中"坤晦之日"为切入点，通过采用月体纳甲学说作为解读的桥梁，指出简文特别点明"坤晦之日"就表明"坤晦"是有其具体日期的，认为这一说法与月体纳甲说中的"三十日坤象灭乙"一句正相匹配，我们知道，在月体纳甲中下文"逆乾以当巽"正是指"三十日坤象灭

---

① 李学勤等编：《清华大学藏战国竹简（肆）》下册，上海：中西书局，2013年，第109页。
② 同上。

乙"逆数约十四五天的"十五日乾象盈甲"与"十五乾体就，盛满甲东方，十六转受统，巽辛见平明"，不同于简文释文，刘教授指出，"内（入）月五日豫（舍）巽"的"内"字当读为"纳"，即纳月五日亦即十七日加五日乃指二十二日，"豫巽"指二十二日后就舍离巽象了，"𢀭（乾）奐（坤）长（当）艮；旬，𢀭（乾）、奐（坤）乃各佊（返）亓（其）所"所论乃关于月自乾盈之象转向坤晦之象的运行，认为"乾坤当艮"合乙于"二十三日艮象消丙"，简文中"旬"乃言在旬日内由二十三日"艮象消丙"逆数八日回到"十五日乾象盈甲"，由二十三日顺数七日亦回到"三十日坤象灭乙"。并且他认为简文"𢀭（乾）、奐（坤）乃各佊（返）亓（其）所"一句乃清晰地高度概括了乾坤在月象中各有其固定位置，并以虞翻注《说卦传》之"万物之所成终而所成始也"时所言"万物成始乾甲，成终坤癸。艮东北是甲癸之间，故'万物之所成终而成始'者也"及李道平对虞注之疏所云"乾纳甲，甲居东方，故'万物成始乾甲'。坤纳癸，癸居北方，故'成终坤癸。艮见于丙，而言'东北是甲癸之间'者，乾十五日，坤三十日，艮二十三日，去乾坤各八日，故称'甲癸之间'，甲癸之间，则东北也。始于甲，终于癸，故'万物之所成终而成始也'"[1]作为简文概括月象位置的说明[2]。

这里值得进一步强调指出的是，依虞翻之见，《易》的源头是日月在天所成八卦这些最本原之象，追本溯源，人们在解读《易》、理解卦爻符号时，在关注卦爻符显的种种一般物象之外，

---

[1] （清）李道平：《周易集解纂疏》，北京：中华书局，2013年，第697—698页。
[2] 参见刘大钧：《读清华简〈筮法〉》，《周易研究》2015年第2期。

还应进一步深切理会其深层涵蕴的最本原的日月在天成八卦之象，领悟日月为易的《易》的灵魂所在。

第二节 对八卦图式的重建

《易传》的《说卦传》曾经开示一个关于八卦的宇宙图式，这一八卦图式在汉代成为各易家所尊奉信从的权威图式，特别是在汉易卦气消息学说的语境下，这一图式被赋予了更加丰富的卦气阴阳消息的内涵，并被具体运用到了对《周易》经传的诠释中。虞翻则认为，《易》最根本的八卦图式，就是伏羲发现的日月在天成八卦之象所示的在天八卦易场八卦图式，前述八卦图式及其在诠释经典《易》中的运用存在严重问题，危害性不可低估。依据这一理解，他对八卦图式作出了批判性反省和重建。

一 《说卦传》八卦宇宙方位图式

《说卦传》所开示的八卦宇宙方位图式，其相关文辞表述如下：

> 帝出乎震，齐乎巽，相见乎离，致役乎坤，说言乎兑，战乎乾，劳乎坎，成言乎艮。万物出乎震；震，东方也。齐乎巽；巽，东南也。齐也者，言万物之絜齐也。离也者，明也，万物皆相见，南方之卦也；圣人南面而听天下，向明而治，盖取诸此也。坤也者，地也，万物皆致养焉，故曰致役乎坤。兑，正秋也，万物之所说也，故曰说言乎兑。战乎

乾,乾,西北之卦也,言阴阳相薄也。坎者,水也,正北方之卦也,劳卦也,万物之所归也,故曰劳乎坎。艮,东北之卦也,万物之所成终而所成始也,故曰成言乎艮。

文辞中有"震,东方""巽,东南""离,南方之卦""坤""兑,正秋""乾,西北之卦""坎者……正北方之卦""艮,东北之卦"八组涉及八卦、方向方位、四时的表述。其中表述震、巽、离、乾、坎、艮六卦的是关于卦与方向方位的,表述兑一卦的是关于卦与四时的,坤之一卦未及方向方位与四时。由此可见,上述文辞构画出了一个八卦与方向方位及四时相连通的图式。一方面,虽然坤与兑未明言其相关方向方位,但可据文辞中从东至东南、至南、(至坤、至兑、)至西北、至北、至东北的顺时针方位顺序,合乎逻辑地推知坤之方向方位为西南,兑之方向方位为西;另一方面,虽然除兑卦之外皆未言及四时,但可依据文辞中言兑时所提的"正秋"而推知震为正春、巽为春夏之交、离为正夏、坤为夏秋之交、坎为正冬、艮为冬春之交。并且在上述八卦的关联关系中,八卦还直接关着联"万物""阴阳",言"万物出乎震""齐乎巽……万物之絜齐""离……万物皆相见""坤……万物皆致养""兑……万物之所说""乾……言阴阳相薄""坎……万物之所归""艮……万物之所成终而所成始"。可见《说卦传》开示的八卦时空方位图式就是:震—正东—正春、巽—东南—春夏之交、离—正南—正夏、坤—西南—夏秋之交、兑—正西—正秋、乾—西北—秋冬之交、坎—正北—正冬、艮—东北—冬春之交及与之对应的阴阳变化与万物生化的情状。对此《说卦传》所示的八卦图式,唐孔颖达做过较好诠释,云:"以震是东方之卦,斗柄指东为春,春时万物出生也……以巽是东南之卦，斗柄指东南之时，万物皆洁齐也……以离为象日之卦，故为明也。日出而万物皆相见也，又位在南方，故圣人法南面而听天下，乡明而治也……以坤是象地之卦，地能生养万物，是有其劳役。郑云：'坤不言方者，所言地之养物不专一也。'……以兑是象泽之卦，说万物者，莫说乎泽，又位是西方之卦，斗柄指西，是正秋八月也。立秋而万物皆说成也……以乾是西北方之卦，西北是阴地，乾是纯阳而居之，是阴阳相薄之象也……以坎是象水之卦，水行不舍昼夜，所以为劳卦。又是正北方之卦，斗柄指北，于时为冬，冬时万物闭藏，纳受为劳，是坎为劳卦也……以艮是东北方之卦也。东北在寅丑之间，丑为前岁之末，寅为后岁之初，则是万物之所成终而所成始也。"[1] 震卦为东方春时之卦，斗柄指东，春天到来，万物纷纷出生；巽卦为东南春夏之交之卦，斗柄指东南，春夏交替，万物光鲜齐整；离卦为南方夏时之卦，斗柄指南，夏天到来，万物相见；坤卦托位西南与夏秋之交而不专在西南与夏秋之交，生养万物；兑卦为西方秋时之卦，斗柄指西，秋天到来，万物喜悦成熟；乾卦为西北秋冬之交之卦，斗柄指西北，秋冬交替，阴阳相迫；坎卦为北方冬时之卦，斗柄指北，冬天到来，万物闭藏；艮卦为东北冬春之交之卦，斗柄指东北，冬春交替，万物从终结又走向新的开始。东北为寅丑之间，建寅之月于夏为正月，建丑之月于夏为十二月，前者为新岁之始，后者为上岁之终。

---

[1] （魏）王弼、（晋）韩康伯注，（唐）孔颖达疏：《周易正义》，（清）阮元校刻：《十三经注疏》，北京：中华书局，2009 年，第 197 页。

二 汉代易学八卦卦气图式

在《说卦传》所开示的八卦宇宙图式基础上,汉代易学又在明确的卦气阴阳消息语境下对其作了丰富深化,推出了八卦卦气图式。这一丰富深化突出表现在《易纬·乾凿度》中:

> 天地有春秋冬夏之节,故生四时。四时各有阴阳刚柔之分,故生八卦。八卦成列,天地之道立,雷、风、水、火、山、泽之象定矣。其布散用事也,震生物于东方,位在二月。巽散之于东南,位在四月。离长之于南方,位在五月。坤养之于西南方,位在六月。兑收之于西方,位在八月。乾制之于西北方,位在十月。坎藏之于北方,位在十一月。艮终始之于东北方,位在十二月。八卦之气终,则四正四维之分明,生、长、收、藏之道备,阴阳之体定,神明之德通,而万物各以其类成矣……岁三百六十日,而天气周,八卦用事,各四十五日,方备岁焉。故艮渐正月,巽渐三月,坤渐七月,乾渐九月。①

《说卦传》所示八卦图式在此获以卦气消息语境下的明确解读。

《说卦传》中,八卦的震、巽、离、乾、坎、艮六卦明确言及了它们关联的方向方位,即震东、巽东南、离南、乾西北、坎北、艮东北,这里,八卦则都有了其明确关联的方位方向。《说

---

① (清)赵在翰辑:《七纬(附论语谶)》,北京:中华书局,2012年,第31—32页。

卦传》中只有兑一卦言及了它关联的时节正秋，这里，八卦则都言及了它们关联的时节，并且落实到了具体月份。于是，八卦与方向方位及时节的对应关系，具体落实为：

震：东方，二月；

巽：东南，四月以及三月；

离：南方，五月；

坤：西南方，六月以及七月；

兑：西方，八月；

乾：西北方，十月以及九月；

坎：北方，十一月；

艮：东北方，十二月以及正月。

这里所说的月份指的是夏历，二月即卯月，于夏历为仲春，是春天气象最显著的时节，这就是"正春"；四月即巳月，于夏历为孟夏，是夏天气象刚显露的时节，这就是春夏之交的后半段；三月即辰月，于夏历为季春，是春天气象最后的时节，这就是春夏之交的前半段；五月即午月，于夏历为仲夏春，是夏天气象最显著的时节，这就是"正夏"；六月即未月，于夏历为季夏，是夏天气象将要结束的时节，这就是夏秋之交的前半段；七月即申月，于夏历为孟秋，是秋天气象刚显露的时节，这就是夏秋之交的后半段；八月即酉月，于夏历为仲秋，是秋天气象最显著的时节，这就是"正秋"；十月即亥月，于夏历为孟冬，是冬天气象刚显露的时节，这就是秋冬之交的后半段；九月即戌月，于夏历为季秋，是秋天气象将要结束的时节，这就是秋冬之交的前半段；十一月即子月，于夏历为仲冬，是冬天气象最显著的时节，这就是"正冬"；十二月即丑月，于夏历为季冬，是冬天气象将要结束的时节，这就是冬春之交的前半段；正月即寅月，于夏历为孟春，是春天气象刚显露的时节，这就是冬春之交的后半段。

内中所言"八卦之气"则直接点明此段对八卦图式赋予了卦气消息的意涵，此八卦之气，即震、离、兑、坎四正卦彰显的四时纯正之气，与巽、坤、乾、艮四维卦彰显的四时交替之气。八卦之气流转一环，万物实现一岁十二个月的生长收藏的生化进程。约而言之，一岁三百六十天，八卦之气每一卦气各主四十五天。但具体而言之，则是四正卦之气各主一月，四维卦之气各主一月而又延伸至另一月：震气、离气、兑气、坎气分别主二月卯、五月午、八月酉、十一月子四个月，艮气主十二月丑亦作用于正月寅，巽气主四月巳亦作用于三月辰，坤气主六月未亦作用于七月申，乾气主十月亥亦作用于九月戌。

《易纬乾凿度》令《说卦传》八卦图式中与四时的关联落实于十二月份，而《易纬通卦验》则进一步将《说卦传》八卦图式与四时的关联落实细化到了节气，令八卦之气直接对应于节气：

乾，西北也，主立冬……此正炁也；
坎，北方也，主冬至……此正炁也；
艮，东北也，主立春……此正炁也；
震，东方也，主春分……此正炁也；
巽，东南也，主立夏……此正炁也；
离，南方也，主夏至……此正炁也；
坤，西南也，主立秋……此正炁也；

兑，西方也，主秋分……此正炁也。①

"炁"即气。乾主立冬、坎主冬至、艮主立春、震主春分、巽主立夏、离主夏至、坤主立秋、兑主秋分。立冬为孟冬十月亥节气，是冬时开始的标志；冬至是仲冬十一月子的中气，是冬象最纯正鲜明的标志；立春是孟春正月寅的节气，是春时开始的标志；春分是仲春二月卯的中气，是春象最纯正鲜明的标志；立夏是孟夏四月巳的节气，是夏时开始的标志；夏至是仲夏五月午的中气，是夏象最纯正鲜明的标志；立秋是孟秋七月申的节气，是秋时开始的标志；秋分是仲秋八月酉的中气，是秋象最纯正鲜明的标志。八卦卦气最典型的状态，所谓"正炁"，就出现在上述方位的节气中。经过这番诠释，《说卦传》的八卦图式有了全新面相：

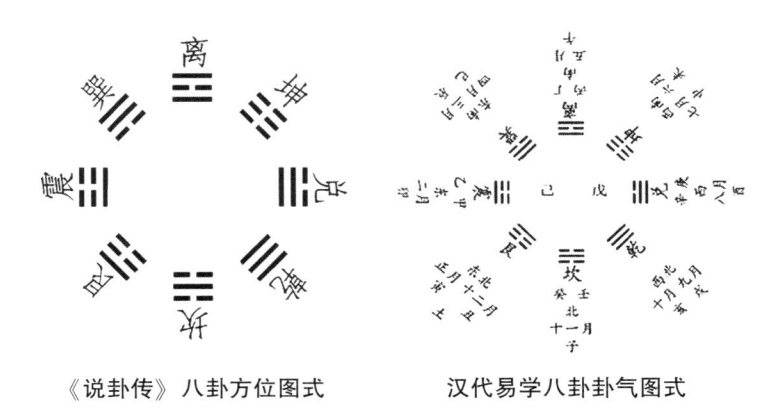

《说卦传》八卦方位图式　　汉代易学八卦卦气图式

---

① （清）赵在翰辑：《七纬（附论语谶）》，北京：中华书局，2012年，第139—142页。

三　八卦卦气宇宙图式在《易》诠释中的运用

上述八卦卦气宇宙图式，为汉代象数易学所重建的八卦图式，这一图式被广泛运用到了经典的诠释中。虞翻之前，运用八卦卦气图式诠释经典《周易》富有影响力的重要人物有马融、郑玄与荀爽等，他们的相关诠释成为虞翻批判反省的主要对象。篇幅所限，这里仅举几例：

《蛊》卦辞"先甲三日，后甲三日"马融注云："甲在东方，艮在东北，故云'先甲'。巽在东南，故云'后甲'。"[1] 蛊卦（䷑）下巽上艮，在八卦卦气图式中，艮在东北，巽在东南，十天干的方位甲在东方，艮东北在甲东方之前，巽东南在甲东方之后，所以说"先甲三日，后甲三日"。

郑玄曾问学于马融，也有《易注》传世。《蛊》上九爻辞"不事王侯，高尚其事"郑玄注曰："辰在戌，得乾气，父老之象，是臣之致事也。"[2] 依照郑玄爻辰说，蛊卦上九之阳同于乾卦上九之阳，爻辰纳戌，戌即八卦卦气图式乾所在之位，所以"得乾气"。乾又符显老迈之父，大臣老迈则致仕，不再为王侯劳力费神。

马融、郑玄之外，荀爽也是八卦卦气图式的坚信者。《说卦传》"雷以动之，风以散之，雨以润之，日以烜之，艮以止之，

---

[1]　（清）孙堂辑：《马融周易传》，《汉魏二十一家易注》，严灵峰编：《无求备斋易经集成》第169册，台北：成文出版社有限公司，1976年，第99页。
[2]　（清）孙堂辑：《郑康成周易注（附补遗一卷）》，台北：成文出版社有限公司，1976年，第422页。

兑以说之，乾以君之，坤以藏之"荀注（内中一条荀注未见，采与其相近乃至相同的《九家易》说以补之）云：

"雷以动之"："谓建卯之月，震卦用事，天地和合，万物萌动也。"

"风以散之"："谓建巳之月，万物上达，布散田野。"

"雨以润之"："谓建子之月，含育萌芽也。"

"日以烜之"："谓建午之月，太阳欲长者也。"

"艮以止之"："谓建丑之月，消息毕止也。"

"兑以说之"："谓建酉之月，万物成熟也。"

"乾以君之"："谓建亥之月，乾坤合居，君臣位得也。"

"坤以藏之"《九家易》："谓建申之月，坤在乾下，包藏万物也。"①

雷为震，震卦卦气显用在卯月仲春；风为巽，巽卦卦气显用在巳月孟夏；雨为坎，坎卦卦气显用在子月仲冬；日为离，离卦卦气显用在午月仲夏；艮卦卦气显用在丑月季冬；兑卦卦气显用在酉月仲秋；乾卦卦气显用在亥月孟冬；坤卦卦气显用在申月季夏。上述对八卦的诠释，完全采纳了八卦卦气图式。

不仅如此，荀爽还广泛运用这一图式诠释六十四卦的经文及《易传》各篇。《乾·彖传》"大明终始"荀注云："乾起坎而终于离，坤起于离而终于坎。离坎者，乾坤之家而阴阳之府，故曰'大明终始'也。"② 离日坎月，日月为明、为大明。这里说的是

---

① （清）李道平：《周易集解纂疏》，北京：中华书局，2013 年，第 693—694 页。
② （清）孙堂辑：《荀爽周易注》，台北：成文出版社有限公司，1976 年，第 164 页。

乾六阳（☰）坤六阴（☷）的十二消息。在解说消息的过程时，荀爽用的是八卦卦气图式下的易场：乾六阳起始于八卦卦气易场中显用在北方建子之月的坎卦卦气，终结于显用在南方建午之月的离卦卦气；坤六阴起始于显用在南方建午之月的离卦卦气，终结于显用在北方建子之月的坎卦卦气。离日坎月居于乾阳坤阴消息的起始终结、终结起始两端，此即"大明终始"。具体而言，乾六阳之息自八卦卦气易场中显用在北方建子之月的坎卦卦气起始之后，息出初九之阳；于易场中显用在东北方建丑、建寅之月的艮卦卦气，息出九二、九三之阳；于易场中显用在东方建卯之月的震卦卦气，息出九四之阳；于易场中显用在东南方建辰、建巳之月的巽卦卦气，息出九五、上九之阳，六阳全显，至此，乾阳息长的进程完成，告一段落。坤六阴之息自八卦卦气易场中显用在南方建午之月的离卦卦气起始之后，息出初六之阴；于易场中显用在西南方建未、建申之月的坤卦卦气，息出六二、六三之阴；于易场中显用在西方建酉之月的兑卦卦气，息出六四之阴；于易场中显用在西北方建戌、建亥之月的乾卦卦气，息出六五、上六之阴，六阴全显，至此，坤阴息长的进程完成，告一段落。

《系辞上传》"乐天知命故不忧"荀注云："坤建于亥，乾立于巳，阴阳孤绝，其法宜忧。坤下有伏乾为'乐天'，乾下有伏巽为'知命'，阴阳合居，故'不忧'。"[1] 这里，荀爽依旧用的八卦卦气图式下的易场进行诠释：六阴之坤息成于亥位建亥之月，似乎纯阴无阳的宇宙气场确立，阴处于孤立独存的状态；六阳之乾息成于巳位建巳之月，似乎纯阳无阴的宇宙气场确立，阳

---

[1] （清）孙堂辑：《荀爽周易注》，台北：成文出版社有限公司，1976年，第261页。

处于孤立独存的状态。阴阳孤存，则万物不生，万事不通，令人生忧。但是，六阴之坤息成于八卦卦气易场中显用在建亥之月的乾卦卦气那里，六阴之坤显而八卦卦气之乾气伏，是为"坤下有伏乾"，乾符显天之象，此即地阴有天阳相伴，合居同处，"乐天"而"不忧"。六阳之乾息成于八卦卦气易场中显用在建巳之月的巽卦卦气那里，六阳之乾显而八卦卦气之巽气伏，是为"乾下有伏巽"，巽符显命之象，此即乾阳有巽阴相伴，合居同处，"知命"而"不忧"。

前述荀爽对《坤》卦辞、《象传》的诠释"阴起于午，至申三阴，得坤一体，故曰'西南得朋'。阳起于子，至寅三阳，丧坤一体，故'东北丧朋'"所做诠释，将坤视为西南卦，也是对八卦卦气图式运用的显例。

四 虞翻《说卦传》八卦方位新释

上述八卦卦气宇宙图式为汉代象数易学所重建的八卦图式，这一图式被运用到了经典的诠释中。虞翻却反其道而行之。在他那里，之前伏羲发现在天八卦之象，揭开世界易道阴阳消息奥秘，推出《易》的开始篇章，他就以追随伏羲弘扬易学真谛为抱负，在前人的八卦卦气图式之外重新发现被伏羲所发现的一切，以为《易》正本清源。

前人八卦卦气图式的源头是《说卦传》"帝出乎震""万物出乎震"两段文字，为正本清源，虞翻对此作了重新诠释，破了八卦卦气图式，立了在天八卦图式；破了八卦卦气易场，立了在天八卦易场：

第二章　易道阴阳消息下的易场

"万物出乎震。震，东方也"翻注曰："震初不见东，故不称东方卦也。"① 在天八卦中，震象出现于庚位西方，所以不见于东（这恰恰是八卦卦气图式中震气所在之位），不称东方之卦。

"齐乎巽。巽，东南也。齐也者，言万物之絜齐也。"翻注曰："巽阳隐初，又不见东南，亦不称东南卦，与震同义。"② 在天八卦中，初消亏凸巽月之象，一阳隐藏于初位，出现于辛位西方，又不见于东南方（这恰恰是八卦卦气图式中巽气所在之位），也就不称东南之卦，与震象因出现在庚位西方而不出现在东方，所以不称东方之卦，道理是相同的。

"离也者，明也，万物皆相见，南方之卦也"翻注曰："离为日，为火，故'明'。日出照物，以日相见。离象三爻皆正，日中，正南方之卦也。"③ 离日坎月运转引发在天八卦之象，每天正午时分，离日升居正南中天，离卦三爻初阳二阴三阳皆当位得正，此即透显着正的离象出现在南方。

"坤也者，地也，万物皆致养焉，故曰'致役乎坤'"翻注曰："坤阴无阳，故道广布，不主一方，含宏光大，养成万物。"④ 在天八卦中，灭藏阳明、全晦无阳坤月之象出现于乙位东方，后出现于癸位北方，映照坤阴之地，位不专于一方，含容光显盛大，顺乾阳之天养成万物。

"兑，正秋也，万物之所说也，故曰'说言乎兑'"翻注曰：

---

① （清）孙堂辑：《虞翻周易注》，台北：成文出版社有限公司，1976 年，第 898 页。
② 同上。
③ 同上。
④ 同上，第 899 页。

"兑三失位，不正，故言'正秋'。兑象不见西，故不言西方之卦，与坤同义。"① 作为兑之为兑标志的三爻之阴失位不正，应当变正，所以说正于秋。在天八卦中，上弦月兑象出现在丁位南方，不见于西方（这恰恰是八卦卦气图式中兑气所在之位），所以不说西方之卦，与坤象因出现于乙位东方，藏于癸位北方，而不出现在西南方，所以不称西南方之卦，道理是相同的。

"乾，西北之卦也"翻注曰："月十五日，晨象西北，故'西北之卦'。"② 在天八卦中，每月十五日，圆月乾象，傍晚日落时分出现于甲位东方，而清晨时分则出现在西北方，所以这里说"乾，西北之卦也"。

"坎者，水也，正北方之卦也"翻注曰："坎二失位，不正，故言'正北方之卦'，与'兑正秋'同义。坎月，夜中，故'正北方'。"③ 离日坎月运转引发在天八卦之象，夜中时分，坎月出现于正北方。作为坎之为坎标志的二爻之阳失位不正，应当变正，所以说"正北方之卦"。与兑卦三爻之阴失位不正应当变正，所以说"正秋"，意涵是相同的。

"艮，东北之卦也，万物之所成终而所成始也，故曰'成言乎艮'"翻注曰："艮三得正，故复称'卦'。万物成始乾甲，成终坤癸，艮东北，是甲、癸之间，故'万物之所成终而成始'者也。"④ 在天八卦中，下弦月艮象出现在丙位南方，圆月乾象出现在甲位东方，全晦之月坤象最终出现在癸位北方，丙位介乎

---

① （清）孙堂辑：《虞翻周易注》，台北：成文出版社有限公司，1976年，第899页。
② 同上，第899—900页。
③ 同上，第900页。
④ 同上，第900—901页。

甲位癸位之间，即东、北之间，此即艮象在东、北之间，是为东、北之卦，而非东北之卦（八卦卦气图式中艮气则在东北）。作为艮之为艮标志的三爻之阳当位得正，所以又称"卦"。艮象介于甲乾癸坤之间，乾象映照的乾天阳气创始万物，令万物成其始，坤象映照的坤地阴气化成万物，令万物成其终，艮象就成了"万物之所成终而成始"的象征。

虞翻的新释具有很强的针对性，带有反思以往八卦卦气宇宙图式及其在诠释经典中运用的问题意识自觉。虞翻以正确诠释经典《周易》而成为《易》方面的经师为目标，他之所以对《周易》进行重新诠释，是因为对已有的包括马融、郑玄、荀爽等人所做的诠释不满，认为其中存在很大问题，问题之一就是对八卦图式的错误理解与错误运用。

依虞翻之见，对于《易》具有基源性根本意义的八卦图式是日月在天的八卦图式，这一图式是八卦图式的正宗，其余八卦图式都存在问题，直接影响到对经典《周易》真义的理解。在对《蛊》卦辞"先甲三日，后甲三日"的诠释中，马融以蛊卦（䷑）上艮在东北、下巽在东南解之，而依照在天八卦图式，艮位丙南方，巽位辛西方，则马融的诠释难以成立。马融对《坤》卦辞、《象传》的诠释，将坤视为西南卦，犯了同样的错误。依照在天八卦图式，坤位乙东方而不是西南。

在对《蛊》上九爻辞"不事王侯，高尚其事"的诠释中，郑玄依照其爻辰说，认为蛊卦（䷑）上九爻辰纳戌，对应八卦卦气图式中的乾气。爻辰是郑玄对《易》六十四卦各爻深层内涵的进一步解读，这一解读还是没有脱离他对八卦卦气图式的倚重，这一倚重不为虞翻所认可。依照在天八卦图式，乾位甲东方而不是西北。当然,郑玄的爻辰说也不为虞翻所认可。

郑玄被虞翻视为对《易》"未得其门",荀爽被视为"有愈俗儒",而马融则被判为"名有俊才,其所解释,复不及谓(荀爽)"。受到虞翻尊重而被称为"荀公"的荀爽,仍是八卦卦气图式的坚信者,这不能不增加虞翻的深忧。

五 新释的是与非

透过以上诠释,虞翻推倒了以往人们所理解的《说卦传》八卦方位图式与基于此的汉代易学八卦卦气宇宙图式,确立起以日月在天所成八卦象为图式圭臬的八卦图式。这一诠释,整体而言可谓创新勇气有余,缜密思考不足,牵强之处令人哑然失笑。

最牵强者,莫过于对"艮,东北之卦也"的诠释,其次则是对"乾,西北之卦也"的诠释,再次则是对"坎者,水也,正北方之卦也"的诠释。将东北解读为甲、癸之间的东、北之间,牵强至极!说艮象在甲乾、癸坤之间,那么兑象亦可谓甲乾、癸坤之间,乃至震象、巽象亦可谓甲乾、癸坤之间。且坤象主显于乙东之位。乾象本主显于甲东之位,代表月十五日傍晚日落时分出现于甲位东方的圆月之象,这里却为解释"乾,西北之卦也",又勾连出清晨时分则出现于西北方圆月之象,那么从清晨到傍晚圆月在天上运转了不同的方位,是否该言乾为各方之卦?坎象本主显于戊位中央,这里却为了解释坎"正北方之卦也",又勾连出夜中坎月正北,离日坎月周天周流,无定方定处。戊己中央只是它们的各自大显之位之方,如若在某位某方时,即可言离象在某、坎象在某吗?这岂不可言离象、坎象遍处皆在？对此，潘雨廷先生说得好："夫此节言八卦之方位与纳甲实为二事，虞氏合言之，难免附会焉。"① 潘先生具体阐述肯定了人们已有共识的《说卦传》八卦宇宙图式，而批评了虞翻强以月体纳甲说释《说卦传》八卦方位图式之谬："震于方位属东，虞氏必合纳甲而言，误矣……（巽）次于震，故与方位属东南……离次巽而为南方之卦……（坤）次于离，故知托位于西南也……兑次坤而方位属西……乾次兑，而方位属西北……坎次乾而方位属北……艮次坎而方位属东北。"②

《说卦传》所言八卦宇宙图式出现当很早，近年出土的清华大学藏战国竹简《筮法》就载有一幅人体应八卦方位图式图，此图与《说卦传》图式相近而有异，至少可以确证人们对八卦宇宙图式所形成的共识。

清华简《筮法》中有一节内容，被整理者归入第二十四节，命名为"卦位图、人身图"③，人身图居于卦位图之中，据简文其他文字表述，整理者按卦位绘制了卦名形式的卦位图，并将此图与所绘制的《说卦传》卦名形式的卦位图一并展示，于是有了以下四图：

---

① 潘雨廷：《周易虞氏易象释》，《潘雨廷著作集》伍，上海：上海古籍出版社，2016年，第460页。
② 同上，第458—460页。
③ 李学勤等编：《清华大学藏战国竹简（肆）》下册，上海：中西书局，2013年，第111页。

清华简《筮法》卦位图、人身图、卦名卦位图与《说卦传》卦名卦位图①

在整理者整理的基础上，有学者绘制了清华简《筮法》人体应八卦场域图，兹将其与《说卦传》八卦宇宙图式并列而示：

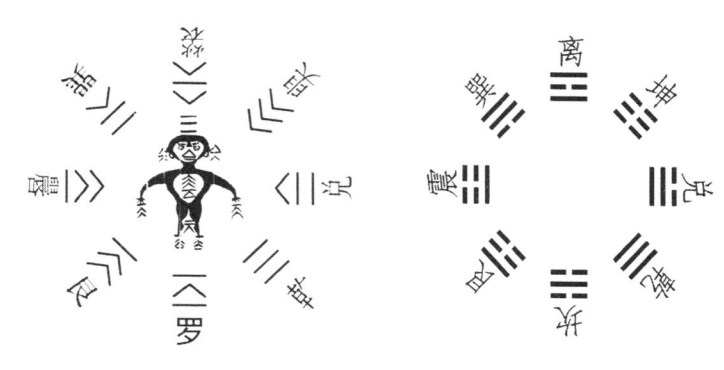

人体应八卦场域图②　　　　　《说卦传》八卦宇宙图式

清华简中，"︿""一"分别对应通行的爻画符号"--""—"，"𧱏"即震，"𧲲"即劳，相当于坎，"奠"相当于坤，"𦮔"即乾，"罗"则相当于离。除了劳、罗二卦与《说卦传》坎、离二卦方位颠倒外，其他六卦方位全同，有力确证了《说卦传》八卦宇宙方位图式的存在，反证了虞翻解读所存在的问题。

---

① 李学勤等编：《清华大学藏战国竹简（肆）》下册，上海：中西书局，2013年，第113页。
② 王新春：《清华简〈筮法〉的学术史意义》，《周易研究》2014年第6期。

第二章　易道阴阳消息下的易场

虞翻以上之说，很难与其四正卦符显四时正位、四时正象之说彼此相容。《离·大象传》"大人以继明照于四方"翻注曰："（乾）二、五之坤，震东、兑西、离南、坎北。"① 乾（☰）二、五之坤（☷）成坎（☵），同时坤（☷）二、五之乾（☰）成离（☲），乾、坤旁通而象互含，离、坎旁通而象互含。别卦离下离上离，三至五爻互体兑；别卦坎下坎上坎，二至四爻互体坎。作为四正卦，震东，兑西，离南，坎北。《归妹·彖传》"归妹，天地之大义也"翻注曰："震东，兑西，离南，坎北，六十四卦，此象最备四时正卦，故'天地之大义也'。"② 归妹（䷵）上震下兑，二至四爻互体离，三至五爻互体坎，震位东，兑位西，离位南，坎位北。《离》与《归妹》所涉及的四正卦之说与在天八卦图式的八卦方位说有异，在天八卦图式中，震象位庚西，兑象位丁南，离象位己中央、正南中天，坎象位戊中央等。二说存在矛盾的化解，下文再细论。

笔者此处想进一步指出的是，被虞翻轻视为对《易》不得其门而入的郑玄曾经断言"伏羲作十言之教，以厚君民之别，曰乾坤震巽坎离艮兑消息"③，这就意味着在郑玄看来，伏羲画八卦创《易》伊始，阴阳消息即成为包括八卦在内的《易》的核心意涵，这难道不是与虞翻所理解的《易》的核心意涵相合？难道对其在天八卦阴阳消息之义没有丝毫启发？

---

① （清）孙堂辑：《虞翻周易注》，台北：成文出版社有限公司，1976 年，第 602 页。
② 同上，第 730 页。
③ （清）孙堂辑：《郑康成周易注（附补遗一卷）》，台北：成文出版社有限公司，1976 年，第 430 页。

第三节 十二消息卦易场的敞开

离日坎月的运转及由此引发的在天八卦易场阴阳消息场流，促成了作为造化力量的宇宙间乾天坤地阴阳二气的消息进退变通流转。离日坎月及其运转，成为宇宙间阴阳消息造化万物进程的动力源，由此开启以十二消息卦易场为代表的宇宙造化气场。万物万象得以在此气场生化出场，呈现着各自的象，并因阴阳消息而改观着其象的呈现，于是有了卦爻符号符显的大千世界阴阳消息下的象。

一 十二消息卦地位的确立

十二消息卦易场由十二消息卦系列符显，这十二消息卦系由孟喜卦气说中十二辟卦独立出来。借此独立，十二消息卦在六十四卦中确立起核心地位。对此，一如在天八卦，虞翻在前人基础上亦有自己独到的贡献。

作为虞翻家传易学的孟喜易学，其突出特色是以卦的符号符显气，而有"卦气"之称，孟喜易说遂成为一种典型的卦气说。虞翻对十二消息卦地位确立所做的一切，就是基于这一卦气说向前推进的。

（一）六十四卦卦气

前文已言，以八卦作为一个系统符显气，就叫八卦卦气；以六十四卦作为一个系统符显气，就叫六十四卦卦气，卦气说，主要就有八卦卦气说与六十四卦卦气说两种。而作为虞翻家学资源的孟喜卦气说，就是一种典型的六十四卦卦气说，虞翻忠实继承了这份家学易学遗产，将其运用到了对《易》的诠释中。

《随·彖传》"天下随时"翻注曰："否乾上来之坤初……乾为天，坤为下，震春，兑秋；三、四之正，坎冬、离夏；四时位正，'时行则行'，故'天下随时'矣。"①

随卦（䷐）三阴三阳，来自消息卦否（䷋），否上体乾的上九阳爻来至下体坤的初爻之位，初六阴爻往至上爻之位，随卦形成。否卦下乾上坤，随卦（䷐）下震上兑，其六三阴爻与九四阳爻失位失正，动变之正后，卦成既济（䷾）而定，下离上坎，乾卦符显天之象，坤为地，地在天下，于是坤符显下之象，震、兑、坎、离分别符显春、秋、冬、夏之象，作为震兑基本表征的随卦初九、上六二爻皆当位得正，既济的下离上坎各爻也皆当位得正，此即"四时位正""天下随时"。"时行则行"见《艮·彖传》。

《革·彖传》"天地革而四时成"翻注曰："谓五位成乾为天，蒙坤为地，震春，兑秋，四之正，坎冬，离夏，则四时具。"② 革卦（䷰）三至五爻互体为乾，九五处乾体之中，革卦（䷰）与蒙卦（䷃）同位之爻的爻性皆相反，构成旁通关系，革卦三至五爻互体所成之乾下，伏藏着蒙卦三至五爻互体所成的坤，革卦二至四爻互体所成之巽下，伏藏着蒙卦二至四爻互体所成的震。革卦上体为兑，革卦九四爻以阳居阴位，失位失正，动

---

① （清）孙堂辑：《虞翻周易注》，台北：成文出版社有限公司，1976年，第540页。

② 同上，第697页。

变之正，卦成既济（䷾）而定，下离上坎，乾坤符显天地之象，震兑符显春秋之象，坎离符显冬夏之象。蒙坤地变而为革乾天，天在上地藏下，四时之象完具，此即"天地革而四时成"。

不难看出，虞翻以上对《随》《革》的诠释运用了孟喜卦气说中四正卦符显四时之气说。

《姤·大象传》"天下有风，姤；后以施命诰四方"翻注曰："复震二月，东方；姤五月，南方；巽八月，西方；复十一月，北方；皆总在初，故'以诰四方'也。"①

一阴五阳的姤卦（䷫）与一阳五阴的复卦（䷗）同位之爻的爻性皆相反，为旁通关系，姤象之下伏藏着复象，姤下体巽下伏藏着复下体震。在孟喜的六十卦卦气说中，震为四正卦之一，符显春象，符显夏历仲春二月卯起始的时气之象，对应东方；姤卦属于仲夏五月午侯、大夫、卿、公、辟五卦中的辟卦，符显中气夏至次候之气，因此被视为夏历五月之卦，对应南方；巽卦属于仲秋八月酉的侯卦，外卦符显节气白露初候之气，这里就被视为八月之卦，对应西方；复卦属于仲冬十一月子辟卦，符显中气冬至次候之气，对应北方；以上各卦之象，都汇总于初爻之位，所以说"施命诰四方"。

《井》九五爻辞"井洌，寒泉食"翻注曰："泉自下出称'井'。周七月，夏之五月，阴气在下；二已变坎，十一月为寒泉。"②

在孟喜的六十卦卦气说中，井卦（䷯）属于仲夏五月午中

---

① （清）孙堂辑：《虞翻周易注》，台北：成文出版社有限公司，1976年，第672—673页。
② 同上，第693页。

的卿卦,符显节气芒种末候之气,因此被视为夏历五月之卦。虞翻认为,《周易》经文用的是周历,传文用的是夏历。周建子,夏建寅,夏历五月就是周历七月,阴气开始发动于下。与九五爻具有爻位上互应关系的九二爻失位失正,动而变正后,卦成蹇(䷦),二至四爻互体坎,坎符显泉水之象,在四正卦中坎符显仲冬十一月子起始的时气之象。

以上的诠释,依据孟喜卦气说中四正卦、另六十卦所符显的时气、候气推定了卦所对应的月与方位之象。

在虞翻之前,已有运用孟喜一系卦气说来诠释《易》的先例。

例如,《易纬·乾坤凿度》在对《升》九三爻辞"升虚邑",九四爻辞"王用亨于岐山,吉,无咎"的诠释中曰:"升者,十二月之卦也。阳气升上,阴气欲承,万物始进,譬犹文王之修积道德,宏开基业,始即升平之路,当此时也。邻国被化,岐民和洽,是以六四蒙泽而承吉,九三可处王位,享于岐山,为报德也。明阴以显阳之化,民臣之顺德也,故言无咎。"[①]

依照孟喜卦气说,升卦为季冬十二月丑公卦,符显中气大寒初候之气,所以《易纬》将其归于十二月之卦。夏历十二月,阳气升于上,阴气欲顺承,万物开始苗壮成长,就人事而言,喻示居九三之位的文王德进业开,开始进入升平大道,可升居九五王位,于岐山举行祭天大典,报天之德,令六四所符显的邻国之民与本国岐民蒙承德泽吉祥,顺从其化,所以无咎。这一诠释,突显了阴阳之化下的王道礼乐精神,其对虞翻的影响是不言而喻

[①] (清)赵在翰辑:《七纬(附论语谶)》,北京:中华书局,2012年,第36页。

的。虞翻的诠释只是在此基础上加强了多象数体例、多层面的《易》象诠释。

（二）十二辟卦的独立

作为孟喜易学传人的虞翻，不仅有他运用诠《易》的守成之举，而且有他凝练卦气阴阳消息的开新之举。在人们把关注的焦点放在作为卦气一体两面的四时之气、节气、物候之气一面的验应与否时，他则把关注焦点放到了消息进退的阴阳之气一面。顺着侯、大夫、卿、公、辟这些卦符显气重要性差异这一思路，虞翻最终发现了十二辟卦在各月中独一无二的核心地位。他以阴阳消息的视域解读孟喜卦气说，令物候、节气、四时透显了阴阳消息进退的深层根基，以此使十二辟卦从众卦中独立出来，成为各月阴阳消息的典范象征。

如果说象是虞翻诠释《易》的支点，那么阴阳消息进退就是虞翻理解家传孟氏易学进而解读《易》核心精神的支点。

依虞翻之见，辟为天子，天子为天下之主，侯、大夫、卿、公都为他统摄。将一月的卦气命名为辟卦卦气、侯卦卦气等五种，意味着辟卦卦气为一月卦气的核心，是另外四种卦气的统摄贯通者。辟卦卦气顺理成章地成为一月卦气的突出代表，不仅可以展示自身，而且可以代表另外四种卦气。其他卦很难清晰表现本月阴阳消息进退的情况，也很难展示本月与其他月阴阳消息进退情况的差异，而辟卦则能够鲜明展现本月阴阳消息进退的情况特征，区分展现与其他月阴阳消息进退情况的不同。于是，作为辟卦卦气一体两面中的消息进退着的阴阳之气的一面，成为一月阴阳消息的基本标志。

成为孟春正月寅卦气的内艮外震二阳四阴侯小过䷽外震气、

第二章 易道阴阳消息下的易场

内坎外艮二阳四阴大夫蒙☷☶气、内震外巽三阳三阴卿益☴☳气、内艮外巽三阳三阴公渐☴☶气、内乾外坤三阳三阴辟泰☷☰气、内乾外坎四阳二阴侯需☵☰内乾气中，辟卦泰卦☷☰卦气成为寅月卦气的突出代表，泰卦☷☰的三阳三阴成为寅月阴阳消息的基本标志。

成为仲春二月卯卦气的内乾外坎四阳二阴侯需☵☰外坎气、内震外兑三阳三阴大夫随☱☳气、内坤外离二阳四阴卿晋☲☷气、内坎外震二阳四阴公解☳☵气、内乾外震四阳二阴辟大壮☳☰气、内坤外震一阳五阴侯豫☳☷内坤气中，辟卦大壮卦☳☰卦气成为卯月卦气的突出代表，大壮卦☳☰的四阳二阴成为卯月阴阳消息的基本标志。

成为季春三月辰卦气的内坤外震一阳五阴侯豫☳☷外震气、内坎外乾四阳二阴大夫讼☰☵气、内巽外艮三阳三阴卿蛊☶☴气、内离外兑四阳二阴公革☱☲气、内乾外兑五阳一阴辟夬☱☰气、内艮外离三阳三阴侯旅☲☶内艮气中，辟卦夬卦☱☰卦气成为辰月卦气的突出代表，夬卦☱☰的五阳一阴成为辰月阴阳消息的基本标志。

成为孟夏四月巳卦气的内艮外离三阳三阴侯旅☲☶外离气、内坎外坤一阳五阴大夫师☷☵气、内坤外坎一阳五阴卿比☵☷气、内乾外巽五阳一阴公小畜☴☰气、内乾外乾辟乾☰☰气、内乾外离五阳一阴侯大有☲☰内乾气中，辟卦乾卦☰☰卦气成为巳月卦气的突出代表，乾卦☰☰的六阳成为巳月阴阳消息的基本标志。

成为仲夏五月午卦气的内乾外离一阴五阳侯大有☲☰外离气、内离外巽二阴四阳大夫家人☴☲气、内巽外坎三阴三阳卿井☵☴气、内艮外兑三阴三阳公咸☱☶气、内巽外乾一阴五阳辟姤☰☴气、内巽外离二阴四阳侯鼎☲☴内巽气中，辟卦姤卦☰☴卦气成为午月卦气的突出代表，姤卦的一阴五阳成为午月阴阳消息的基本标志。

成为季夏六月未卦气的内巽外离二阴四阳侯鼎☲☴外离气、内离外震三阴三阳大夫丰☲☳气、内坎外巽三阴三阳卿涣☵☴气、内兑外乾一阴五阳公履☱☰气、内艮外乾二阴四阳辟遯☶☰气、内巽外震三阴三阳侯恒☴☳内巽气中，辟卦遯卦☶☰卦气成为未月卦气的突出代表，遯卦☶☰的二阴四阳成为未月阴阳消息的基本标志。

　　成为孟秋七月申卦气的内巽外震三阴三阳侯恒☴☳外震气、内兑外坎三阴三阳大夫节☱☵气、内离外乾一阴五阳卿同人☲☰气、内兑外艮三阴三阳公损☱☶气、内坤外乾三阴三阳辟否☷☰气、内巽外巽二阴四阳侯巽☴☴内巽气中，辟卦否卦☷☰卦气成为申月卦气的突出代表，否卦☷☰的三阴三阳成为申月阴阳消息的基本标志。

　　成为仲秋八月酉卦气的内巽外巽二阴四阳侯巽☴☴外巽气、内坤外兑四阴二阳大夫萃☷☱气、内乾外艮二阴四阳卿大畜☰☶气、内离外艮三阴三阳公贲☲☶气，内坤外巽四阴二阳辟观☷☴气、内兑外震三阴三阳侯归妹☱☳内兑气中，辟卦观卦☷☴卦气成为酉月卦气的突出代表，观卦☷☴的四阴二阳成为酉月阴阳消息的基本标志。

　　成为季秋九月戌卦气的内兑外震三阴三阳侯归妹☱☳外震气、内震外乾二阴四阳大夫无妄☳☰气、内离外坤四阴二阳卿明夷☲☷气，内坎外兑三阴三阳公困☵☱气、内坤外艮五阴一阳辟剥☷☶气、内艮外艮四阴二阳侯艮☶☶内艮气中，辟卦剥卦☷☶卦气成为戌月卦气的突出代表，剥卦☷☶的五阴一阳成为戌月阴阳消息的基本标志。

　　成为孟冬十月亥卦气的内艮外艮四阴二阳侯艮☶☶外艮气、内离外坎三阴三阳大夫既济☲☵气、内震外离三阴三阳卿噬嗑☳☲气、内巽外兑二阴四阳公大过☴☱气、内坤外坤六阴辟坤☷☷气、内坎外离三阴三阳侯未济☵☲内坎气中，辟卦坤卦☷☷卦气成为亥月卦气的突出代表，坤卦☷☷的六阴成为亥月阴阳消息的基本标志。

成为仲冬十一月子卦气的内坎外离三阳三阴侯未济☷外离气、内艮外坎二阳四阴大夫蹇☷气、内震外艮二阳四阴卿颐☷气、内兑外巽四阳二阴公中孚☷气、内震外坤一阳五阴辟复☷气、内震外坎二阳四阴侯屯☷内震气中，辟卦复卦☷卦气成为子月卦气的突出代表，复卦☷的一阳五阴成为子月阴阳消息的基本标志。

成为季冬十二月丑卦气的内震外坎二阳四阴侯屯☷外坎气、内艮外坤一阳五阴大夫谦☷气、内兑外离四阳二阴卿睽☷气、内巽外坤二阳四阴公升☷气、内兑外坤二阳四阴辟临☷气、内艮外震二阳四阴侯小过☷内艮气中，辟卦临卦☷卦气成为丑月卦气的突出代表，临卦☷的二阳四阴成为丑月阴阳消息的基本标志。

一个月的卦气要涉及两卦的上下体与另四卦的整体，复杂多多，虞翻则化繁为简，以一辟卦表征一月卦气，于是，十二辟卦从六十卦乃至整体六十四卦中正式独立出来，确立为阴阳消息进退意义下的十二消息卦。

在虞翻看来，十二消息卦中一卦符显的阴阳消息进退之气出现，就意味着一月应之而出现，意味着一月标志性正气的验应，正是前者带来了后者，人们却由此习惯上以后者来说前者，把前者说成是属于后者的。例如，复卦（☷）一阳五阴消息进退之气出现，就意味着夏历仲冬十一月子到来，意味着子月标志性正气得到验应，人们则会常说子月的气到来了。于是十二消息卦与十二月就有了如下对应关系：

复（☷），夏历仲冬十一月子；临（☷），季冬十二月丑；泰（☷），孟春正月寅；大壮（☷），仲春二月卯；夬（☷），季春三月辰；乾（☰），孟夏四月巳；姤（☴），仲夏五月午；

遯（☷☰），季夏六月未；否（☷☰），孟秋七月申；观（☷☴），仲秋八月酉；剥（☷☶），季秋九月戌；坤（☷☷），孟冬十月亥。

由此，我们看到虞翻注《系辞上传》"变通配四时"曰："变通趋时，谓十二月消息也。泰、大壮、夬配春，乾、姤、遯配夏，否、观、剥配秋，坤、复、临配冬。谓十二月消息相变通而周于四时也。"阳气触感阴气，息长令阴气发生变化，消退通向自己；阴气触感阳气，息长令阳气发生变化，消退通向自己，这种阴阳之气一方息长同时另一方消退的变化互通过程依次推移展开，就会形成作为各月标志性正气的十二消息态势，趋向于春夏秋冬四时。上述过程推移展开，形成三阳三阴、四阳二阴、五阳一阴的泰（☷☰）、大壮（☷☰）、夬（☷☰）的消息态势，意味着作为夏历孟春正月寅、仲春二月卯、季春三月辰的标志性正气生成，阴阳的消息变化互通过程就趋向了三春；上述过程推移展开，形成六阳、一阴五阳、二阴四阳的乾（☰☰）、姤（☰☴）、遯（☰☶）的消息态势，意味着作为孟夏四月巳、仲夏五月五、季夏六月未的标志性正气生成，阴阳的消息变化互通过程就趋向了三夏；上述过程推移展开，形成三阴三阳、四阴二阳、五阴一阳的否（☷☰）、观（☷☴）、剥（☷☶）的消息态势，意味着作为孟秋七月申、仲秋八月酉、季秋九月戌的标志性正气生成，阴阳的消息变化互通过程就趋向了三秋；上述过程推移展开，形成六阴、一阳五阴、二阳四阴的坤（☷☷）、复（☷☷）、临（☷☷）的消息态势，意味着作为孟冬十月亥、仲冬十一月子、季冬十二月丑的标志性正气生成，阴阳的消息变化互通过程就趋向了三冬。"变通配四时"说的就是十二月阴阳二气的消息变化互通周遍于三春三夏三秋三冬四时。这一过程中，原由十二辟卦与十二侯卦、十二大夫卦、十二卿卦、十二公卦一体符显的七十二候,即完全可转而单由十二消息卦符显。一月两节气、六物候,一消息卦整体符显一月阴阳消息变化互通态势,一爻符显一物候,六爻符显六物候两节气。十二消息卦一卦六爻,下体三爻符显三物候一节气,上体三爻符显三物候一中气,十二卦七十二爻符显二十四节气七十二物候。这样就有了如下的十二消息图式与十二消息卦配七十二候图式:

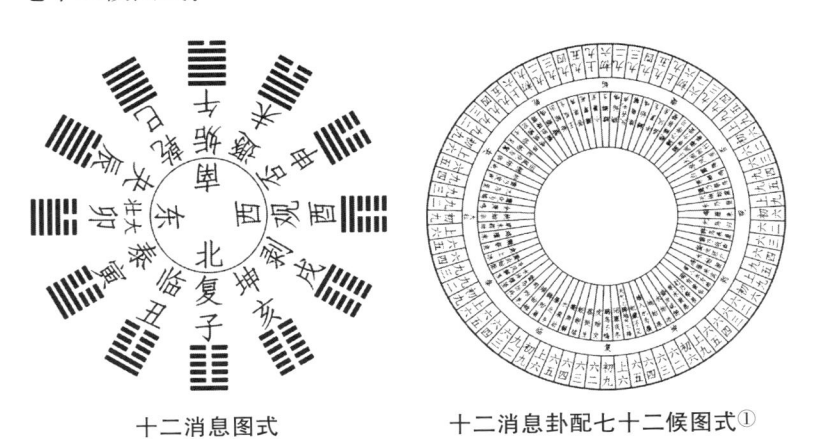

十二消息图式　　　　十二消息卦配七十二候图式[①]

在虞翻那里,十二消息卦成为各月卦气的标志性正气,阴阳二气的消息变化互通态势与物候节气状态,构成了消息卦卦气的一体两面,前者带来了后者,后者遂可由前者来开显,所以虞翻虽然没有明确表达过十二消息卦与七十二物候的配应,但这一配应完全可由他的理路合乎逻辑地推出。当然,考虑到虞翻对卦气的关注,侧重于卦气一体两面中消息进退变化互通着的阴阳二气

[①] (清)惠栋:《周易述(附:易汉学易例)》下册,北京:中华书局,2007年,第517页。

一面，而不是另一面，所以虞翻也不会费心于这方面的构画。

（三）十二消息易学语境的清理

虞翻之前，已有人运用十二消息说理解、诠释《易》，只是在虞翻看来他们的十二消息说或存在不完善之处，或易学语境有问题，这些成为虞翻直面并清理的问题。

这些人有马融、郑玄、荀爽等。

前述马融与荀爽对《坤》的诠释，就运用了十二消息说，他们的失误主要表现在将错误的八卦卦气图式与十二消息结合在一起解《易》，同时十二消息被用错了地方。马融的《周易注》已失散殆尽，其对十二消息的具体理解已不可确知。通观今存荀爽《周易注》，十二消息说已相当成熟，这可能是虞翻对其大加赞赏的原因之一。

《系辞上传》"往来不穷谓之通"荀爽注曰："谓一冬一夏，阴阳相变易也。十二消息，阴阳往来无穷已，故通也。"[①]

阴阳消息变易，阳息消阴，阴息消阳，阴阳流转，实现着复（䷗）、临（䷒）、泰（䷊）、大壮（䷡）、夬（䷪）、乾（䷀）、姤（䷫）、遁（䷠）、否（䷋）、观（䷓）、剥（䷖）、坤（䷁）这十二种阴阳消息态势往来无尽的交替，实现着阴阳的消息变化互通，实现着冬夏寒暑的往来，实现着宇宙大化与万物生化的顺通。前述他对《乾·彖传》"大明终始"的诠释，就是对十二消息历程的生动诠释，令乾坤十二爻与十二消息间有了一一对应的关系：乾初九对应复，对应复初九；乾九二对应临，对应临九二；乾九三对应泰，对应泰九三；乾九四对应大壮，对应大壮九

---

① （清）孙堂辑：《荀爽周易注》，台北：成文出版社有限公司，1976年，第268页。

四；乾九五对应夬，对应夬九五；乾上九对应乾。坤初六对应姤，对应姤初六；坤六二对应遯，对应遯六二；坤六三对应否，对应否六三；坤六四对应观，对应观六四；坤六五对应剥，对应剥六五；坤上六对应坤。只是荀爽以"乾升坤降""阳升阴降""阴阳升降"为学说核心，十二消息并未成为贯通六十四卦理解与诠释的主干。

另一位虞翻所必须面对的易学人物郑玄，对十二消息说也有他的贡献。通过诠释《易纬》，郑玄明确了十二候卦气概念。

《易纬通卦验》卷下"春三月，候卦炁"郑玄注曰："此又重以消息之候，所以详易道。天炁春三月，候卦炁者泰也、大壮也、夬也。""夏三月，候卦炁"郑玄注曰："夏三月，候卦炁者乾也、姤也、遯也。""秋三月，候卦炁"郑玄注曰："秋三月，候卦炁者否也、观也、剥也。""冬三月，候卦炁"郑玄注曰："冬三月，候卦炁者坤也、复也、临也。"[1]

看到郑玄的这一诠释，我们会立刻联想到虞翻在诠释的《系辞上传》"变通配四时"时所言"变通趋时，谓十二月消息也。泰、大壮、夬配春，乾、姤、遯配夏，否、观、剥配秋，坤、复、临配冬"。

"候卦炁"之"候"谓物候节气时节及其验应，"候卦炁"指的就是卦所符显的物候节气时节之气及其验应。与虞翻的区别在于，《易纬》和郑玄更多看重的，是十二候卦气符显的物候节气时节之气、它们的消息进退及其验应，所以突显了消息之候；而虞翻更多看重的，则是十二消息卦符显的阴阳二气的消息态

---

[1] （清）赵在翰辑：《七纬（附论语谶）》，北京：中华书局，2012年，第143—144页。

势、它们的消息进退变化互通，所以突显了消息之气。这就是前面所言卦气有其一体两面，两面皆为三者所关注，只是《易纬》和郑玄更多关注的是显现于外的所然的一面，虞翻更多关注的是隐藏于内的所以然的另一面。

郑玄有时也直接运用十二消息说诠释经文中的十二消息卦，如，《临》卦辞"至于八月有凶"郑玄注曰："临，大也。阳气自此浸而长大……临卦斗建丑而用事，殷之正月也。"①

十二消息卦中，临（䷒）属于丑月之卦，斗柄指丑，二阳四阴的临卦阴阳消息进退态势形成，发挥作用于丑月。殷建丑，这正是殷商确立一岁正月以通天的标志月份。

但多数情况下，郑玄则是在爻辰说的语境下，运用十二消息卦诠释《易》。正如丁四新教授所言："郑玄通过乾坤十二爻纳辰的新建构，建立了一个爻纳辰的普遍规则：《周易》六十四卦、三百八十四爻，凡阳爻初至上依次纳子、寅、辰、午、申、戌六支，凡阴爻初至上依次纳未、酉、亥、丑、卯、巳六支。这样，乾坤二卦即成为《周易》六十四卦、三百八十四爻系统之本体。"② 十二辰对应日月相会后的斗建，对应斗建月下的十二月候卦气，对应十二消息卦：子复（䷗）、丑临（䷒）、寅泰（䷊）、卯大壮（䷡）、辰夬（䷪）、巳乾（䷀）、午姤（䷫）、未遯（䷠）、申否（䷋）、酉观（䷓）、戌剥（䷖）、亥坤（䷁）。

据此，上述临卦（䷒）初九同于乾初九，纳子，对应复

---

① （清）孙堂辑：《郑康成周易注（附补遗一卷）》，台北：成文出版社有限公司，1976年，第324页。
② 丁四新：《汉末易学的象数逻辑与"中"的人文价值理念的象数化》，《哲学研究》2019年第5期。

(☳);九二同于乾九二,纳寅,对应泰(☷☰);六三同于坤六三,纳亥,对应坤(☷☷);六四同于坤六四,纳丑,对应临(☷☱);六五同于坤六五,纳卯,对应大壮(☳☰);上六同于坤上六,纳巳,对应乾(☰☰)。

《坤》上六《文言传》"阴疑于阳必战,为其嫌于阳也,故称龙焉"郑玄注曰:"'嫌'读如'群公溓'之'溓'……'溓',杂也。阴谓此上六也,阳谓今消息用事乾也。上六为蛇,得乾气似龙。"[1]

坤上六为阴,爻辰纳巳,对应乾,乾气为巳月的候卦气,属阳,这就出现了阴与阳杂居一起的局面。

于是我们可以看出,郑玄是用爻所纳之辰涵摄十二消息,十二消息在卦爻中难以得到直接展现,被爻涵摄的十二消息在卦中的排列也显出跳跃无序的外观,这是虞翻所不能接受的。

在虞翻那里,卦爻直接呈现着阴阳消息之义,不会出现迂回曲折间接跳跃的情况。

当然,郑玄的爻辰说下,爻所纳的辰,涵摄十二消息之外,更多地涵摄着八卦卦气:子坎(☵)、丑艮(☶)、寅艮(☶)、卯震(☳)、辰巽(☴)、巳巽(☴)、午离(☲)、未坤(☷)、申坤(☷)、酉兑(☱)、戌乾(☰)、亥乾(☰)。据此,上述临卦(☷☱)初九同于乾初九,纳子,对应坎(☵);九二同于乾九二,纳寅,对应艮(☶);六三同于坤六三,纳亥,对应乾(☰);六四同于坤六四,纳丑,对应艮(☶);六五同于坤六五,纳卯,对应震(☳);上六同于坤上六,纳巳,对应巽

---

[1] (清)孙堂辑:《郑康成周易注(附补遗一卷)》,台北:成文出版社有限公司,1976年,第302页。

(☶)。前述《蛊》上九爻辞"不事王侯,高尚其事"玄注"辰在戌,得乾气",就是运用的爻辰涵摄八卦卦气说。蛊卦上九爻纳戌,涵摄八卦卦气中的乾气。这更是否定八卦卦气图式合法性的虞翻所不能接受的。

虞翻接纳了以往各家十二消息说的宝贵成果,将阴阳消息确立为易学的基本内涵,将阴阳消息之道确立为宇宙生化的根本大道,基于在天八卦图式清除八卦卦气图式,令十二消息获得在天八卦易场推移下的易学语境,统贯六十四卦,得以直接敞亮展示。这样,在荀爽那里十二消息没有被贯通于六十四卦的状况得以改善,在郑玄那里十二消息与八卦卦气、各种星象等被一起纳入爻辰序列涵摄,没有得到直接显明、核心突出展示的局面得以打破。

二 日月运转与十二消息

日月运转带动十二消息,虞翻之前,包括郑玄等易学家在内已有很好的揭示,虞翻则在此基础上予以完善,构建了日月在天八卦易场与十二消息卦易场。

(一) 日月之会与十二消息

高度关注卦气一体两面中物候节气时节之气一面的郑玄,曾详细揭示过日月运转相会带来的十二候卦气、十二月时气之象,先于虞翻定格了日月与十二消息的密切关联。

《礼记·月令》云:"孟春之月,日在营室,昏参中,旦尾中。"郑玄注曰:"孟,长也。日月之行,一岁十二会,圣王因其会而分之,以为大数焉。观斗所建,命其四时。此云'孟春'者,日月会于娵訾,而斗建寅之辰也。凡记昏明中星者,为人君南面而听天下，视时候以授民事。"① 郑玄的爻辰说即是据此构建起来的。爻辰的辰，基本内涵就是日月在运转过程中的相会，《汉书·律历志》所谓"辰者，日月之会而建所指也"②。日月相会于某一星次，斗柄就指向子丑寅卯辰巳午未申酉戌亥十二辰的某一辰位，构成一时三分之一的一月的物候节气时节之气即会完整出现，月建即据此确立。日月运行一岁相会十二次，十二会即对应十二月，日月相会于星次娵訾，斗柄就指向寅位，孟春正月由此确立。日月的相会，是与一月物候节气时节之气的形成紧密联系在一起的。就此，郑玄在《周礼·春官·大师》"大师掌六律六同"注中作了详细揭示：

> 黄钟，子之气也，十一月建焉，而辰在星纪。大吕，丑之气也，十二月建焉，而辰在玄枵。大簇，寅之气也，正月建焉，而辰在娵訾。应钟，亥之气也，十月建焉，而辰在析木。姑洗，辰之气也，三月建焉，而辰在大梁。南吕，酉之气也，八月建焉，而辰在寿星。蕤宾，午之气也，五月建焉，而辰在鹑首。林钟，未之气也，六月建焉，而辰在鹑火。夷则，申之气也，七月建焉，而辰在鹑尾。中吕，巳之气也，四月建焉，而辰在实沈。无射，戌之气也，九月建焉，而辰在大火。夹钟，卯之气也，二月建焉，而辰在降娄。③

---

① （汉）郑玄注，（唐）孔颖达疏：《礼记正义》卷第十四《月令第六》，北京：中华书局，2009年，第2928—2929页。
② （汉）班固撰，（唐）颜师古注：《汉书》卷二十一下《律历志第一下》，北京：中华书局，1962年，第1005页。
③ （汉）郑玄注，（唐）贾公彦疏：《周礼注疏》卷第二十三《大师》，（清）阮元校刻：《十三经注疏》，北京：中华书局，2009年，第1717页。

"子之气"即子月之气，于周历而言就是正月之气，于商历而言就是十二月之气，于夏历而言就是十一月之气，这一月气主指一月的物候节气时节之气，当然也内涵阴阳消息进退之气。《礼记·月令》"孟春行夏令，则雨水不时"郑玄注曰："巳之气乘之也。巳月于消息为乾。""子之气""巳之气"，相当于郑玄前所言月的候卦气。以卦气的一体两面言之，内在的一面就是阴阳消息的满盈之气乾气（☰），外在的一面就是巳月的物候节气时节之气。内在的一面引发了气的特定律动，而有了作为各月又一基本标志的十二律吕。于是，日月运行，相会于十二星次中的星纪，内含一阳五阴复（☷）的阴阳消息态势的候卦气子月之气形成，引发气的阳律黄钟律动，斗就建子之辰，确立子月；日月运行，相会于玄枵，内含二阳四阴临（☷）的阴阳消息态势的候卦气丑月之气形成，引发气的阴吕大吕律动，斗就建丑之辰，确立丑月；日月运行，相会于娵訾，内含三阳三阴泰（☷）的阴阳消息态势的候卦气寅月之气形成，引发气的阳律大簇律动，斗就建寅之辰，确立寅月；日月运行，相会于析木，内含六阴坤（☷）的阴阳消息态势的候卦气亥月之气形成，引发气的阴吕应钟律动，斗就建亥之辰，确立亥月；日月运行，相会于大梁，内含五阳一阴夬（☰）的阴阳消息态势的候卦气辰月之气形成，引发气的阳律姑洗律动，斗就建辰之辰，确立辰月；日月运行，相会于寿星，内含四阴二阳观（☷）的阴阳消息态势的候卦气酉月之气形成，引发气的阴吕南吕律动，斗就建酉之辰，确立酉月；日月运行，相会于鹑首，内含一阴五阳姤（☰）的阴阳消息态势的候卦气午月之气形成，引发气的阳律蕤宾律动，斗就建午之辰，确立午月；日月运行，相会于鹑火，内含二阴四阳遯（☷☰）的阴阳消息态势的候卦气未月之气形成，引发气的阴吕林钟律动，斗就建未之辰，确立未月；日月运行，相会于鹑尾，内含三阴三阳否（☷☰）的阴阳消息态势的候卦气申月之气形成，引发气的阳律夷则律动，斗就建申之辰，确立申月；日月运行，相会于实沈，内含六阳乾（☰☰）的阴阳消息态势的候卦气巳月之气形成，引发气的阴吕中吕律动，斗就建巳之辰，确立巳月；日月运行，相会于大火，内含五阴一阳剥（☷☶）的阴阳消息态势的候卦气戌月之气形成，引发气的阳律无射律动，斗就建戌之辰，确立戌月；日月运行，相会于降娄，内含四阳二阴大壮（☰☳）的阴阳消息态势的候卦气卯月之气形成，引发气的阴吕夹钟律动，斗就建卯之辰，确立卯月。

《九家易》也有与此相近的扼要论述，见于《系辞上传》"范围天地之化而不过"注："'范'者，法也。'围'者，周也。言乾坤消息，法周天地，而不过于十二辰也。辰，日月所会之宿，谓娵訾、降娄、大梁、实沈、鹑首、鹑火、鹑尾、寿星、大火、析木、星纪、玄枵之属是也。"[①] 乾天坤地阴阳二气消息进退，周遍天地之间，化生万物大千世界，遵循展示必然法则，不会越过偏离离日坎月相会的娵訾、降娄、大梁、实沈、鹑首、鹑火、鹑尾、寿星、大火、析木、星纪、玄枵十二星次。离日坎月运行相会，实现了十二度的乾天坤地阴阳二气消息进退，有了复（☷☷☳）、临（☷☷☱）、泰（☷☰）等十二消息态势，这才有了十二月与一岁的岁月周流。

虞翻本人也有类似关注。《系辞上传》"唯神也，故不疾而

---

① （清）李道平：《周易集解纂疏》，北京：中华书局，2013年，第557页。

速，不行而至"翻注曰："'神'谓易也。谓日月斗在天，日行一度，月行十三度，从天西转，故'不疾而速'。星寂然不动，随天右周，感而遂通，故'不行而至'者也。"① 古代坐标左东右西，"从天西转"即顺天自西向东周而复始运转，"随天右周"即随天自西向东而遍。天阳气主生而神，地阴气主杀属鬼。发生于乾天坤地之间的，是阴阳二气的消息变易，这一变易是由生气主导的，彰显着勃然生生不竭之神。乾天阳气主导的阴阳消息变易，借助于离日坎月经历感应寂然不动的诸星次周天运行而实现。以离日日行一度、坎月则日行十三度的运行速度，待离日行二十九度半余，则离日坎月一会，同样寂然不动的斗星之柄，就指向离日坎月所会星次对应的辰，乾天坤地阴阳二气消息进退，就落实一个环节态势。离日坎月与所历星次及斗星因感而通，前者行而历周天，就天而言"不疾"，就人而言"而速"，后者因前者虽不行而相对亦得遍周天，此即"不行而至"，十二个环节态势下的阴阳二气消息进退就依次成型。可见十二消息与离日坎月相会有着直接关联，离日坎月相会一次，有了十二消息之一，相会十二次，就有了完整的十二消息。张惠言在诠释虞翻此处所言时说："日月者，六十四卦消息所出。斗与日月相会正建十二次，卦气消息出焉。"② 大致是不错的。在虞翻那里，日月在天所成八卦之象中，标志阳丧灭藏的坤象出现于乙东而转向于癸北，离日坎月即此相会于壬癸之北，完成一次离日坎月之会，形

---

① （清）孙堂辑：《虞翻周易注》，台北：成文出版社有限公司，1976年，第829页。
② （清）张惠言：《周易虞氏义》，《续修四库全书·经部·易类》第26册，上海：上海古籍出版社，2002年，第512页。

成一个完整的在天八卦之象序列，呈现一个完整的在天八卦易场，十二消息中的一个消息就形成。离日坎月如此十二度相会于壬癸之北，就完成十二次离日坎月之会，形成十二个完整的在天八卦之象系列，呈现十二个完整的在天八卦易场，完整的十二消息系列就形成了。

不难发现，虞翻不喜言人之所已言，而喜于言他人之所未言，借标新立异来彰显学术自我。他人以日月运转周天相会揭示十二消息，虞翻则深入一步，具体细化到以日月相会一周期的日月之象来进一步揭示十二消息。

（二）日月运转与六虚之位

离日坎月运行，作为宇宙阴阳消息的动力源，形成在天八卦之象，引出在天八卦阴阳消息易场，以此引动十二消息。离日坎月运行引动十二消息的同时，也促成了十二消息消息进退的位。离日坎月运行至何处，阴阳消息就被引动出现在何处。离日坎月运行至中天中宫戊己虚位，离日处己，坎月处戊，对应相应日虚，召唤阴阳入处此虚，推进阴阳消息，于是有了六爻别卦爻位所符显的六虚之位。六虚之位的表层内涵，就是阴阳的六位。六虚之位的深层内涵，则是离日坎月运行至中天中宫的戊己虚位与戊己虚位对应的相应日辰虚位，以此进一步启示人们，十二消息与离日坎月运行有着何等密切的关系。就此，《系辞上传》"天地设位，而《易》行乎其中矣"翻注曰：

"位"谓六画之位，乾、坤各三爻，故"天地设位"。《易》出乾入坤，"上下无常"，"周流六虚"，故"《易》行乎其中"也。①

发生于天地之间的阴阳消息，归根结底是乾天阳气与坤地阴气的消息，阴阳消息上下无常，周遍流动于别卦六爻爻位所示的六虚之位。这里，六虚就是六位的表层内涵。

《系辞下传》"变动不居，周流六虚"翻注曰：

> "变"，易。"动"，行。"六虚"，六位也。日月周流，终则复始，故"周流六虚"。谓甲子之旬辰、巳虚，坎戊为月，离己为日，入在中宫，其处空虚，故称"六虚"。五甲如次者也。②

离日坎月运行呈现一个完整系列的在天八卦之象，呈现在天八卦易场，就会带动一个爻位所示的阴阳消息，两个这样系列的在天八卦之象与在天八卦易场呈现，则会带动两个爻位所示的阴阳消息，在此过程中，将有两月六十甲子中的六虚出现。李道平疏曰："六虚，谓六爻之位也……'六位'谓之'六虚'者，六甲孤虚法也。天有六甲，地有五子，日辰不全，故有孤虚。裴骃云：甲子旬中无戌亥，戌亥为孤，辰巳为虚。坎纳戊，离纳己……'五甲如次'者，谓甲戌旬中无申酉，申酉为孤，寅卯为虚。甲申旬中无午未，午未为孤，子丑为虚。甲午旬中无辰巳，辰巳为孤，戌亥为虚。甲辰旬中无寅卯，寅卯为孤，申酉为虚。甲寅旬中无子丑，子丑为孤，午未为虚。故云'五甲如次

---

① （清）孙堂辑：《虞翻周易注》，台北：成文出版社有限公司，1976年，第806页。
② 同上，第879页。

者也'。"① 虞翻在此运用了六甲孤虚法。十天干与十二地支组合可组成六十甲子，内有甲子、甲戌、甲申、甲午、甲辰、甲寅六旬，对应两月。天干属天，地支属于地。六十甲子组合中，有甲子、甲戌、甲申、甲午、甲辰、甲寅六甲，六旬中甲子旬有甲子、甲戌旬有丙子、甲申旬有戊子、甲午旬有庚子、甲辰旬有壬子、甲寅旬则无子，这就是"天有六甲，地有五子"。六旬中，每旬中缺少两个地支，此二地支出现在下一旬与甲乙的组合中，谓之"孤"，即后世所说的"旬空"，每旬中与戊己组合的地支谓之"虚"，虚与孤之间恰恰构成六冲关系。甲子旬中缺少戌亥，戌亥为日辰之孤，与标志中天中宫坎戊离己虚位组合的辰巳为日辰之虚；甲戌旬中缺少申酉，申酉为日辰之孤，与标志中天中宫坎戊离己虚位组合的寅卯为日辰之虚。以此类推，甲申旬中午未为孤，与戊己虚位组合的子丑为日辰之虚；甲午旬中辰巳为孤，与戊己虚位组合的戌亥为日辰之虚；甲辰旬中寅卯为孤，与戊己虚位组合的申酉为日辰之虚；甲寅旬中子丑为孤，与戊己虚位组合的午未为日辰之虚。曹元弼说得好："坎月离日戊己中宫，旬中之辰当之者为虚。如甲子之旬，则辰巳当戊己为虚，甲戌之旬，则寅卯当戊己为虚，六甲以次推之可知。日月进退由中宫出入，卦爻消息登降于六位，其义一也。"② 这一六虚之位，是六虚的深层内涵，昭示了离日坎月往来于中天中宫戊己虚位及其所带来的日辰虚位对阴阳消息接续往来的召唤。对于孤虚之位，术家所关注的是孤虚的吉凶祸福意涵，是明孤了虚以便于背

---

① （清）李道平：《周易集解纂疏》，北京：中华书局，2013 年，第 666 页。
② （清）曹元弼：《周易集解补释》下，上海：上海人民出版社，2019 年，第 942 页。

孤击虚、以实击虚从而出奇制胜,而虞翻所关注的则是离日坎月作为宇宙阴阳消息动力源对阴阳消息之位的引动。因此,前者属于术的层面,而后者则将前者提升到了道的层面。

六十甲子表

甲子	乙丑	丙寅	丁卯	戊辰	己巳	庚午	辛未	壬申	癸酉
甲戌	乙亥	丙子	丁丑	戊寅	己卯	庚辰	辛巳	壬午	癸未
甲申	乙酉	丙戌	丁亥	戊子	己丑	庚寅	辛卯	壬辰	癸巳
甲午	乙未	丙申	丁酉	戊戌	己亥	庚子	辛丑	壬寅	癸卯
甲辰	乙巳	丙午	丁未	戊申	己酉	庚戌	辛亥	壬子	癸丑
甲寅	乙卯	丙辰	丁巳	戊午	己未	庚申	辛酉	壬戌	癸亥

三 十二消息卦易场下的阴阳消息之象

离日坎月往来运行,作为宇宙阴阳消息的动力源,引动了十二消息,营造了阴阳消息进退之位,促成了与在天八卦易场呼应的十二消息卦易场的敞开。阴阳大化的历程就以整个宇宙为背景次第展开,展现着气象万千撼人心魄的阴阳消息大化之象。

(一) 作为消息源头的太一与乾天坤地

消息进退的是阴阳二气,二气有其源头。虞翻认为,阴阳二气本于乾天坤地,乾天坤地则来源于太一。

《系辞上传》曾说:"《易》有太极,是生两仪,两仪生四象,四象生八卦。"以此阐发宇宙造化的开辟及开辟后的过程。就"太极""两仪""四象""八卦"所指向的现实而言,"太极"当谓天地尚未开辟前阴阳二气浑然未分的宇宙本原,"两仪"谓太极分化后两相对待匹配的天地二象,"四象"当谓春夏秋冬四时之象,"八卦"当谓天地开辟后八大类造化力量与被造化出的八大类事物之象。金景芳、吕绍纲先生说得好:"大极就是大一。大一是整体的一,绝对的一。《说文》第一个字就是一,许慎解释说:'惟初大一,道立于一,造分天地,化成万物。'许慎的说法符合《易》的思想。仪是什么?《诗·鄘风·柏舟》:'实维我仪。'毛传:'仪,匹也。'仪有匹配的意思。'两仪'就是一对儿,就是事物对立统一着的两个方面。'大极生两仪'就是一分二,就是矛盾,它具有普遍意义,可以象天地、夫妇、君臣、幽明、昼夜、进退等等,而在这里则是象浑沌未分的大一剖判为天地两个方面……这段话既是讲八卦产生的原理,也是讲天地造分,化成万物的过程。作《易》者认为二者是一致的。"[1] 对此,虞翻诠释道:"'太极',太一也,分为天地。"[2] 以乾天坤地诠释两仪,以乾天阳气坤地阴气尚未分化的造化本原太一诠释太极。这一诠释源于《礼记·礼运》一类的观点:"是故夫礼,必本于大一,分而为天地,转而为阴阳,变而四时,列而为鬼神。"[3] 唐孔颖达对"太极""太一"的诠释可与虞翻的诠释相呼应:"太极谓天地未分之前,元气混而为一,即是太初、太一也。"[4] "'必本于大一'者,谓天地未分,混沌之元气也。极大曰大,未分曰一,其气既极大而未分,故曰

---

[1] 金景芳、吕绍纲:《周易全解》,长春:吉林大学出版社,1989年,500页。
[2] (清)孙堂辑:《虞翻周易注》,台北:成文出版社有限公司,1976年,第835页。
[3] (汉)郑玄注、(唐)孔颖达疏:《礼记正义》卷第二十二《礼运第九》,(清)阮元校刻:《十三经注疏》,北京:中华书局,2009年,第3087页。
[4] (魏)王弼、(晋)韩康伯注、(唐)孔颖达疏:《周易正义》,(清)阮元校刻:《十三经注疏》,北京:中华书局,2009年,第169页。

大一也。礼理既与大一而齐，故制礼者用至善之大理以为教本，是本于大一也。'分而为天地'者，混沌元气既分，轻清为天在上，重浊为地在下，而制礼者法之，以立尊卑之位也。'转而为阴阳'者，天地二形既分，而天之气运转为阳，地之气运转为阴。而制礼者，贵左以象阳，贵右以法阴。又因阳时而行赏，因阴时而行罚也。'变而为四时'者，阳气则变为春夏，阴气则变为秋冬。"[1] 太极太一一气未分，变而为天阳地阴二气的对待匹配互显，阴阳消息历程有了正式的肇端。

虞翻之前，《易纬乾凿度》讲述过消息因阴阳而发端、阴阳本于乾天坤地、乾阳坤阴更有久远的太易、太初、太始、太素本原的思想："昔者圣人因阴阳，定消息，立乾坤，以统天地也。夫有形生于无形，乾坤安从生？故曰：有太易，有太初，有太始，有太素也。太易者，未见气也；故曰：有太易，有太初，有太始，有太素也。太易者，未见气也；太初者，气之始也；太始者，形之始也；太素者，质之始也。气形质具而未离，故曰浑沦。"[2] 虞翻则以一气未分的太极太一涵括了乾天坤地阴阳二气的本原。

（二）"两仪生四象，四象生八卦"符显的宇宙阴阳消息总纲

基于《易传》"太极""两仪""四象""八卦"关系的叙述，虞翻悟得了宇宙阴阳消息总纲。

---

[1]（汉）郑玄注，（唐）孔颖达疏：《礼记正义》卷第二十二《礼运第九》，（清）阮元校刻：《十三经注疏》，北京：中华书局，2009年，第3087页。

[2]（清）赵在翰辑：《七纬（附论语谶）》，北京：中华书局，2012年，第33—34页。

虞翻诠释"两仪生四象，四象生八卦"说："'四象'，四时也。'两仪'，谓乾、坤也。乾二、五之坤，成坎、离、震、兑；震春，兑秋，坎冬，离夏，故'两仪生四象'……乾二、五之坤则生震、坎、艮，坤二、五之乾则生巽、离、兑，故'四象生八卦'。乾、坤生春，艮、兑生夏，震、巽生秋，坎、离生冬者也。"[①] 一气未分的太极太一之一，分化为乾天六阳（☰）与坤地六阴（☷）两仪之体，这是宇宙阴阳消息之本。两仪之一的六阳乾九二、九五阳爻与两仪之一的六阴坤六二、六五阴爻相互往来，互易其位，成坎（☵）、离（☲）二体，坎为月而离为日，得两仪中和之气，成中和阳气之精与中和阴气之精。坎体下坎上坎，二至四爻互体为震，离体下离上离，三至五爻互体为兑，震卦符显四时中的春之象，兑卦符显四时中的秋之象，坎卦符显四时中的冬之象，离卦符显四时中的夏之象，此即"两仪生四象"。同样是两仪之体的六阳乾与六阴坤二五两爻相互往来，互易其位，乾体乾下乾上的乾，坤体坤下坤上的坤，坎体坎下坎上的坎，坎体二至四爻互体的震与三至五爻互体的艮，离体离下离上的离，离体二至四爻互体的巽与三至五爻互体的兑，就有了八卦。最本原的八卦，就是因离日坎月运转所成在天八卦。在天八卦甲乾、乙坤出现在震春之位，丙艮、丁兑出现在离夏之位，庚震、辛巽出现在兑秋之位，壬坎代壬乾、癸离代癸坤出现在坎冬之位，此即"四象生八卦"。曹元弼谓："由月行至甲乙而乾坤象见，故乾坤生乎春。至丙丁而艮兑象见，故艮兑生乎夏。至庚辛而震巽象见，故震巽生乎秋。日月会于壬癸而坎离象

[①]（清）孙堂辑：《虞翻周易注》，台北：成文出版社有限公司，1976年，第835页。

见，故坎离生乎冬也。此与震春、兑秋、坎冬、离夏八卦用事之位，各自为义。"①

这里现实的逻辑顺序是：一气未分的浑然宇宙本原太极太一，分化为六阳、六阴乾天坤地两仪之体，两仪中和之气形成离日坎月，作为宇宙阴阳消息的动力源，离日坎月运行形成在天八卦之象与在天八卦阴阳消息易场，引动乾天坤地两仪之体六阳之气与六阴之气的消息进退变化互通，形成十二消息卦易场，即此又形成震春、兑秋、坎冬、离夏四时之象与四正卦易场。反向而观之，十二消息相关态势出现于四时象之位，十二消息卦易场出现在四正卦易场中，在天八卦之象相关各象同样出现在四时象之位，在天八卦易场同样出现在四正卦易场中。

（三）出入乾坤笼罩下的阴阳消息历程

对于乾天坤地六阳六阴两仪之体因离日坎月运转引动的消息历程，虞翻都有详细解说。

在虞翻看来，作为大千世界直接造化本原的乾天坤地，其中和之气造就的离日坎月，自身运转形成在天八卦之象与初步透显阴阳消息之义的在天八卦易场，同时又带动乾天坤地阴阳二气的消息进退变化互通。一个周期的在天八卦阴阳消息过程与阴阳消息场域场流，具体促成一个以一月为单位的天地阴阳二气消息态势，十二个周期就接续促成十二个消息态势，大显宇宙阴阳消息之大义。符显这十二个消息态势的，就是十二消息卦。

借助离日坎月运转，一个接续一个周期的在天八卦之象与在天八卦易场呈现，依次促成复（☷☷）、临（☷☱）、泰（☷☰）、大

---

① （清）曹元弼：《周易集解补释》下，上海：上海人民出版社，2019年，第861页。

壮（䷡）、夬（䷪）、乾（䷀）、姤（䷫）、遯（䷠）、否（䷋）、观（䷓）、剥（䷖）、坤（䷁）这十二消息卦所符显的诸态势。十二消息完成一次，十二消息卦易场完整呈现一次，一岁的时光得以出现，下一轮可以预期的十二消息历程与岁复一岁的时光更迭即此展开，如此终而又始，始而又终，永无尽期。这一过程，可谓出入乾坤的过程。《系辞上传》"天地设位，而《易》行乎其中矣"翻注所谓："《易》出乾入坤，上下无常，周流六虚，故'《易》行乎其中'也。"[1] 作为宇宙阴阳消息的动力源，离日坎月运行，促成标志子月的在天八卦之象与在天八卦易场，引动同样标志子月的一阳五阴的复（䷗）的天阳地阴消息进退变化态势，六虚初位的乾天阳气息出而显其造化生生之用；离日坎月运行，促成标志丑月的在天八卦之象与在天八卦易场，引动同样标志丑月的二阳四阴的临（䷒）的天阳地阴消息进退变化态势，六虚二位的乾天阳气继之息出而显其造化生生之用；以此类推，离日坎月运行，依次促成标志寅、卯、辰、巳月的在天八卦之象与在天八卦易场，引动同样标志寅、卯、辰、巳月的三阳三阴、四阳二阴、五阳一阴、六阳的泰（䷊）、大壮（䷡）、夬（䷪）、乾（䷀）的天阳地阴消息进退变化态势，六虚三、四、五、上位的乾天阳气继之息出而显其造化生生之用。上述六个消息，可谓"出乾"的过程，乾天六阳依次息出而显其用。接下来，离日坎月运行，促成标志午月的在天八卦之象与在天八卦易场，引动同样标志午月的一阴五阳的姤（䷫）的天阳地阴消息进退变化态势，六虚初位的坤地阴气息出而显其造化肃杀之用；

---

[1] （清）孙堂辑：《虞翻周易注》，台北：成文出版社有限公司，1976年，第806页。

离日坎月运行，促成标志未月的在天八卦之象与在天八卦易场，引动同样标志未月的二阴四阳的遯（☷）的天阳地阴消息进退变化态势，六虚二位的坤地阴气继之息出而显其造化肃杀之用。以此类推，离日坎月运行，依次促成标志申、酉、戌、亥月的在天八卦之象与在天八卦易场，引动同样标志申、酉、戌、亥月的三阴三阳、四阴二阳、五阴一阳、六阴的否（☷）、观（☷）、剥（☷）、坤（☷）的天阳地阴消息进退变化态势，六虚三、四、五、上位的坤地阴气继之息出而显其造化肃杀之用。上述六个消息，可谓"出坤"的过程，坤地六阴依次息出而显其用。十二消息的历程，就是"出乾"与"出坤"而使乾天六阳与坤地六阴完整发挥它们造化生生与肃杀之用的历程。这一历程刚好在一岁的时光中完成，可见乾天坤地一岁完成一次各自的造化之用，岁岁无尽，直到永远。清惠栋言："《系辞》云：'乾之策二百一十有六，坤之策一百四十有四，凡三百有六十，当期之日。'夫以二卦之策当一期之数，则知二卦之爻周一岁之用矣。"[1] 所言甚是。离日坎月运转相会一次，促成在天八卦之象与在天八卦易场呈现一次，引动乾天坤地两仪消息进退一位并令十二消息卦易场呈现一位，这就有了标志一个月的一切，从而带来一月的月建。据此，子月月建的确立，恰恰是一岁十二月周期中乾天之阳息显出现发挥造化主导作用之始；巳月月建的确立，恰恰是同一周期中乾天之阳息出全显发挥造化主导作用之终；午月月建的确立，恰恰是同一周期中坤地之阴息显出现发挥造化主导作用之始；亥月月建的确立，恰恰是同一周期中坤地之阴息出

---

[1] （清）惠栋：《周易述（附：易汉学易例）》下册，北京：中华书局，2007年，第515页。

全显发挥造化主导作用之终。子月刚好是周历的正月,亥月刚好是周历的十二月,以一岁始于复象(䷗)而终于坤象(䷁),可见周之历法是与离日坎月运转相会下乾天坤地两仪十二消息的节律密相契应、完全合拍的。

上述"出乾"的过程可谓"以乾通坤"的过程,"出坤"的过程可谓"以坤变乾"的过程。《系辞下传》"穷神知化德之盛也"翻注曰:

> 以坤变乾,谓之"穷神"。以乾通坤,谓之"知化"。[①]

"变"谓使之变,"通"谓使之通。阳气生生谓之"神",阴气肃杀谓之"化",乾天阳气赋能万物令其生生,坤地阴气闭结生机令万物成终。"以坤变乾"说的不是从坤变为乾,而是以坤地阴气为主导,使乾天阳气发生变化。"以乾通坤"说的不是由乾通向坤,而是以乾天阳气为主导,使坤地阴气动而通起来。乾天阳气发生变化的结果,就是坤地阴气逐渐改变乾天阳气生生的造化功能,逐步释放自身肃杀的造化能量,最终令乾天阳气生生之神消尽,使坤地阴气肃杀之能全部释放,乾天六阳变为了坤地六阴。坤地阴气动而通起来的结果,就是乾天阳气逐渐使坤地阴气流动变化,转换其肃杀的造化能量,通向乾天阳气生生的造化功能,最终令坤地阴气肃杀之化消尽,使乾天阳气生生之功全部发挥,坤地六阴通向了乾天六阳。"以乾通坤"的过程中,先后出现通其一的复(䷗)、通其二的临(䷒)、通其三的泰(䷊)、通其四的大壮(䷡)、通其五的夬(䷪)、通其六的乾

[①] (清)孙堂辑:《虞翻周易注》,台北:成文出版社有限公司,1976年,第860页。

(☰)六个乾天阳气起主导作用发挥生生造化之功的消息态势，昭示出完整的"出乾"历程；"以坤变乾"的过程中，先后出现变其一的姤(☰)、变其二的遯(☰)、变其三的否(☰)、变其四的观(☰)、变其五的剥(☰)、变其六的坤(☰)六个坤地阴气起主导作用释放肃杀造化之能的消息态势，昭示出完整的"出坤"历程。

（四）意涵丰富的十二消息之象

在虞翻看来，因由宇宙阴阳消息动力源离日坎月运行引动，实现了乾天坤地两仪的消息进退变化，呈现了十二消息之象与十二消息卦易场，以此发挥了乾天阳气的生生造化功能，释放了坤地阴气的肃杀造化能量。在此过程中，乾天之阳与坤地之阴相依互存，各借对方实现自身，并借实现自身而成就对方，以此实施造化。十二消息之象有着丰富具体的意涵，虞翻对此分别作了进一步诠释。虞翻的诠释分散在《周易注》中，清儒李锐《周易虞氏略例·消息第四》作了如下归纳总结：

《复》☷ 注云"阳息坤"；

《临》☷ 注云"阳息至二"；

《泰》☷ 注云"阳息坤"；

《大壮》☷ 注云"阳息泰也"；

《夬》☷ 注云"阳决阴，息卦也"；

《乾》☰

右息卦六。

《姤》☰ 注云"消卦也"；

《遯》☰ 注云"阴消姤也"；

《否》☰ 注云"阴消乾"；

《观》☷☰
《剥》☷☶ 注云"阴消乾也"。
《坤》☷☷
右消卦六。
凡消息之卦十二。①

《遯》☰☶注"阴消姤也",《周易注》原本"姤"后有"二"字,当据补。以乾天坤地为言说的出发点,作为宇宙造化力量的阴阳二气来自乾天坤地,阳气来自乾天,阴气来自坤地。别卦乾的六阳之体符显天的所有阳气,别卦坤的六阴之体符显地的所有阴气。因宇宙阴阳消息动力源离日坎月运行促动,乾天坤地阴阳二气得以消息流转。乾天阳气与坤地阴气互以对方为消的对象与息的平台,持续展开着消息进退变化的过程。从复(☷☳)到乾(☰☰),符显乾天阳气以坤地阴气为消的对象与息的平台,从一阳而至六阳,由弱而强,由微而著,息长推进呈显的过程;从姤(☰☴)到坤(☷☷),符显坤地阴气以乾天阳气为消的对象与息的平台,从一阴而至六阴,由弱而强,由微而著,息长推进呈显的过程。因此,归根结底,十二消息卦呈现的是乾六阳、坤六阴消息进退变化流转的过程,符显的是天地阴阳二气消息进退变化流转的过程。《复》《泰》注所云"阳息坤",说的就是乾天阳气以坤地阴气为息长平台息长。《否》《剥》注所云"阴消乾",说的就是坤地阴气以乾天阳气为消的对象,消阳息阴。《大壮》注所云"阳息泰",说的就是乾天阳气以坤地阴气为息长平台,

---

① (清)李锐:《周易虞氏略例》,《续修四库全书·经部·易类》第28册,上海:上海古籍出版社,2002年,第256页。

在息成三阳泰态势的基础上再息一阳；《遯》注所云"阴消姤二"，说的则是坤地阴气以乾天阳气为消的对象，在消一阳息一阴姤态势的基础上再消姤之一阳息一阴。遯的态势就是这样来的。复（☷☷）、临（☷☱）、泰（☰☷）、大壮（☳☰）、夬（☱☰）、乾（☰）皆为阳息消阴之卦，称"息卦"；姤（☰☴）、遯（☰☶）、否（☰☷）、观（☷☴）、剥（☶☷）、坤（☷）皆为阴息消阳之卦，称"消卦"。阴阳皆有其消息，消息有主动与被动之分，阳息的过程是阳主动息长而阴被被动地消退，阴息的过程是阴主动息长而阳被被动地消退，符显阳息动态过程的六卦被称为息卦，而符显阴息动态过程的六卦则被称为消卦，这显然内涵了一种价值衡判于其中而突显了崇阳卑阴的价值观念。阳气生生给大千世界带来生机而受到尊崇，阴气肃杀令大千世界的生机闭结而受到鄙厌。

以上由十二消息卦所符显的诸态势依次出场，带来了一年十二月、四时的有序更替，这就是前所引《系辞上传》"变通配四时"翻注所言："变通趋时，谓十二月消息也。泰、大壮、夬配春，乾、姤、遯配夏，否、观、剥配秋，坤、复、临配冬。谓十二月消息相变通而周于四时也。"

以消息的视域诠释十二消息卦，十二消息卦的各卦就成了动态流动着的而非静态现成已然的卦。从本质上说，各卦之象是动态消息进退呈现着的象，而非绝对静态下自身之所是的本象，既有它的当下，又有它的过去，更有它的未来，每一卦都在当下关联过去与未来的三个维度中显其象。十二消息卦各卦既是相对静态上当下自身之所是，同时又是作为动态上十二消息中的一个环节而成为其他卦消息的必然，在它之前者必然趋向于它，在它之后者为它所必然趋向。因此，对十二消息卦的各卦，必须从过去、现在与未来的三个维度的有机结合出发,从一卦之象与十二消息其他各象的密切关联中,从十二消息卦易场的阴阳消息流转中进行理解。对十二消息卦易场中的乾坤而外的十卦之象要如此理解,对乾坤二象也需如此理解。易场中十二消息卦之象是乾坤天地阴阳发动后的动态消息进退所呈现出的十二种象,乾坤二象是乾天阳气与坤地阴气消息进退全显的象,其他十象则是乾天阳气坤地阴气消息进退未全显时的各象,而乾天坤地两仪之体的本象,作为消息的本原,则一直藏在十二消息之象与十二消息卦易场背后,发挥根源性支撑作用。

复卦(䷗)注云"阳息坤",泰卦(䷊)注云"阳息坤",实际上,临(䷒)、大壮(䷡)、夬(䷪)、乾(䷀)诸卦都可以说"阳息坤"。坤卦(䷁)是它们消息的起点,它们是坤卦(䷁)消息未来的必然,它们各自以自身为中心显自身当下之所是,又在与前后卦的关联中呈现自己的全部内涵。

例如复象,《复》卦辞"出入无疾,朋来无咎"翻注曰:

> 谓出震成乾,入巽成坤,坎为疾,十二消息不见坎象,故"出入无疾"。[1]

作为十二消息卦之一,复(䷗)自坤卦(䷁)息来,在阴阳消息进退变化的十二消息卦易场中,亥位六阴之坤(䷁)消尽六位乾阳全显之后,消阳出坤的过程终结,阳息出乾的过程在子位开启。乾初一阳触感坤初一阴,前者息出,后者消退,六阴坤(䷁)的消息态势转换为一阳五阴复(䷗)的态势,一阳自

---

[1] (清)孙堂辑:《虞翻周易注》,台北:成文出版社有限公司,1976年,第567页。

众阴中息出,形成复(䷗)下体之震,是为乾之一阳从震象中息出。这是面对复之一象的现在之维,言说它的过去之维。复象有其现在之维、过去之维,更有其未来之维。因十二消息卦易场阴阳消息进退变化之必然,复象之后必然继续推进阳息消阴的大势,由一阳而二阳、三阳、四阳、五阳、六阳,从而逐次消去二阴、三阴、四阴、五阴、六阴,于易场丑、寅、卯、辰、巳之位呈现临(䷒)、泰(䷊)、大壮(䷡)、夬(䷪)、乾(䷀)各象,最终以阳息消阴历程的充分实现而形成乾象,这就是"出震成乾"的历程。这是复未来之维中阳息消阴而成乾的五个必然环节。十二消息卦易场中,阴阳的消息进退变化,并非只有阳息消阴这一单一历程,还有与之相对待匹配的阴息消阳历程,前一历程属于"出震成乾",后一历程属于"入巽成坤",这两个历程皆是从复象开始出发的历程,所以都属于复象的未来之维。阴阳消息进退变化的十二消息卦易场中,巳位六阳之乾(䷀)消尽六位坤阴全显之后,消阴出乾的过程终结,阴息出坤的过程在午位开启。坤初一阴触感乾初一阳,前者息出,后者消退,六阳乾(䷀)的消息态势转换为一阴五阳姤(䷫)的态势,一阴自众阳中息出,形成姤(䷫)下体之巽,是为乾之一阳退入巽象之下。姤象(䷫)之后,必然继续推进阴息消阳的大势,由一阴而二阴、三阴、四阴、五阴、六阴,从而逐次消去二阳、三阳、四阳、五阳、六阳,于易场未、申、酉、戌、亥之位呈现遯(䷠)、否(䷋)、观(䷓)、剥(䷖)、坤(䷁)各象,最终以阴息消阳历程的充分实现而形成坤象,这就是"入巽成坤"的历程。至此,由复象为一个起始环节点的易场中的十二消息之象全部呈现,各象中都没有出现坎象。坎为心病(《说卦传》),故符显疾象。此一阳出于阴、乾出于坤与阳入于阴、乾入于坤过程中所历十二消息之象系列，没有出现坎疾之象，所以说"出入无疾"。意味着作为造化终极生生力量的乾天阳气在其息出而显用与消隐而藏用历程中，不会出现问题。此后，新一轮全新的"出震成乾"与"入巽成坤"历程又将启程，并且以易场阴阳消息进退变化的必然，持续循环推进下去。在此，虞翻敞开了十二消息的过去、现在和未来三维，深刻揭示了十二消息之象变动不居的流动开放性、未来无限循环推展性。在他那里，这一切都是从久远的过去，自太极太一开乾天辟坤地肇端阴阳消息进退变化以来，不知已经历了多少番这样的消息循环之后才呈现出来的，它承载着近期阴阳消息进退变化的信息，也承载着自太极太一开乾天辟坤地肇端阴阳消息进退变化以来所发生的所有消息循环的信息。

《复·大象传》"雷在地中，复；先王以至日闭关，商旅不行，后不省方"翻注曰：

复为阳始，姤则阴始，天地之始，阴阳之首。[①]

复象是以乾天坤地两仪为本的阴阳消息进退历程中阳息发动之始，也就是乾天阳气发用开显之始，属于宇宙大化阳气之开端；姤象则是此历程中阴息发动之始，也就是坤地阴气发用开显之始，属于宇宙大化阴气之开端。正是由此开端，才开启了天地宇宙间循环往复无尽的"阳息出乾""阴息出坤"的造化历程与大化长河。

[①] （清）孙堂辑：《虞翻周易注》，台北：成文出版社有限公司，1976年，第569页。

《复》卦辞"出入无疾,朋来无咎,反复其道,七日来复,利有攸往",原本说的是人出门他往、入门返家不会有灾病,朋友来了不会有灾祸,外出往返于道路,七日一个往返,利有所往。《彖传》以"刚反动而以顺行,是以'出入无疾,朋来无咎'。'反复其道,七日来复',天行也。'利有攸往',刚长也。复其见天地之心乎"所做的诠释,就将人事上升到天道。虞翻的诠释,就是在《彖传》开启的诠释路向下进一步作出的。就"'反复其道,七日来复',天行也"翻注曰:

谓乾成坤,反出于震而来复,阳为道,故"复其道"。刚为昼日,消乾六爻为六日,刚来反初,故"'七日来复',天行也"。①

从复象的过去之维而言,复象来自于坤象,坤象通过息六阴而消乾六阳达成,是为"乾成坤"。继之,阳又返回,从震象息出而来复。阳气生生彰显宇宙根本大道,成为道的象征,所以说"复其道"。依照十二消息说,阴息消阳,消乾一阳需要一月时光,消乾六阳需要六月,一阳来复又需要一月,前后经历了午、未、申、酉、戌、亥、子七月。虞翻则为了解释经文"七日来复"的"七日",将这里的七月凝缩为七日,认为阳刚符显昼日,消乾六阳用六日,阳刚返初来复又用一日,先后七日。虽说以七日代换了七月,背后运用的却仍然是十二消息说。在他之前,郑玄就此的诠释则为:"建戌之月,以阳气既尽,建亥之月,纯阴用事,至建子之月,阳气始生,隔此纯阴一卦,卦主六

---

① (清)孙堂辑:《虞翻周易注》,台北:成文出版社有限公司,1976年,第568页。

日七分，举其成数言之，而云'七日来复'。"① 就十二月候卦气而言，建戌之月对应剥卦之气（䷖），阳气既将为阴气消剥净尽，言"既尽"用词不确。建亥之月，纯阴坤卦之气用事，到建子之月，阳气始生，一阳来复的复卦之气用事。依照孟喜卦气说，值每月节气物候时日的侯、大夫、卿、公、辟各卦，一卦值六又八十分之七日，即六日七分。作为子月与戌月之间的亥月辟卦坤，也值六日七分，约言整数就是七日，是为"七日来复"。郑玄的解释显然不如虞翻的解释，因为依照前者的解释，在六日七分说下，复卦之前，中间还隔了未济、蹇、颐、中孚四卦，而不是单纯一个复卦，相隔总数就远远不是七日了，而后者的解释只涉及标志十二月的十二消息卦。

再如临象，《临》（䷒）卦辞"元亨，利贞。至于八月有凶"翻注曰：

> 阳息至二，与遯旁通。"刚浸而长"，乾来交坤，动则成乾，故"元亨，利贞"。与遯旁通，临消于遯，六月卦也，于周为八月，遯弑君、父，故"至于八月有凶"。荀公以兑为八月，兑于周为十月，言八月，失之甚矣。②

从笼罩于出入乾坤之下的阴阳消息历程观之，在十二消息卦易场子位复象（䷗）从六阴坤象（䷁）息出一阳而消去坤初位一阴的基础上，乾阳继续触感坤阴而息出，至坤象二位，又息一阳而消一阴，形成丑位二阳四阴的临象（䷒）。即此而言，当下

---

① （清）孙堂辑：《郑康成周易注（附补遗一卷）》，台北：成文出版社有限公司，1976年，第331页。
② （清）孙堂辑：《虞翻周易注》，台北：成文出版社有限公司，1976年，第548页。

的临象（䷒）属于它的现在之维，复象（䷗）以及坤象（䷁）则属于它的过去之维。丑位临象（䷒）与未位遯象（䷠）处于十二消息卦易场对冲的场位上，二象同位之爻彼此阴阳一一互反，属于旁通关系。以临象（䷒）作为阴阳消息进退变化的起点，基于易场阴阳消息进退变化的必然，那么临象（䷒）之后，阳息消阴的大势必然继续向前推进，由二阳而三阳、四阳、五阳、六阳，同时逐次消去三阴、四阴、五阴、六阴，于寅、卯、辰、巳之位呈现泰（䷊）、大壮（䷡）、夬（䷪）、乾（䷀）各象，完成阳息消阴出乾的过程。在此出乾过程中，乾天之阳与坤地之阴消息交感，天地通，造化通，万物生，所以"元亨利贞"。其后，阳息消阴的必然就开始转为阴息消阳的必然，阴息消阳而出坤的过程，就在巳位乾象（䷀）之后启程。于是，坤阴又开始触感乾阳而息出，午位息出一阴而消去乾初之位一阳呈现一阴五阳的姤象（䷫），未位息出又一阴而消去乾二位之阳呈现二阴四阳的遯象（䷠）。这一过程将在亥位结束，呈现消去六阳而息出六阴的坤象（䷁）。结束之前，若单从未位出现的遯象（䷠）与丑位临象合观，则此乃以临象（䷒）为起点的临消出遯的阴阳消息进退变化历程。临象（䷒）有六位的阴阳，以它为消息进退变化的出发点，历经六个节段、六个场位，它的六位的阴阳就会被消去，转换为遯象（䷠）六位的阴阳，意味着临象（䷒）消息流动变化通向了遯象（䷠）。遯象（䷠）成则临象（䷒）消，遯象（䷠）阴息消阳至二位，以下体艮子之象消掉了乾父之象，因阴阳消息进退变化之必然，阴息消阳至三位，遯象就会推进到否象（䷋），以下体坤臣之象消掉了乾君之象，这就意味着遯象（䷠）呈现现在之维的弑父与未来之维的弑君之象，其凶险可知。遁象（☷☰）出现在未月，周建子，夏建寅，未月于周历为八月，于夏历为六月，虞翻认为经文用周历，传文用夏历，遁之凶象出现在八月，因此说"至于八月有凶"。荀爽以临下体兑解释八月之象，这是运用的八卦卦气图式。在该图式中，兑对应酉月，于夏历为八月。在虞翻看来，酉月于周历为十月而非八月，荀爽的解释与经文是不相应的。何况虞翻不赞同八卦卦气图式。在此，需要进一步指出的是，郑玄同样是以十二消息卦来诠解八月之象，用周代商来诠释"至于八月有凶"，云："临卦斗建丑而用事，殷之正月也。当文王之时，纣为无道，故于是卦为殷家著兴衰之戒，以见周改殷正之数云。临自周二月用事，讫其七月，至八月而遁卦受之，此终而复始。"[1] 殷商建丑，以临象出现斗建丑为一岁开始的正月，周建子，商的正月就是周的二月。丑位临象消于未位遁象，表征殷商天命的终结，与周受命之始。因纣王的无道，殷商所受天命转移到了有道文王之周。未于殷商为七月，于周为八月，所以有"至于八月有凶"。郑玄的这一诠释触及了十二消息之象间的相互转化，这一点对虞翻而言当有重要启发意义。

值得进一步关注的是，在诠释《临》时，虞翻先以"阳息至二""乾来交坤"的表达，彰显呈现以临象（☷☱）为一环节的阴阳消息进退，就本质而言，乃乾天六阳与坤地六阴两仪消息启程后，在阳息通向乾、阴息通向坤的进程中，持续不断地消息进退变化，意在表明阴阳消息之根本在于乾天坤地两仪，而十二消息的进程，本质呈现为"出乾入坤"与"出坤入乾"的过程。

---

[1] （清）孙堂辑：《郑康成周易注（附补遗一卷）》，台北：成文出版社有限公司，1976年，第324页。

易场中,亥位六阴坤象(☷☷)之后,从坤象出发的阳息消阴历程,起始于子位复象(☷☳),至巳位乾象(☰☰),这是阳息"出乾"、阴消"入乾"的过程;巳位六阳乾象(☰☰)之后,从乾象出发的阴息消阳历程,起始于午位姤象(☰☴),至亥位坤象(☷☷),这是阴息"出坤"、阳消"入坤"的过程。而后虞翻言"与遯旁通,临消于遯",则向我们开示了关于十二消息进程的呈现,不仅可以就乾坤为本的角度而表达为由子位复象与午位姤象起始的"出乾入坤"与"出坤入乾",而且可以就十二消息卦易场对冲场位另外五对卦的任意一对卦为相对之本的角度而表达为甲后一象与乙后一象起始的"出甲入乙"与"出乙入甲":由乾天六阳与坤地六阴对待的两仪所开启的阴阳消息进退历程形成了十二消息之象组成的十二消息卦易场,这一易场中巳位的乾象(☰☰)与亥位的坤象(☷☷)、子位的复象(☷☳)与午位的姤象(☰☴)、丑位的临象(☷☱)与未位的遯象(☰☶)、寅位的泰象(☷☰)与申位的否象(☰☷)、卯位的大壮象(☳☰)与酉位的观象(☴☷)、辰位的夬象(☱☰)与戌位的剥象(☶☷)分别处在对冲场位,以六位阴阳的互反构成旁通关系,以易场任意对冲场位的用甲乙代指的一对六位阴阳互反的消息之象作为阴阳消息的相对之本,就会有消乙方六位的阴阳而出甲方六位的阴阳,从而消乙方出甲方的消息进退变化进程,继之,又会有消甲方六位的阴阳而出乙方六位的阴阳,从而消甲方出乙方的消息进退变化进程。这样表达的进程,如同阳息消阴出乾进程与阴息消阳出坤进程合为一个完整的十二消息之象呈现周期,也由阴阳互有消息出甲进程与阴阳互有消息出乙进程合为一个完整的十二消息之象呈现周期。例如,以易场对冲之位子位复象(☷☳)与午位姤象(☰☴)

作为阴阳消息的相对之本，子位复象（☷☳）之后，从复象（☷☳）出发的阴阳互有消息历程，起始于丑位临象（☷☱），历寅位泰象（☷☰）、卯位大壮象（☳☰）、辰位夬象（☱☰）、巳位乾象（☰☰）直至午位姤象（☰☴），这是阴阳互有消息"消复出姤"与"复消入姤"的过程；午位姤象（☰☴）之后，从姤象出发的阴阳互有消息历程，起始于未位遯象（☰☶），历申位否象（☰☷）、酉位观象（☴☷）、戌位剥象（☶☷）、亥位坤象（☷☷）直至子位复象（☷☳），这是阴阳互有消息"消姤出复"与"姤消入复"的过程。商建丑，以丑位临象为其正月标志，以"出姤"为前六月之象，以"出复"为后六月之象，以"消复出姤"与"消姤出复"作为一岁十二个月阴阳消息进退的周期，一岁始于临象而终于复象。以易场对冲之位丑位临象（☷☱）与未位遯象（☰☶）作为阴阳消息的相对之本，丑位临象之后，从临象出发的阴阳互有消息历程，起始于寅位泰象（☷☰），历卯位大壮象（☳☰）、辰位夬象（☱☰）、巳位乾象（☰☰）、午位姤象（☰☴）直至未位遯象（☰☶），这是阴阳互有消息"出遯"与临消"入遯"的过程；未位遯象之后，从遯象出发的阴阳互有消息历程，起始于申位否象（☰☷），历酉位观象（☴☷）、戌位剥象（☶☷）、亥位坤象（☷☷）、子位复象（☷☳）直至丑位临象（☷☱），这是阴阳互有消息"出临"与遯消"入临"的过程。夏建寅，以寅位泰象为其正月标志，以"出遯"为前六月之象，以"出临"为后六月之象，以"消临出遯"与"消遯出临"作为一岁十二个月阴阳消息进退的周期，一岁始于泰象而终于临象。以此类推，十二消息卦易场中，过去、现在、未来三个维度下的十二消息之象，不仅有以乾坤为消息终极之本的乾之"出乾入坤"与坤之"出坤入乾"的呈现历程，而且还有以复姤、临遯、泰否、大壮观、夬剥为消息相对之本的姤之"出姤入复"与复之"出复入姤"、遯之"出遯入临"与临之"出临入遯"、否之"出否入泰"与泰之"出泰入否"、观之"出观入大壮"与大壮之"出大壮入观"、剥之"出剥入夬"与夬之"出夬入剥"的呈现历程。

（五）消息出入之下的十二消息卦显隐一体之象

本于太极太一，发端于乾天坤地，以乾天之阳与坤地之阴两仪为消息终极之本，以离日坎月运转为消息动力之源，以乾坤而外的五对易场对冲消息卦象为消息相对之本的阴阳消息进程，展现了十二消息之象在过去、现在、未来三个维度下的动态"出""入"转化过程。

"出"指的是阴阳的动态主动息出呈现，"入"指的是阴阳的动态被动消入隐藏。息则显现于外，消则并非归于消失，而是入而隐藏于息者之内。作为消息终极之本的乾天之阳与坤地之阴，它们是对待匹配而不可孤存的，由其所启动的阴阳消息进退变化而依次呈现的十二消息之象，整体呈现着阴阳的主动息出呈现与被动消入隐藏显隐两面的动态历程。作为动力之源，离日坎月运转引动的阴阳消息确立了消息进退着的阴阳的六虚之位，六虚之位的每一位，同时可以接纳息显于外与消藏于内的一阴一阳。

以乾天之阳与坤地之阴两仪为消息终极之本，阴阳的消息进退变化则有乾天阳息之"出乾入坤"与坤地阴息之"出坤入乾"两个阶段一个周期的十二消息之象显隐一体呈现历程。

易场亥位坤象为消息之本，坤象并非孤立，六虚之位上，六阴占据了六个虚位之表，六阳入居于六个虚位之里，坤象含藏涵摄着乾象,二象显隐一体。由此启动的阳息出乾、阴消入乾历程,依次呈现复(☷☳)、临(☷☱)、泰(☷☰)、大壮(☳☰)、夬(☱☰)、乾(☰☰)六象。初位一阳息显,致使六虚初位阴阳互转其位,阳由居里转为据表,阴由据表转为入藏居里,六阴坤象转换为一阳五阴复象,一阳五阴占据六个虚位之表,一阴五阳居于六个虚位之里,复象含藏涵摄着姤象,二象以复象为主导显隐一体;复象后,二位一阳继之息显,致使六虚二位阴阳又互转其位,阳由居里转为据表,阴由据表转为入藏居里,六阴坤象、一阳五阴复象转换为二阳四阴临象,二阳四阴占据六个虚位之表,二阴四阳居于六个虚位之里,临象含藏涵摄着遯象,二象以临象为主导显隐一体;临象后,三位一阳继之息显,致使六虚三位阴阳又互转其位,阳由居里转为据表,阴由据表转为入藏居里,六阴坤象、一阳五阴复象、二阳四阴临象转换为三阳三阴泰象,三阳三阴占据六个虚位之表,三阴三阳居于六个虚位之里,泰象含藏涵摄着否象,二象以泰象为主导显隐一体;泰象后,四位一阳继之息显,致使六虚四位阴阳又互转其位,阳由居里转为据表,阴由据表转为入藏居里,六阴坤象、一阳五阴复象、二阳四阴临象、三阳三阴泰象转换为四阳二阴大壮象,四阳二阴占据六个虚位之表,四阴二阳居于六个虚位之里,大壮象含藏涵摄着观象,二象以大壮象为主导显隐一体;大壮象后,五位一阳继之息显,致使六虚五位阴阳又互转其位,阳由居里转为据表,阴由据表转为入藏居里,六阴坤象、一阳五阴复象、二阳四阴临象、三阳三阴泰象、四阳二阴大壮象转换为五阳一阴夬象,五阳一阴占据六个虚位之表,五阴一阳居于六个虚位之里,夬象含藏涵摄着剥象,二象以夬象为主导显隐一体;夬象后,上位一阳继之息显,致使六虚上位阴阳又互转其位，阳由居里转为据表，阴由据表转为入藏居里，六阴坤象、一阳五阴复象、二阳四阴临象、三阳三阴泰象、四阳二阴大壮象、五阳一阴夬象转换为六阳乾象，六阳全部息显，占据六个虚位之表，六阴全部消隐，居于六个虚位之里，乾象含藏涵摄着坤象，二象显隐一体，第一阶段阳息出乾、消阴入乾的进程在本周期结束。六阳乾象全然息显之后，坤象为消息之本转换为乾象为消息之本，阳息出乾的进程转换为阴息出坤的进程，依次呈现姤（☰）、遯（☰）、否（☰）、观（☰）、剥（☰）、坤（☰）六象。初位一阴息显，致使六虚初位阴阳互转其位，阴由居里转为据表，阳由据表转为入藏居里，六阳乾象转换为一阴五阳姤象，一阴五阳占据六个虚位之表，一阳五阴居于六个虚位之里，姤象含藏涵摄着复象，二象以姤象为主导显隐一体；姤象后，二位一阴继之息显，致使六虚二位阴阳又互转其位，阴由居里转为据表，阳由据表转为入藏居里，六阳乾象、一阴五阳姤象转换为二阴四阳遯象，二阴四阳占据六个虚位之表，二阳四阴居于六个虚位之里，遯象含藏涵摄着临象，二象以遯象为主导显隐一体；遯象后，三位一阴继之息显，致使六虚三位阴阳又互转其位，阴由居里转为据表，阳由据表转为入藏居里，六阳乾象、一阴五阳姤象、二阴四阳遯象转换为三阴三阳否象，三阴三阳占据六个虚位之表，三阳三阴居于六个虚位之里，否象含藏涵摄着泰象，二象以否象为主导显隐一体；否象后，四位一阴继之息显，致使六虚四位阴阳又互转其位，阴由居里转为据表，阳由据表转为入藏居里，六阳乾象、一阴五阳姤象、二阴四阳遯象、三阴三阳否象转换为四阴二阳观象，四阴二阳占据六个虚位之表，四阳二阴居于六个虚位之里，观象含藏涵摄着大壮象，二象以观象为主导显隐一体；观象后，五位一阴继之息显，致使六虚五位阴阳又互转其位，阴由居里转为据表，阳由据表转为入藏居里，六阳乾象、一阴五阳姤象、二阴四阳遯象、三阴三阳否象、四阴二阳观象转换为五阴一阳剥象，五阴一阳占据六个虚位之表，五阳一阴居于六个虚位之里，剥象含藏涵摄着夬象，二象以剥象为主导显隐一体；剥象后，上位一阴继之息显，致使六虚上位阴阳又互转其位，阴由居里转为据表，阳由据表转为入藏居里，六阳乾象、一阴五阳姤象、二阴四阳遯象、三阴三阳否象、四阴二阳观象、五阴一阳剥象转换为六阴坤象，六阴全部息显，占据六个虚位之表，六阳全部消隐，居于六个虚位之里，坤象含藏涵摄着乾象，二象显隐一体，本周期阴息出坤、消阳入坤第二阶段的进程结束，同时意味着本周期阴阳消息进退变化的历程结束。因乾天坤地阴阳消息的必然，下一周期、进而一周期复一周期包括阳息出乾、消阴入乾与阴息出坤、消阳入坤两个阶段的阴阳消息进退变化历程旋即展开并持续下去。

上述历程显示，易场中的阴阳消息是流动不息、显隐转换、流转接续、未曾间断的，有消长与显隐两种呈现，不仅有因阴阳消息推进而呈现出的十二消息之象及其流转，而且有因阴阳消息显隐转换而入藏涵摄于呈现之象下的十二消息之象及其流转，呈现的十二消息之象及其流转带来了入藏涵摄于呈现之象下的十二消息之象及其流转，进而带来呈现于外消息之象序列与入藏于内消息之象序列的显隐反转，即第一阶段显的复、临、泰、大壮、夬、乾十二消息之象序列与隐的姤、遯、否、观、剥、坤十二消息之象序列转换为第二阶段显的姤、遯、否、观、剥、坤十二消息之象序列与隐的复、临、泰、大壮、夬、乾十二消息之象序列，显隐序列实现了周期性反转，所以阴阳消息同时推动着显隐两面的两个互依一体的进程。正是由于这种显隐互依一体进程的持续显隐流转，使得显之一面的阴阳消息历程，既是隐之一面的阴阳消息进程未来之维下所将必然趋向的一切，也是隐之一面过去之维下的所来经历；隐之一面的阴阳消息历程，既是显之一面的阴阳消息进程未来之维下所将必然趋向的一切，也是显之一面过去之维下的所来经历。阴阳二气消息，息则出，消则入，息则显，消则隐，带来了显隐两面的阴阳造化力量，两面因息显消隐的持续转换而发生着不断变化，同时也使得两面互依一体的态势不断更新，由此使得十二消息卦易场成为阴阳消息流转下十二消息之象环环递嬗、一体通贯，显的十二消息之象与隐的十二消息之象互依一体、显隐转换的气化不息的有机宇宙造化之场。

以乾天之阳与坤地之阴两仪为消息终极之本，阴阳的消息进退变化有乾天阳之"出乾入坤"或坤地阴之"出坤入乾"两个阶段一个周期的十二消息之象显隐一体呈现历程。以它们之外的易场对冲场位一对象为消息相对之本，则会有前述阴阳消息下复之"出复入姤"或姤之"出姤入复"、临之"出临入遯"或遯之"出遯入临"、泰之"出泰入否"或否之"出否入泰"等的各两个阶段一个周期的十二消息之象显隐一体呈现历程。在此历程中，易场内因阴阳消息显隐转换的持续推进，同样发生着呈现于外的十二消息之象间的递嬗，发生着入藏而涵摄于此十二消息之象之内的十二消息之象间的更迭，发生着呈现于外消息之象序列与入藏于内消息之象序列的显隐反转，同样使得十二消息卦易场成为阴阳消息流转下十二消息之象环环递嬗、一体通贯，显的十二消息之象与隐的十二消息之象互依一体、显隐转换的气化不息的有机宇宙造化之场。

例如，以易场中泰否两象为消息相对之本，阴阳的消息进退变化则有否之"出否入泰"或泰之"出泰入否"的"泰消入否""消泰出否"与"否消入泰""消否出泰"两个阶段一个周期的十二消息之象显隐一体呈现历程。

先是以泰象为消息相对之本，发生"泰消入否""消泰出否"的消息历程：阴阳互转其表里之位，从卯位、辰位、巳位、午位、未位、申位依次发生四位、五位、上位的阳由里出表与阴由表入里，及初位、二位、三位的阴由里出表与阳由表入里，各位依次发生着大壮、夬、乾、姤、遯、否之象呈显于外的递嬗。卯位大壮象呈显于外，观象入藏其内，显之大壮象涵摄隐之观象，二象互依一体；辰位夬象呈显于外，剥象入藏其内，显之夬象涵摄隐之剥象，二象互依一体；巳位乾象呈显于外，坤象入藏其内，显之乾象涵摄隐之坤象，二象互依一体；午位姤象呈显于外，复象入藏其内，显之姤象涵摄隐之复象，二象互依一体；未位遯象呈显于外，临象入藏其内，显之遯象涵摄隐之临象，二象互依一体；申位否象呈显于外，泰象入藏其内，显之否象涵摄隐之泰象，二象互依一体。至此，第一阶段"泰消入否""消泰出否"的进程于本周期结束。由此，"泰消入否""消泰出否"的消息历程中，发生着入藏而涵摄于大壮、夬、乾、姤、遯、否诸象之内而与其一一对应的观、剥、坤、复、临、泰之象的更迭。否象之后，泰象为消息相对之本转换为否象为消息相对之本，"泰消入否""消泰出否"的进程转换为"否消入泰""消否出泰"的进程，继续发生阴阳互转其表里之位的变化，从酉位、戌位、亥位、子位、丑位、寅位依次发生四位、五位、上位的阴由里出表与阳由表入里，及初位、二位、三位的阳由里出表与阴由表入里，各位依次发生着观、剥、坤、复、临、泰之象呈显于外的递嬗。酉位观象呈显于外，大壮象入藏其内，显之观象涵摄隐之大壮象，二象互依一体；戌位剥象呈显于外，夬象入藏其内，显之剥象涵摄隐之夬象，二象互依一体；亥位坤象呈显于外，乾象入藏其内，显之坤象涵摄隐之乾象，二象互依一体；子位复象呈显于外，姤象入藏其内，显之复象涵摄隐之姤象，二象互依一体；丑位临象呈显于外，遯象入藏其内，显之临象涵摄隐之遯象，二象互依一体；寅位泰象呈显于外，否象入藏其内，显之泰象涵摄隐之否象，二象互依一体。本周期第二阶段"否消入泰""消否出泰"的进程结束，由此，"否消入泰""消否出泰"的消息历程中发生着入藏而涵摄于观、剥、坤、复、临、泰诸象之内而与其一一对应的大壮、夬、乾、姤、遯、否之象的更迭。本周期否之"出否入泰"或泰之"出泰入否"阴阳消息进退变化的历程结束，第一阶段的显的大壮、夬、乾、姤、遯、否十二消息之象序列与隐的观、剥、坤、复、临、泰十二消息之象序列转换为第二阶段的显的观、剥、坤、复、临、泰十二消息之象序列与隐的大壮、夬、乾、姤、遯、否十二消息之象序列，显隐序列实现了周期性反转。

十二消息之象不仅有对冲场位之象间的相互出入、显隐流转，而且有一象与全场位其他各象间的相互显隐流转。

（六）十二消息之象与易场的下贯

终极而言之，十二消息之象，是由阴阳消息动力源离日坎月运转引动的乾天阳气与坤地阴气阴阳消息进退变化历程中所呈现出的十二种象，正是这十二种象的一体显隐流转，形成了十二消息卦易场，作为造化之源，化生了万物大千世界。《系辞上传》云"二篇之策，万有一千五百二十，当万物之数也"，意谓《周易》古经上下二篇六十四卦所内涵的蓍草总策数一万一千五百二十表征万物之数。在虞翻看来，正如天地化生了万物大千世界，乾坤也化生了表征万物之数的六十四卦，于是乾坤、乾坤消息所成十二消息之象、十二消息卦易场以及引动阴阳消息的动力源离日坎月运转之象也下贯到了六十四卦之象中，成为理解六十四卦基源性意涵的重要窗口，充分显示了阴阳消息、十二消息在《易》中同时也是在这个现实易世界中的根基意义。正是基于这一识见，虞翻自觉以消息动态流动的视域诠释着卦与爻，诠释着《易》，理解着其所指向的现实易世界。

《复》上六爻辞"以其国君凶"翻注曰：

> 姤乾为君，灭藏于坤，坤为异邦，故"国君凶"矣。[1]

复象是十二消息卦易场中十二消息象之一。复象来自乾天坤地两仪阴阳消息，所以这里就以乾坤阴阳消息的动态视域来解读复象。在两仪启动阴阳消息后，原本为亥位六阳入藏六虚位之里、六阴占据六虚位之表的坤显乾隐阴阳态势，因乾阳触动坤阴，初位的阳由里息显据表，阴由表消隐入里，而转换为子位新出一阳与原来五阴互动一体占据六虚位之表、新入一阴与原来五阳互动一体的复显姤隐的阴阳消息进退变化态势。隐于复象之下的姤象上体为乾，此一乾象隐于复象上六爻所处的上体坤象之下，坤显乾隐，而且坤还符显月丧失光明之象，符显阴杀死丧之

---

[1] （清）孙堂辑：《虞翻周易注》，台北：成文出版社有限公司，1976年，第571页。

象，所以说乾灭藏于坤。乾为君（《说卦传》），坤为地，符显邦国之象。乾君之象在姤，坤邦之象在复，坤邦之象不在乾君之象统辖范围内，所以说坤为异邦。乾君为坤异邦所灭，因此国君凶。这是以阴阳消息的天道来诠释人事的吉凶祸福。上述诠释，基于阴阳消息动态的视域，以复象的过去之维与现在之维有机结合，兼顾消息历程中同位显隐互依一体的表里两层，是对十二消息之象的典范性诠释之一。

《乾》九三爻辞"君子终日乾乾，夕惕若厉，无咎"与该爻《文言传》"君子进德修业"、卦辞《文言传》"乾元者，始而亨者也"翻注曰：

> 谓阳息至三，二变成离，离为日，坤为夕。[1]
> 乾为德，坤为业。以乾通坤，谓为"进德修业"。[2]
> 乾始开通，以阳通阴，故始通。[3]

乾与坤作为阴阳消息之本，同时也是十二消息卦易场中十二消息象中的二象。自阴阳消息进退变化之视域观之，乾卦九三爻，乾阳触动坤阴，息显消阴已历三位，先后有三阳息出、三阴消入，使得坤象依次转换为复象、临象、泰象。乾卦初九爻之象，就是动态消息中乾阳息出于坤阴之上的复象符显之象，就是复象中处于五阴下的一阳之象；乾卦九二爻之象，就是动态消息中乾阳息出于坤阴之上、复阳再息一阳的临象符显之象，就是临象中处于四阴下一阳上的一阳之象；乾卦九三爻之象，就是动态

---

[1] （清）孙堂辑：《虞翻周易注》，台北：成文出版社有限公司，1976年，第463页。
[2] 同上，第466页。
[3] 同上，第469页。

消息中乾阳息出于坤阴之上、临阳再息一阳的泰象符显之象，就是泰象中处于三阴下二阳上的一阳之象。泰（☷☰）下乾上坤，九三爻所在下体的九二爻，以阳爻居阴位，失位，动而变正，下体成离，离为日（《说卦传》），坤卦纯阴，阴暗，符显夕之象。"终日乾乾，夕惕若厉"中所言日与夕之象，就是由离与坤符显之象。乾阳触动坤阴，使坤阴发生变化，通向乾。乾阳生生，赋予万物以生命，所以符显德之象，坤阴顺承乾阳，化生大千世界，所以符显业之象，《系辞下传》说"富有之谓大业，日新之谓盛德，生生之谓易"，大业说的就是坤，盛德说的就是乾。乾卦的六阳，整体展现的就是乾阳以六阴坤为平台，依次息显发用，同时令坤六阴依次通贯消隐转换为乾的阴阳消息大势，在此大势之下，乾德之象依次息显推进，坤业之象依次被消隐受到修理，开显以乾通坤而进德修业之象。以乾通坤之乾九三爻，泰象（☷☰）呈现，泰下体乾上体坤，乾德而坤业，以生动透显出进德修业之象。《文言传》"乾元者，始而亨者也"，揭示的就是阴阳消息动态视域下，以乾坤为阴阳消息进退变化之本，乾阳开始息显发动，以阳打通坤阴，开启了坤象向复象及以后各象转换的历程，此即"乾始开通，以阳通阴，故始通"。这是以阴阳消息的动态视域，对作为消息之本的乾的典范诠释。虞翻没有刻板地从静态已然的角度来看待乾以及坤，而是基于阴阳消息动态的视域，从乾阳坤阴的息显消隐之象观乾坤解乾坤之义蕴。

《大过》九二爻辞"枯杨生稊"、九五爻辞"枯杨生华"翻注曰：

"稊"，穉也。杨叶未舒称"稊"。巽为杨，乾为老，老杨故"枯"。阳在二也，十二月时，周之二月，兑为雨泽，枯杨得泽，复生稊。①

阳在五也，夬，三月时，周之五月，"枯杨"得泽，故"生华"矣。②

"稊"是指稚嫩状态的杨树叶，刚刚发芽，还未舒展长大，此时称"稊"。大过，是十二消息之象以外的卦。大过（☱）九二爻处下体巽中，又处与三、四互体所成的乾体中，巽为木，乾为父（《说卦传》），于是二卦分别符显杨、老之象，乾老巽杨之象相连就有了老杨之象，杨树老了所以有枯象。阳在二位，符显乾天阳气消阴息出至于六虚二位，呈现十二消息中的临象（☷），位于十二消息卦易场丑位，这是带来标志丑月的二阳四阴阴阳消息进退变化态势。丑月于夏历为十二月，于周历为二月，大过九二爻之象即处在临象所呈现的周历二月阴阳消息宇宙造化气场态势中。大过上体为兑，其下为乾与巽，兑为泽（《说卦传》），符显雨泽之象，兑雨泽之象位于乾老巽杨老杨老枯之象上，意味着枯杨得到雨水的润泽，又生出了稚嫩的叶芽。大过（☱）九五爻，阳在五位，符显乾天阳气消阴息出至于六虚五位，呈现十二消息中的夬象（☱），位于十二消息卦易场辰位，这是带来标志辰月的五阳一阴阴阳消息进退变化态势。辰月于夏历为三月，于周历为五月，大过九五爻之象即处在夬象所呈现的周历五月阴阳消息宇宙造化气场态势中。九五爻处上体兑中，又处与三、四爻互体所成乾中，与其具有爻位互应关系的九二爻既处二至四爻互体所成乾体中，又处下体巽中。巽象在下，乾象在

---

① （清）孙堂辑：《虞翻周易注》，台北：成文出版社有限公司，1976年，第589页。

② 同上，第591页。

中，兑象在上，巽杨乾老两象相连，杨老而枯，是为枯杨，枯杨上遇兑泽，是为枯杨得到润泽，生出了花。这是以阴阳消息的动态视域，对十二消息之象外其他卦的典范诠释。值得关注的是，在以上对《大过》九二、九五爻辞的诠释中，虞翻把大过九二、九五爻的阳，视为了阴阳消息过程中乾息显的一阳，视为了十二消息卦易场下十二消息之象临象、夬象所呈现之阳。

举一反三，在阴阳消息的动态视域下，我们可以合乎逻辑地推论出，在虞翻那里，包括十二消息卦在内的六十四卦，都在阴阳消息的基源性语境下，动态地呈现着其象，爻与爻变动不居，卦与卦变动不居。六十四卦一卦六爻，基于阴阳消息的动态视域而观之：

凡初九阳爻，对应消息之本的乾初之阳，对应消息中自坤初阴下息显的乾初一阳，对应阳息消阴所成复象，对应形成复象的子位在天八卦易场，其下涵摄坤初一阴，对应十二消息卦易场中复象涵摄姤象的阴阳消息显隐一体态势；凡初六阴爻，对应消息之本的坤初之阴，对应消息中自乾初阳下息显的坤初一阴，对应阴息消阳所成姤象，对应形成姤象的午位在天八卦易场，其下涵摄乾初一阳，对应十二消息卦易场中姤象涵摄复象的阴阳消息显隐一体态势。

凡九二阳爻，对应消息之本的乾二之阳，对应消息中自坤二阴下息显的乾二一阳，对应阳息消阴所成临象，对应形成临象的丑位在天八卦易场，其下涵摄坤二一阴，对应十二消息卦易场中临象涵摄遯象的阴阳消息显隐一体态势；凡六二阴爻，对应消息之本的坤二之阴，对应消息中自乾二阳下息显的坤二一阴，对应阴息消阳所成遯象，对应形成遯象的未位在天八卦易场，其下涵摄乾二一阳，对应十二消息卦易场中遯象涵摄临象的阴阳消息显隐一体态势。

凡九三阳爻，对应消息之本的乾三之阳，对应消息中自坤三阴下息显的乾三一阳，对应阳息消阴所成泰象，对应形成泰象的寅位在天八卦易场，其下涵摄坤三一阴，对应十二消息卦易场中泰象涵摄否象的阴阳消息显隐一体态势；凡六三阴爻，对应消息之本的坤三之阴，对应消息中自乾三阳下息显的坤三一阴，对应阴息消阳所成否象，对应形成否象的申位在天八卦易场，其下涵摄乾三一阳，对应十二消息卦易场中否象涵摄泰象的阴阳消息显隐一体态势。

凡九四阳爻，对应消息之本的乾四之阳，对应消息中自坤四阴下息显的乾四一阳，对应阳息消阴所成大壮象，对应形成大壮象的卯位在天八卦易场，其下涵摄坤四一阴，对应十二消息卦易场中大壮象涵摄观象的阴阳消息显隐一体态势；凡六四阴爻，对应消息之本的坤四之阴，对应消息中自乾四阳下息显的坤四一阴，对应阴息消阳所成观象，对应形成观象的酉位在天八卦易场，其下涵摄乾四一阳，对应十二消息卦易场中观象涵摄大壮象的阴阳消息显隐一体态势。

凡九五阳爻，对应消息之本的乾五之阳，对应消息中自坤五阴下息显的乾五一阳，对应阳息消阴所成夬象，对应形成夬象的辰位在天八卦易场，其下涵摄坤五一阴，对应十二消息卦易场中夬象涵摄剥象的阴阳消息显隐一体态势；凡六五阴爻，对应消息之本的坤五之阴，对应消息中自乾五阳下息显的坤五一阴，对应阴息消阳所成剥象，对应形成剥象的戌位在天八卦易场，其下涵摄乾五一阳，对应十二消息卦易场中剥象涵摄夬象的阴阳消息显隐一体态势。

凡上九阳爻，对应消息之本的乾上之阳，对应消息中自坤上阴下息显的乾上一阳，对应阳息消阴所成乾象，对应形成乾象的巳位在天八卦易场，其下涵摄坤上一阴，对应十二消息卦易场中乾象涵摄坤象的阴阳消息显隐一体态势；凡上六阴爻，对应消息之本的坤上之阴，对应消息中自乾上阳下息显的坤上一阴，对应阴息消阳所成坤象，对应形成坤象的亥位在天八卦易场，其下涵摄乾上一阳，对应十二消息卦易场中坤象涵摄乾象的阴阳消息显隐一体态势。

例如屯（䷂）与鼎（䷱）两卦，以阴阳消息的动态视域而观之：屯初九之阳，对应消息之本的乾初之阳，对应消息中自坤初阴下息显的乾初一阳，对应阳息消阴所成复象，对应形成复象的子位在天八卦易场，其下涵摄坤初一阴，对应十二消息卦易场中复象涵摄姤象的阴阳消息显隐一体态势；鼎初六阴爻，对应消息之本的坤初之阴，对应消息中自乾初阳下息显的坤初一阴，对应阴息消阳所成姤象，对应形成姤象的午位在天八卦易场，其下涵摄乾初一阳，对应十二消息卦易场中姤象涵摄复象的阴阳消息显隐一体态势；屯六二之阴，对应消息之本的坤二之阴，对应消息中自乾二阳下息显的坤二一阴，对应阴息消阳所成遯象，对应形成遯象的未位在天八卦易场，其下涵摄乾二一阳，对应十二消息卦易场中遯象涵摄临象的阴阳消息显隐一体态势；鼎九二阳爻，对应消息之本的乾二之阳，对应消息中自坤二阴下息显的乾二一阳，对应阳息消阴所成临象，对应形成临象的丑位在天八卦易场，其下涵摄坤二一阴，对应十二消息卦易场中临象涵摄遯象的阴阳消息显隐一体态势；屯六三阴爻，对应消息之本的坤三之阴，对应消息中自乾三阳下息显的坤三一阴，对应阴息消阳所成否象，对应形成否象的申位在天八卦易场，其下涵摄乾三一阳，对应十二消息卦易场中否象涵摄泰象的阴阳消息显隐一体态势；鼎九三阳爻，对应消息之本的乾三之阳，对应消息中自坤三阴下息显的乾三一阳，对应阳息消阴所成泰象，对应形成泰象的寅位在天八卦易场，其下涵摄坤三一阴，对应十二消息卦易场中泰象涵摄否象的阴阳消息显隐一体态势；屯六四阴爻，对应消息之本的坤四之阴，对应消息中自乾四阳下息显的坤四一阴，对应阴息消阳所成观象，对应形成观象的酉位在天八卦易场，其下涵摄乾四一阳，对应十二消息卦易场中观象涵摄大壮象的阴阳消息显隐一体态势；鼎九四阳爻，对应消息之本的乾四之阳，对应消息中自坤四阴下息显的乾四一阳，对应阳息消阴所成大壮象，对应形成大壮象的卯位在天八卦易场，其下涵摄坤四一阴，对应十二消息卦易场中大壮象涵摄观象的阴阳消息显隐一体态势；屯九五阳爻，对应消息之本的乾五之阳，对应消息中自坤五阴下息显的乾五一阳，对应阳息消阴所成夬象，对应形成夬象的辰位在天八卦易场，其下涵摄坤五一阴，对应十二消息卦易场中夬象涵摄剥象的阴阳消息显隐一体态势；鼎六五阴爻，对应消息之本的坤五之阴，对应消息中自乾五阳下息显的坤五一阴，对应阴息消阳所成剥象，对应形成剥象的戌位在天八卦易场，其下涵摄乾五一阳，对应十二消息卦易场中剥象涵摄夬象的阴阳消息显隐一体态势；屯上六阴爻，对应消息之本的坤上之阴，对应消息中自乾上阳下息显的坤上一阴，对应阴息消阳所成坤象，对应形成坤象的亥位在天八卦易场，其下涵摄乾上一阳，对应十二消息卦易场中坤象涵摄乾象的阴阳消息显隐一体态势；鼎上九阳爻，对应消息之本的乾上之阳,对应消息中自坤上阴下息显的乾上一阳,对应阳息消阴所成乾象,对应形成乾象的巳位在天八卦易场,其下涵摄坤上一阴,对应十二消息卦易场中乾象涵摄坤象的阴阳消息显隐一体态势。

虞翻的这一阴阳消息的动态视域与郑玄的静态释卦视域形成了鲜明的对照。例如《观》卦辞"盥而不荐"郑玄注曰:

> 坤为地,为众;巽为木,为风。九五,天子之爻,互体有艮。艮为鬼门,又为宫阙。地上有木而为鬼门、宫阙者,天子宗庙之象也。诸侯贡士于天子,乡大夫贡士于其君,必以礼宾之。唯主人盥而献宾,宾盥而酢主人,设荐俎则弟子也。[1]

观(䷓)下坤上巽,三至五爻互体为艮,坤为地,为众;巽为木,为风(《说卦传》)。依据《易传》三才之位说,五爻为天位、天子之位,九五即为符显天子之爻。艮为门阙(《说卦传》),符显宫阙之象;艮为鬼冥门,见《易纬·乾坤凿度》[2],符显鬼门之象。坤地之上有巽木艮鬼门宫阙,天子宗庙之象。故曰云云。整个诠释不见变化之象。

《中孚》卦辞"豚鱼吉"郑玄注曰:

> 三辰在亥,亥为豕。爻失正,故变而从小,名言豚耳。四辰在丑,丑为鳖蟹。鳖蟹,鱼之微者。爻得正,故变而从

---

[1] (清)孙堂辑:《郑康成周易注(附补遗一卷)》,台北:成文出版社有限公司,1976年,第325页。
[2] 《易纬·乾坤凿度》云:"艮为鬼冥门。"参见(清)赵在翰辑:《七纬(附论语谶)》,北京:中华书局,2012年,第8页。

大，名言鱼耳。三体兑，兑为泽，四上值天渊，二、五皆坎爻，坎为水，二浸泽，则豚利，五亦以水灌渊，则鱼利。豚鱼，以喻小民也，而为明君贤臣恩意所供养，故吉。①

中孚（☲☱）六三爻本于坤六三爻，爻辰纳亥，亥于生肖为猪。六三爻以阴爻居阳位，失位失正，所以将猪之名改小为豚名。六四爻本于坤卦六四爻，爻辰纳丑，丑于水产鱼类为鳖蟹，属于鱼类中的体型微小群体，六四爻以阴爻居阴位，当位得正，所以将鳖蟹之小名变换为大名鱼。六三爻处下体兑中，兑卦符显泽象，六四爻辰丑对应天上星座天渊，九二与九五两个阳爻分别属于下体上体中爻，于爻体属于坎爻，坎卦符显水之象，九二爻体坎水浸润于兑泽之象中，对于喜欢在水里嬉戏的豚是有利的。九五爻体坎水也浸灌六四爻辰所在天渊，对于生活在水中的鱼是有利的。豚和鱼喻示普通民众，受到明君贤臣的恩泽供养，上下关系融洽，所以吉祥如意。诠释中，"变而从小""变而从大"之"变"，并非指失位之爻动变，只是指名称之变。所以这里的整体诠释也未见变化之象。在郑玄的诠释下，《易传》"爻者，言乎变者也"（《系辞下传》）的基本精神基本可言被遮蔽了，而虞翻则基于阴阳消息的基源性语境充分发扬了这一精神，甚至发扬有所过度。郑玄过度关注静态已然之维而忽略动态变化的过去、现在与未来三维，这是虞翻极力反对的。

不但如此，虞翻这一阴阳消息动态视域下所揭示的一切与郑玄爻辰视域下所诠显的一切也形成了鲜明的对照。在郑玄那里，

---

① （清）孙堂辑：《郑康成周易注（附补遗一卷）》，台北：成文出版社有限公司，1976年，第380—381页。

六十四卦的三百八十四爻，都本于同位的乾六阳与坤六阴：

初九爻本于乾初九爻，爻辰纳子，对应十二消息卦复象，对应八卦卦气坎气，对应相应星次等；初六爻本于坤初六爻，爻辰纳未，对应十二消息卦遯象，对应八卦卦气坤气，对应相应星次等。

九二爻本于乾九二爻，爻辰纳寅，对应十二消息卦泰象，对应八卦卦气艮气，对应相应星次等；六二爻本于坤六二爻，爻辰纳酉，对应十二消息卦观象，对应八卦卦气兑气，对应相应星次等。

九三爻本于乾九三爻，爻辰纳辰，对应十二消息卦夬象，对应八卦卦气巽气，对应相应星次等；六三爻本于坤六三爻，爻辰纳亥，对应十二消息卦坤象，对应八卦卦气乾气，对应相应星次等。

九四爻本于乾九四爻，爻辰纳午，对应十二消息卦姤象，对应八卦卦气离气，对应相应星次等；六四爻本于坤六四爻，爻辰纳丑，对应十二消息卦临象，对应八卦卦气艮气，对应相应星次等。

九五爻本于乾九五爻，爻辰纳申，对应十二消息卦否象，对应八卦卦气坤气，对应相应星次等；六五爻本于坤六五爻，爻辰纳卯，对应十二消息卦大壮象，对应八卦卦气震气，对应相应星次等。

上九爻本于乾上九爻，爻辰纳戌，对应十二消息卦剥象，对应八卦卦气乾气，对应相应星次等；上六爻本于坤上六爻，爻辰纳巳，对应十二消息卦乾象，对应八卦卦气巽气，对应相应星次等。

在郑玄这里，未见消息递次流转之象，未见阴阳消息显隐互依一体流转之象，阴阳消息的意涵因各种星象、生肖、生物之象等喧宾夺主而未得突显。

一阳复夏历仲冬十一月子、二阳临季冬十二月丑、三阳泰孟春正月寅、四阳大壮仲春二月卯、五阳夬季春三月辰、六阳乾孟夏四月巳、一阴姤仲夏五月午、二阴遯季夏六月未、三阴否孟秋七月申、四阴观仲秋八月酉、五阴剥季秋九月戌、六阴坤孟冬十月亥。

十二月、四时的递次出现、有序更替，转换着天地阴阳两大造化力量大化流行的宇宙气场，实现着万物万象春生夏长秋收冬藏生生不息纷呈其象的生命历程。日月在天成八卦内涵的创化天地人三才与万物的内在必然性，就以其引动的十二消息态势的循环展开，转化为活生生的现实。万物万象在打上在天八卦之象印记的同时，也打上了天地阴阳消息的深层印记，使得它们所呈之象一直处在动态的消息变化中。这种动态消息变化性，成了万物万象所呈之象的本质特性，自然也成了《易》象的本质特性。因此，人们在解读《易》时，还应时刻关注卦爻符显的万物万象深层的阴阳消息内涵。

第三章 消息大化易场中的万物万象

依虞翻之见,阴阳消息化生了大千世界,大千世界中的万象即在大化易场中生生不息。

第一节 消息语境下的万物万象生生大化

如前所述,太极太一分化成乾天坤地两仪之体,两仪交通,得其中气的离日坎月运行,作为宇宙阴阳消息动力源,促成在天八卦易场,进而引发以两仪之体为消息之本的乾天阳气与坤地阴气的消息进退,呈现为变化互通的十二种消息态势,成十二消息卦易场。正是在此易场中,阴阳消息作为造化力量,带来了万物万象的生生大化,并且令这种生生大化遵循着阴阳消息的节律。

前引《系辞上传》"变通配四时"翻注所言"变通趋时,谓十二月消息也。泰、大壮、夬配春,乾、姤、遯配夏,否、观、剥配秋，坤、复、临配冬。谓十二月消息相变通而周于四时也"① 就揭示了离日坎月引动的十二消息易场下乾天坤地两仪之体阴阳消息进退变化互通的历程。

这一历程，以十二种阴阳消息进退变化态势的出现为标志，依次带来孟春仲春季春三春时节、孟夏仲夏季夏三夏时节、孟秋仲秋季秋三秋时节、孟冬仲冬季冬三冬时节，万物万象就随顺三春三夏三秋三冬的四时节律及其更替而实现着生命的生长收藏及其转换，并依次呈现其阴阳消息进退变化四时节律下的生长收藏之象及生长收藏间的转换之象。具体而言，阴阳消息进退变化呈现为泰象的消息态势（☷☰），宇宙间整体上呈现为三阳而三阴的以生机初发为突出特色的消息造化气场，标志着孟春时节到来，天地交泰，万物生机萌发，呈现泰势孟春节律下生意复苏之象；阴阳消息进退变化呈现为大壮象的消息态势（☳☰），宇宙间整体上呈现为四阳而二阴的以生机勃发为突出特色的消息造化气场，标志着仲春时节到来，万物生机勃勃，呈现大壮势仲春节律下生意盎然之象；阴阳消息进退变化呈现为夬象的消息态势（☱☰），宇宙间整体上呈现为五阳而一阴的以生机趋稳为突出特色的消息造化气场，标志着季春时节到来，万物生机沉稳，呈现夬势季春节律下生意安然之象；阴阳消息进退变化呈现为乾象的消息态势（☰☰），宇宙间整体上呈现为六阳全显的以成长初盛为突出特色的消息造化气场，标志着孟夏时节到来，万物成长加速，呈现乾势孟夏节律下长势茁茂之象；阴阳消息进退变化呈现为姤象的消息态势（☰☴），宇宙间整体上呈现为一阴而五阳的以成长盈盛为

---

① （清）孙堂辑：《虞翻周易注》，台北：成文出版社有限公司，1976 年，第 805 页。

突出特色的消息造化气场，标志着仲夏时节到来，万物成长捷达齐整，呈现姤势仲夏节律下长势盛茂之象；阴阳消息进退变化呈现为遯象的消息态势（☰☰），宇宙间整体上呈现为二阴而四阳的以成长趋稳为突出特色的消息造化气场，标志着季夏时节到来，万物成长沉稳，呈现遯势季夏节律下长势稳健之象；阴阳消息进退变化呈现为否象的消息态势（☰☰），宇宙间整体上呈现为三阴而三阳的以收敛生机为突出特色的消息造化气场，标志着孟秋时节到来，万物生机开始闭结，呈现否势孟秋节律下收势与成熟初显之象；阴阳消息进退变化呈现为观象的消息态势（☰☰），宇宙间整体上呈现为四阴而二阳的以成熟收获为突出特色的消息造化气场，标志着仲秋时节到来，万物进入成熟收获的季节，呈现观势仲秋节律下收势与成熟大显之象；阴阳消息进退变化呈现为剥象的消息态势（☰☰），宇宙间整体上呈现为五阴而一阳的以闭结生机为突出特色的消息造化气场，标志着季秋时节到来，万物生机完全闭结，呈现剥势季秋节律下凋零之象；阴阳消息进退变化呈现为坤象的消息态势（☰☰），宇宙间整体上呈现为六阴全显的以含藏生机为突出特色的消息造化气场，标志着孟冬时节到来，万物生机开始含藏，呈现坤势孟冬节律下生机含藏之象；阴阳消息进退变化呈现为复象的消息态势（☰☰），宇宙间整体上呈现为一阳而五阴的以孕藏生机为突出特色的消息造化气场，标志着仲冬时节到来，万物生机开始来复，呈现复势仲冬节律下生机眠藏之象；阴阳消息进退变化呈现为临象的消息态势（☰☰），宇宙间整体上呈现为二阳而四阴的以孕育生机为突出特色的消息造化气场，标志着季冬时节到来，万物生机准备复苏，呈现临势季冬节律下生机孕育之象。

阴阳消息进退变化呈现为以上十二种消息态势，宇宙间整体呈现为十二种消息造化气场，标志着相应时节的到来，万物得以在相应造化气场、时节中生长收藏，呈现变换着阴阳消息节律、时序节律下的多彩之象。这些阴阳消息节律、时序节律下的多彩之象，成了万物历时而即时的直接现实。其中，泰（䷊）、大壮（䷡）、夬（䷪）象的消息态势及其所带来的三春造化气场、阴阳消息节律、时序节律与万物春生之象，总摄于四正卦震春之象下；乾（䷀）、姤（䷫）、遯（䷠）象的消息态势及其所带来的三夏造化气场、阴阳消息节律、时序节律与万物夏长之象，总摄于四正卦离夏之象下；否（䷋）、观（䷓）、剥（䷖）象的消息态势及其所带来的三秋造化气场、阴阳消息节律、时序节律与万物秋收之象，总摄于四正卦兑秋之象下；坤（䷁）、复（䷗）、临（䷒）象的消息态势及其所带来的三冬造化气场、阴阳消息节律、时序节律与万物冬藏之象，总摄于四正卦坎冬之象下。

十二种各自总摄于四正卦震春、离夏、兑秋、坎冬之象下，分别带来三春、三夏、三秋、三冬造化气场、阴阳消息节律、时序节律与万物秋收之象的消息态势，在十二消息卦易场中分别含藏对冲场位消息态势于自身之内，构成消息态势的显隐两面，促动了显的一面的十二消息之象的流转与隐的一面的十二消息之象的转换。正是由于显隐两面的互依转换，才有了显的一面造化作用的依次更迭发挥，才有了万物在相应阴阳消息节律、时序节律下的生化历程与多彩生化之象。

十二消息中，阴阳进一步发生往来交感，就会有六十四卦局中另五十二卦态势的诞生。这就有了消息卦生杂卦的卦变说。卦变，深层符显了十二消息之局化生大千世界万象之象。这又一次转进深化了卦气说。

第二节 消息生卦启示下的万物万象产生

作为宇宙阴阳消息动力源,离日坎月往来运行,引发乾天坤地阴阳二气的消息进退,形成十二消息卦易场,以此实现天地的造化之功。显隐流转的十二消息之象作为乾天坤地阴阳二气发用流行的表现形式,促成了万物万象的产生。基于此,在易学的话语系统下,虞翻提出了消息卦生杂卦的卦变说,以此启示万物万象的产生,表达乾天坤地对万物万象的化生,彰显了易学话语系统下造化本原对于万物万象的化生之象,昭示了阳阴交感、刚柔交通则造化畅、百事通的天道人事阴阳大义。这就对接上了汉代宇宙发生论与宇宙构成论哲学。

一 卦之变与卦变

卦变与卦之变既有联系又有区别。

虞翻所言卦变范畴,与普泛意义上的卦之变,既有着联系,又有着实质区别,需要作出分梳。

(一) 筮占中的卦之变

卦之变是筮占活动中经常发生的现象。筮占活动中会有动爻与静爻两种爻出现,因爻的动变就会造成卦的变化,使得一卦变成另一卦。例如,《左传·僖公二十五年》记载,狐偃劝晋文公出兵将周襄王送回东周朝廷,晋文公令狐偃筮占此举的吉凶如何,"筮之遇《大有》☰之《睽》☲,曰:吉,遇'公用亨于天子'之卦"①。"公用亨于天子"是通行本《周易》古经《大有》九三爻的爻辞。狐偃筮占得到了一个大有卦,三爻是动爻,其他五爻皆是静爻,静爻不变,动爻变,三爻阳变阴,下乾上离的大有卦就变为下兑上离的睽卦。《周易》以变为占,爻辞对应的是动变之爻,爻辞表达的是因变爻导致的一卦变为另一卦的情形。《大有》九三爻的爻辞"公用亨于天子"表达的,就是因九三爻由阳变阴导致的大有卦变睽卦的情形。睽卦因大有卦三爻变而来,所以它就来自大有卦,属于大有卦的之卦或变卦,而大有卦则属于本卦。由此举一反三,可对经典文本《周易》古经六十四卦的爻辞作出本卦与之卦(变卦)关系意义上的相应解读。《左传》昭公二十九年所载蔡墨之言就有很好的示范意义:

  秋,龙见于绛郊。魏献子问于蔡墨……对曰:"……《周易》有之,在《乾》☰之《姤》☴曰:'潜龙勿用。'其《同人》☲曰:'见龙在田。'其《大有》☰曰:'飞龙在天。'其《夬》☱曰:'亢龙有悔。'其《坤》☷曰:'见群龙无首吉。'《坤》☷之《剥》☶曰:'龙战于野。'若不朝夕见,谁能物之……"②

通行本《周易》古经《乾》诸爻之辞中,"潜龙勿用"对应的是初爻为动变之爻,其余五爻皆为静爻,表达的是初爻阳变阴导致乾卦变为姤卦的情形;"见龙在田"对应的是二爻为动变

---

① 参见(清)洪亮吉:《春秋左传诂》卷八《僖公二十五年》,北京:中华书局,1987年,第322页。
② 参见(清)洪亮吉:《春秋左传诂》卷十八《昭公二十九》,北京:中华书局,1987年,第792—795页。

之爻，其余五爻皆为静爻，表达的是二爻阳变阴导致乾卦变为同人卦的情形；"飞龙在天"对应的是五爻为动变之爻，其余五爻皆为静爻，表达的是五爻阳变阴导致乾卦变为大有卦的情形；"亢龙有悔"对应的是上爻为动变之爻，其余五爻皆为静爻，表达的是上爻阳变阴导致乾卦变为夬卦的情形；"见群龙无首吉"对应的是初至上六爻皆为动变之爻，表达的是六爻全部由阳变阴导致乾卦变为坤卦的情形。《坤》的爻辞"龙战于野"对应的是坤上爻为动变之爻，其余五爻皆为静爻，表达的是上爻阴变阳导致坤卦变为剥卦的情形。上述各种情形下，姤卦、同人卦、大有卦、坤卦分别因乾卦初爻变、二爻变、五爻变、六爻全变而来，所以它们皆来自乾卦，属于乾卦的之卦或变卦，而乾卦相对它们而言则属于本卦；剥卦因坤卦上爻变而来，所以剥卦来自坤卦，属于坤卦的之卦或变卦，而坤卦则属于本卦。推而言之，其他卦的爻辞也皆可以本卦与之卦（变卦）的关系解读之。例如，《屯》（䷂）初九爻辞"磐桓，利居贞，利建侯"可以本卦屯因初爻阳变阴导致卦变为比（䷇）的情形予以解读；六二爻辞"屯如邅如，乘马班如。匪寇婚媾，女子贞不字，十年乃字"可以本卦屯因二爻阴变阳导致卦变为节（䷻）的情形予以解读；六三爻辞"即鹿无虞，惟入于林中，君子几不如舍，往吝"可以本卦屯因三爻阴变阳导致卦变为既济（䷾）的情形予以解读；六四爻辞"乘马班如，求婚媾，往吉，无不利"可以本卦屯因四爻阴变阳导致卦变为随（䷐）的情形予以解读；九五爻辞"屯其膏，小贞吉，大贞凶"可以本卦屯因五爻阳变阴导致卦变为复（䷗）的情形予以解读；上六爻辞"乘马班如，泣血涟如"可以本卦屯因上爻阴变阳导致卦变为益（䷩）的情形予以解读。

上述与《屯》六爻爻辞对应的各种情形下，比卦、节卦、既济卦、随卦、复卦、益卦分别因屯卦初、二、三、四、五、上爻变而来，所以它们皆来自屯卦，属于屯卦的之卦或变卦，而屯卦相对它们而言则属于本卦。

上述本卦与之卦（变卦）意义上的卦之变，不属于虞翻所言"卦变"范畴。

（二）《焦氏易林》中的卦之变

作为虞翻家学孟喜易学再传的焦赣易学，在传世的《焦氏易林》中有所表现。《焦氏易林》基于孟喜六十四卦卦气说，以六十四卦值日行占，于是有了依照通行本《周易》六十四卦卦序，一卦之六十四卦、六十四卦之四千零九十六卦的筮占文本。例如，其《泰》之六十四卦的文本如下：

泰之泰：求玉陈国，留连东域；须我王孙，四月来复；主君有德，蒙恩受福。

乾：伯夷叔齐，贞廉之师；以德防患，忧祸不存。

坤：济深难渡，濡我衣袴；五子善棹，脱无他故。

屯：倚立相望，适得道通；驱驾奔驰，比目同床。

蒙：葛藟蒙棘，花不得实；谗佞为政，使思壅塞。

需：四足无角，君子所服；南征述职，与福相得。

讼：踝踵之伤，左指病痈；失旅后时，利走不来。

师：春城夏国，生长之域；可以服食，保全家国。

……

既济：重瞳四乳，聪明顺理；无隐不形，微视千里；灾害不作，君子集聚。

未济：实沈参墟，以义讨尤；次止结盟，以成霸功。①

以上泰之六十四卦，泰属于符显所值时日内阴阳消息、物候时气标志情形的卦，其他之卦则属于泰卦值日期间筮占所可能遇到的卦，双方间的关系与前述筮占中本卦与之卦（变卦）间的关系还是有着一定差别的，它们同样不属于虞翻所言的卦变范畴。其他六十三卦各之六十四卦的情形，与泰之六十四卦的情形完全一致，皆有别于前述筮占中本卦与之卦（变卦）间的关系，皆不属于虞翻所言的卦变范畴。

（三）卦变意涵与虞翻之前三种具有卦变意义的学说

虞翻所言卦变范畴，是在本原性创生与被创生关系意义上确立起来的。卦变的基本意涵，就是针对八卦与六十四卦的系统，指明在此系统整体中，何者属于本原，何者属于派生。这是与在本原性创生与被创生问题意识自觉下，诞生于先秦时期、盛行于两汉时期的以探究万物起源、发生与构成为主旨的宇宙发生、构成论哲学相适应的，无疑属于这一哲学的易学话语表达。虞翻之前，具有这种卦变意涵的，最典型的莫过于《说卦传》的父母六子说、西汉京房的八宫六十四卦说以及东汉荀爽的升降卦变说，这三种学说成为虞翻创立卦变说的理论先导。

首先，《说卦传》的"父母六子说"。

针对八卦的系统，《说卦传》曾经阐发过一种父母六子说："乾，天也，故称乎父。坤，地也，故称乎母。震一索而得男，故谓之长男。巽一索而得女，故谓之长女。坎再索而得男，故谓

---

① 参见（汉）焦赣撰，刘黎明校注：《焦氏易林校注》，成都：巴蜀书社，2011年，第223—240页。

之中男。离再索而得女，故谓之中女。艮三索而得男，故谓之少男。兑三索而得女，故谓之少女。"就此，唐孔颖达《周易正义》有经典诠释："此一节说乾坤六子，明父子之道。王氏云：'索，求也。以乾坤为父母而求其子也。得父气者为男，得母气者为女。'坤初求得乾气为震，故曰长男。坤二求得乾气为坎，故曰中男。坤三求得乾气为艮，故曰少男。乾初求得坤气为巽，故曰长女。乾二求得坤气为离，故曰中女。乾三求得坤气为兑，故曰少女。"① 乾，纯阳之体；坤，纯阴之体。坤阴与乾阳交感，坤初求得乾初之阳，坤变为震；坤二求得乾二之阳，坤变为坎；坤上求得乾上之阳，坤变为艮。乾阳与坤阴交感，乾初求得坤初之阴，乾变为巽；乾二求得坤二之阴，乾变为离；乾上求得坤上之阴，乾变为兑。实则乾初之阳至坤初之位，坤初之阴则至乾初之位，坤变为震而乾变为巽；乾二之阳至坤二之位，坤二之阴则至乾二之位，坤变为坎而乾变为离；乾上之阳至坤上之位，坤上之阴则至乾上之位，坤变为艮而乾变为兑。于是，乾与坤之间，震、坎、艮与巽、离、兑之间，乾、坤与震、坎、艮、巽、离、兑之间，就分别具有了父母、长、中、少三男与长、中、少三女的关系。这里，《说卦传》将八卦系统归为父母与子女两类，前者为乾与坤，后者为震、坎、艮与巽、离、兑，将前者视为本原，将后者视为由前者派生而来，于是，八卦之间就在追根溯源

---

① （魏）王弼、（晋）韩康伯注，（唐）孔颖达疏：《周易正义》，（清）阮元校刻：《十三经注疏》，北京：中华书局，2009年，第198页。"王氏"据孙星衍《孙氏周易集解》指王肃，该书中据唐陆德明《经典释文》与孔颖达《周易正义》将"'索'，求也。以乾坤为父母而求其子也。得父气者为男，得母气者为女"定为王肃之文，参见（清）孙星衍《孙氏周易集解》下册，北京：中华书局，2018年，第676页。今从之。

意义上有了本原性创生与被创生的卦变关系。在《说卦传》看来，乾阳符显天，坤阴符显地，属于宇宙的两大本原造化力量，由其交感，派生出了震雷、坎水、艮山与巽风、离火、兑泽六大次生造化力量，共同化生了由此八卦所进一步符显的宇宙万物万象，组成了以乾天之阳为父与坤地之阴为母、具有终极天地亲缘的宇宙大家庭。

其次，西汉京房的八宫六十四卦说。

如前所言，针对六十四卦系统，京房有着鲜明的本原性创生与被创生问题意识自觉。他将六十四卦划分为八宫，每宫由八纯卦中的一卦统领另外的七卦，这一卦与七卦间构成本原性创生与被创生关系，同时，在《说卦传》"父母六子说"基础上，每一宫的八纯卦之间也存在着本原性创生与被创生的关系。因前文已有相关分析，在此不再重复表述。

就八宫八个本原之卦即八纯卦而言，笔者之见，在京房那里，它们之间也存在着本原性创生与被创生的关系：乾（☰）初、四之阳到坤（☷）初、四之位而生震（☳），坤（☷）初、四之阴到乾（☰）初、四之位而生巽（☴）；乾（☰）二、五之阳到坤（☷）二、五之位而生坎（☵），坤（☷）二、五之阴到乾（☰）二、五之位而生离（☲）；乾（☰）三、上之阳到坤（☷）三、上之位而生艮（☶），坤（☷）三、上之阴到乾（☰）三、上之位而生兑（☱）。

京房依据本宫卦变生另外七卦而将六十四卦分列八宫的具体学说并未被虞翻所接受，但其透过八宫所展示的六十四卦间本原性创生与被创生的卦变意识则给予虞翻重要启发，促使他系统反思并重新建构六十四卦间的本原性创生与被创生关系。京房在

《说卦传》经卦"父母六子说"基础上所透露的别卦八纯乾坤生六子之说,则为虞翻所赞同。

最后,东汉荀爽的卦变说。

京房之后,提出较为系统卦变学说的是东汉易学家荀爽。如前所述,荀爽的卦变学说有经卦系统的乾坤生六子说与别卦系统的卦变说。后一卦变说基于其乾升坤降、阴阳升降说,大致可以归纳为以下三端:一是乾坤同位之爻相互往来生卦,二是除乾坤以外的消息卦阴阳升降生卦,三是杂卦阴阳升降生卦。前文就此已有评析,此处不再赘言。

正如我们所说过的,如果说京房的卦变问题意识深深影响了虞翻,那么荀爽的具体卦变学说进一步深深影响了虞翻。这将在析论虞翻卦变说时具体展示。

二 虞翻言及的卦之变

在前人基础上,虞翻言及的卦之变包括其之正说、权变说、旁通说、上下象易说、反象说、八卦消息与十二消息说、乾坤生六子说、消息卦生杂卦说、杂卦生杂卦说等九项基本内容,其中前六项属于普泛意义上的卦之变,后三项属于严格意义上的卦变范畴。

(一)之正导致的卦之变

针对别卦的六爻,《易传》首次提出爻位阴阳说与当位失位说,指出别卦初、三、五三个奇数之位为阳位,二、四、上三个偶数之位为阴位,阳爻宜居阳位,阴爻应居阴位,阳爻居阳位、阴爻居阴位则当位而得正,阳爻居阴位、阴爻居阳位则位不当为失位失正。如《中孚·小象传》在诠释六三爻时云"位不当也",诠释其九五爻时则云"位正当也"。中孚卦(䷼)三爻、五爻之位为阳位,六三爻以阴爻居阳位,九五爻以阳爻居阳位,所以前者失位失正而"位不当也",后者当位得正而"位正当也"。《易传》的理想是当位得正,但是对于失位失正之爻,《易传》并没有明确指出其通过爻位的变动或爻阴阳的变化而实现这一理想。依据传世文献,所见最早提出失位之爻当变、当位之爻不变的,当属西汉易学家京房。《大畜·彖传》"'利涉大川',应乎天也"京房注曰:"谓二变五,体坎,故'利涉大川'。五天位,故曰'应乎天'。"[1] 大畜卦(䷙)二爻之阳与五爻之阴互应,皆失位失正,两爻互易其位发生变化,二爻之阳变动至五爻之位,五爻之阴则变动至二爻之位,则皆当位得正,卦成家人(䷤),二至四爻互体为坎,符显水、大川之象,此即"利涉大川"。五爻之位为天位,此即"应乎天"。继京房之后,东汉易学家荀爽,更是明言失位之爻的动变得正。依据《大过》九五爻辞"枯杨生华,老妇得其士夫"虞翻注称引:"旧说以初为女妻,上为老妇,误矣!马君亦然。荀公以初阴失正,当变,数六,为女妻,二阳失正,数九,为老夫;以五阳得正位,不变,数七为士夫,上阴得正,数八为老妇。此何异俗说也?悲夫!学之难。而以初本为小,反以上末为老。后之达者,详其义焉。"[2] 大过卦(䷛)初爻、五爻之位为阳位,二爻、上爻之位为阴位,

---

[1] (清)孙堂辑:《京房〈周易〉章句》,《汉魏二十一家易注》,严灵峰编:《无求备斋易经集成》第169册,台北:成文出版社有限公司,1976年,第73页。

[2] (清)孙堂辑:《虞翻周易注》,台北:成文出版社有限公司,1976年,第591—592页。

初爻之阴、二爻之阳分别以阴爻居阳位、阳爻居阴位而失位失正，五爻之阳、上爻之阴分别以阳爻居阳位、阴爻居阴位而当位得正。失位之阴属老阴之六，应当变化；当位之阴属少阴之八，不变化；失位之阳属老阳之九，应当变化；当位之阳属少阳之七，不变化。初阴、二阳分别由阴变阳、由阳变阴，大过卦变动成革卦（䷰）。虞翻以大过卦初爻之阴出现最早符显老妇之象，上爻之阴出现最晚符显女妻之象，所以不赞同荀爽以及马融等以初爻之阴符显女妻之象、上爻之阴符显老妇之象的旧说。但是荀爽继京房之后所开示的失位之爻当变的思想一定深深地影响了他，启迪他提出系统的动之正说。可以说，正是荀爽以升降说、失位之爻当变说，基于爻的变动，打开了一个变动不居的卦的世界，借此开示了一个变动不居的现实易世界。正是在此基础上，虞翻基于爻的变动，拓展深化了变动不居的卦的世界，使六十四卦系列彻底活了起来，开示了更加丰富生动的变动不居的现实易世界。

在《易传》、京房、荀爽等的思想基础上，虞翻认为别卦初、三、五爻之位就是阳的本然当然之位，二、四、上爻之位就是阴的本然当然之位，从而提出了他的失位之爻应当通过爻位的变动或爻阴阳的变化来实现当位得正的之正说。

例如，《恒·象传》"圣人久于其道，而天下化成"翻注曰："'圣人'谓乾，乾为道。初、二已正，四、五复位，成既济定。"[①] 恒卦（䷟）中，三爻之阳与上爻之阴分别以阳爻居阳位、阴爻居阴位而当位得正，其他四爻或以阴爻居阳位（初爻之阴、

---

① （清）孙堂辑：《虞翻周易注》，台北：成文出版社有限公司，1976年，第611页。

五爻之阴)、或以阳爻居阴位(二爻之阳、四爻之阳)而失位失正。当位得正者不变,失位失正者当变,初爻已经由阴变阳、二爻已经由阳变阴而分别当位得正,随之,四爻由阳变阴、五爻由阴变阳而分别恢复四爻阴爻的本然当然之位与五爻阳爻的本然当然之位,整个卦就变为六爻皆当位得正的既济卦。这是通过爻阴阳的变化而实现的当位得正,实际上也可以通过有着相互应和关系的初四、二五之爻相互以爻位的升降往来变动实现同样的目标。

再如,《升·象传》"柔以时升"翻注曰:"'柔'谓五坤也,升谓二,坤邑无君,二当升五虚,震、兑为春、秋,二升,坎、离为冬、夏,四时象正,故'柔以时升'也。"① 升卦(䷭)中,二爻之阳与五爻之阴分别以阳爻居阴位、阴爻居阳位而失位失正,五爻之阴处在上体坤中,坤阴符显柔之象,"升"谓二爻之阳升居与其相互应和的五爻之阴所在的五爻阳、天、君之位,五爻之阴相应地就降居二爻之阴位。二五升降之前为升卦(䷭),三至五爻互体为震卦,符显春时之象,二至四爻互体为兑卦,符显秋时之象;二五升降之后升卦变为蹇卦(䷦),上体为坎卦,二至四爻互体亦为坎卦,符显冬时之象,三至五爻互体为离卦,符显夏时之象。符显春时的震卦之决定性标志之爻九三爻以阳爻居阳位而当位得正,符显秋时的兑卦之决定性标志之爻六四爻以阴爻居阴位而当位得正,符显冬时的两坎卦之决定性标志之爻九五爻与九三爻乃至构成两坎体的所有三爻六四、九五、上六爻与六二、九三、六四爻皆当位得正,符显夏时的离卦之决定性标志之爻六四爻乃至构成离体的所有三爻九三、六四、九五

---

① (清)孙堂辑:《虞翻周易注》,台北:成文出版社有限公司,1976年,第684页。

爻皆当位得正，所以说"四时象正"。此即"柔以时升"。这就是通过爻位升降往来变动实现当位得正的典型案例。

通过上述的之正说，因爻的之正变化实现了卦的变化，这种卦的变化属于普泛意义上的卦之变，不属于严格意义上的卦变范畴。

(二) 权变导致的卦之变

失位之爻动变得正，这属于理之常，特殊情势之下，当位得正之爻却要动变失位，则属于理之非常权变。这类权变同样可以因爻的变化导致卦的变化。

例如，《渐》初六爻辞"小子厉，有言，无咎"翻注曰："艮为小子，初失位，故'厉'，变得正，三动受上成震，震为言，故'小子厉，有言，无咎'也。"① 上九爻辞"其羽可用为仪，吉"翻注曰："谓三变受成既济……上之三得正，离为鸟，故'其羽可用为仪，吉'……三已得位，又变受上，权也。孔子曰：'可与适道，未可与权。'宜无怪焉。"② 渐卦（䷴）初爻之阴处下体艮中，艮符显少男小子之象；初爻之阴以阴爻居阳位而失位失正，所以凶危，动变之正则危去；三爻之阳以阳爻居阳位而当位得正，由阳变阴发生权变，以备接受上爻之阳，下体由艮变震卦成益（䷩），震"其于马也为善鸣"见《说卦传》，符显言之象，所以说"小子厉，有言，无咎"。渐卦三爻之阳在初爻之阴动变得正的基础上发生权变，由当位之阳变为失位之阴，接受上爻之阳，卦成既济而定。上爻之阳以阳爻居阴位而失位失

---

① （清）孙堂辑：《虞翻周易注》，台北：成文出版社有限公司，1976年，第723页。
② 同上，第728页。

正，来到三爻之位，则当位得正，三爻权变后的阴爻往至上爻之位，下体成离，离为雉见《说卦传》，符显飞鸟之象，所以说"其羽可用为仪，吉"。在虞翻看来，三爻之阳本来已经当位得正，却又要发生变化来接受上爻之阳，这属于孔子所倡导的权变精神。笔者之见，这在很大程度上体现了虞翻标新立异之举，目的是为了展现不同于他人的独到见解，无怪乎屈万里先生批评其"按虞氏易例，凡六爻不正者，皆当变而之正，谓之成既济定。凡爻之已正者，则不变。乃三变受上者，三本应位，又必使变为不当，而与上易位，不亦自乱其例乎？乃以'权'解嘲，所谓遁辞知其所穷矣"[①]。虞翻的这一权变诠释的具体内容，人们可以不赞同、不接受，但是其所反映的精神难道不更深刻地契合了《易》的精神吗？上述通过爻的权变所导致的卦之变，同样不在本原性创生与被创生意义维度之下，仍然不属于严格意义上的卦变范畴。

（三）旁通导致的卦之变

同位之爻爻性相反的卦构成旁通关系，旁通关系的卦彼此间可以变化互通，在变化互通过程中导致卦发生变化，并最终使一方变成另一方。

例如，乾（☰）与坤（☷）旁通，《乾》九三爻辞《小象传》"'终日乾乾'，反复道也"翻注曰："至三体复，故'反复道'。"[②] 在乾阳息使坤阴发生变化通向自身的过程中，阳息至坤

[①] 屈万里：《先秦汉魏易例述评》卷下，《屈万里先生全集》第二辑第8册，台北：联经出版事业公司，1984年，第148页。
[②] （清）孙堂辑：《虞翻周易注》，台北：成文出版社有限公司，1976年，第465页。

三之位，坤（☷）变成泰（☰☷），泰卦三至上爻四爻连互，三至五下震，四至上上坤，成复（☷☳），所以说"反复道"。再如，《蛊·象传》"'先甲三日，后甲三日'，终则有始，天行也"翻注曰："谓初变成乾，乾为甲；至二成离，离为日；谓乾三爻在前，故'先甲三日'，贲时也。变三至四，体离；至五，成乾，乾三爻在后，故'后甲三日'，无妄时也。"[①] 蛊卦（☶☴）与随卦（☱☳）同位之爻的爻性皆相反而构成旁通关系，蛊卦逐爻变化就可以通向随卦，反之，随卦逐爻变化亦可以通向蛊卦。着眼未来之维，在蛊卦变动通向随卦的过程中，初爻由阴变阳，下体由巽变成乾，蛊卦变成大畜卦（☶☰），乾位于在天八卦易场中符显甲象。二爻继之由阳变阴，下体由乾变成离，蛊卦变成贲卦（☶☲），离符显日之象。乾甲三爻出现在离日三爻之前，所以说"先甲三日"，这一切发生在蛊变为大畜、再变为贲卦之后。三爻继之由阳变阴，下体由离变成震，蛊卦变成颐卦（☶☳）。四爻继之由阴变阳，上体由艮变成离，符显日之象，蛊卦变成噬嗑卦（☲☳）。五爻继之由阴变阳，上体由离变成乾，蛊卦变成无妄卦（☰☳），乾符显甲之象。乾甲三爻出现在离日三爻之后，所以说"后甲三日"，这一切发生在蛊变为噬嗑卦、再变为无妄卦之后。上述通过卦的旁通所导致的经卦、别卦的卦之变，仍然不在本原性创生与被创生意义域之内，不属于严格意义上的卦变范畴。

（四）上下象易导致的卦之变

一个别卦分为内卦外卦、下卦上卦，初、二、三组成内卦、下卦，四、五、上组成外卦、上卦，所以一个别卦具有内外、下

---

① （清）孙堂辑：《虞翻周易注》，台北：成文出版社有限公司，1976年，第544—545页。

上之分。内外、下上二体交换位置，此谓上下象易，又谓两象易。"易"意谓交换。正如屈万里先生所云："易者，更易也。卦有上下二体，故曰两象。两象易者，上下二体相更易也。"①

上下象易说见于《系辞下传》虞翻之注，当受启于传文观象制器相关论述中三次出现的"后世圣人易之以"之语②。例如，"上古穴居而野处，后世圣人易之以宫室，上栋下宇，以待风雨，盖取诸大壮"翻注曰："无妄两象易也。无妄乾在上，故称'上古'。艮为穴居，乾为野，巽为处，无妄乾人在路，故'穴居野处'。震为后世，乾为圣人，'后世圣人'谓黄帝也。艮为宫室，变成大壮，乾人入宫，故'易以宫室'。艮为待，巽为风，兑为雨，乾为高，巽为长木，反在上为栋，震阳动起为'上栋'。'宇'谓屋边也。兑泽动下，为'下宇'。无妄之大壮，巽风不见，兑雨隔震，与乾绝体，故'上栋下宇，以待风雨，盖取诸大壮'者也。"③ 大壮卦（☱☰）下乾上震，无妄卦（☰☳）内震外乾，后者两象易，内震转为外震，外乾转为内乾，就变为前者。无妄卦乾体在上，有上之象，又乾为父符显老、古之象，上、古相连而有上古之象。无妄卦二至四爻互体为艮，艮为山，为门阙（《说卦传》），符显穴居之象；上体乾，《说卦传》云"乾，西北之卦也"，符显野之象；三至五爻互体为巽，巽为股（《说卦传》），符显处之象；无妄卦下震上乾，震为大涂

---

① 屈万里：《先秦汉魏易例述评》卷下，《屈万里先生全集》第二辑第 8 册，台北：联经出版事业公司，1984 年，第 131 页。
② 需要特别指出的是，以往学界多认为上下象易说为虞翻所首创，但张克宾教授对近年新出土的西汉海昏侯墓竹书《易占》的最新研究成果表明，此说西汉已有之。参见张克宾：《海昏竹书〈易占〉干支配卦探微》，《哲学研究》2021 年第 8 期。
③ （清）孙堂辑：《虞翻周易注》，台北：成文出版社有限公司，1976 年，第 853—854 页。

(《说卦传》），符显路之象，乾为父，乾阳生生，符显人之象，上乾人，下震路，是为"人在路"，故云"穴居野处"。无妄卦下体震，震为长男，符显后世之象，上体乾，纯阳而善，符显圣人之象，震后世乾圣人相连而有后世圣人之象，此后世圣人指的是黄帝。无妄卦二至四爻互体艮符显宫室之象，上下象易，变成大壮卦之后，乾人之象来至下体，进入宫室，所以说"易以宫室"。无妄卦中互体艮为止，符显等待之象，互体巽符显风之象，上下象易后，大壮卦三至五爻互体为兑泽，符显雨之象，下体乾为天，符显高之象，无妄卦中互体巽为长、为高、为木（《说卦传》），符显长木之象，上下象易后，巽的阴阳互反之象震在上，符显栋之象，震阳由下升上，符显动起为上栋。宇指房屋边缘。大壮中互体兑泽之水向下流动，是为"下宇"。无妄两象易变成大壮后，巽风之象不见，兑雨之象间隔震，震在上体，乾在下体，两体隔绝，所以说"上栋下宇，以待风雨，盖取诸大壮"。不难发现，上述上下象易所导致的一系列卦的变化，仍不在本原性创生与被创生卦变意义域之内。

（五）反象导致的卦之变

反象谓一卦倒转即成另一卦，两卦的卦爻之象互反。就爻而言，初爻变上爻、二爻变五爻、三爻变四爻、四爻变三爻、五爻变二爻、上爻变初爻；就卦而言，内外二体之象与整个别卦之象等也都发生了变化。

通行本《周易》卦序中相连两卦往往就是以这种互反关系排列的，例如，上经屯（☳☵）与蒙（☶☵）、需（☵☰）与讼（☰☵）、师（☵☷）与比（☷☵），下经咸（☱☶）与恒（☳☴）、遯（☰☶）与大壮（☳☰）、晋（☲☷）与明夷（☷☲）等，虞翻的反象说大概就是受此启发而提出的。正如屈万里先生所说："反卦者，六爻反转也。经卦以此为序，《象传》等亦以此义为说。虞氏用以解《易》，于经传为有征矣。"① "经卦以此为序"，谓经文六十四卦往往以此反象为序。刘大钧教授则进一步指出："统观《周易》六十四卦，除《乾》卦䷀，《坤》卦䷁，《坎》卦䷜，《离》卦䷝，《大过》卦䷛，《颐》卦䷚，《小过》卦䷽，《中孚》卦䷼共八卦的六画之象颠倒之后不变，其余五十六卦实际上是由二十八卦颠倒而来。正是这种六画之象的颠倒关系，向人们揭示了《周易》六十四卦排列顺序的根本道理……古人曾运用'反对之象'，探求过一些卦爻辞的由来……不管此解是否有据，总之，有一点是可以确定下来的：《周易》古经的作者，肯定使用了'反对之象'，因为六十四卦的排列顺序，正是以'反对之象'作基础的。"② 例如，《观》六二爻辞"窥观，利女贞"翻注曰："临兑为女，窃观称'窥'。兑女反成巽，巽四、五得正，故'利女贞'。艮为宫室，坤为阖户，小人而应五，故'窥观，女贞利'，不淫视也。"③ 观卦（䷓）反转即成临卦（䷒），反之亦然，两卦即互为反象关系。观卦二爻之阴即临卦五爻之阴，观卦五爻之阳即临卦二爻之阳，此二阴阳在观、临中相互应和。观六二的应爻九五所在上体巽为长女，观六二即临六五，临六五的应爻九二所在下体兑为少女，巽长女就是兑少女的反象，构成巽长女之象的六四、九五当位得正，所以说"利女贞"。观卦六二

---

① 屈万里：《先秦汉魏易例述评》卷下，《屈万里先生全集》第二辑第 8 册，台北：联经出版事业公司，1984 年，第 135 页。
② 刘大钧：《周易概论》，成都：巴蜀书社，2010 年，第 34—35 页。
③ （清）孙堂辑：《虞翻周易注》，台北：成文出版社有限公司，1976 年，第 553—554 页。

的应爻九五所处三至五爻互体艮符显宫室之象，六二所处下体坤符显阖户之象，阴称小，二爻之阴符显小人，与处巽女的观五、即反象兑女的临二相应和，呈窥视女之象，故曰云云。

因反象关系所导致的卦之变，也不属于严格意义上的卦变范畴。

（六）八卦消息与十二消息导致的卦之变

如前所言，在天八卦因日月运转而通过月象光明与阴暗两面的息显消退依次更迭变化呈现，主体呈现的是在三阴坤的基础上，一阳息而坤变震，二阳息而震变兑，三阳息而兑变乾，一阴息而乾变巽，二阴息而巽变艮，三阴息而艮变坤，如此反复循环。

以日月运转为动力源，乾天六阳与坤地六阴两仪之体消息进退变化，在六阴坤的基础上，一阳息而坤变复，二阳息而复变临，三阳息而临变泰，四阳息而泰变大壮，五阳息而大壮变夬，六阳息而夬变乾，一阴息而乾变姤，二阴息而姤变遯，三阴息而遯变否，四阴息而否变观，五阴息而观变剥，六阴息而剥变坤，如此反复循环。

就在天八卦的阴阳消息而言，作为日月本象的离、坎之外的另六卦，归根结底是月象光明面三阳之乾与月象阴暗面三阴之坤阴阳本体消息进退的阶段性展现者，震一阳息消坤一阴而展现乾之一阳，兑二阳息消坤二阴而展现乾之二阳，乾三阳息消坤三阴而展现乾阳之全貌，巽一阴息消乾一阳而展现坤之一阴，艮二阴息消乾二阳而展现坤之二阴，坤三阴息消乾三阳而展现坤阴之全貌。乾与坤，有作为消息本体与本原的乾与坤，有作为消息本体与本原阶段性展现者的乾与坤，二者不能简单地等同视之。从作为阴阳消息本体乾、坤阶段性展现者的角度而言，震、兑、巽、艮与乾、坤皆是上述本体的阶段性展现者，它们之间不是严格意义上的本原性创生与被创生关系；从消息本体与本原乾、坤消息产生震、兑、巽、艮而言，它们又具有了相对意义上的本原性创生与被创生关系。

就十二消息所符显的阴阳消息而言，乾与坤，有作为消息本体与本原的乾与坤，有作为消息本体与本原阶段性展现者的乾与坤，二者同样不能简单地等同视之。十二消息卦，归根结底是消息本体与本原乾阳坤阴两仪的阶段性展现者，复一阳息消坤一阴而展现乾之一阳，临二阳息消坤二阴而展现乾之二阳，泰三阳息消坤三阴而展现乾之三阳，大壮四阳息消坤四阴而展现乾之四阳，夬五阳息消坤五阴而展现乾之五阳，乾六阳息消坤六阴而展现乾阳之全貌，姤一阴息消乾一阳而展现坤之一阴，遯二阴息消乾二阳而展现坤之二阴，否三阴息消乾三阳而展现坤之三阴，观四阴息消乾四阳而展现坤之四阴，剥五阴息消乾五阳而展现坤之五阴，坤六阴息消乾六阳而展现坤阴之全貌。从作为消息本体与本原乾阳坤阴两仪的阶段性展现者的角度而言，复、临、泰、大壮、夬、姤、遯、否、观、剥与乾、坤皆是上述消息本体与本原的阶段性展现者，它们之间不是严格意义上的本原性创生与被创生关系；从消息本体与本原乾、坤消息产生以上十卦而言，它们又具有了相对意义上的本原性创生与被创生关系。

三 乾坤生六子说及其启示的造化之象

在批判性反省以往卦之变与卦变学说的基础上，虞翻先是推出了他的前述卦之变学说，进而推出了他的卦变学说。这些卦变学说主要包含三个方面的内容，一是乾坤生六子说，二是消息卦生杂卦说，三是杂卦生杂卦说。杂卦生杂卦说是消息卦生杂卦说的补充，可归于后者之中。就此，朱伯崑先生曾指出："他发挥了荀爽的刚柔升降说，将卦气说引向卦变说，以卦变说解释《周易》经传。其卦变说的内容主要有二：一是乾坤父母卦变为六子卦，一是十二消息卦变为杂卦。"① 消息卦生杂卦说是虞翻卦变说的核心。以下先论其乾坤生六子说。

在《说卦传》等提出的乾坤生六子之说的基础上，虞翻推出了他的乾坤生六子说。如前所言，在诠释《系辞上传》"两仪生四象，四象生八卦"时，虞翻阐发了他的乾坤生六子说：

> 乾二、五之坤则生震、坎、艮，坤二、五之乾则生巽、离、兑，故"四象生八卦"。②

在诠释《系辞上传》"是故刚柔相摩，八卦相荡"时，虞翻又说：

> 旋转称"摩"，薄也。乾以二、五摩坤，成震、坎、艮；坤以二、五摩乾，成巽、离、兑，故"刚柔相摩"，则"八卦相荡"也。③

不同于《说卦传》与荀爽的三爻经卦乾、坤交感生三爻经卦震、坎、艮、巽、离、兑六子，虞翻提出的是六爻别卦乾、坤

---

① 朱伯崑：《易学哲学史》第一卷，北京：昆仑出版社，2005年，第232—233页。
② （清）孙堂辑：《虞翻周易注》，台北：成文出版社有限公司，1976年，第835页。
③ 同上，第795页。

生三爻经卦震、坎、艮、巽、离、兑六子之说。别卦乾、坤的中气相互迫近摩荡交感,坤中气交于乾,乾变生下离上离两个三爻经卦离,组成别卦离(䷝),二至四爻互体生三爻经卦巽,三至五爻互体生三爻经卦兑,此即坤交于乾而生离、巽、兑三女;乾中气交于坤,坤变成下坎上坎两个三爻经卦坎,组成别卦坎(䷜),二至四爻互体生三爻经卦震,三至五爻互体生三爻经卦艮,此即乾交于坤而生坎、震、艮三男。

虞翻的这一乾坤生六子说,同样启示了造化本原的乾天坤地对六子卦所符显的六种造化力量以及六大类事物的造化创生。

四 消息卦生杂卦说启示的万物万象化生亨通之象

依虞翻之见,六十四卦系列因卦气消息而贯通一体,因十二消息而贯通一体,因消息本体与本原的乾与坤而贯通一体,而最终归于大本大原的太极太一。对通行本六十四卦之间的内在关联,《序卦传》作了相关论述,《易纬乾凿度》也作了相关论述,孟喜则通过卦气说重建了六十四卦卦气的关联,而虞翻则以乾坤的消息生卦的形式进一步重建了六十四卦间的内在关联,令六十四卦有了消息卦变的深层关联。

在虞翻看来,以离日坎月运行为宇宙阴阳消息动力源,作为消息本体与本原的乾天六阳坤地六阴两仪消息进退变化,有了循环往复的十二消息卦的具体阶段性展现,形成了十二消息卦的宇宙造化易场,持续推进着万物春生夏长秋收冬藏的生化历程。六十四卦中,十二消息卦的阴阳有序展现,其他五十二卦的阴阳错杂而居,前者总称消息卦,后者总称杂卦,杂卦归根结底由消息卦变生而来，前者后者就具有了本原性创生与被创生的卦变关系，六十四卦间就具有了这种深层关系，以此符显着乾天坤地阴阳消息对万物的化生。

十二消息卦有着一阳、二阳、三阳、四阳、五阳、六阳六息卦与一阴、二阴、三阴、四阴、五阴、六阴六消卦，在消息卦统摄诸杂卦、消息卦为本原而派生诸杂卦的关系下，六十四卦有了向消息卦看齐的重新归类。

一阳而五阴之卦：复（䷖）、师（䷆）、谦（䷎）、豫（䷏）、比（䷇）、剥（䷖）。

二阳而四阴之卦：临（䷒）、升（䷭）、解（䷧）、坎（䷜）、蒙（䷃）、明夷（䷣）、震（䷲）、屯（䷂）、颐（䷚）。

三阳而三阴之卦：泰（䷊）、恒（䷟）、井（䷯）、蛊（䷑）、丰（䷶）、既济（䷾）、贲（䷕）、归妹（䷵）、节（䷻）、损（䷨）。

四阳而二阴之卦：大壮（䷡）、大过（䷛）、鼎（䷱）、革（䷰）、离（䷝）、兑（䷹）、睽（䷥）、需（䷄）、大畜（䷙）。

五阳而一阴之卦：夬（䷪）、大有（䷍）、小畜（䷈）、履（䷉）、同人（䷌）、姤（䷫）。

六阳之卦：乾（䷀）

一阴而五阳之卦：姤（䷫）、同人（䷌）、履（䷉）、小畜（䷈）、大有（䷍）、夬（䷪）。

二阴而四阳之卦：遯（䷠）、无妄（䷘）、家人（䷤）、离（䷝）、革（䷰）、讼（䷅）、巽（䷸）、鼎（䷱）、大过（䷛）。

三阴而三阳之卦：否（䷋）、益（䷩）、噬嗑（䷔）、随（䷐）、涣（䷺）、未济（䷿）、困（䷮）、渐（䷴）、旅（䷷）、咸（䷞）。

四阴而二阳之卦：观（䷓）、颐（䷚）、屯（䷂）、蒙（䷃）、坎（䷜）、艮（䷳）、蹇（䷦）、晋（䷢）、萃（䷬）。

五阴而一阳之卦：剥（䷖）、比（䷇）、豫（䷏）、谦（䷎）、师（䷆）、复（䷗）。

六阴之卦：坤（䷁）。

无法归入二阳或四阴之卦、二阴或四阳之卦的两卦：小过（䷽）、中孚（䷺）。

在以上归类的基础上，虞翻提出了以消息卦生杂卦为核心而辅之以杂卦生杂卦的卦变学说，借此揭示了阴阳交感、刚柔交通则万物化生顺遂而人事亦可效此亨通之义。

（一）一阳而五阴之卦的卦变

一阳而五阴之卦有六，消息卦为息卦复（䷗）、消卦剥（䷖），杂卦为师（䷆）、谦（䷎）、豫（䷏）、比（䷇）。对此四个杂卦的卦变由来，现存虞氏《易注》不见注者只有师卦，现存荀爽《易注》有注者则仅见谦卦。

1. 谦卦

《谦》卦辞"亨"、《彖传》"天道亏盈而益谦。地道变盈而流谦。鬼神害盈而福谦。人道恶盈而好谦。谦，尊而光，卑而不可逾"翻注曰：

> 乾上九来之坤……"天道下济"，故"亨"。彭城蔡景君说："剥上来之三。"①

---

① （清）孙堂辑：《虞翻周易注》，台北：成文出版社有限公司，1976年，第532页。

谓乾盈履上，亏之坤三，故"亏盈"。贵处贱位，故"益谦"。谦二①（堂案："二"疑作"三"。）以坤变乾盈，坎动而润下，"水流湿"，故"流谦"也。"鬼"谓四，"神"谓三，坤为鬼害，乾为神福，故"鬼神害盈而福谦"也。乾为好，为人，坤为恶也，故"人道恶盈"。从上之三，故"好谦"矣。天道远，故"尊、光"。三位贱，故"卑"。坎水就下，险弱难胜，故"不可逾"。②

荀爽注则曰："乾来之坤，故'下济'。阴去为离，阳来成坎，日月之象，故'光明'也。"③

谦卦一阳五阴，荀爽在乾坤并立的阴阳升降说基础上，提出了乾阳坤阴互有往来、升降的卦变说。就此，李道平云："乾上来之坤三，故为'下济'。阴去阳中为离，阳来阴中成坎。本体坎，亦伏离，离日坎月，故'光明'也。"④潘雨廷先生说："据谦《彖》之注，可见一阴一阳卦，荀氏亦用同位相索之例来去。"⑤王新春教授认为："此言谦卦来自乾坤相对待基础上的乾坤两卦九三爻之阳与六三爻之阴的一来一往。"⑥李道平认为，荀爽说的是乾卦上爻之阳来至坤卦三爻之位，以乾天之道下济坤

---

① 李道平云："虞注'二'当作'三'。"参见（清）李道平《周易集解纂疏》，北京：中华书局，2013年，第195页，至确，从之。
② （清）孙堂辑：《虞翻周易注》，台北：成文出版社有限公司，1976年，第533—534页。
③ （清）孙堂辑：《荀爽周易注》，台北：成文出版社有限公司，1976年，第198页。
④ （清）李道平：《周易集解纂疏》，北京：中华书局，2013年，第194页。
⑤ 潘雨廷：《周易虞氏易象释》，《潘雨廷著作集》伍，上海：上海古籍出版社，2016年，第512页。
⑥ 王新春：《也论虞氏易学的卦变说》，《象数易学研究》第三辑，成都：巴蜀书社，2003年，第121页。

地之道，坤卦成谦卦（☷☶），阴爻去往阳爻之中形成离日之象，阳爻来到阴爻之中形成坎月之象。现在乾上九之阳来至坤三爻之位，二至四爻互体坎月之象，其下伏藏离日之象，日月而呈光明。潘、王则认为，荀爽说的是乾三爻之阳与坤三爻之阴一来一往，在上之乾天之道交感于在下之坤地之道，上而济助下，天道地道互通，造化之道大亨，坤成谦（☷☶）而乾成履（☰☱），谦二至四爻互体坎月之象，履二至四爻互体离日之象，日月而呈光明。依照李说，乾上九之阳来至坤三之位，相应地坤六三之阴则应往至乾上之位，乾卦变为夬卦（☱☰），没有离日之象出现，何况荀爽没有旁通的飞伏之说，所以当以潘、王之说为是。

虞翻受启于荀爽乾坤并立、阴阳往来、升降交感生卦之说，认为谦卦来自乾坤阴阳的往来升降、交感互通：乾上九之阳来至坤三爻之位，符显天道来下济助地道，天道地道交感相通，宇宙造化大亨。蔡景君其人不详，当为虞翻同时代或其前之人，蔡氏认为谦卦来自消卦剥（☷☶），剥卦在上的上九之阳来至在下的三爻之位，以上阳济助下阴而符显"下济"之象。虞翻虽不赞同此说，但是认为其可备一说。虞翻全方位地以乾上九之阳来至坤三之位诠释谦卦从天道始中到地道，再到鬼神之道，后到人道、人事终的谦象与谦的意蕴。乾阳盈满大显，上九之阳盈满居上，亏缺自身来至坤三之位，是为"天道亏盈"。阳贵阴贱，天尊地卑，乾卦上九之阳以尊贵身份地位来下处于坤三卑贱之位，所以说"益谦"。谦卦九三之阳以坤改变乾的盈满，形成二至四爻互体坎水流动而润下之象，水往湿处流动，是为"流谦"。坤阴肃杀符显鬼象，说的是处在坤象中的四爻之阴。乾阳生生符显神象，说的是来自乾上九的谦三爻之阳。谦卦来自乾坤的升降、往来交通，坤阴肃杀符显鬼害之象，乾阳生生符显神福之象，所以说"鬼神害盈而福谦"。乾坤交通形成谦卦，符显的天道、地道、鬼神之道如此，其所符显的人道、人事则是：乾阳善生生符显喜好、人之象，坤阴杀符显恶之象，所以说"人道恶盈"。乾上九之阳以盈高尊贵之身从上来到三爻卑微之位，所以说"好谦"。乾天之道高远，所以"尊、光"。三爻之位卑贱，所以"卑"。互体坎水顺势下流，坎水凶险，柔弱难胜，《老子》云"天下莫柔弱于水，而攻坚强者莫之能胜"（《老子》七十八章）所以说"不可逾"。言"乾盈履上"，虞翻此所言乾与坤，当非前所言乾二五之坤、坤二五之乾生坎离的作为消息之本的乾坤两仪之体，而当指乾坤两仪之体消息进退变化阶段性展现者的乾与坤。具体而言，此所言乾，当指六阳完全息显展现的巳月宇宙造化气场的乾，因阴阳消息，六虚之位的每一位都有显隐二位，乾就居六虚显位，其下就伏藏着六虚隐位上的坤，此所言坤，即当指息显于六虚显位乾象之下所伏藏的居六虚隐位的坤象。显与隐的乾坤二象互通一体，基于此，居于六虚显位的乾上爻之阳与居于六虚隐位的坤三爻之阴升降往来、交感互通，坤变生此谦象，乾则变生夬象，巳月的宇宙造化气场因显隐阴阳的进一步升降往来、交感互通而促成谦象所符显的具体生化之势。当然，就乾阳坤阴两仪消息进退变化阶段性展现者的乾与坤而论，不仅有乾阳全然息显、坤阴全然退藏的乾与坤，而且还有坤阴全然息显、乾阳全然退藏的乾与坤，前者指的是巳月宇宙造化气场的显隐全貌，后者指的是亥月宇宙造化气场的显隐全貌。就后者而言，居于六虚显位的坤三爻之阴与居于六虚隐位的乾上爻之阳升降往来、交感互通，坤变生此谦象，乾则变生夬象，亥月的宇宙造化气场因显隐阴阳的进一步升降往来、交感互通而促成谦象所符显的具体生化之势。

2. 豫卦

《豫》卦辞"利建侯、行师"翻注曰:

> 复初之四……坤为邦国,震为诸侯。初至五体比象,四利复初,故"利建侯"。三至上体师象,故"行师"。①

豫卦（☷☳）一阳五阴,虞翻认为来自一阳五阴息卦复（☷☷）,复卦初爻之阳升往四爻之位,四爻之阴则降至初爻之位,生成豫卦。终极而言,复卦符显乾天坤地两仪消息进退变化所形成的子月阶段性宇宙造化气场,它的阴阳的进一步升降往来交感形成豫卦等,则促成了造化的进一步实施,为万物的化生,为天道人事的推进,提供阶段性具体落地的造化、生存基础。以阴阳消息进退生生不息的宇宙为终极生存家园的人文天下,由复卦变生豫卦,符显出如下之象:豫卦下体上震,坤为土,符显邦国之象,震为长男,符显诸侯之象,初至五爻五爻连互,初至三下坤,三至五互体上坎,形成比卦（☷☵）,符显亲比之象,四爻之阳与初爻之阴相应和,二者或以阳居阴位、或以阴居阳位而皆失位失正,四爻之阳利于恢复到在复时的初爻正位,成震诸侯之象,所以说"利建侯"。当然,初爻之阴也利于恢复到在复时的四爻正位。豫卦三至上爻四爻连互,三至五互体下坎,四至上互体上震、坤象半见,形成师卦,所以说"行师"。

---

① （清）孙堂辑:《虞翻周易注》,台北:成文出版社有限公司,1976年,第535页。

3. 比卦

《比》卦辞"吉"翻注曰：

> 师二上之五，得位，众阴顺从，比而辅之，故"吉"。[①]

比卦（䷇）一阳五阴，虞翻认为来自一阳五阴的师卦（䷆），师卦二爻之阳升往五爻之位，五爻之阴则降至二爻之位，生成比卦。师卦二爻之阳以阳爻居阴位，五爻之阴以阴爻居阳位，皆失位失正，二爻一升一降、一往一来则各得其正位，升居五爻天、天子尊贵之位的一阳受到上下五阴的一致顺从，众阴亲比辅佐他，所以吉祥如意。师卦二五之爻失位，符显天下无序致行师征伐的打天下之象，二五互易其位形成比卦，符显行师大胜致无序转为有序的坐天下之象，大概是由于先有打天下后有坐天下的逻辑关联，使得虞翻认定比卦来自师卦。

小结：

笔者管见，比卦与师卦皆属于消息卦之外的杂卦，杂卦生杂卦不具有本原性创生与被创生意义上的终极性，虞翻的系统卦变说已不可确知，很难否定他有一以贯之的消息卦生杂卦说，很难否定这里或许是因为诠释经文的需要，使得他暂时采取了杂卦生杂卦说，而搁置了消息卦生杂卦说。依据消息卦生杂卦的理路，一阳而五阴之卦中，谦卦（䷎）可由息卦复（䷗）初之三，即复初爻之阳与三爻之阴互易其位而成，亦可由消卦剥（䷖）上之三，即剥上爻之阳与三爻之阴互易其位而成；豫卦（䷏）可由息卦复（䷗）初之四，即复初爻之阳与四爻之阴互易其位而

[①]（清）孙堂辑：《虞翻周易注》，台北：成文出版社有限公司，1976年，第500页。

成，亦可由消卦剥（䷖）上之四，即剥上爻之阳与四爻之阴互易其位而成；比卦（䷇）可由息卦复（䷗）初之五，即复初爻之阳与五爻之阴互易其位而成，亦可由消卦剥（䷖）上之五，即剥上爻之阳与五爻之阴互易其位而成；师（䷆）可由息卦复（䷗）初之二，即复初爻之阳与二爻之阴互易其位而成，亦可由消卦剥（䷖）上之二，即剥上爻之阳与二爻之阴互易其位而成。由一阳息卦复卦而成者，可归为一阳之卦，由五阴消卦剥卦而成者，可归为五阴之卦。复卦、剥卦分别符显乾天坤地两仪消息进退变化所形成的子月、戌月阶段性宇宙造化气场，它们阴阳的进一步升降往来交感，由谦、豫、比、师卦符显，如前所言，则促成了造化的进一步实施，为万物的化生，为天道人事的推进，提供阶段性具体落地的造化、生存基础。

依据乾天坤地两仪之体消息进退变化阶段性展现者乾与坤阴阳往来升降、交感互通生卦理路，谦卦（䷠）既可由表征巳月造化气场的乾上显外之阳与坤三伏内之阴往来升降、交感互通生成，亦可由表征亥月造化气场的坤三显外之阴与乾上伏内之阳往来升降、交感互通生成；豫卦（䷗）亦可由表征巳月造化气场的乾初显外之阳与坤四伏内之阴往来升降、交感互通生成，可由表征亥月造化气场的坤四显外之阴与乾初伏内之阳往来升降、交感互通生成；比卦（䷇）亦可由表征巳月造化气场的乾二显外之阳与坤五伏内之阴往来升降、交感互通生成，可由表征亥月造化气场的坤五显外之阴与乾二伏内之阳往来升降、交感互通生成；师（䷆）亦可由表征巳月造化气场的乾五显外之阳与坤二伏内之阴往来升降、交感互通生成，可由表征亥月造化气场的坤二显外之阴与乾五伏内之阳往来升降、交感互通生成。巳月显外之乾与伏内之坤阴阳往来升降、交感互通生成的卦，与亥月显外之坤与伏内之乾往来升降、交感互通生成的卦，分别具体符显巳月、亥月天阳地阴对宇宙万物万象的进一步生化。

（二）二阳而四阴之卦的卦变

二阳而四阴之卦有九，消息卦为息卦临（䷒），杂卦为升（䷭）、解（䷧）、坎（䷜）、蒙（䷃）、明夷（䷣）、震（䷲）、屯（䷂）、颐（䷚）。对此八个杂卦的卦变由来，现存虞氏《易注》皆有明文诠释，现存荀爽《易注》有注者则屯、蒙、坎、解四卦。

1. 升卦

《升》卦辞"元亨"翻注曰：

> 临初之三，又有临象，"刚中而应"，故"元亨"也。①

升卦（䷭）二阳四阴，虞翻认为来自二阳四阴的息卦临（䷒），临卦初爻之阳升往三爻之位，三爻之阴则降至初爻之位，生成升卦。升卦二至上爻五爻连互，二至四互体下兑，三至上上坤，形成临卦，是为"又有临象"。临卦初爻之阳为乾阳，三爻之阴为坤阴，两爻阴阳的升降往来意谓着乾天坤地阴阳的交感互通，意谓着宇宙造化气场的造化亨通，意谓着在此基础上天道人事的亨通。"临者，大也"，见《序卦传》，临符显大之象，"元"即大，所以说"元亨"。临变生升卦后，升卦（䷭）二爻之阳以阳刚居下体中位，又与五爻之阴相应和，进一步推进了"元亨"的局面。终极而言，临卦符显乾天坤地两仪消息进退变

---

① （清）孙堂辑：《虞翻周易注》，台北：成文出版社有限公司，1976年，第683页。

化所形成的丑月阶段性宇宙造化气场，它的阴阳的进一步升降往来交感，形成升卦等，则促成了造化的进一步实施，为万物的化生，为天道人事的推进，提供阶段性具体落地的造化、生存基础。

2. 解卦

《解》卦辞"利西南。无所往，其来复吉"，《彖传》"'利西南'，往得众也。'无所往，其来复吉'，乃得中也"翻注曰：

> 临初之四。坤，西南卦。初之四，得坤众，故"'利西南'，往得众也"。谓四，本从初之四，失位于外，而无所应，故"无所往"。宜来反初，复得正位，故"其来复吉"也。①

如前所言，荀爽注则曰："乾动之坤而得众，西南众之象也。阴处尊位，阳无所往也。来复居二，处中成险，故曰'复吉'也。"② 认为二阳四阴的解卦（䷧）来自造化本原乾天坤地二、四阴阳的往来交感互通，乾四爻之阳往至坤四爻之位，得西南坤众之象，是为"'利西南'，往得众也"；乾二爻之阳来至坤二爻中位，来复居中，形成坎险之象，是为"来复吉"。

虞翻则认为，解卦来自息卦临（䷒），临卦初爻之阳升往四爻之位，四爻之阴则降至初爻之位，生成解卦。临上体为坤，坤不主一方，托位于西南，临初爻之阳来至上体坤的四爻之位，获得坤众之象，所以说"'利西南'，往得众也"。四爻之阳本从临

---

① （清）孙堂辑：《虞翻周易注》，台北：成文出版社有限公司，1976年，第644页。
② （清）孙堂辑：《荀爽周易注》，台北：成文出版社有限公司，1976年，第258页。

卦初爻往至四爻，由当位于内变失位于外，与初爻之阴皆失位失正而具互应关系，虽应而为无价值之应，形同无应，正如张惠言所言："初亦失位，不相应也。"[1] 亦如李道平所言："以阳居阴为'失位'，初亦失位，不义之应为'无应'。"[2] 临卦初爻之阳往至四爻之位而失正无应，往而无益，所以说"无所往"。四爻之阳应当由上往转下来，复返初爻正位，所以说"其来复吉"。

3. 坎卦

《坎》卦辞"习坎：有孚。维心亨"翻注曰：

乾二、五之坤……于爻，观上之二。"习"，常也。"孚"，信，谓二、五。水行往来，"朝宗于海"，不失其时，如月行天，故习坎为（堂案："为"疑作"有"。）孚也。坎为心。乾二、五旁行流坤，阴阳会合，故"亨"也。[3]

《坎》上六爻辞"系用徽纆"翻注曰：

"徽纆"，黑索也。观巽为绳，艮为手，上变入坎，故"系用徽纆"。[4]

《彖传》"行险而不失其信"荀爽注则曰："谓阳来为险，而不失中。中称信也。"[5]

坎卦（☵）二阳五阴，荀爽认为来自造化本原乾天坤地二、

---

[1] （清）张惠言：《周易虞氏义》，《续修四库全书·经部·易类》第26册，上海：上海古籍出版社，2002年，第474页。
[2] （清）李道平：《周易集解纂疏》，北京：中华书局，2013年，第367页。
[3] （清）孙堂辑：《虞翻周易注》，台北：成文出版社有限公司，1976年，第593页。
[4] 同上，第599页。
[5] （清）孙堂辑：《荀爽周易注》，台北：成文出版社有限公司，1976年，第212页。

五阴阳的往来交感互通，乾二、五之阳来至坤二、五之位，坎卦形成。乾阳来至坤阴二、五中位，形成坎险之象，而没有偏离中，中称信，所以说"行险而不失其信"。

虞翻赞同荀爽此说，并进一步提出了四阴二阳消卦观变生坎卦之说，使二说并存。观卦（☷）上爻之阳来至二爻之位，二爻之阴往至上爻之位，坎卦亦得以形成。乾二、五之阳来至坤二、五之位，居中成坎而符显孚信、心、水、月之象。坎水流行，往来东西，归宗大海，不错过时序，一如坎月运行于天。乾二、五之阳旁通交感于坤二、五之阴，天地阴阳二气交感会合互通，造化盛大亨通，一亨百亨，所以说"亨"。坎卦上六之阴来自观卦二爻之阴。观卦（☷）上体巽符显绳之象，三至五互体艮符显手之象，观变为坎，巽绳、艮手之象陷没于坎，所以说"系用徽纆"。笔者之见，息卦以阳为主，消卦以阴为主，言"观上之二"成坎，透出了尊阳之义，但还是以言"观二之上"更为恰当。

4. 蒙卦

《蒙》卦辞"亨"，《彖传》"'蒙亨'，以亨行，时中也"翻注曰：

艮三之二。"亨"谓二，震刚柔接，故"亨"。
"蒙亨"，以通行，时中也。[①]

荀爽则注曰："此本艮卦也。案：二进居三，三降居二，刚柔得中，故能通。发蒙时，令得时中矣，故曰'蒙亨，以亨行

[①] （清）孙堂辑：《虞翻周易注》，台北：成文出版社有限公司，1976年，第486页。

时中也'。"①

蒙卦（☰☷）二阳四阴，荀爽认为来自艮卦（☶☶），艮卦二爻之阴居中，进居三爻之位，三爻之阳则降居二爻中位，阴柔阳刚交感互通，先后得中，形成蒙卦，所以能通。所成蒙卦九二阳刚去除六五阴柔之蒙昧时，使其得时之中，所以说"蒙亨，以亨行时中也"。

虞翻赞同荀爽之说，在他看来，艮卦三爻之阳与二爻之阴一降一升、一来一往互换其位，变生蒙卦。阳刚阴柔来往降升交感则一通百通，于蒙二爻呈现二至四互体震阳刚阴柔交接的局面，所以说"'蒙亨'，以亨行，时中也"。

5. 明夷卦

《明夷》卦辞翻注曰：

"夷"，伤也。临二之三……"明入地中"，故伤矣。②

明夷卦（☷☲）二阳四阴，虞翻认为来自二阳四阴的息卦临（☷☱）。临卦二爻之阳与三爻之阴一往一来、一升一降交感互通，变生明夷。"明夷"之"夷"意谓伤害。所成的明夷卦下离上坤，符显离日之明没入坤地之中，光明受到伤害，所以卦称明夷。

6. 震卦

《震》卦辞"亨……震惊百里"翻注曰：

---

① （清）孙堂辑：《荀爽周易注》，台北：成文出版社有限公司，1976年，第181页。
② （清）孙堂辑：《虞翻周易注》，台北：成文出版社有限公司，1976年，第626页。

临二之四，天地交，故通……谓阳从临二，阴为百二十，举其大数，故当震百里也。①

震卦（☳）二阳四阴，虞翻以其来自二阳四阴之息卦临（☷）。临卦二爻之阳与四爻之阴一往一来、一升一降交感互通，变生震卦。临象是乾天坤地六阳六阴两仪之体阴阳消息进退变化的阶段性展现者，它的二爻之阳与四爻之阴的交感互通就是天阳地阴的交感互通，所以说天地交而通。震卦来自临卦，作为乾天坤地两仪之体消息进退变化阶段性展现者的临，其阳从二爻息长时，面对五阴，筮法中，一阴代表六揲二十四策之数，五阴代表一百二十策之数，举其大的整数而言，就是一百，所以当震百里之数。

7. 屯卦

《屯》卦辞"元亨，利贞"，《彖传》"屯，刚柔始交而难生"翻注曰：

> 坎二之初，刚柔交震，故"元亨"，之初得正，故"利贞"矣。②

> "乾刚坤柔"，坎二交初，故"始交"。确乎难拔，故"难生"也。③

屯卦（☳）二阳四阴，荀爽认为"此本坎卦也"④，已见

---

① （清）孙堂辑：《虞翻周易注》，台北：成文出版社有限公司，1976年，第708—709页。
② 同上，第480页。
③ 同上，第481页。
④ （清）孙堂辑：《荀爽周易注》，台北：成文出版社有限公司，1976年，第179页。

前。虞翻赞同这一观点，认为屯卦来自坎卦（☵）。坎卦二爻之阳与初爻之阴一降一升、一来一往相互交感，形成屯卦。阳刚阴柔交感，所以亨通。二爻之阳来到初爻之阴处与之相互交感，初为始，所以称"元"，元即始。刚柔交初而成震，"万物出乎震"，所以"元亨"，始通，后续通，一通皆通。二爻之阳失位失正，来到初爻之位则当位得正，是为"利贞"。乾二、五阳刚至坤二、五之位而成坎，坎阳即乾阳，坎阴即坤阴，坎二之阳与初之阴交感，即乾阳刚与坤阴柔交感于初，是为"刚柔始交"。乾初之阳，《乾·文言传》云"确乎其不可拔"，坚确难以动摇，所以"难生"。

8. 颐卦

《颐》卦辞"贞吉……自求口实"，初九爻辞"舍尔灵龟，观我朵颐，凶"翻注曰：

> 晋四之初……反复不衰，与乾、坤、坎、离、大过、小过、中孚同义，故不从临、观四阴二阳之例。或以临二之上，兑为口，故有口实也……或以临兑为口。①

> 晋离为龟，四之初，故"舍尔灵龟"。坤为我，震为动。谓四失离入坤，远应，"多惧"，故"凶"矣。②

颐卦（☷）二阳四阴，虞翻认为其来自晋卦（☷），并指出有人认为其来自二阳四阴之息卦临（☷）。晋卦四爻之阳与初爻之阴一降一升、一来一往相互交感，形成颐卦。临卦二爻之阳与

---

① （清）孙堂辑：《虞翻周易注》，台北：成文出版社有限公司，1976年，第583—584页。
② 同上，第585页。

上爻之阴一升一降、一往一来相互交感，亦可形成颐卦。颐（䷚）与乾（䷀）、坤（䷁）、坎（䷜）、离（䷝）、大过（䷛）、小过（䷽）、中孚（䷼）一样，翻来覆去皆恒保本象而不衰，所以不从二阳息卦临、四阴消卦观而变。有人认为临卦下体兑符显口之象，所以有口实。晋卦上体离符显龟之象（《说卦传》），四爻之阳来至初爻之位，离龟之象被舍弃而毁坏，所以说"舍尔灵龟"。晋卦下体为坤，四爻之阳来至初爻之位成颐卦初爻之阳，此阳在下体震中，坤为腹符显我之象，震符显腮动之象，所以说"观我朵颐"。"朵颐"即鼓动之腮。晋卦四爻之阳失掉离龟之象，进入下体坤初之位，形成颐卦，远离互易其位后的所应四爻之阴，"四多惧"见《系辞下传》，四爻为多惧之位，所以"凶"。

小结：

二阳息卦临（䷒）之外的升（䷭）、解（䷧）、坎（䷜）、蒙（䷃）、明夷（䷣）、震（䷲）、屯（䷂）、颐（䷚）八个杂卦，虞翻明确指出来自息卦临的有升、解、明夷、震四卦，指出有人主张来自临的有颐一卦，指出来自四阴消卦观与造化本原乾坤的有坎一卦，指出来自其他杂卦的有蒙、屯、颐三卦。

依据消息卦生杂卦的理路，虞翻乾坤之外的消息卦生杂卦仅限于一阴一阳往来升降交感，不存在二阴二阳以上的往来升降交感。升卦（䷭）可由息卦临（䷒）初之三而成，不可由消卦观（䷓）变来，因后者需由二、三之阴与五、上之阳互易其位；解卦（䷧）可由息卦临（䷒）初之四而成，不可由消卦观（䷓）变来，因后者需由二、四之阴与五、上之阳互易其位；坎卦（䷜）可由消卦观（䷓）上之二（二之上）而成，实际上亦可由息卦临（☷☱）初之五，即初爻之阳与五爻之阴互易其位而成；蒙卦（☶☵）实际上亦可由息卦临（☷☱）初之上，即临初爻之阳与上爻之阴互易其位而成，又可由消卦观（☴☷）二之五，即观二爻之阴与五爻之阳互易其位而成；明夷（☷☲）可由息卦临（☷☱）二之三而成，不可由消卦观（☴☷）变来，因后者需由初、三之阴与五、上之阳互易其位；震（☳☳）可由息卦临（☷☱）二之四而成，不可由消卦观（☴☷）变来，因后者需由初、四之阴与五、上之阳互易其位；屯（☵☳）实际上亦可由息卦临（☷☱）二之五，即临二爻之阳与五爻之阴互易其位而成，又可由消卦观（☴☷）初之上而成；颐（☶☳）实际上亦可由息卦临（☷☱）二之上而成，又可由消卦观（☴☷）初之五，即观初爻之阴与五爻之阳互易其位而成。由二阳息卦临卦而成者，可归为二阳之卦，由四阴消卦观卦而成者，可归为四阴之卦。坎、蒙、屯、颐四卦既可归为二阳之卦，又可归为四阴之卦；解、明夷、震三卦仅可归为二阳之卦。临卦、观卦分别符显乾天坤地两仪消息进退变化所形成的丑月、酉月阶段性宇宙造化气场，它们阴阳的进一步升降往来交感，由升、解、坎、蒙、明夷、震、屯、颐卦符显，如前所言，则促成了造化的进一步实施，为万物的化生，为天道人事的推进，提供阶段性具体落地的造化、生存基础。

　　蒙卦由杂卦艮而变，颐卦由杂卦晋而变，不具备本原性创生与被创生的终极卦变意义，当为诠释《蒙》《颐》经文中所涉及的具体之象这一需要而提出。艮、晋二卦，后文将言，它们即来自消息卦中的四阴消卦观。屯卦来自杂卦坎，但坎并非一般杂卦，而是造化本原乾、坤中气交感所成，由坎生屯，体现着造化本原乾、坤与乾坤消息动力源之一的坎对造化的推进。而坎来自乾坤中气之交，符显着天地对月水以及日火的造化，不再赘言。

（三）三阳而三阴之卦的卦变

三阳而三阴之卦有十，消息卦为息卦泰（☷☰），杂卦为恒（☳☴）、井（☵☴）、蛊（☶☴）、丰（☳☲）、既济（☵☲）、贲（☶☲）、归妹（☳☱）、节（☵☱）、损（☶☱）。对此九个杂卦的卦变由来，现存虞氏《易注》皆有明文诠释，现存荀爽《易注》有注者则恒、井、既济、贲、损五卦。

1. 恒卦

《恒》卦辞"恒：亨，无咎，利贞"翻注曰：

> 乾初之坤四，"刚柔皆应"，故"通，无咎，利贞"矣。[1]

《彖传》"'恒：亨，无咎，利贞'，久于其道也……'利有攸往'，终则有始也"荀爽则注曰："恒，震世也。巽来乘之，阴阳合会，故'通，无咎'……谓乾气下终，始复升上居四也；坤气上终，始复降下居初者也。"[2] 恒卦（☳☴）三阳三阴，荀爽一方面认为其属于八宫卦中的震宫之卦，由震宫本宫卦震自初爻起三变而来，为震宫三世卦，下震变而成巽，巽飞而震伏，巽阴凌驾于震阳之上，阴阳合会交通，所以说"通，无咎"。另一方面荀爽又认为恒卦来自三阳三阴息卦泰，泰卦符显乾气降于下而终、坤气升于上而终，终于下的乾气初爻之阳转降为升，往至四爻之位，终于上的坤气上爻之阴转升为降，来至初爻之位，初爻之位空出，让予来初之阴，上爻之位空出，使得五爻、四爻之阴

---

[1] （清）孙堂辑：《虞翻周易注》，台北：成文出版社有限公司，1976年，第609页。
[2] （清）孙堂辑：《荀爽周易注》，台北：成文出版社有限公司，1976年，第216—217页。

依次递升一位,四爻之位空出,往四之阳升居,二爻、三爻之阳不动,恒卦形成,所以"终则有始"。

虞翻不赞同荀爽的八宫卦变说,赞同其泰卦变生恒卦说,但具体理解有差别。在虞翻看来,"乾初之坤四"即泰初之四,泰卦下体乾初爻之阳与上体坤四爻之阴一升一降、一往一来换位感通,符显天地交而万物通,所成恒卦初四、二五、三上阴阳互应,所以"通,无咎,利贞"。虞翻这里诠释的,是卦变所符显的天地阴阳往来交感带来的造化亨通之象、万物万象生化亨通之象。

2. 井卦

《井》卦辞"改邑不改井,无丧无得,往来井井"翻注曰:

> 泰初之五也,坤为邑,乾初之五折坤,故"改邑"……泰初之五,坤象毁坏,故"无丧"。五来之初,失位,无应,故"无得"。坎为通,故"往来井井"。"往"谓之五,"来"谓之初也。①

荀爽注则曰:"此本泰卦。阳往居五,得坎为井;阴来在下,亦为井,故'往来井井'也。"② 井卦(䷯)三阳三阴,荀爽认为其来自三阳息卦泰,泰卦初爻之阳往至五爻之位,在上体形成坎,符显水、井之象;五爻之阴来至下体初爻之位,亦符显井之象,所以说"往来井井"。

虞翻赞同荀爽之见,认为泰卦初爻之阳与五爻之阴一升一

---

① (清)孙堂辑:《虞翻周易注》,台北:成文出版社有限公司,1976年,第690—691页。
② (清)孙堂辑:《荀爽周易注》,台北:成文出版社有限公司,1976年,第240页。

降、一往一来易位感通，形成井卦。泰卦上体坤为土符显邑之象，下体乾初之阳往至五爻之位折毁坤体，所以说"改邑"。坤符显丧之象，坤体毁坏所以说"无丧"。泰卦五爻之阴来至初爻之位，以阴爻居阳位而失位失正，又与四爻之阴无应，所以说"无得"。井卦上体坎符显通之象（《说卦传》），所以说"往来井井"，往指的是变生经卦时泰初之阳往至五爻之位，来指的是变生经卦时泰五爻之阴来至初爻之位。虞翻这里诠释的，是阴阳往来交感互通具体落实的宇宙生化世界中，环绕水井的人生日用推进之象。

3. 蛊卦

《蛊》卦辞"元亨"，《彖传》"刚上而柔下，巽而止，蛊"翻注曰：

> 泰初之上……刚上柔下，乾坤交，故"元亨"也。
> 泰初之上，故"刚上"；坤上之初，故"柔下"。上艮下巽，故"巽而止，蛊"也。[1]

蛊（䷑）三阳三阴，虞翻认为其来自三阳息卦泰。泰卦下体乾初爻之阳与上体坤上爻之阴升降往来交感相通，蛊卦形成，乾刚而坤柔，乾天而坤地，刚上柔下，天地交而万物通，一通百通，所以说"元亨"。乾刚而坤柔，泰卦下体乾初位之阳升往上体坤上之位，符显"刚上"之象；上体坤上位之阴降来下体乾初之位，符显"柔下"之象。所成蛊下巽上艮，巽、艮分别符显巽（顺）、止之德之象，所以说"巽而止，蛊"。虞翻这里诠

---

[1] （清）孙堂辑：《虞翻周易注》，台北：成文出版社有限公司，1976 年，第 544 页。

释的，仍然是卦变所符显的天地阴阳往来交感带来的造化亨通之象、万物万象生化亨通之象。

4. 丰卦

《丰》卦辞"丰：亨"翻注曰：

> 此卦三阴三阳之例，当从泰二之四，而丰三从噬嗑上来之三，折四于坎狱中，而成丰，故"君子以折狱致刑"。阴阳交，故通。噬嗑所谓"利用狱"者，此卦之谓也。①

丰（䷶）三阳三阴，虞翻认为这一卦本应遵循三阴、三阳之例，从息卦泰变生，由泰卦二爻之阳与四爻之阴升降往来换位交通而成。但综合考量《丰·大象传》"君子以折狱致刑"、《噬嗑》卦辞"利用狱"，丰卦应自噬嗑卦变生而来。噬嗑卦（䷔）上爻之阳降至三爻之位，三爻之阴则升至上爻之位，三至五互体之坎变为兑，坎为险、为坚多心之木（《说卦传》），符显丛棘环绕阴森的狱之象，兑为毁折，亦见《说卦传》。兑折毁之象折毁了四爻之阳所处的坎狱之象，形成丰卦，所以《丰·大象传》言"君子以折狱致刑"，《噬嗑》卦辞言"利用狱"。噬嗑卦上爻之阳与三爻之阴往来交感互通，所以卦辞言亨通。虞翻这里借卦变所诠释的，是人事中案件处理亨通之象。这一亨通的达成，借鉴了造化阴阳交感互通的智慧。

5. 既济卦

《既济》卦辞"既济：亨小，利贞。初吉，终乱"翻注曰：

> 泰五之二。"小"谓二也，"柔得中"，故"亨小"。六

---

① （清）孙堂辑：《虞翻周易注》，台北：成文出版社有限公司，1976年，第737页。

爻得位,"各正性命,保合大和",故"利贞"矣。"初",始也,谓泰乾,"乾知大始",故称"初"。坤五之乾二,得正,处中,故"'初吉',柔得中也"。泰坤称"乱"。二上之五,终止于泰,则反成否,"子弑其父,臣弑其君,天下无邦",终穷成坤,故"乱,其道穷"。①

《象传》曰:"既济:亨,小者亨也。"荀爽注则曰:"天地既交,阳升阴降,故'小者亨也'。"② 既济(䷾)三阳三阴,荀爽认为其来自三阳息卦泰。乾天坤地已经交感,形成泰卦(䷊),在此基础上,泰卦二爻之阳升往五爻之位,五爻之阴则降来二爻之位,阴阳交感互通,所以亨通,阳称大,阴称小,阳亨阴亦亨,大通小亦通,小通标志着通的广泛性,所以说"小者亨也"。

虞翻赞同荀爽之见,并有进一步阐发。在他看来,泰卦五爻之阴与二爻之阳互易其位,阳刚阴柔交而亨,阳大阴小,阴来居二爻中位,所以说"柔得中"而"亨小"。所成既济卦六爻皆当位得正,符显阳刚阴柔交感互通下的万物万象"各正性命,保合大和",所以说"利贞"。"初"即始,说的是泰卦下体乾,《系辞上传》云"乾知大始",所以称"初"。泰卦上体坤五爻之阴来至下体乾的二爻中位,当位得正有处中,所以说"'初吉',柔得中也"。泰卦下体坤阴杀,称"乱"。"二上之五",张惠言曰:"坤为终,既济二也。既济者,已济也。其济在泰,

---

① (清)孙堂辑:《虞翻周易注》,台北:成文出版社有限公司,1976年,第783—784页。
② (清)孙堂辑:《荀爽周易注》,台北:成文出版社有限公司,1976年,第255页。

至既济而尽,尽则二复于五,终泰而反否。"① 既济卦二爻之阳上居五爻之位,五爻之阴则返回二爻之位,恢复泰卦,是为终止于泰。泰反则成否,否下体坤臣取代原乾下体乾君,之前下体艮子取代原下体乾父,坤阴继续息长而消乾阳,息至五爻,上体艮子又取代上体乾父,息至上爻,阳穷成六阴之坤,上体坤臣又取代上体乾君,符显"子弑其父,臣弑其君,天下无邦",所以"终穷成坤",而言"乱,其道穷"。笔者之见,虞翻本应言"泰二之五",之所以言"泰五之二",乃是为了突出五阴以诠释"亨小"。这里他借卦变,诠释了从天道到人事阴阳往来交感则一切亨通之义,诠释了若无正当阴阳往来交感互通,则百事废而灾祸生。

6. 贲卦

《贲》卦辞"贲:亨",《大象传》"君子以明庶政,无敢折狱"翻注曰:

> 泰上之乾二,乾二之坤上,"柔来文刚",阴阳交,故"亨"也。②

> "君子"谓乾,离为明,坤为庶政,故"明庶政"。坎为狱,三在狱得正,故"无敢折狱"。噬嗑四不正,故"利用狱"也。③

如前所言,荀爽注曰"此本泰卦"云云,虞翻完全赞同荀

---

① (清)张惠言:《周易虞氏义》,《续修四库全书·经部·易类》第26册,上海:上海古籍出版社,2002年,第501页。
② (清)孙堂辑:《虞翻周易注》,台北:成文出版社有限公司,1976年,第559页。
③ 同上,第561—562页。

爽之见，并在荀注的基础上进一步指出，贲（☲☶）来自三阳息卦泰，泰卦上体坤上爻之阴降来下体乾二爻之位，下体乾二爻之阳升至上体坤上爻之位，阳刚而阴柔，柔来文饰刚，刚往文饰柔，天阳刚地阴柔交感，造化通，万物生，所以"亨"。泰卦下体乾符显君子之象，贲卦下体离为日符显光明之象，泰卦上体坤与乾相对，乾阳符显盛德，坤阴即符显大业，进而符显庶政之象，所以说"明庶政"。贲卦二至四爻互体坎，如前所言，坎符显狱之象，三爻所在的符显狱之象的坎体皆当位得正，所以"无敢折狱"。与此形成鲜明对照的，噬嗑卦（☲☳）四爻所在的符显狱之象的三至五爻互体坎皆失位失正，所以"利用狱"。这里，与既济卦相似，虞翻借卦变，诠释了从天道到人事，阳刚阴柔往来交感则亨通之大义。

7. 归妹卦

《归妹》卦辞"归妹，征凶，无攸利"，《彖传》"归妹，天地之大义也。天地不交而万物不兴。归妹，人之终始也"，《大象传》"君子以永终知敝"翻注曰：

> "归"，嫁也。兑为妹。泰三之四，坎月离日，俱"归妹"象。"阴阳之义配日月"，则"天地交而万物通"，故以嫁娶也……谓四也。震为征，三之四，不当位，故"征凶"也。谓三也。四之三，失正，无应，以柔乘刚，故"无攸利"也。①

> 乾天，坤地。三之四，天地交，以离日、坎月战阴阳，

---

① （清）孙堂辑：《虞翻周易注》，台北：成文出版社有限公司，1976年，第729—730页。

"阴阳之义配日月",则万物兴,故"天地之大义"。乾主壬,坤主癸,日月会北,震为玄黄,天地之杂,震东、兑西,离南、坎北,六十四卦,此象最备四时正卦,故"天地之大义也"。乾三之坤四,震为兴,天地以离坎交阴阳,故"天地不交则万物不兴"矣。人始生乾而终于坤,故"人之终始"。《杂卦》曰"归妹,女之终",谓阴终坤癸,则乾始震庚也。①

"君子"谓乾也。坤为永终,为敝,乾为知;三之四,为永终;四之三,兑为毁折,故"以永终知敝"。②

归妹（䷵）三阳三阴,虞翻认为其来自三阳息卦泰。泰卦下体乾三爻之阳与上体坤四爻之阴升降往来交感相通,形成归妹卦。"归"意指婚嫁,兑为少女,符显妹之象。泰三爻之阳与四爻之阴来往交感,三至五互体坎为月,二至四爻互体离为日,皆有嫁妹之象。《系辞上传》云"阴阳之义配日月",天阳地阴来往交感互通,天地交而万物通,女嫁男婚契合天地阴阳相交之义,所以"嫁娶"。归妹卦四爻所处的上体震为动、为大涂（《说卦传》）,符显征之象,三爻之阳升至四爻之阴位,失位失正,所以说"征凶"。归妹卦三爻之阴乃泰卦降至三爻之位原本应位得正的四爻之阴,来到三位失位无应,又以阴柔乘初、二之二阳刚,所以说"无攸利"。泰卦下体乾符显天、上体坤符显地,乾体三爻之阳与坤体四爻之阴换位互通,天阳地阴交感互通,变生归妹卦,有互体离、坎,进而以离日坎月引动阴阳的消

---

① （清）孙堂辑:《虞翻周易注》,台北:成文出版社有限公司,1976年,第730—731页。
② 同上,第731页。

息交战，阴阳之义与日月相配应，于是造化兴、万物起，天地以生为大德，以造化万物为大业，所以说"天地之大义"。泰卦下体乾主壬，下体坤主癸，每月晦日，日月相会藏于壬癸北方，天阳地阴相交感，变生出归妹卦，归妹卦上体震为玄黄（《说卦传》），《坤·文言传》"夫'玄黄'者，天地之杂"，天玄而地黄，符显天地交感之象。归妹卦上体震符显东，下体兑符显西，二至四互体离符显南，三至四爻互体坎符显北，六十四卦中，唯归妹之象所含符显天地造化有序推进的四时正卦之象最为完备，所以说"天地之大义也"。泰下体乾三之阳与上体坤四之阴易位交通，变生归妹上体震符显兴起之象，天地通过离日坎月而使阴阳相战相交，所以说"天地不交则万物不兴"。泰卦下体乾，乾天之阳气生生，《乾·象传》云"大哉乾元，万物资始"，万物中的人之生就受始于天；下体坤，坤阴肃杀，人生之终结，终极原因在于坤阴杀之功的发用，所以说"人之终始"。《杂卦传》所言"归妹，女之终"，意谓由泰变生归妹卦，昭示月复一月的在天八卦所展现的阴阳消息，坤阴之象终结于癸位，乾阳之象起始于庚位震象。归妹由泰卦变生，泰卦下体乾阳善符显君子之象，上体坤地久而终成万物，符显永终之象，坤阴杀，又符显敝之象，"乾知太始"见《系辞上传》，下体乾符显知之象。泰卦三爻之阳到四爻所在上体坤为永终；四爻之阴来三爻之位，下体变成兑，符显毁折之象，所以说"以永终知敝"。这里，虞翻通过卦变，首先诠释了天道层面的天阳地阴交感互通，造化万物而令万物亨通兴起的"天地之大义"；其次诠释了人事层面以婚嫁为代表的女嫁男婚交感互通，子孙繁衍而令家族、人类永续的人道阴阳之大义，揭示了婚嫁人道阴阳之大义，是对天地阴阳之大义的契应、接续与进一步落实；同时还揭示了包括四时正卦、在天八卦在内的阴阳消息造化气场与造化动力源等关乎造化进程具体推展的背后深层推动者。这是他对自己所理解的阴阳消息交感化生大千世界、阴阳消息交感则天道人事一切亨通畅遂的《易》之大义的诠释阐发。

8. 节卦

《节》卦辞"节：亨"，《大象传》"君子以制数度，议德行"翻注曰：

> 泰三之五，天地交也。五"当位以节，中正以通"，故"节：亨"也。①
>
> "君子"，泰乾也。艮止为制，坤为度，震为议，为行，乾为德，故"以制数度，议德行"。乾三之五，为"制数度"；坤五之乾，为"议德行"也。②

节（䷯）三阳三阴，虞翻认为其来自三阳息卦泰（䷊），由下体乾三爻之阳与上体坤五爻之阴易位相感而形成，符显天地实现交感。有此交感，五爻之阳得以在所成节卦上体中位，当位而有节度，中正而亨通，所以说"节：亨"。节卦由泰卦变生，泰卦下乾上坤，节卦三至五爻互体艮，二至四爻互体震，乾符显君子之象，艮为止，符显止之象，坤为地而有地理，符显度之象，震为善鸣之马，为动（《说卦传》），符显言、议、行之象，乾阳善又符显德之象，所以《大象传》说"君子以制数度，议德

---

① （清）孙堂辑：《虞翻周易注》，台北：成文出版社有限公司，1976年，第766—767页。

② 同上，第768—769页。

行"。泰卦下体乾三之阳往至五爻之位,以艮制改变坤度,是为"制数度";上体坤五爻之阴来至三爻之位,以震议、行改变乾德,是为"议德行"。这里虞翻借助卦变诠释了天地交则万物通的天地之大义,同时,也诠释了由此所衍生的制定各种规章制度、论议德行问题等相关人事之象。

9. 损卦

《损》卦辞"有孚,元吉,无咎,可贞,利有攸往",《大象传》"君子以惩忿窒欲",六三爻辞"三人行,则损一人。一人行,则得其友"翻注曰:

> 泰初之上,"损下益上",以据二阴,故"有孚,元吉,无咎"。艮男居上,兑女在下,男女位正,故"可贞,利有攸往"矣。①

> "君子",泰乾。乾阳刚武为忿,坤阴吝啬为欲。损乾之初,成兑说,故"惩忿"。初上据坤,艮为山,故"窒欲"也。②

> 泰乾三爻为三人,震为行,故"三人行"。损初之上,故"则损一人"。"一人"谓泰初之上,"损刚益柔",故"一人行"。兑为友,初之上,据坤,应兑,故"则得其友","言致一也"。③

《象传》曰:"'损'而'有孚'",荀爽则注曰:"谓损乾之

---

① (清)孙堂辑:《虞翻周易注》,台北:成文出版社有限公司,1976年,第651页。
② 同上,第652—653页。(原书页码652误印为656)
③ 同上,第654—655页。

三居上，孚二阴也。"① 损（☷☱）三阳三阴，荀爽认为其来自三阳息卦泰（☷☰），泰三之上，阳实阴虚，减损泰卦三爻之阳，令其居于上体坤上之位，与四、五爻之阴相诚信，所以说"'损'而'有孚'"。坤上之阴则降居下体乾三爻之位，而成损卦。损卦减损之象即由此而来。

虞翻为了诠释《象传》"损下益上"之象，遂将荀爽的泰三之上变换为泰初之上。泰三之上，即减损下体三爻之阳，增益上体上爻，这是荀爽所理解的"损下益上"；泰初之上，即减损下体最下初爻之阳，增益上体上爻，这是虞翻所理解的"损下益上"。这里的"泰初之上"不同于《蛊》初爻之阳与上爻之阴互易其位的"泰初之上"，即初爻之阳升往上爻之位，五爻之阴及以下的各爻则依次降一位，符显阴阳往来交感"损下益上"，来上之阳得以统摄在下二阴，为二阴所信从，所以说"有孚，元吉，无咎"。所成损卦下兑上艮，艮男居上，兑女在下，男尊女卑而男女位正，所以说"可贞，利有攸往"。损卦来自泰卦，泰下乾上坤，损下兑上艮，乾阳善、阳刚威武，符显君子、忿之象，坤阴吝啬，符显欲之象。由泰卦减损下体乾初之阳，形成兑说即喜悦之象，符显"征（惩）忿"之象。初爻之阳往至上体坤之上而统摄之，形成上体艮山之象，符显"窒欲"之象。所以《大象传》说"君子以征忿窒欲"。损卦来自泰卦，泰卦下体乾，乾阳生生符显人之象，乾三爻符显三人之象，泰三至五互体震符显行之象，乾震之象互连，符显"三人行"。减损泰卦下体乾初爻之阳令其往上，此即"则损一人"。"一人"指的就是泰

---

① （清）孙堂辑：《荀爽周易注》，台北：成文出版社有限公司，1976年，第229页。

卦初爻往至上位之阳，乾刚坤柔，减损乾阳之刚，增益坤阴之柔"，是为"一人行"。所成损卦下体三爻之阴所在的兑，因二阳为朋，符显友之象，泰卦初爻之阳往至上爻之位，统摄坤阴，与所成损卦下体兑之三爻之阴相应，进而应兑，所以"则得其友"，说的是与友朋达成一致。在此，虞翻借助卦变诠释了阴阳消息造化的损下益上情势与由此衍生出的人事阴阳损下益上情势。

小结:

三阳息卦泰（䷊）之外的恒（䷞）、井（䷯）、蛊（䷑）、丰（䷶）、既济（䷾）、贲（䷕）、归妹（䷵）、节（䷻）、损（䷨）九个杂卦，虞翻明确指出来自息卦泰的，有恒、井、蛊、既济、贲、归妹、节、损八卦，指出本应来自息卦泰却来自杂卦噬嗑的，有丰一卦。

依据消息卦生杂卦的理路，虞翻认为恒等八个杂卦由三阳息卦泰变来，它们就属于三阳之卦。泰卦符显乾天坤地两仪消息进退变化所形成的寅月阶段性宇宙造化气场，它的阴阳的进一步升降往来交感，由恒、井、蛊、既济、贲、归妹、节、损卦符显，典型体现了天阳地阴消息往来交感互通，大化畅通，万物生生，一通百通的天地交泰、万物通泰的天地之根本大义，宇宙生化之根本大道，并进一步典型昭示了，人事契合天地阴阳交泰根本大义，顺应宇宙生化根本大道，通过阴阳交感互通，则生命代代传承永续，人事亨通永久。阴阳交感互通，由此也成为人道阴阳之大义。

丰卦由杂卦噬嗑而变，不具备本原性创生与被创生的终极卦变意义，正如虞翻所言，本应由泰二之四变生，却为诠释《丰》

以及《噬嗑》经文中所涉及的"折狱致刑""利用狱"具体之象这一需要而改此说。终极而言,丰还当来自泰,从而深层符显天地阴阳交则通泰、人事阴阳交则通泰的天道人事之根本大义。况且噬嗑卦,后文将言,它即来自消息卦中的三阴消卦否,否阴阳往来交感而成噬嗑,噬嗑阴阳往来交感而成丰,同样终极符显着天地阴阳交感则亨通、人事阴阳交感则亨通之义。

(四)四阳而二阴之卦的卦变

四阳而二阴之卦有九,消息卦为息卦大壮(䷡),杂卦为大过(䷛)、鼎(䷱)、革(䷰)、离(䷝)、兑(䷹)、睽(䷥)、需(䷄)、大畜(䷙)八卦。对此八个杂卦的卦变由来,现存虞氏《易注》皆有明文诠释,而现存荀爽《易注》则未有之。

1. 大过卦

《大过》卦辞"大过:栋桡",《彖传》"乃'亨'"翻注曰:

> 大壮五之初,或兑三之初。"栋桡"谓三,巽为长木称"栋"。初、上阴柔,"本末弱",故"栋桡"也。①
> 大壮震五之初,故"亨"。②

大过卦(䷛)四阳二阴,虞翻认为其来自四阳息卦大壮(䷡),大壮卦五爻之阴与初爻之阳易位交通,变生大过卦,同时指出大过卦又可来自杂卦兑(䷹),兑卦三爻之阴与初爻之阳易位交通而成大过。"栋桡"即房栋弯曲,说的是所成大过的三爻之阳,三爻之阳所在的下体巽为长木称"栋"。所成大过初

---

① (清)孙堂辑:《虞翻周易注》,台北:成文出版社有限公司,1976年,第587页。
② 同上,第588页。

爻、上爻为阴，符显柔弱之象，所以"本末弱"而"栋桡"。大壮处在上体震的五爻之阴与初爻之阳往来交感互通，万物出乎震而顺利化生，所以"亨"。大壮为息卦，本应以阳为主而言"大壮初之五"，但是为了突出阴柔弱之象，虞翻变换出以阴为主的"大壮五之初"。

另外，需要一提的是，虞翻在注《系辞下传》"后世圣人易之以棺椁，盖取诸大过"时又曰："中孚上下易象也。"① 谓大过之象直接关联着中孚之象，并由中孚上下象易而成。中孚（䷼）下兑上巽，上下象易后，下巽上兑，形成大过。但如前所言，上下象易并不具备本原性创生与被创生的严格卦变意义。

2. 鼎卦

《鼎》卦辞"鼎：元吉，亨"翻注曰：

大壮上之初……天地交……故"元吉，亨"也。②

鼎卦（䷱）四阳二阴，虞翻认为其来自四阳息卦大壮（䷡），大壮卦上爻之阴与初爻之阳易位交通，而成鼎卦。上阴即坤阴，初阳即乾阳，此二阴阳互动成鼎的过程，符显天地交感互通，造化通，万物生，所以"元吉，亨"。大壮为息卦，本应以阳为主而言"大壮初之上"，但是如同《大过》之注，为了突出阴柔之象，虞翻变换出以阴为主的"大壮上之初"。

3. 革卦

《革》卦辞"元亨"翻注曰：

---

① （清）孙堂辑：《虞翻周易注》，台北：成文出版社有限公司，1976年，第854页。

② 同上，第701页。

遯上之初……故"元亨"。①

革卦（䷰）四阳二阴，虞翻认为其来自二阴消卦遯（䷠），遯卦上爻之阳与初爻之阴互易其位、交感互通，变生革卦。上爻之阳即乾阳，初爻之阴即坤阴，此二阴阳互动成革的过程，同样符显天地交感互通，造化通，万物生，所以"元亨"。遯为消卦，本应以阴为主而言"遯初之上"，但是为了突显乾阳，所以变换出以阳为主的"遯上之初"。

4. 离卦

《离》卦辞"离：利贞，亨。畜牝牛吉"翻注曰：

> 坤二、五之乾……于爻，遯初之五。柔丽中正，故"利贞，亨"。"畜"，养也。坤为牝牛。②

离卦（䷝）四阳二阴，虞翻认为其一则来自造化本原的乾与坤，一则来自消息卦中的二阴消卦遯（䷠）。坤二、五之阴来至乾二、五之位，离卦形成。从乾阳坤阴消息阶段性展现者阴阳的进一步往来升降观之，离卦又来自消卦遯初爻之阴与五爻之阳往来升降易位交通。所成离卦二五两爻之阴附丽于二五两中、正之位，造化本原的乾天坤地阴阳二气交感互通，造化本原乾天坤地阴阳消息阶段性展现者阴阳进一步往来升降互通，万物顺利化生而亨通，所以说"利贞，亨"。坤符显牝牛之象，所以说"畜牝牛吉"。

---

① （清）孙堂辑：《虞翻周易注》，台北：成文出版社有限公司，1976年，第659页。

② 同上，第600页。

5. 兑卦

《兑》卦辞"亨",六三爻辞"来兑,凶"翻注曰:

> 大壮五之三也,"刚中而柔外"……故"亨"。①
> 从大壮来,失位,故"来兑,凶"矣。②

兑(☱)四阳二阴,虞翻认为其来自四阳息卦大壮(☳),大壮卦五爻之阴与三爻之阳换位交感,变生兑卦,二五阳刚居中,三上阴柔居阳刚之外。大壮五爻之阴即坤阴,三爻之阳即乾阳,乾刚而坤柔,乾阳坤阴往来升降交感互通,造化通,万物生,所以一亨百亨。兑卦三爻之阴来自大壮卦五爻之阴,以阴居阳位而失位,当位吉而失位凶,所以说"来兑,凶"。本应以阳为主而言"大壮三之五",但为突显阴柔之象,而改言"大壮五之三"。

6. 睽卦

《睽》卦辞"小事吉",《彖传》"二女同居……说而丽乎明,柔进而上行",六三爻辞"其人天且劓"翻注曰:

> 大壮上之三,在《系》盖取无妄二之五也。"小"谓五,阴称"小",得中,应刚,故"吉"。③
>
> "二女",离、兑也。坎为志,离上兑下,无妄震为行,巽为同,艮为居……"说",兑。"丽",离也。"明"谓乾,当言"大明"以丽于晋。"柔"谓五,无妄巽为进,从

---

① (清)孙堂辑:《虞翻周易注》,台北:成文出版社有限公司,1976年,第757页。
② 同上,第760页。
③ 同上,第630页。

> 二之五，故“上行”。[1]
>
> “其人”谓四，恶人也。黥额为天，割鼻为劓。无妄乾为天，震二之乾五，以阴墨其天。乾五之震二，毁艮割其鼻也。兑为刑人，故“其人天且劓”。[2]

睽卦（䷥）四阳二阴，虞翻认为其一则来自四阳息卦大壮（䷡），一则来自杂卦无妄（䷘）。《系辞下传》“弦木为弧，剡木为矢，弧矢之利，以威天下，盖取诸睽”翻注曰：“无妄五之二也。”[3] 大壮卦上爻之阴与三爻之阳易位交感，无妄卦二爻之阴与五爻之阳、或五爻之阳与二爻之阴换位交通，皆可变生睽卦。“小”指的是所成睽卦的五爻之阴，阴称“小”，得上体中位，与二爻之阳刚相应，所以“吉”。睽卦下兑上离，《彖传》那里，“二女”指的是上体离中女、下体兑少女。三至五爻互体坎，坎为心病（《说卦传》），符显心、志之象。睽卦离中女在上，兑少女在下，无妄下体震，三至五爻互体巽，二至四爻互体艮，震动符显行之象，巽风震雷同声相应，于是巽符显同之象，艮为门阙（《说卦传》），于是艮符显居之象，所以《彖传》云“二女同居”。《彖传》云“说而丽乎明，柔进而上行”，“说”谓喜悦，指的是睽卦下体兑，“丽”指的是上体离，“明”指的是无妄卦上体乾，乾阳符显大明之象。应当如同晋卦（䷢）离附丽于乾天大明之位而说“大明”，而将睽归属于晋卦一类。“柔”指的是睽卦五爻之阴，无妄卦三至五爻互体巽，巽为进退

① （清）孙堂辑：《虞翻周易注》，台北：成文出版社有限公司，1976年，第632页。

② 同上，第635—636页。

③ 同上，第853页。

(《说卦传》),于是巽符显进之象,睽卦五爻之阴从无妄卦二爻之位升往五爻之位,所以说"上行"。六三爻辞云"其人天且劓","其人"指的是处于上体离的四爻之阳符显的恶人。在额头烙字的墨刑称"天",割鼻的刑罚称"劓"。无妄卦上体乾为天,下体震二爻之阴升往上体乾五爻之位,以二爻之阴墨烙黑上体乾天。艮为山、为门阙而通气,鼻通气,于是艮符显鼻之象。无妄上体乾五爻之阳降来下体震二爻之位,毁坏三至五爻互体艮,符显割其鼻。所成睽卦下体兑,兑为秋杀,符显刑人之象。所以说"其人天且劓"。

7. 需卦

《需》卦辞"有孚,光亨,贞吉",九二爻辞"小有言",九三爻《小象传》"自我致寇,敬慎不败也"翻注曰:

> 大壮四之五。"孚"谓五。离日为光,四之五,得位正中,故"光亨"。"贞吉"谓"壮于大舆之辐(堂案:大壮九四"辐"当作"腹"。)"也。①
>
> 大壮震为言,兑为口。②
>
> 离为戎,乾为敬。阴消至五,遯臣将弑君。四上壮坤,故"敬慎不败"。③

需卦(䷄)四阳二阴,虞翻认为其来自四阳息卦大壮(䷡),大壮卦四爻之阳与五爻之阴换位交感,变生需卦。卦辞"有孚,光亨,贞吉","孚"指的是所成需卦的五爻之阳,阳在

---

① (清)孙堂辑:《虞翻周易注》,台北:成文出版社有限公司,1976年,第491页。
② 同上,第492页。
③ 同上,第493页。

二、五居中称"孚",所在上体坎为水,水流不失信,符显孚信之象。需卦三至五爻互体离,离为日符显光之象,大壮卦四爻之阳往至五爻之位,当位得正居中,实现与五爻之阳的往来交感互通,得处离光象中,所以说"光亨"。《大壮》九四爻辞云"壮于大舆之腹",此处"輹"亦当作"腹","壮"谓伤,说的是大壮卦四爻之阳失位失正,导致大车的腹部受伤。"贞吉"指的是大壮四爻之阳往至五爻之位,当位得正,"壮于大舆之腹"之事得以避免。《需》九二爻辞云"小有言",需来自大壮,大壮卦上体震,如前所言,震符显言之象;二爻之阳处所成需卦二至四爻互体兑中,兑符显口之象,所以有口言之象。

8. 大畜卦

《大畜》卦辞"利贞"翻注曰:

> 大壮初之上,"其德刚上"也。①

大畜卦(☰☶)四阳二阴,如前所言,虞翻认为其来自四阳息卦大壮(☰☳),大壮卦初爻至阳升往上爻之位,与上爻之阴交感互通,上爻之阴及以下四爻依次递降一位,变生大畜卦。初位阳刚之爻升居上爻之位,符显阳刚才德之贤能受到推崇,被推举入朝在上之象,所以说"其德刚上"。本应言"大壮四之上",为了突显阳刚由下被推举至上的整体卦德,而改言"大壮初之上"。

小结:

四阳息卦大壮(☰☳)之外的大过(☱☴)、鼎(☲☴)、革(☱☲)、离(☲☲)、兑(☱☱)、睽(☲☱)、需(☵☰)、大畜(☰☶)

---

① (清)孙堂辑:《虞翻周易注》,台北:成文出版社有限公司,1976年,第578页。

八个杂卦，虞翻明确指出来自息卦大壮的，有大过、鼎、兑、睽、需、大畜六卦，指出来自消卦遯的有革、离二卦，指出同时来自消息本原乾与坤的有离一卦，指出同时来自杂卦无妄的有睽一卦，指出同时来自杂卦兑并于《系辞传》认为来自杂卦中孚上下象易的，有大过一卦。

依据消息卦生杂卦的理路，大过等六个杂卦由四阳息卦大壮变来，它们就属于四阳之卦；革、离两个杂卦由二阴消卦遯变来，它们就属于二阴之卦。实际上有的四阳之卦亦可由二阴消卦遯变生，而同时为二阴之卦，大过与鼎二卦，即亦可分别由遯卦变生，遯二之上成大过，二之五成鼎。而兑、睽、需、大畜四卦则不能由遯卦变生，只能是四阳之卦。革、离二卦，同时既是四阳之卦又是二阴之卦，虞翻指出它们由遯卦变生，实际亦可由大壮卦变生，大壮二之上成革，大壮二之五成离。大壮卦、遯卦分别符显乾天坤地两仪消息进退变化所形成的卯月、未月阶段性宇宙造化气场，它们阴阳的进一步升降往来交感，分别由大过、鼎、兑、睽、需、大畜以及革、离八个四阳之卦与革、离以及大过、鼎四个二阴之卦符显，展现了特定具体时序下，天道天阳地阴消息往来交感互通而大化畅、万物生的宇宙生化亨通之象，展现了特定具体情势下，人道阴阳往来交感互通而诸事亨通顺遂之象。

离卦来自乾坤中气之交，符显着天地对离日光明的造化以及其他衍生人事之象，不再赘言。

大过卦又由杂卦兑而变，睽卦又由杂卦无妄变生，同样不具备本原性创生与被创生的终极卦变意义，但为诠释《大过》《睽》经文中所涉及的天道人事相关之象这一需要而同时采取此说。

(五) 五阳而一阴之卦的卦变

五阳而一阴之卦有六，消息卦为息卦夬（䷪）与消卦姤（䷫）泰（䷊），杂卦为大有（䷍）、小畜（䷈）、履（䷉）、同人（䷌）。对此四个杂卦的卦变由来，现存虞氏《易注》仅履、小畜二卦有明文诠释，现存荀爽《易注》则未见有注。

1. 履卦

《履》卦辞"履虎尾，不咥人，亨，利贞"，九二爻辞"幽人贞吉"，六三爻辞"眇而视，跛而履"翻注曰：

> 谓变讼初为兑也……乾为人……兑悦而应，虎口与上绝，故"不咥人"。刚当位，故通。[1]

> 讼时，二在坎狱中，故称"幽人"。之正得位，震出、兑说，幽人喜笑，故"贞吉"也。[2]

> 离目不正，兑为小，故"眇而视"。视上应也。讼坎为曳，变震时为足，足曳，故"跛而履"。[3]

履卦（䷉）五阳一阴，虞翻认为其由二阴四阳杂卦讼（䷼）而变，讼卦下坎上乾，初爻由阴变阳，下体由坎变兑，变生履卦。履卦上体乾下体兑，乾阳生生符显人之象，兑符显喜悦、口（虎口）之象，在兑的三爻之阴与在乾的上爻之阳相应和，兑体与乾体相隔绝，分在下体与上体，符显虎口与人喜悦相应而隔绝之象，所以卦辞说"不咥人"。五爻阳刚当位，又居天位、天子

---

[1] （清）孙堂辑：《虞翻周易注》，台北：成文出版社有限公司，1976 年，第 512 页。
[2] 同上，第 514 页。
[3] 同上，第 515 页。

之位，遍受拥戴，所以亨通。九二爻辞云"幽人贞吉"，履卦由讼卦变生，讼卦（䷅）时，二爻之阳在下体坎中，如前所言，坎符显狱之象，所以称"幽人"。在所成履卦中，仍以阳居阴位而失位失正，动变当位得正，则下体由兑变震，震、兑分别符显出、说（悦）之象，幽人喜笑，所以说"贞吉"。六三爻辞云"眇而视，跛而履"，三爻之阴在履（䷠）下体兑中，又在二至四爻互体所成离中，离符显目之象，不在上体下体，且标志离目的三爻之阴失位所以不正，兑为少女，符显小之象，目小不正而斜称眇，所以说"眇而视"，说的是三视在上与其相应的四爻之阳。三在讼时，处下体坎中，在履处下体兑中，坎符显曳之象（《说卦传》），二爻之阴变正后三所处下体由兑变震，震符显足之象，足曳，所以说"跛而履"。

2. 小畜卦

《小畜》卦辞"健而巽，刚中而志行，乃'亨'"翻注曰：

> 需上变为巽。[①]

小畜卦（䷈）五阳一阴，虞翻认为其来自杂卦需，需卦上爻之阳由阳变阴，变生小畜卦。

小结：

五阳而一阴的履和小畜二卦，虞翻皆以另外杂卦某爻阴阳之变的方式揭示它们的卦变由来，这既不同于两爻易位的杂卦生杂卦说，也不同于两爻易位的消息卦生杂卦说，还不同于乾坤两对爻互易其位的乾坤生杂卦说。综观今存虞翻《易注》，不见五阳

[①] （清）孙堂辑：《虞翻周易注》，台北：成文出版社有限公司，1976年，第507页。

息卦夬（☰）生卦之例，实则依据消息卦生杂卦的理路，五阳息卦夬仍有生卦之必然：夬三之上即变生履（☰），夬四之上即变生小畜（☰），夬五之上即变生大有（☰），夬二之上即变生同人（☰）。五阳之卦亦即一阴之卦，依据消息卦生杂卦的理路，以上四杂卦亦有自一阴消卦姤（☰）变生之必然：姤初之三即变生履（☰），姤初之四即变生小畜（☰），姤初之五即变生大有（☰），姤初之二即变生同人（☰）。夬卦、姤卦分别符显乾天坤地两仪消息进退变化所形成的辰月、午月阶段性宇宙造化气场，它们阴阳的进一步升降往来交感，分别由以上四个杂卦符显，则类似前所言，展现了特定具体时序下，天道天阳地阴消息往来交感互通而大化畅、万物生的宇宙生化亨通之象，展现了特定具体情势下，人道阴阳往来交感互通而诸事亨通顺遂之象。而他以上两个杂卦生杂卦之论，出于诠释经文特定物象、事象之需，同样不具有终极本原性创生与被创生的卦变范畴。

（六）一阴而五阳之卦的卦变

一阴而五阳之卦有六，是与五阳而一阴之卦重合的六卦。其中，消息卦为消卦姤（☰）、息卦夬（☰），杂卦为同人（☰）、履（☰）、小畜（☰）、大有（☰）。虞翻对此四个杂卦卦变由来的诠释及其意涵，已见前文。

（七）二阴而四阳之卦的卦变

二阴而四阳之卦有九，消息卦为消卦遯（☰），杂卦为无妄（☰）、家人（☰）、离（☰）、革（☰）、讼（☰）、巽（☰）、鼎（☰）、大过（☰）八卦。其中大过、鼎、革、离四卦同时也为四阳之卦，其卦变详情，前文"四阳而二阴之卦的卦变"部分已作过论述，而对于除此四卦之外的无妄、家人、讼、巽另四个杂卦的卦变由来,现存虞氏《易注》亦皆有明文诠释,现存荀爽《易注》有注者则唯有讼一卦。

1. 无妄卦

《无妄》卦辞"元亨"翻注曰:

> 遯上之初,此所谓四阳、二阴,非大壮则遯来也。刚来交初,体乾,故"元亨"。①

无妄卦(䷘)二阴四阳,虞翻认为四阳或二阴之卦,要么由四阳息卦大壮(䷡)变生,要么由二阴消卦遯(䷠)变生。作为二阴之卦,无妄卦即由二阴消卦遯变来,遯卦上爻之阳降至初爻之位,与初爻之阴交感互通,初爻之阴及其上四爻依次递升一位,变生无妄卦。上爻阳刚,在上体乾中,来至初爻之位,与初爻之阴柔交感互通,造化通,万事兴,乾为元,所以说"元亨"。本应以阴为主而言"遯初之三",为了突显阳刚来下之象,所以虞翻改言"遯上之初"。此所言"遯上之初",显然不同于前所言《革》注所言遯卦上爻之阳与初爻之阴易位交通的"遯上之初"。

2. 家人卦

《家人》卦辞"利女贞",《彖传》"父父,子子"翻注曰:

> 遯初之四也。"女"谓离、巽,二、四得正,故"利女贞"也。

---

① (清)孙堂辑:《虞翻周易注》,台北:成文出版社有限公司,1976年,第572页。

遯乾为父，艮为子，三、五位正，故"父父，子子"。①

家人卦（☲☴）二阴四阳，虞翻认为其来自二阴消卦遯（☶☰），遯卦初爻之阴与四爻之阳换位交通，变生家人卦。《家人》卦辞"利女贞"，"女"指的是家人卦下体离符显中女之象与上体巽符显长女之象，离女、巽女的决定性标志之爻二、四之阴皆当位得正，所以说"利女贞"。遯卦上体乾符显父之象，下体艮为少男符显子之象，艮子、乾父的决定性标志之爻三、五之阳也分别当位得正，所以说《彖传》说"父父，子子"。

3. 讼卦

《讼》卦辞"中吉"，《大象传》"君子以作事谋始"翻注曰：

> 遯三之二也……遯将成否，则子弑父，臣弑君。三来之二，得中，弑不得行，故"中吉"也。②

> "君子"谓乾。三来变坤，为作事，坎为谋，"乾知大始"，故"以作事谋始"。③

《讼》卦辞"有孚"荀爽则注曰："阳来居二，而孚于初，故曰'讼有孚'矣。"④ 讼卦（☵☰）二阴四阳，荀爽认为其来自二阴消卦遯（☶☰），遯卦三爻之阳来至二爻之位，与初爻之阴诚信相交，变生讼卦，所以说"讼有孚"。虞翻赞同荀爽之见，也

---

① （清）孙堂辑：《虞翻周易注》，台北：成文出版社有限公司，1976年，第629页。
② 同上，第493页。
③ 同上，第494页。
④ （清）孙堂辑：《荀爽周易注》，台北：成文出版社有限公司，1976年，第185页。

认为遯卦三爻之阳与二爻之阴易位交通而成讼卦,并进一步指出,二阴消卦遯以下体艮取代原乾下体乾,艮子乾父,符显"子弑父"之象,阴息继续则将成三阴消卦否,否下体坤将取代乾下体乾,坤臣乾君,符显"臣弑"之象。遯卦三爻之阳来至下体二爻中位,得中成讼,就会令弑父、弑君之事不能得以发生,所以说"中吉"。遯卦上体乾,三爻之阳来至二爻之位,改变了阴息成坤的趋势,下体成坎,卦变成讼。乾阳生生符显君子之象,《系辞上传》云"乾知大始,坤作成物",于是,乾坤分别符显始、事之象。改变成坤之势即作事。坎为加忧,为心病(《说卦传》),符显心、志、谋之象,所以《大象传》说"君子以作事谋始"。以阴为主本应言"遯二之三",但虞翻为突显阳刚之象,而改言"遯三之二"。

4. 巽卦

《巽》卦辞"小亨",《大象传》"随风巽,君子以申命行事"翻注曰:

> 遯二之四,柔得位而顺五刚,故"小亨"也。[1]
> "君子"谓遯乾也。巽为命,重象,故"申命"。[2]

巽卦(☴)二阴四阳,虞翻认为其来自二阴消卦遯(☶),遯卦二爻之阴与四爻之阳换位,阴柔与阳刚交感相通,变生巽卦,所成巽卦四爻之阴柔当位得正而顺承五爻之阳刚,阴称小,所以说"小亨"。阴往交阳,当位得正,顺承阳刚,所以小者亨

---

[1] (清)孙堂辑:《虞翻周易注》,台北:成文出版社有限公司,1976年,第752页。
[2] 同上,第753页。

通。《大象传》云"随风巽,君子以申命行事","君子"指的是遯卦上体乾,所成巽卦下巽上巽,巽符显风之象,巽象重叠,符显"申命"之象,所以《大象传》说"君子以申命"。

小结:

二阴而四阳之卦除前文已明的大过(☱)、鼎(☲)、革(☱)、离(☲)之外的无妄(☲)、家人(☲)、讼(☲)、巽(☴)四个杂卦,虞翻明确指出它们来自消卦遯(☷)。

依据消息卦生杂卦的理路,无妄、家人、讼、巽四个杂卦由二阴消卦遯变来,且不能由四阳息卦大壮变生,它们只能是二阴之卦,不同于既可由息卦大壮变生又可由消卦遯变生的大过、鼎、革、离四卦,后四者既是四阳之卦又是二阴之卦。遯卦符显乾天坤地两仪消息进退变化所形成的未月阶段性宇宙造化气场,它的阴阳的进一步升降往来交感,由无妄、家人、讼、巽四卦以及大过、鼎、革、离四卦符显,如前所言,展现了特定具体时序、情势下,天道、人道阴阳往来交感互通而造化亨通、诸事顺遂之象。

(八) 三阴而三阳之卦的卦变

三阴而三阳之卦有九,消息卦为消卦否(☷),杂卦为益(☲)、噬嗑(☲)、随(☲)、涣(☲)、未济(☲)、困(☲)、渐(☲)、旅(☲)、咸(☲)。对此八个杂卦的卦变由来,现存虞氏《易注》亦皆有明文诠释,现存荀爽《易注》有注者则有涣、未济、困、旅、咸五卦。

1. 益卦

《益》卦辞"利有攸往",《彖传》"民说无疆,自上下下,其道大光……天施地生",《大象传》"君子……有过则改"翻注曰:

否上之初也。"损上益下，其道大光"。①

上之初，坤为无疆，震为喜笑，"以贵下贱，大得民"，故"说无疆"矣。乾为大明，以乾照坤，故"其道大光"……乾下之坤，震为出生，"万物出震"，故"天施地生"。②

"君子"谓乾也……乾上之坤初，改坤之过……故"有过则改"。③

益卦（䷩）三阴三阳，虞翻认为其来自三阴消卦否（䷋），否卦上爻之阳降来初爻之位，与初爻之阴交感互通，初爻之阴及其以上四爻依次上升一位，变生益卦。阳实阴虚，减损上体乾的上爻之阳，用以增益下体坤的初爻之位，善待在下之道大光。《彖传》云"民说无疆，自上下下，其道大光……天施地生"，否卦上爻之阳来至在下体坤的初爻之位，坤为地，符显无垠无疆之象，所成益卦下体震，万物出乎震，震符显春天生机盎然令人喜笑之象，阳尊阴卑，在上尊贵之阳来到初爻卑贱之位，处坤阴之下，坤符显民之象，大得民心，所以说"说无疆"。否卦下坤上乾，上体乾为大明居于下体坤之上而照亮坤，所以说"其道大光"。否卦居上体乾的上爻之阳来到下体坤的初爻之位，下体由坤变震，震符显出生之象，《说卦传》云"万物出乎震"，所以说"天施地生"。《大象传》"君子……有过则改"，君子指的是否卦上体乾，上爻之阳降至下体坤初爻之位，改变坤阴息长过

---

① （清）孙堂辑：《虞翻周易注》，台北：成文出版社有限公司，1976年，第657页。
② 同上，第658—659页。
③ 同上，第660页。

程将带来艮子弑乾父、坤臣弑乾君的坤阴之过，所以说"君子……有过则改"。

2. 噬嗑卦

《噬嗑》卦辞"亨"翻注曰：

> 否五之坤初，坤初之五，刚柔交，故"亨"也。①

噬嗑卦（䷔）三阴三阳，虞翻认为其来自三阴消卦否，否卦下坤上乾，五爻之阳降来下体坤初爻之位，坤初爻之阴升往五爻之位，五爻之阳刚与初爻之阴柔一来一往、相互交感，所以"亨"。"否五之坤初"本应以阴为主而言"否初之五"或"坤初之否五"，但不仅言"坤初之五"，而且还特言"否五之坤初"，目的是为突显阳刚之象。

3. 随卦

《随》卦辞"元亨，利贞，无咎"，《彖传》"随，刚来而下柔……而天下随时"翻注曰：

> 否上之初，刚来下柔，初、上得正，故"元亨，利贞，无咎"。②

> 否乾上来之坤初，故"刚来而下柔"……乾为天，坤为下。③

随卦（䷐）三阴三阳，虞翻认为其来自三阴消卦否，否卦上爻之阳与初爻之阴换位交通，阳刚来到阴柔之下，来初阳刚与

---

① （清）孙堂辑：《虞翻周易注》，台北：成文出版社有限公司，1976年，第557页。
② 同上，第539页。
③ 同上，第540页。

往上阴柔当位得正，所以说"元亨，利贞，无咎"。"否乾上来之坤初"即"否上之初"，否卦上体乾上爻阳刚来至下体坤初爻之位，居于阴柔之下，所以说"刚来而下柔"。乾符显天之象，坤为地符显下之象，所以言"天下"。以阴为主本应言"否初之上"，虞翻为突显阳刚之象而改言"否上之初"。

4. 涣卦

《涣》卦辞"亨。王假有庙"，《大象传》"先王以享于帝，立庙"翻注曰：

> 否四之二成坎、巽，天地交，故"亨"也。乾为王。"假"，至也。否体观，艮为宗庙。①
> 否乾为先王。"享"，祭也。震为帝，为祭，艮为庙。②

《彖传》"'涣：亨'，刚来而不穷，柔得位乎外而上同"荀爽则注曰："谓阳来居二，在坤之中，为立庙。假，大也。言受命之王，居五大位上体之中，上享天帝，下立宗庙也。"③ 涣卦（☴☵）三阴三阳，荀爽认为其来自三阴消卦否（☰☷），否卦四爻之阳降居二爻之位，在下体坤阴之中，符显立庙之象。说的是禀受天命的王，居于上体之中五爻表征的天、天子大位，对上祭祀天帝，对下建立宗庙。

虞翻在此依然赞同荀爽之见。在他看来，否卦四爻之阳与二爻之阴易位交通，形成下坎上巽的涣卦，四爻之阳为上体乾之

---

① （清）孙堂辑：《虞翻周易注》，台北：成文出版社有限公司，1976年，第762页。
② 同上，第763页。
③ （清）孙堂辑：《荀爽周易注》，台北：成文出版社有限公司，1976年，第251页。

阳，二爻之阴为下体坤之阴，它们的易位交通意味着天地的交感相通，天地交而万物通，所以卦辞说"亨"。否卦（☷☰）上体乾符显王之象，初至五爻五爻连互，初至三下坤，三至五上巽，形成观卦（☴☷），观卦辞云"盥而不荐，有孚颙若"符显宗庙祭祀之象，艮为门阙，符显宗庙之象，所以卦辞说"王假有庙"。否卦上体乾，乾为天在先、又为君，符显先王之象。所成涣卦（☴☵）二至四爻互体震，"帝出乎震"（《说卦传》），震符显帝之象，震为长男主祭，符显祭之象，否二至四爻、涣卦三至五爻互体艮，符显庙之象，所以《大象传》言"先王以享于帝，立庙"。以阴为主，本应言"否二之四"，虞翻为突显乾阳之象而改言"否四之二"。

5. 未济

《未济》卦辞"亨"，《彖传》"'濡其尾，无攸利'，不续终也"，《大象传》"君子以慎辨物居方"翻注曰：

> 否二之五也，"柔得中"，天地交，故"亨"。①
> 否阴消阳，至剥终坤，"终止则乱，其道穷也"。乾五之二，坤杀不行，故"不续终也"。②
> "君子"，否乾也。艮为慎。"辨"，辨别也。"物"谓乾阳物也，坤阴（堂案："阴"下疑有"物"字。）也。艮为居，坤为方，乾别五以居坤二，故"以慎辨物居方"也。③

---

① （清）孙堂辑：《虞翻周易注》，台北：成文出版社有限公司，1976年，第787页。
② 同上，第788页。
③ 同上，第788—789页。

《彖传》"未济亨，柔得中也"荀爽则注曰："柔上居五，与阳合同，故'亨'也。"① 未济（䷿）卦三阴三阳，荀爽认为其来自三阴消卦否（䷋），否卦二爻之阴柔升居在上的五爻之位，与五爻之阳刚交感合同，所以说"亨"。

虞翻同样赞同荀爽之见，指出否卦二爻之阴与五爻之阳换位交通，二爻之阴柔得上体中位，二爻阴柔属下体坤，五爻阳刚属上体乾，二者易位交通意味着天地交感万物通，所以卦辞说"亨"。否卦符显阴息消阳，消至剥而终结于六阴之坤，阴息终结，坤阴杀为乱之象大显，阴息消阳之道达到穷极之境。否卦上体乾的五爻之阳来到下体坤的二爻之位，与二爻之阴换位交感，实现天地交泰，坤阴息杀阳的趋势被终止，所以《象传》说"不续终"。否卦（䷋）上体乾下体坤，二至四爻互体艮，乾符显君子、阳物之象，坤符显阴物、地方之象，艮为少男小，符显慎之象，艮为门阙，又符显居之象，上体乾分离五爻之阳而令其居于下体坤二爻之位，艮慎、五之二辨、乾阳物（坤阴物）、艮居、坤方，所以《大象传》说"以慎辨物居方"也。

6. 困卦

《困》卦辞"亨"翻注曰：

否二之上，乾坤交，故通也。②

《彖传》"险以说"荀爽则注曰："此本否卦。阳降为

---

① （清）孙堂辑：《荀爽周易注》，台北：成文出版社有限公司，1976年，第256页。
② （清）孙堂辑：《虞翻周易注》，台北：成文出版社有限公司，1976年，第686页。

'险'，阴升为'说'也。"① 困卦（䷮）三阴三阳，荀爽认为其来自三阴消卦否（䷋），否卦上爻之阳降居二爻之位，形成下体坎，符显险之象；二爻之阴升居五爻之位，形成上体兑，符说（悦）之象，下坎险、上兑说组成困卦，所以说"险以说"。

虞翻认同荀爽之说，指出否卦下体坤的二爻之阴与上体乾的上爻之阳换位交通，意味着乾天坤地交感互通，造化本原发用流行，万物生化由此亨通，所以卦辞说"亨"。

7. 渐卦

《渐》卦辞"女归吉"，《彖传》"渐之进也，'女归吉'也。进得位，往有功也"，《大象传》"君子以居贤德善俗"翻注曰：

> 否三之四，"女"谓四，"归"，嫁也。坤三之四，承五，"进得位，往有功"。②
>
> 三进四，得位，阴阳体正，故"吉"也。"功"谓五，四进承五，故"往有功"。巽为进也。③
>
> "君子"谓否乾，乾为贤德，坤阴小人，柔弱为俗，乾四之坤，为艮为居，以阳善阴，故"以居贤德善俗也"。④

渐卦（䷴）三阴三阳，虞翻认为其来自三阴消卦否（䷋），否卦三爻之阴与四爻之阳易位交感，变生渐卦，"女"说的是所成渐卦上体巽的决定性标志之爻四爻之阴，此爻由否卦下体三爻之位往至四爻之位，顺承在上五爻之阳，进升而当位，往上而顺

---

① （清）孙堂辑：《荀爽周易注》，台北：成文出版社有限公司，1976年，第237页。
② （清）孙堂辑：《虞翻周易注》，台北：成文出版社有限公司，1976年，第721页。
③ 同上，第721页。
④ 同上，第722页。

承有功之五爻之阳,所以卦辞说"女归吉"。否卦三爻之阴进居四爻之位,当位得正,一升一降而成为下阳体艮与上阴体巽的决定性标志之爻三与四爻皆当位得正而令阴阳体正,所以"吉"。"功"说的是五爻之阳,《系辞下传》云"五多功",四爻之阴由三爻进升而来,顺承多功的五爻之阳,所以说《象传》说"进得位,往有功"。所成渐卦上体巽为进退,符显进之象。《大象传》云"君子以居贤德善俗",否下坤上乾,二至四爻互体艮,"君子"说的是否卦上体乾,乾阳善,符显贤德之象,坤阴符显小人之象,坤阴柔弱又符显俗之象,乾四爻之阳来至下体坤三之位,所成艮符显居之象,以阳来善化阴,所以说"以居贤德善俗也"。

8. 旅卦

《旅》卦辞"小亨,旅贞吉",《大象传》"君子以明慎用刑,而不留狱"翻注曰:

> 贲初之四,否三之五,非乾、坤往来也,与噬嗑之丰同义。①

> "君子"谓三,离为明,艮为慎,兑为刑,坎为狱;贲初之四,狱象不见,故"以明慎用刑,而不留狱"。与丰"折狱"同义者也。②

《彖传》"旅,小亨"荀爽则注曰:"谓阴升居五,与阳通者

---

① (清)孙堂辑:《虞翻周易注》,台北:成文出版社有限公司,1976年,第747页。
② 同上,第748页。

也。"① 旅（☶☲）三阴三阳，荀爽认为其来自三阴消卦否（☰☷），否卦三爻之阴升居五爻之位，与该位之阳易位感通，阳大阴小，阴者得以亨通，变生旅卦，所以卦辞说"小亨"，谓小者亨通。

虞翻认为，作为三阴三阳之卦，旅卦本来应如荀爽所言，由否卦三爻之阴与五爻之阳换位交感而来，但是考虑到《旅·大象传》"君子以明慎用刑，而不留狱"之言，结合《噬嗑》因由丰卦变生而有卦辞"利用狱"，则旅卦当由贲卦变生，而不由否卦乾阳坤阴往来变生。贲卦（☶☲）初爻之阳与四爻之阴往来易位感通，旅卦形成。旅卦（☶☲）上离下艮，三至五爻互体兑，旅卦由以变来的贲卦二至四爻互体坎，旅卦三爻之阳符显君子之象，离为日符显明之象，艮如前述为少男小而符显慎之象，兑为秋杀符显刑之象，坎如前述为险、为坚多心之木符显狱之象，贲卦初爻之阳与四爻之阴易位交通而成旅卦，坎狱之象消失不见，所以说"以明慎用刑，而不留狱"。

9. 咸卦

《咸》卦辞"亨，利贞，取女吉"，《大象传》"君子以虚受人"翻注曰：

> "咸"，感也。坤三之上成女，乾上之三成男，乾坤气交以相与，"止而说，男下女"，故"通，利贞，取女吉"。②

> "君子"谓否乾。乾为人，坤为虚，谓坤虚三受上，故

---

① （清）孙堂辑：《荀爽周易注》，台北：成文出版社有限公司，1976年，第248页。
② （清）孙堂辑：《虞翻周易注》，台北：成文出版社有限公司，1976年，第605页。

"以虚受人"。①

《彖传》"天地感而万物化生"荀爽则注曰："乾下感坤，故万物化生于山泽。"② 咸卦（䷞）三阴三阳，荀爽认为其来自三阴消卦否（䷋），否卦上体乾的上爻之阳来下与下体坤的三爻之阴易位交感互通，形成下艮上兑的咸卦，艮山而兑泽，符显天阳地阴交感互通，万物因之化生于山泽。

虞翻认同荀爽之见，进一步指出，否卦下体坤三爻之阴进居上体乾上爻之位，变乾成兑少女；上体乾上爻之阳降至下体坤三爻之位，变坤成艮少男，表征乾天坤地阴阳二气相互交感而相融和，形成下艮止上兑说（悦）、下艮男上兑女的咸感之象，所以卦辞说"通，利贞，取女吉"。咸卦由否卦变生，否卦上乾下坤，乾符显君子、人之象，坤阴符显虚之象，坤虚其三爻之位接受乾上爻之阳，形成咸之象，所以《大象传》说"以虚受人"。

小结：

三阴消卦否（䷋）之外的益（䷩）、噬嗑（䷔）、随（䷐）、涣（䷺）、未济（䷿）、困（䷮）、渐（䷴）、旅（䷷）、咸（䷞）九个杂卦，虞翻明确指出来自消卦否的，有益、噬嗑、随、涣、未济、困、渐、咸八卦，指出本应来自消卦否却来自杂卦贲的，有旅一卦。

依据消息卦生杂卦的理路，虞翻认为益等八个杂卦由三阴消卦否变来，它们就属于三阴之卦。否卦符显乾天坤地两仪消息进

---

① （清）孙堂辑：《虞翻周易注》，台北：成文出版社有限公司，1976年，第606页。
② （清）孙堂辑：《荀爽周易注》，台北：成文出版社有限公司，1976年，第215页。

退变化所形成的申月阶段性宇宙造化气场,它的阴阳的进一步升降往来交感,由益、噬嗑、随、涣、未济、困、渐、咸卦符显,典型体现了阴息消阳天地不交的不通趋势被扭转为天地交泰万物生生的亨通局面,并进一步典型昭示了人事听任阴息消阳则否隔,扭转阴息消阳为阴阳交感和合则亨通。

旅卦由杂卦贲而变,不具备本原性创生与被创生的终极卦变意义,正如虞翻所言,本应由否三之五变生,却为诠释《旅》以及《贲》所关联的狱之象这一需要而改此说。终极而言,旅还当来自否,从而深层符显扭转阴息消阳、天地否隔为天地交泰,扭转阴息消阳人事否隔为阴阳交感和合而诸事亨通。

(九) 四阴而二阳之卦的卦变

四阴而二阳之卦有九,消息卦为消卦观(☷),杂卦为颐(☶)、屯(☵)、蒙(☶)、坎(☵)、艮(☶)、蹇(☵)、晋(☲)、萃(☱)八卦。其中颐、屯、蒙、坎四卦同时也为二阳之卦,其卦变详情,前文"二阳而四阴之卦的卦变"部分已作过论述,而对于除此四卦之外的艮、蹇、晋、萃另四个杂卦的卦变由来,现存虞氏《易注》亦皆有明文诠释,现存荀爽《易注》有注者则有蹇、晋、萃三卦。

1. 艮卦

《艮》卦辞"艮其背,不获其身"翻注曰:

> 观五之三也。艮为多节,故称"背"。观坤为身,观五之三,折坤为背,故"艮其背",坤象不见,故"不获其身"。[1]

---

[1] (清)孙堂辑:《虞翻周易注》,台北:成文出版社有限公司,1976年,第715页。

艮卦（☶）四阴二阳，虞翻认为其来自四阴消卦观（☷），观卦五爻之阳与三爻之阴易位感通，变生艮卦。观卦下坤上巽，五爻之阳来至三爻之位，折毁坤体为艮体，艮为坚多节之木（《说卦传》），符显脊背之象，坤为腹，符显身之象，坤身之象折毁不见，成艮背之象，所以说"艮其背，不获其身"。以阴为主，本应言"观三之五"，虞翻为突显阳刚之象而改言"观五之三"。

2. 蹇卦

《蹇》卦辞"利西南，不利东北"，《大象传》"君子以反身修德"翻注曰：

> 观上反三也。坤，西南卦。五在坤中，坎为月，月生西南，故"'利西南'，往得中"，谓"西南得朋"也。谓三也。艮，东北之卦，月消于艮，丧乙灭癸。故"'不利东北'，其道穷也"，则"东北丧朋"矣。[①]
>
> "君子"谓观乾，坤为身，观上反三，故"反身"。阳在三，"进德修业"，故"以反身修德"。[②]

《彖传》"往得中也"荀爽则注曰："乾动往居坤五，故'得中也'。"[③] 蹇卦（☵）四阴二阳，荀爽当认为它来自乾坤三五两爻的易位，乾三、五之阳分别至坤三、五之位，形成蹇卦。当然同时坤三、五之阴分别至乾三、五之位，形成睽卦（☲）。乾五爻之阳往至坤五爻中位，所以《彖传》说"得中也"。

[①]（清）孙堂辑：《虞翻周易注》，台北：成文出版社有限公司，1976年，第639页。
[②] 同上，第641页。
[③]（清）孙堂辑：《荀爽周易注》，台北：成文出版社有限公司，1976年，第226页。

虞翻不赞同荀爽之见，认为蹇卦来自四阴消卦观（☷☴），观卦上爻之阳返回三爻之位，与三爻之阴易位交感，变生蹇卦。观卦下体坤，托位于西南。所成蹇卦下艮上坎，五爻之阳在在坤中爻之位，坎符显月之象，依前所言在天八卦之象，月生明于庚西震象、丁南兑象，所以卦辞与《彖传》说"'利西南'，往得中"，说的是阳在"西、南得朋"。卦辞云"不利东北"说的是三爻之阳。三爻之阳所在下体艮，在天八卦艮象位于乾甲、坤癸东、北之间，月消于艮象，丧灭于乙、癸坤象。所以卦辞与《彖传》说"'不利东北'，其道穷也"，这就意味着阳在"东、北丧朋"。观卦属于乾坤消息中的阶段性展现者，其阳属乾阳，其阴属坤阴，《大象传》云"君子以反身修德"，"君子"说的是观卦中的乾阳，观卦下体坤符显身之象，观卦上爻之阳返回下体坤的三爻之位，所以说"反身"。所成蹇卦阳在三，《乾》九三爻《文言传》言"进德修业"，所以说"以反身修德"。

3. 晋卦

《晋》卦辞，《大象传》"君子以自照明德"翻注曰：

> 观四之五。①
> "君子"谓观乾，乾为德，坤为自，离为明。②

《彖传》"是以'康侯用锡马蕃庶'"荀爽则注曰："阴进居五，处用事之位，阳中之阴，侯之象也；阴性安静，故曰'康

---

① （清）孙堂辑：《虞翻周易注》，台北：成文出版社有限公司，1976年，第622页。
② 同上，第623页。

侯'。'马'谓四也。五以下群阴锡四也。坤为众，故曰'蕃庶'矣。"① 晋卦（䷢）四阴二阳，荀爽认为其来自四阴消卦观（䷓），观卦四爻之阴与五爻之阳一升一降变生晋卦。四爻之阴进升居于五爻管事之位，为四、上两阳中间的阴，符显侯之象。阴性安静，所以称"康侯"，康即安。五爻之阳则降居四爻之位，"马"说的就是降来四爻之位的阳，五爻之阴符显的康侯，将在下群阴赐给四爻之阳，物三称多，下体坤符显众之象，所以说"蕃庶"。

虞翻认同荀爽之见，同样以为晋卦来自观卦四爻之阴与五爻之阳换位交感。作为消息卦的观卦，其阳属乾阳，其阴属坤阴，《大象传》云"君子以自照明德"，"君子"指的是观卦的乾阳，乾阳善，符显德之象，下体坤为腹，符显自之象，所成晋卦上体离为日，符显明之象，所以说"君子以自照明德"。

4. 萃卦

《萃》卦辞"王假有庙"翻注曰：

> 观上之四也。观乾为王，"假"，至也；艮为庙，体观享祀；上之四，故"'假有庙'，致孝享"矣。②

上六爻《小象传》"'赍资涕洟'，未安上也"荀爽则注曰："此本否卦。上九阳爻，见灭迁移，以喻夏桀殷纣。以上六阴爻代之，若夏之后封东娄公于杞，殷之后封微子于宋，去其骨肉，臣

---

① （清）孙堂辑：《荀爽周易注》，台北：成文出版社有限公司，1976 年，第 219 页。
② （清）孙堂辑：《虞翻周易注》，台北：成文出版社有限公司，1976 年，第 677 页。

服异姓，受人封土，未安居位，故曰'赍咨涕洟，未安上也'。"[1] 萃卦（☷）四阴二阳，荀爽认为其来自三阴消卦否（☰），否卦上爻由阳变阴，形成萃卦。否卦上爻之阳，被消灭迁移，以此喻示被推翻的夏桀、殷纣。以上六阴爻代阳爻，以此喻示夏之后东娄公被分封至杞，殷之后微子被分封至宋，离开自己的骨肉，臣服于异姓，接受他人封土，惶恐不安于所处之位，所以说"'赍咨涕洟'，未安上也"。

虞翻不赞同荀爽之说，认为萃卦来自四阴消卦观（☷），观卦上爻之阳与四爻之阴易位交通，变生萃卦。观卦中乾阳符显王之象，三至五爻互体艮符显庙之象，如前所言，观卦符显宗庙祭祀之象，观体的上爻之阳来至处艮庙的四爻之位，所以说"'假有庙'，致孝享"。以阴为主，本应言"观四之上"，虞翻为突显乾阳之象而改言"观上之四"。

小结：

四阴而二阳之卦除前文已明的颐（☷）、屯（☵）、蒙（☶）、坎（☵）之外的艮（☶）、蹇（☵）、晋（☷）、萃（☷）四个杂卦，虞翻明确指出它们来自消卦观（☷）。

依据消息卦生杂卦的理路，艮、蹇、晋、萃四个杂卦由四阴消卦观变来，且不能由二阳息卦临变生，它们只能是四阴之卦，不同于既可由息卦临变生又可由消卦观变生的颐、屯、蒙、坎四卦，后四者既是二阳之卦又是四阴之卦。观卦符显乾天坤地两仪消息进退变化所形成的酉月阶段性宇宙造化气场，它的阴阳的进一步升降往来交感，由艮、蹇、晋、萃四卦以及颐、屯、蒙、坎

---

[1] （清）孙堂辑：《荀爽周易注》，台北：成文出版社有限公司，1976年，第234页。

四卦符显，如前所言，展现了特定具体时序、情势下，天道、人道阴阳往来交感互通而造化亨通、诸事顺遂之象。

（十）五阴而一阳之卦的卦变

五阴而一阳之卦有六，是与一阳而五阴之卦重合的六卦。其中，消息卦为消卦剥（䷖）、息卦复（䷗），杂卦为比（䷇）、豫（䷏）、谦（䷎）、师（䷆）。虞翻对此四个杂卦卦变由来的诠释及其意涵，已见前文。

（十一）小过与中孚的特例卦变

以上杂卦之外，还有小过与中孚两卦，前者无法归入二阳或四阴之卦，后者无法归入二阴或四阳之卦，它们的卦变，属于虞翻卦变说中的特例。小过卦（䷽）二阳四阴，不能通过一阴一阳易位交通的方式由二阳息卦临（䷒）或四阴消卦观（䷓）变生，中孚卦（䷼）二阴四阳，也不能通过一阴一阳易位交通的方式由二阴消卦遯（䷠）或四阳息卦大壮（䷡）变生，因此，这两卦不能简单归为二阳或四阴之卦、二阴或四阳之卦。对于它们的卦变由来，结合经文，虞翻分别作出了诠释。

1. 小过卦

《小过》卦辞"飞鸟遗之音"翻注曰：

> 晋上之三，当从四阴、二阳临、观之例，临阳未至三，而观四已消也，又有飞鸟之象，故知从晋来……离为飞鸟，震为音，艮为止；晋上之三，离去，震在，鸟飞而音止，故"飞鸟遗之音"……俗说或以卦象二阳在内，四阴在外，有

似飞鸟之象,妄矣。①

依虞翻之见,小过卦(䷽)二阳、四阴,本应遵从四阴、二阳的消息卦生杂卦体例,由息卦临或消卦遯一阴一阳易位交感变生,但是临卦(䷒)的阳尚未息到三爻之位,观卦(䷓)的阳已经被消到四爻之位,只有破例令临卦初、二之阳同时与三、四之阴易位往来,或令观卦五、上之阳与三、四之阴易位往来方可如愿,但这大悖于一阴一阳往来交感生卦之旨。因此,临、观生卦的思路只好打消。结合经文,虞翻认为,小过卦来自杂卦晋(䷢),晋卦上爻之阳与三爻之阴易位交感,变生小过卦。晋卦(䷢)上体离为雉,符显飞鸟之象,所以知道小过卦从晋卦来。晋卦上体离,小过卦上体震下体艮,离符显飞鸟之象,震为雷、为善鸣之马(《说卦传》),符显音之象,艮符显止之象。晋卦上爻之阳与三爻之阴易位往来,形成小过卦后,上体由离变震,离飞鸟之象离去,震音之象留在原处,符显"鸟飞而音止",所以说"飞鸟遗之音"。一般说法或认为小过卦之象二阳在内,四阴在外,有似飞鸟之象,这是错误的。

2. 中孚卦

《中孚》卦辞、《大象传》"君子以议狱缓死"翻注曰:

讼四之初也,坎孚象在中,谓二也,故称"中孚"。此当从四阳二阴之例,遯阴未及三,而大壮阳已至四,故从讼来。二在讼时,体离为鹤,在坎阴中,故有"鸣鹤在阴"

---

① (清)孙堂辑:《虞翻周易注》,台北:成文出版社有限公司,1976年,第776—777页。

之义也。①

"君子"谓乾也。讼坎为狱,震为议,为缓,坤为死;乾四之初,则二出坎狱,兑说,震喜,坎狱不见,故"议狱缓死"也。②

在虞翻看来,中孚卦(䷼)四阳、二阴,本应遵从四阳、二阴的消息卦生杂卦体例,由消卦遯(䷠)或息卦大壮(䷡)一阴一阳易位交感变生,但是消卦遯(䷠)的阴尚未息到三爻之位,大壮(䷡)的阳已经息到四爻之位,只有破例令遯卦初、二之阴同时与三、四之阳易位往来,或令大壮卦五、上之阴与三、四之阳易位往来方可如愿,但这依然大悖于一阴一阳往来交感生卦之旨。因此,遯、大壮生卦的思路只好又打消。结合经文,虞翻认为,中孚卦来自杂卦讼(䷅),讼卦四爻之阳与初爻之阴易位交通,变生中孚卦。讼卦下体坎,如前所言,符显孚信之象,二爻之阳作为坎决定性标志之爻在孚信坎体中位,它成为了中孚卦的二爻之阳,所以称"中孚"。二爻之阳在讼卦时,与三、四两爻互体成离,符显鹤之象,又处下体坎二阴之中,所以有"鸣鹤在阴"之义。《大象传》云"君子以议狱缓死","君子"指的是讼卦上体乾。讼卦下体坎符显狱之象,所成中孚卦二至四爻互体震符显言议之象,震春阳生生宽厚有容,又符显缓之象,二爻之阳动变之正,与三、四两爻互体成坤,坤阴杀符显死之象。讼卦上体乾的四爻之阳来至下体坎初爻之位,下体坎变兑,爻互体震,二爻之阳离开坎狱,兑、震分别符显说(悦)、

---

① (清)孙堂辑:《虞翻周易注》,台北:成文出版社有限公司,1976年,第771—772页。

② 同上,第773页。

喜之象，坎狱之象不见，所以说"议狱缓死"。

小结：

小过卦（☷☳）因无法由二阳息卦临或四阴消卦观变生，中孚（☴☱）因无法由四阳息卦大壮或二阴消卦遯变生，所以前者不能归入二阳或四阴之卦，后者不能归入二阴或四阳之卦，只能归于杂卦生杂卦的理路下对其卦变由来问题予以解决。正如黄宗羲所言："中孚、小过为变例之卦，何也？中孚从二阴之卦，则遯之二阴皆易位；从四阳之卦，则大壮三、四一时俱上。小过从二阳之卦，则临之二阳皆易位；从四阴之卦，则观三、四一时俱上。所谓主变之卦以一爻升降者，至此而穷，故变例也。"① 在虞翻看来，中孚卦由晋卦而来，小过卦由讼卦而来，而晋卦由四阴消卦观而来，讼卦由二阴消卦遯而来，所以笔者认为，归根结底，中孚与小过的终极源头是乾阳坤阴消息而来的消息卦，它们仍是乾阳坤阴消息一定态势下阴阳往来交感的产物，反映的同样是天阳地阴对万物万象的造化与赋能，以及在此基础上天道与人事各相关事项的衍生与推进。

（十二）消息卦生杂卦哲学意义的总小结

通过上述对虞翻以消息卦生杂卦为核心的卦变说的具体分析，在以上对一阳而五阴之卦的卦变、二阳而四阴之卦的卦变、三阳而三阴之卦的卦变、四阳而二阴之卦的卦变、五阳而一阴之卦的卦变、一阴而五阳之卦的卦变、二阴而四阳之卦的卦变、三阴而三阳之卦的卦变、四阴而二阳之卦的卦变、五阴而一阳之卦的卦变、小过与中孚的特例卦变分别作出小结的基础上，此处再

---

① （清）黄宗羲：《易学象数论（外二种）》，北京：中华书局，2019 年，第 69 页。

对消息卦生杂卦的哲学意义作一总小结。

消息卦生杂卦，通过消息卦阴阳往来易位交感变生杂卦，展现着它的独到哲学意义。

十二消息之象，是乾天坤地两仪之体在作为宇宙阴阳消息动力源的离日坎月运行带动下发生消息进退变化所形成的十二种态势，借此态势及其流转，宇宙阴阳的造化场才得以形成，乾天坤地才得以发挥其创生万物大千世界的创生造化之功，并给万物的生生赋能。消息卦生杂卦则进一步表明，这一创生造化之功的具体落实，就是通过十二种消息态势下阴阳的进一步往来交感互通而实现的。这一宇宙造化奥秘的探究与追溯，既是事实层面的探究，更是礼乐文化语境下报本反始情怀推动的追溯。

乾坤阴阳消息进退变化，依次形成复、临、泰、大壮、夬、乾、姤、遯、否、观、剥、坤这十二种态势，分别符显子、丑、寅、卯、辰、巳、午、未、申、酉、戌、亥十二个月乾天坤地阴阳消息的十二种阶段性展现，这些态势中，阴阳的进一步往来交感互通，以相应杂卦的变生为标志，符显了相应阶段时序下造化力量天阳地阴交感，具体实现创生造化之功、万物万象由此得以顺利化生并被赋能生生而顺畅生化之象；符显了基于相应阶段时序下生命、人事力量阳刚阴柔往来交感，具体实现生命畅遂、人事亨通之象；符显了基于相应阶段时序下阴阳的往来交感，才会具体赋能生生，迎来造化通、万物生、一亨百亨之局面；符显了基于相应阶段时序下生命、人事力量阳刚阴柔的往来交感，才会带来生命畅遂、人事亨通、一通百通之局面；符显了理想造化态势下阴阳的往来交感可以使造化更加畅遂，不利造化态势下阴阳的往来交感可以扭转不利造化之势，带来生生之机；符显了理想生命、人事态势下生命、人事力量阳刚阴柔的往来交感可以使生命、人事更加畅遂，不利生命、人事态势下生命、人事力量阳刚阴柔的往来交感可以扭转不利之势，带来可贵转机；表明天阳地阴消息往来交感互通，则大化畅通，万物生生，一通百通的天地交泰、万物通泰的天地之根本大义和宇宙生化之根本大道，并进一步昭示人事契合天地阴阳交泰根本大义，顺应宇宙生化根本大道，通过生命、人事力量阳刚阴柔交感互通，则生命代代传承永续，人事亨通永久的人道阴阳之大义。

十二消息提供了造化之场流，十二消息每一消息之下阴阳的往来交感互通则转进一步，由消息卦生杂卦符显，具体落实了阴阳的造化创生，带来了天地交泰、万物通泰、整体宇宙通泰的大亨局面。基于十二消息提供的造化之场流，在十二消息每一消息之下生命、人事力量阳刚阴柔往来交感互通，同样转进一步，亦由消息卦生杂卦符显，带来了生命通泰、万事通泰、生活世界通泰的大亨局面。可以说，十二消息下的阴阳交感互通，由消息卦生杂卦符显，给《周易》文本中的"亨"字作了精妙的注脚，也给现实阴阳生生的易世界的"亨"的现实作了精妙的注脚。阴阳交感互通，赋能生生，给大千世界万物万象带来生生变化流转的能量与品性，成为天道人事致亨宇宙论奥秘与人道深层奥秘所在。

汉代经学大厦奠基人董仲舒言："天道之大者在阴阳。"呼应董仲舒，虞翻明确指出："六经之始，莫大阴阳。"借助消息卦生杂卦说，虞翻在易学的话语系统下，在深化易学阴阳之道的同时，也对阴阳交感生生的汉代宇宙论哲学作了系统全面深化。

朱伯崑先生说："虞翻易学作为汉易的代表之一，在易学史和哲学史上并非一无可取之处。就易学史说，他继承了荀爽的传统，以卦变说解释《周易》经传，取代了京房易学和《易纬》中的阴阳灾变说，这无疑是一个进步。就哲学史说，其卦变说，蕴藏着一种理论思维，即以对立面的推移和转化，特别是以阴阳二爻互易及其地位的转化为变易的基本法则。"① 以阴阳的推移、转化为标志的阴阳变易及其带来的万物生化、人事流转，正是汉代宇宙论哲学致思的核心。高怀民先生说："虞翻卦变虽然也如荀爽升降那样，有许多违例之处，但它可以说是一套有理则、有系统且又包括周全的卦变，因为受注经的限制，及身未能竟其全功。""虞氏卦变，则因为受了注经的牵制，不能悉心着意于卦象的安排，所以他的卦变虽然规模已具，却难免其中有违例之处，也因此没有及身留下一个像八宫那样明确的卦变图。虽然，当我们周览过李氏《集解》中虞氏注以后，不得不承认虞翻确已经创建了一套新的、有理则、有系统且包括周全的卦变，他所以没有竟其全功的原因，只是因为受了注经的牵制，注经是东汉象数易学的最高目标，是虞翻不能摆脱掉的。"② 高先生对虞翻卦变说的高度评价，是笔者深表赞同的。只是断言虞翻卦变系统因注经的限制"及身未能竟其全功"，则未免有些许绝对。卦变学说本身的提出与在诠释经典中的应用，毕竟是两个不同的问题，后者并不能作为判定前者是否业已完整建立的充足理由，何况今存虞氏《易注》已不完整。

当然这一卦变说在诠《易》过程中所表现的牵强弊端也不容略过。

---

① 朱伯崑：《易学哲学史》第一卷，北京：昆仑出版社，2005年，第243页。
② 高怀民：《两汉易学史》，桂林：广西师范大学出版社，2007年，第149、144页。

第三节　旁通开显的万物万象间的动静互通

以离日坎月运行在天形成在天八卦易场，引动乾天坤地阴阳二气消息进退变化，形成十二消息之象构成的造化宇宙大千世界的气场，以消息卦变生杂卦为核心的卦变学说，则更加深入呈现了十二消息卦易场中诸消息态势乾阳坤阴进一步往来交感对创生造化功能的具体推进与落实，对万物万象的具体生化与赋能，于是，阴阳的消息造化生化本性与能量下贯到宇宙万物万象之中，转化为万物万象的生命阴阳消息本性与能量，造化的阴阳消息变动不居显隐流转互通，转化为万物万象生命的阴阳消息变动不居显隐流转互通，这就是旁通之象所将进一步呈现的一切。于是，继直接关联宇宙阴阳消息之引动而最具本原意义的离日坎月之象、在天八卦易场之象，继得以引动的十二消息卦宇宙造化易场之象，继得以进一步落实的消息卦生杂卦标志的万物万象生化之象后，旁通所符显的作为造化力量的阴阳显隐互涵贯通、消息流转相通之象，作为造化之果的万物万象生命力量的阴阳显隐互涵贯通、变化流转相通之象，及由此所带来或以此为基础的天道人事各象，得以更深层地呈现出来。

作为宇宙造化历程基本标志的十二消息，如前所言，有过去、现在、未来三个时间维度的呈现，十二消息在旁通的意义上，如前所言，进而在显隐一体两面的整全视域中，有着以上三个时间维度下显隐互依一体、消息流转相通的呈现。作为宇宙具体造化过程与造化之果基本表征的消息卦交感变生的杂卦，在显隐一体两面的整全视域中，在旁通的意义上，同样有着过去、现在、未来三个时间维度下显隐互依一体、变化流转相通的呈现。消息卦所符显的造化旁通之象前文论述已详，此处不再赘言。杂卦所符显的造化力量与万物万象生命力量及由此所带来或以此为基础的天道人事各象的旁通之象，将是本节所将关注的核心内容。

一 六十四卦间的旁通关系及其提出

因阴阳的消息变化及其往来交感互通，六十四卦间建立起消息卦生杂卦标志的本原性创生与被创生的卦变关系。阴阳的消息变化流转，使得十二消息卦间建立起流转旁通的关系。消息卦与杂卦间的本原性创生与被创生关系，又使得诸杂卦被赋予阴阳变化流转的品性与能量，如同消息卦阴阳的顺次消息流转，也得以阴阳顺次变化流转，从而在消息卦与消息卦之间、杂卦与杂卦之间，建立起旁通关系，六十四卦整体上也就建立起旁通关系。

今存虞氏《易注》中直接、间接带有旁通意涵诠释之例，在学界已有研究的基础上，可以划分为以下五类：

（一）明确标注"旁通""通"字眼之例

今存虞氏《易注》中明确标注"旁通""通"字眼的有：

《乾》九三爻《文言传》"君子进德修业"注曰："以乾通坤。"

《乾》卦辞"乾元亨"《文言传》"'乾元'者，始而'亨'者也"注曰："乾始开通，以阳通阴。"

《坤》初六爻《文言传》"积不善之家，必有余殃"注曰："以乾通坤。"

《坤》六五爻《文言传》"君子黄中通理，正位居体"注曰："以乾通坤。"

《比》卦辞"比亨"注曰："与大有旁通。"

《小畜·彖传》"健而巽，刚中而志行，乃'亨'"注曰："与豫旁通。"

《履》卦辞"履：履虎尾，不咥人，亨，利贞"注曰："与谦旁通。"

《同人·彖传》"'同人于野，亨，利涉大川'，乾行也"注曰："旁通师卦。"

《大有》卦辞"大有元亨"注曰："与比旁通。"

《大有》上九爻辞"自天右之，吉，无不利"注曰："大有通比。"

《谦》卦辞"谦亨"注曰："与履旁通。"

《豫》卦辞"豫：利建侯、行师"注曰："与小畜旁通。"

《豫·彖传》"天地以顺动"注曰："豫变通小畜。"

《豫》六二爻辞"不终日，贞吉"注曰："与小畜通。"

《蛊》卦辞"蛊元亨"注曰："与随旁通。"

《临》卦辞"临元亨利贞，至于八月有凶"注曰："与遯旁通。"

《剥》卦辞"剥：不利有攸往"注曰："与夬旁通。"

《复》卦辞及《彖传》"复亨"注曰："与姤旁通。"

《大畜》卦辞"大畜利贞"注曰："与萃旁通。"

《颐》卦辞"颐贞吉"注曰："与大过旁通。"

《习坎》卦辞"习坎有孚"注曰："与离旁通。"

《离》卦辞"离利贞，亨"注曰："与坎旁通。"

《恒》卦辞"恒亨，无咎，利贞"注曰："与益旁通。"
《夬》卦辞"夬扬于王庭"注曰："与剥旁通。"
《姤》卦辞"姤女壮"注曰："与复旁通。"
《革》卦辞"革己日乃孚，元亨，利贞，悔亡"注曰："与蒙旁通。"
《鼎》卦辞"鼎元吉亨"注曰："与屯旁通。"
《系辞上传》"变通配四时"注曰："谓十二月消息相变通。"
《系辞上传》"德言盛，礼言恭"注曰："谦旁通履。"
《系辞上传》"崇高莫大乎富贵"注曰："以乾通坤。"
《系辞下传》"上古结绳而治，后世圣人易之以书契，百官以治，万民以察，盖取诸夬"注曰："夬旁通剥。"
《系辞下传》"穷神知化，德之盛也"注曰："以乾通坤。"
《系辞下传》"是故履，德之基也"注曰："履与谦旁通。"
《系辞下传》"履和而至"注曰："谦与履通。"
《系辞下传》"初帅其辞，而揆其方"注曰："以乾通坤。"
《说卦传》"和顺于道德而理于义"注曰："以乾通坤。"[1]

（二）以"变""推"表达旁通意涵之例

今存虞氏《易注》以"变""推"表达旁通意涵的有：
《系辞上传》"易简而天下之理得矣"注曰："乾坤变通。"
《系辞下传》"穷神知化"注曰："以坤变乾。"

---

[1] 分别参见（清）孙堂辑：《虞翻周易注》，台北：成文出版社有限公司，1976年，第466、469、477、479、500、507、512、524、527、531、532、535、536、538、544、548、564、567、578、583、593、600、609、666、672、695、701、805、813、837、856、860、875、876、881、894页。

《说卦传》"穷理尽性以至于命"注曰："以乾推坤……以坤变乾。"①

（三）暗用旁通之例

今存虞氏《易注》中虽未明确标注"旁通"字眼却运用了旁通说的有：

《蹇》卦辞"利见大人"注曰："离为见。"

《蹇·彖传》"见险而能止"注曰："离见。"

《蹇》九五爻辞"大蹇，朋来"注曰："睽兑为朋。"

《睽·彖传》"得中而应乎刚"注曰："'刚'谓应乾五伏阳，非应二也，与鼎五同义也。"

《师》六三爻辞"师或舆尸，凶"注曰："坎（堂案："坎"疑作"坤"。）② 为尸，坎为车多眚，同人离为戈兵，为折首……尸在车上。"

《师》上六爻辞"大君有命"注曰："同人乾为大君，巽为有命。"③

（四）以"反"指"旁通"之例

今存虞氏《易注》中言"反"而实指"旁通"的有：

《同人》九五爻辞"大师克"注曰："同人反师。"

《系辞上传》"君子之道，或出或处，或默或语"注曰："同人反师。"

《系辞下传》"上古结绳而治，后世圣人易之以书契，百官

---

① 分别参见（清）孙堂辑：《虞翻周易注》，台北：成文出版社有限公司，1976 年，第 797、860、895 页。
② "坎"，文渊阁《四库全书》本《周易集解》作"坤"，孙堂校对正确。
③ 分别参见（清）孙堂辑：《虞翻周易注》，台北：成文出版社有限公司，1976 年，第 639、640、643、632、498、499 页。

以治，万民以察，盖取诸夬"注曰："夬反剥。"①

（五）以"震巽特变"指震巽旁通之例

今存虞氏《易注》中言"震巽特变"实指震巽旁通的有：

《巽·象传》"刚巽乎中正而志行"注曰："终变为②震。"

《巽》九五爻辞"无初有终。先庚三日，后庚三日，吉"注曰："雷风无形，当变之震矣……终变成震。"

《说卦传》"震……其究为健，为蕃鲜"注曰："震雷、巽风无形，故卦特变耳。"

《说卦传》"巽……为广颡……为近利市三倍，其究为躁卦"注曰："变至三……八卦诸爻，唯震、巽变耳。变至五……"③

（六）六十四卦间旁通关系的确立

在虞翻那里，六爻之位阴阳互反的一对卦，构成旁通关系。正如刘大钧教授所言"所谓'旁通'……系指两个阴阳爻画完全相反的卦。如《乾》卦䷀与《坤》卦䷁'旁通'，是因为《乾》卦䷀的六个爻画全部是阳爻，而《坤》卦䷁的六个爻画刚好相反，全部是阴爻，故《乾》《坤》两卦'旁通'"④。

蹇（䷦）与睽（䷥）六爻之位阴阳互反而旁通，蹇的旁通卦睽上离下兑，五爻之阴伏藏于蹇五爻之阳下。师（䷆）与同人（䷌）六爻之位阴阳互反而旁通，师下坎上坤，其旁通卦同人下离上乾，师下坎车多眚之象伏藏同人下离戈兵、折首之象，

---

① 分别参见（清）孙堂辑：《虞翻周易注》，台北：成文出版社有限公司，1976年，第527、811、856页。
② "为"，文渊阁《四库全书》本《周易集解》、张惠言《周易虞氏义》、李道平《周易集解纂疏》并作"成"。
③ 分别参见（清）孙堂辑：《虞翻周易注》，台北：成文出版社有限公司，1976年，第753、755、906、908—909页。
④ 刘大钧：《周易概论》，成都：巴蜀书社，2010年，第45页。

而在上坤尸之象下。师的旁通卦同人上乾，二至四爻互体巽，乾大君之象伏藏于师上坤象之下，巽有命之象伏藏于师二至四爻互体震象之下。以上诠释中，虽未见旁通字眼，但实际运用了旁通学说。就此张惠言所言甚好："《蹇》《睽》虽不言旁通，然《蹇》五注云'睽兑为朋'，是旁通睽也。《睽》注云'（五）应乾五伏阳……与鼎五同义'。乾五伏阳则是蹇五，故此二卦与豫、小畜、萃、大畜同为旁通，注阙耳。"① 虞翻所言"反"，通常指反象，反象指一卦倒转即成另一卦，这两卦间就是互为反象的关系，例如，师倒转即成比，比倒转即成师；同人倒转即成大有，大有倒转即成同人；夬倒转即成姤，姤倒转即成夬。显然，同人通常意义的反象是大有而不是师，"同人反师"之"反"实指旁通；夬通常意义的反象是姤而不是剥，"夬反剥"之"反"同样实指旁通。虞翻之所以称两旁通之卦互反，正是有鉴于旁通六位阴阳的互反。震（☳）与巽（☴）之间，震各爻阴阳依次变化就可流转为巽，巽各爻阴阳依次变化也可流转为震，这种流转互通就是旁通，虞翻却在震、巽符显的雷与风之象无形的意义上，别出新解，认为较之于其他符显有形物象的卦，震与巽之间可以独走流转互通之路。

上述各例中，虞翻具体揭示了乾（☰）与坤（☷）、坤（☷）与乾（☰）、比（☵☷）与大有（☰☲）、小畜（☴☰）与豫（☳☷）、履（☰☱）与谦（☷☶）、同人（☰☲）与师（☷☵）、大有（☰☲）与比（☵☷）、谦（☷☶）与履（☰☱）、豫（☳☷）与小畜（☴☰）、蛊（☶☴）与随（☱☳）、临（☷☱）与遯（☰☶）、剥（☶☷）

---

① （清）张惠言：《周易虞氏消息》，《续修四库全书·经部·易类》第26册，上海：上海古籍出版社，2002年，第545页。

与夬（☱）、复（☷）与姤（☰）、大畜（☶）与萃（☱）、颐（☶）与大过（☱）、坎（☵）与离（☲）、离（☲）与坎（☵）、恒（☳）与益（☴）、夬（☱）与剥（☷）、姤（☰）与复（☷）、革（☱）与蒙（☶）、鼎（☲）与屯（☵）以及蹇（☵）与睽（☲）、睽（☲）与蹇（☵）、师（☷）与同人（☰）、巽（☴）与震（☳）、震（☳）与巽（☴）的旁通关系，概括揭示了十二消息卦间的旁通流转关系。

其中，属于消息卦的，有乾（☰）与坤（☷）、复（☷）与姤（☰）、临（☱）与遯（☶）、夬（☱）与剥（☷），共计四对八卦。

属于杂卦的，有比（☵）与大有（☲）、小畜（☴）与豫（☳）、履（☱）与谦（☶）、同人（☰）与师（☷）、蛊（☶）与随（☱）、大畜（☶）与萃（☱）、颐（☶）与大过（☱）、坎（☵）与离（☲）、恒（☳）与益（☴）、革（☱）与蒙（☶）、鼎（☲）与屯（☵）以及蹇（☵）与睽（☲）、巽（☴）与震（☳），共计十三对二十六卦。

这是现存虞氏《易注》中涉及旁通之例。由于完整的虞氏《易注》已不可见，不能排除《易注》的其他遗失内容不包含旁通之例。而且在诠释《周易》经典文本过程中，虞翻平等看待旁通、消息、卦变、互体连互、反象等象数体例，选择哪一体例完全以经文为转移，核心围绕哪一体例可以对经文所涉及的卦爻之象作出合理的诠释，因此，单就完整的虞氏《易注》文本，也未必可以找到旁通说在六十四卦中的贯通。但是就虞翻旁通说本身而言，而不是就旁通说诠释经典文本之用而言，其在六十四卦中是完全可以贯通的，即六十四卦三十二对六爻阴阳互反的卦，就存在着旁通关系。即此，虞翻继在六十四卦间确立本原性创生与被创生的卦变关系之后，又在六十四卦间确立起旁通关系。

（七）旁通说之提出的思想渊源

虞翻旁通说的提出，主要有以下三个方面的思想渊源：

一是《乾·文言传》曰："六爻发挥，旁通情也。"二是六十四卦卦画中六位阴阳互反卦间所呈现的一切。三是京房的八宫六十四卦说。

经文中"旁通"字眼，是虞翻提出旁通说的直接经典依据。

由于李鼎祚没有择取虞翻对"六爻发挥，旁通情也"的诠释，又由于虞翻的其他易学著作遗失，因而我们难以见到他对旁通范畴和旁通学说的具体直接阐释，只能借助他在诠释经文过程中对于旁通学说的具体运用而作出融会贯通后，归纳总结得出结论。现存虞翻好友陆绩之注："乾六爻发挥变动，旁通于坤，坤来入乾，以成六十四卦，故曰'旁通情也'。"[1] 与虞翻所理解的旁通存在很大的距离，不能作为理解虞翻旁通说的直接参考依据。

《周易》六十四卦的卦画系列，依六位阴阳的互反，可以分为三十二对。这三十二对卦间所存在的阴阳互反关系，是启发虞翻提出旁通说的直观材料，也是打开其旁通视域的直接起点。

京房八宫卦中，本宫卦自初爻起依序阳变阴、阴变阳而形成一宫中的其他卦，本宫卦的这种依序阴阳变化及其导致的卦的生成，是启发虞翻提出卦与卦间阴阳顺次变化流转互通的旁通学说的重要理路源头；八宫各卦所内涵的飞伏关系，是启发虞翻从六虚表里二位理解卦与卦间在同一时间维度下显隐涵摄相通而互依

---

[1] （清）李道平：《周易集解纂疏》，北京：中华书局，2013年，第61页。

第三章 消息大化易场中的万物万象

一体的旁通意蕴的又一更重要的理路源头。京房在《京氏易传》于乾宫本宫卦乾下云："六位纯阳，阴象在中。"① 揭示了乾六阳飞与坤六阴伏的飞伏关系。其他卦，京房也围绕世爻谈了爻与卦的飞伏关系。

对于京房的飞伏，高怀民先生曾指出："'飞伏'也是京房所创，飞意为显，伏意为隐，占时卦象之显者不足，乃以隐者济其穷，阴下伏阳，阳下伏阴，故飞伏之用即为阴阳互相涵摄之义。京房易对飞伏之用颇重视，今观《易传》中每卦必及飞伏。"② 并作了京房六十四卦相与飞伏的统计表（见后），继而对京房的飞伏归纳出五条法则："第一，与飞伏之卦限于八纯卦。第二，八纯卦各与其旁通卦为飞伏。第三，一世卦、二世卦、三世卦，与其内卦为飞伏；第四，四世卦、五世卦，与其外卦为飞伏。第五，游魂卦与五世卦同，归魂卦则与该宫纯卦同。"③ 当然，上述五条法的表达则存在着值得商榷之处。京房的飞伏是与世爻直接相关的，其在《京氏易传》中所言的"与（乾或坤或震或巽或坎或离或震或兑）为飞伏"指的是世爻所在的内外经卦的飞伏，并且"与（乾或坤或震或巽或坎或离或震或兑）"在本宫卦所言指伏，在一世卦至五世卦所言指飞，在游魂卦与归魂卦所言指伏。以乾宫八卦为例，本宫卦乾（☰）及世爻上爻之阳所在外卦乾（☰）为飞，与六爻乾阴阳互反的六爻坤（☷）及世爻上爻之阴所在外卦坤（☷）为伏；一世卦姤（☰）世爻

---

① （汉）京房著，（汉）陆绩注：《京氏易传》上，北京：中华书局，1991年，第1页。
② 高怀民：《两汉易学史》，桂林：广西师范大学出版社，2007年，第110页。
③ 参见高怀民：《两汉易学史》，桂林：广西师范大学出版社，2007年，第111页。

初爻之阴所在内卦巽（☴）为飞，本宫卦乾初爻之阳所在内卦乾（☰）为伏；二世卦遯（䷠）世爻二爻之阴所在内卦艮（☶）为飞，本宫卦乾二爻之阳所在内卦乾（☰）为伏；三世否（䷋）世爻三爻之阴所在内卦坤（☷）为飞，本宫卦三爻之阳所在内卦乾（☰）为伏；四世卦观（䷓）世爻四爻之阴所在外卦巽（☴）为飞，本宫卦四爻之阳所在外卦乾（☰）为伏；五世卦剥（䷖）世爻五爻之阴所在外卦艮（☶）为飞，本宫卦五爻之阳所在外卦乾（☰）为伏；游魂卦晋（䷢）世爻四爻之阳所在外卦离（☲）为飞，五世卦剥（䷖）外卦艮（☶）为伏；归魂卦大有（䷍）世爻三爻之阳所在内卦乾（☰）为飞，游魂卦晋（䷢）内卦坤（☷）为伏。所以，对于高先生归纳的五条法则，第一条"与飞伏之卦限于八纯卦"，八纯卦指六爻卦，京房飞伏本宫卦包涵八纯飞伏与经卦飞伏，其他七卦则为经卦飞伏。第二条"八纯卦各与其旁通卦为飞伏"，六爻的八纯卦各与其旁通卦为飞伏的说法无误，但同样要首先强调是经卦间的飞伏，如乾宫本宫卦乾的"与坤"之坤，应当首先指与本宫卦乾阴阳互反的坤卦的外卦坤，再同时包括六爻卦坤。第三条"一世卦、二世卦、三世卦，与其内卦为飞伏"与第四条"四世卦、五世卦，与其外卦为飞伏"应说明是一世、二世、三世卦的内卦为飞，本宫卦内卦为伏，四世、五世卦外卦为飞，本宫卦外卦为伏。第五条"游魂卦与五世卦同，归魂卦则与该宫纯卦同"，所言不确，游魂卦所言指伏而五世卦所言指飞，归魂卦所言指的是所伏内卦而本宫卦所言指的是所伏外卦及六爻纯卦，以乾宫为例，五世卦剥的"与艮"与游魂卦晋的"与艮"之艮并不相同，前者指飞卦，后者则指伏卦；归魂卦大有的"与坤"与本宫卦乾的"与坤"之坤也不相同，前者首先指游魂卦晋内卦坤，同时也指与本宫卦乾阴阳互反的六爻卦坤内卦坤。

京房六十四卦相与飞伏表①

	本宫卦	一世卦	二世卦	三世卦	四世卦	五世卦	游魂卦	归魂卦
乾宫	乾	姤	遯	否	观	剥	晋	大有
飞伏卦	与坤	与巽	与艮	与坤	与巽	与艮	与艮	与坤
震宫	震	豫	解	恒	升	井	大过	随
飞伏卦	与巽	与坤	与坎	与巽	与坤	与坎	与坎	与巽
坎宫	坎	节	屯	既济	革	丰	明夷	师
飞伏卦	与离	与兑	与震	与离	与兑	与震	与震	与离
艮宫	艮	贲	大畜	损	睽	履	中孚	渐
飞伏卦	与兑	与离	与乾	与兑	与离	与乾	与乾	与兑
坤宫	坤	复	临	泰	大壮	夬	需	比
飞伏卦	与乾	与震	与乾	与震	与兑	与兑	与兑	与乾
巽宫	巽	小畜	家人	益	无妄	噬嗑	颐	蛊
飞伏卦	与震	与乾	与离	与震	与乾	与离	与离	与震
离宫	离	旅	鼎	未济	蒙	涣	讼	同人
飞伏卦	与坎	与艮	与巽	与坎	与艮	与巽	与巽	与坎
兑宫	兑	困	萃	咸	蹇	谦	小过	归妹
飞伏卦	与艮	与坎	与坤	与艮	与坎	与坤	与坤	与艮

---

① 参见高怀民：《两汉易学史》，桂林：广西师范大学出版社，2007年，第111页。表格中第一行名称"本宫卦……归魂卦"为笔者添加。

应当说，正是在综合会通了以上相关思想资源的基础上，虞翻提出了内涵他鲜明独创性见解的旁通说，用以打开经典《易》的象世界与意义世界，用以揭开人们置身其中的现实易的象世界与生活世界的秘密。

高怀民先生曾指出："旁通的含义，无非在表明宇宙间一切事物，没有绝对孤立的存在，前后左右免不了有相对待的关系，而在对待中有共通之理。"[1] 王新春教授则指出："虞翻所发明的旁通说，其基本易理内涵，主要就包括以上两个方面：一即旁通之卦间静态上的相互涵摄关系，一即旁通之卦间动态上的动变而相通关系。"[2] 受此启发，笔者基于时间的过去、现在与未来的维度，认为，在虞翻那里，旁通有现在之维下的旁通和时间历程之维下的旁通两种。在现在之维下，旁通卦之间显隐相通互依一体；在时间历程之维下，旁通卦之间变化流转相通，并且是显隐一体变化流转相通。

二　现在之维下本卦含藏涵摄贯通旁通卦所符显的天道人事旁通之象

借助旁通关系，虞翻首先揭示了现在之维下造化力量与万物万象生命力量、天道与人事的显隐互通一体旁通之象。

依虞翻之见，旁通之象有现在之维、有从过去之维到现在之维、有从现在之维到未来之维三种时间维度的基本展现。十二消

---

[1] 高怀民：《两汉易学史》，桂林：广西师范大学出版社，2007年，第152页。
[2] 王新春：《虞翻易学旁通说的哲理内涵》，《易学与中国哲学》，北京：人民出版社，2012年，第180页。

息在现在之维的旁通之象，在从过去之维到现在之维的旁通之象，在从现在之维到未来之维的旁通之象，前文已有论述，此不再言。本节将集中关注杂卦在以上三种时间维度符显的造化力量与万物万象生命力量、天道与人事的旁通之象。

虞翻对现在之维下造化力量与万物万象生命力量、天道与人事的显隐互通一体旁通之象的揭示，典范展示于其对《离》经文的诠释。这里谨以《离》经文的诠释为例，揭示现在之维下本卦含藏涵摄贯通旁通卦符显的天道人事旁通之象。

在虞翻显隐一体两面的整全旁通视域中，六十四卦的每一卦，其六虚之位的每一位皆有表里显隐二位，居于六虚表位的是本卦，居于六虚里位的是本卦的旁通卦，居于表位则显于外，居于里位则隐于内。离卦（☲）与坎卦（☵）旁通，就离卦而言，显于表的是初阳、二阴、三阳、四阳、五阴、上阳的离之象，含藏于其中的是初阴、二阳、三阴、四阴、五阳、上阴的旁通卦坎之象。就离象的当下现在之维而言，离六爻之象居六虚表位，离六爻之象及由六爻构成的各卦之象显现于外，坎六爻之象则居六虚里位，坎六爻之象及由六爻构成的各卦之象隐藏于内，离的各象含藏涵摄着坎的各象，二者互通相依一体。

具体言之，就六虚之位各爻之象而言，离初之阳居六虚初之表位，含藏涵摄着居六虚初之里位的坎初之阴，二者互通相依一体；离二之阴居六虚二之表位，含藏涵摄着居六虚二之里位的坎二之阳，二者互通相依一体；离三之阳居六虚三之表位，含藏涵摄着居六虚三之里位的坎三之阴，二者互通相依一体；离四之阳居六虚四之表位，含藏涵摄着居六虚四之里位的坎四之阴，二者互通相依一体；离五之阴居六虚五之表位，含藏涵摄着居六虚五之里位的坎五之阳，二者互通相依一体；离上之阴居六虚上之表位，含藏涵摄着居六虚上之里位的坎上之阴，二者互通相依一体。

就上下卦之象而言，别卦离（☲）下离上离，别卦坎（☵）下坎上坎，别卦离下体离象、上体离象显现于表，分别含藏涵摄着别卦坎下体坎象、上体坎象于里，下离象与下坎象、上离象与上坎象分别互通相依一体。

就互体之象而言，别卦离（☲）二至四爻互体巽象、三至五爻互体兑象，别卦坎（☵）二至四爻互体震象、三至五爻互体艮象，巽象、兑象显现于表，分别含藏涵摄着震象、艮象于里，与其互通相依一体。

就连互之象而言，离卦（☲）初至四爻四爻连互，初至三爻下离，二至四爻互体上巽，下离上巽组成别卦家人（䷤）之象，坎卦（☵）初至四爻四爻连互，初至三爻下坎，二至四爻互体上震，下坎上震组成别卦解（䷧）之象；家人之象显现于表，含藏涵摄着解之象于里，与其互通相依一体。离卦（☲）二至五爻四爻连互，二至四爻互体下巽，三至五爻上兑，下巽上兑组成别卦大过（䷛）之象，坎卦（☵）二至五爻四爻连互，二至四爻互体下震，三至五爻上艮，下震上艮组成别卦颐（䷚）之象；大过之象显现于表，含藏涵摄着颐之象于里，与其互通相依一体。离卦（☲）三至上爻四爻连互，三至五爻互体下兑，四至上爻上离，下兑上离组成别卦睽（䷥）之象，坎卦（☵）三至上爻四爻连互，三至五爻互体下艮，四至上爻上坎，下艮上坎组成别卦蹇（䷦）之象；睽之象显现于表，含藏涵摄着蹇之象于里，与其互通相依一体。离卦（☲）初至五爻五爻连互，初至三爻下离，三至五爻互体上兑，下离上兑组成别卦革（䷰）

之象，坎卦（☵）初至五爻五爻连互，初至三爻下坎，三至五爻互体上艮，下坎上艮组成别卦蒙（䷃）之象；革之象显现于表，含藏涵摄着蒙之象于里，与其互通相依一体。离卦（☲）二至上爻五爻连互，二至四爻互体下巽，四至上爻上离，下巽上离组成别卦鼎（䷱）之象，坎卦（☵）二至上爻五爻连互，二至四爻互体下震，四至上爻上坎，下震上坎组成别卦屯（䷂）之象；鼎之象显现于表，含藏涵摄着屯之象于里，与其互通相依一体。

正是基于旁通的现在之维视域，虞翻对《离》的经文作出了典范诠释，揭示了《离》关联的符号与文字所符显表达的造化力量与生命力量、天道与人事的相关显隐互通一体旁通之象。

在诠释《离》卦辞"利贞，亨，畜牝牛吉"时，他说：

> 坤二、五之乾，与坎旁通……"畜"，养也。坤为牝牛。乾二、五之坤成坎，体颐养象，故"畜牝牛吉"。[1]

离与坎构成旁通关系，就离象而言，乾天坤地阴阳中气往来交通，变生的现在之维的离之诸象显现于表，当下即含藏涵摄贯通着乾天坤地阴阳中气往来交通变生的坎之诸象于里。在旁通的现在之维下，离二至五爻四爻连互所成的大过（䷛）之象，作为离之诸象之一，显现于表，坎二至五爻四爻连互所成的颐（䷚）之象，作为坎之诸象之一，则隐藏于里，为大过之象含藏涵摄贯通。离卦所由来的坤符显牝牛之象，颐符显颐养之象，所以卦辞说"畜牝牛吉"。

---

[1] （清）孙堂辑：《虞翻周易注》，台北：成文出版社有限公司，1976年，第600页。

在诠释《彖传》"日月丽乎天，百谷草木丽乎地"时，他说：

> 乾五之坤成坎为月，离为日，日月丽天也。震为百谷，巽为草木，坤为地。乾二、五之坤成坎、震，体屯，"屯者，盈也，盈天地之间者唯万物"，"万物出震"，故"百谷草木丽乎地"。①

离、坎由乾坤中气往来交感变生，乾五爻之阳与坤五爻之阴往来易位，坤上体变成坎，乾上体变成离，在旁通的现在之维下，作为离诸象之一的上体离日之象显现于表，作为坎诸象之一的上体坎月之象则隐藏于里，为离日之象含藏涵摄贯通，上体为天之位，所以《彖传》说"日月丽乎天"。乾二爻、五爻之阳分别与坤二爻、五爻之阴往来易位交感，形成坎（☵）、离（☲），坎二至四爻互体震，二至上爻五爻连互成屯（䷂）之象，离二至四爻互体巽，二至上爻五爻连互成鼎（䷱）之象，在旁通的现在之维下，作为离的诸象，整体离象含藏涵摄贯通着整体坎象，互体巽象含藏涵摄贯通着互体震象，连互鼎象含藏涵摄贯通着连互屯象，震为阪生之稼（《说卦传》），符显百谷之象，巽为木，符显草木之象，坤符显地之象，屯符显天地造化的万物盈满于天地间之象，震又符显万物从春天出生之象，《序卦传》所谓"屯者，盈也，盈天地之间者唯万物"，《说卦传》所谓"万物出乎震"，所以《彖传》说"百谷草木丽乎地"。

在诠释《彖传》"重明以丽乎正，乃化成天下。柔丽乎中

---

① （清）孙堂辑：《虞翻周易注》，台北：成文出版社有限公司，1976年，第600—601页。

正,故'亨'"时,他说:

> 两象,故"重明"。"正"谓五阳。阳变之坤来化乾,以成万物,谓离日"化成天下"也。"柔"谓五阴,"中正"谓五伏阳,出在坤中,畜牝牛,故"中正"而"亨"也。①

离卦下离上离,在旁通的现在之维下,含藏涵摄贯通着坎卦的下坎上坎之象,离日而坎月,所以说"重明"。"正"说的是来自乾的五爻之阳,乾五之阳变动至坤五之位,来使乾发生变化,化生阴阳消息的动力源离日,以造化形成万物,所以说"重明以丽乎正,乃化成天下",说的是离日引动阴阳消息而化成了天下万物。同样是在旁通的现在之维下,离卦五爻之阴柔居六虚五之表位,坎卦五爻之阳刚居六虚五之里位,前者中而不正,后者则中正,前者显而后者伏,前者含藏涵摄贯通附丽于后者,"中正"指的就是离五爻阴下所伏坎五爻之阳,它原本出现在坤中而成坎,坤符显牝牛之象,离二至四爻连互所成大过之象含藏涵摄贯通着坎二至四爻连互所成颐畜养之象,畜养牝牛,所以"中正"而"亨"。

在诠释《大象传》"明两作,离;大人以继明照于四方"时,他说:

> "两"谓日与月也。乾五之坤成坎,坤二之乾成离,离、坎,日月之象,故"明两作,离"。"作",成也。日月在天,动成万物,故称"作"矣。或以日与火为"明两作"

---

① (清)孙堂辑:《虞翻周易注》,台北:成文出版社有限公司,1976年,第601页。

也。阳气称"大人",则乾五大人也。乾二、五之光,继日之明,坤为方,二、五之坤,震东、兑西,离南、坎北,故曰"照于四方"。①

离卦下离上离,坎卦下坎上坎,乾五爻之阳至坤五爻之位形成坎,坤二爻之阴至乾二爻之位形成离,同时,乾二爻之阳至坤二爻之位亦形成坎,坤五爻之阴至乾五爻之位亦形成离,离日而坎月,在旁通的现在之维下,离卦下离日、上离日之象分别含藏涵摄贯通着坎卦下坎月、上坎月之象,离日坎月作为乾天阳气与坤地阴气中气交通的结果,运行于天,形成在天八卦易场,以此作为动力源,引动乾天坤地两仪阴阳的消息进退交感变化,化生万物万象,成为并明于天地间两个最显赫的象,所以说"明两作,离"。日月运行,最终促成了万物的化生,所以称"作"。离下离上离,离既符显日之象,又符显火之象,所以有人认为"明两作"之"两"谓日与火。离五爻为阴,坎五爻为阳,坎、离来自乾天、坤地中气的交通,中气交通成离（☲）、坎（☵）,离二至四爻互体巽,坎二至四爻互震,离三至五爻互体兑,在旁通的现在之维下,离卦的五爻阴象、离象、巽象下,分别含藏涵摄贯通着坎卦的五爻阳象、坎象、震象。"大人"指的是来自乾五、涵摄伏藏于离五爻阴下的坎五之阳所符显之象。乾二、五二阳之光,成就了涵摄含藏于离日之下的坎月之光,坎月之光接续离日之明,坤为地符显方之象,震东、兑西,离南、坎北,所以说"照于四方"。

---

① （清）孙堂辑:《虞翻周易注》,台北:成文出版社有限公司,1976年,第601—602页。

在诠释六五爻辞"戚差若"时,他说:

> 坎为心,震为声,兑为口,故"戚嗟若"。①

"差若",一本作"嗟若"。离卦五爻之阴处上体离中,又处三至五爻互体兑中,其互应爻位的二爻之阴处二至四爻互体巽中,坎卦五爻之阴处上体坎中,其互应爻位的二爻之阳处二至四爻互体震中,在旁通的现在之维下,离卦五爻之阴所处上体离之象,含藏涵摄贯通着坎卦五爻之阳所处上体坎之象,离卦五爻之阴互应爻位的二爻之阴所处互体巽象,含藏涵摄贯通着坎卦五爻之阳互应爻位的二爻之阳所处互体震象,坎为心病、震为善鸣之马(《说卦传》),分别符显心、声之象,兑符显口之象,所以说"戚差若"。

在诠释上九爻辞"王用出征"时,他说:

> "王"谓乾。乾二、五之坤成坎,体师象,震为出,故"王用出征"。②

乾二爻、五爻之阳至坤二爻、五爻之位,变生坎卦(䷜),与此同时,坤二爻、五爻之阴至乾二爻、五爻之位,变生离卦(䷝)。离(䷝)二至四爻互体巽,初至四爻连互成家人(䷤)象,或初至三爻下离,三至四爻乾象半见为上体,下离上乾成同人(䷌)象。坎(䷜)二至四爻互体震,初至四爻连互成解(䷧)象,或初至三爻下坎,三至四爻坤象半见为上体,下坎上坤成师(䷆)象。离卦上爻之阳互应爻位的三爻之阳处互体巽

---

① (清)孙堂辑:《虞翻周易注》,台北:成文出版社有限公司,1976 年,第 602 页。

② 同上,第 603 页。

中，又处初至四爻连互所成同人（☲）象中，坎（☵）上爻之阴互应爻位的三爻之阳处互体震中，又处初至四爻连互所成师（☷）象中。在旁通的现在之维下，与离卦上爻之阳关联的巽象、同人象，分别含藏涵摄贯通着坎卦上爻之阴关联的震象、师象。乾符显王之象，师符显师之象，震符显出之象，所以说"王用出征"。

不难发现，上述诠释中，虞翻依据现在之维下本卦诸象与其旁通卦诸象显隐互依一体的旁通关系，运用了本卦离含藏涵摄贯通的其旁通卦坎诸象：本卦离连互大过之象含藏涵摄贯通的旁通卦坎连互颐养之象；本卦离上体离日之象含藏涵摄贯通的旁通卦坎上体坎月之象；本卦离互体巽象、连互鼎象分别含藏涵摄贯通的旁通卦坎互体震百谷与出生之象、连互屯万物盈满天地间之象；本卦离下离日、南上离日、南之象分别含藏涵摄贯通的旁通卦坎下坎月、北上坎月、北之象；本卦离五爻阴柔含藏涵摄贯通的旁通卦坎五爻阳刚之象；本卦离互体巽象含藏涵摄贯通的旁通卦坎互体震东、声、出之象；本卦离上体离象、连互同人象分别含藏涵摄贯通的旁通卦坎上体坎心之象、连互师之象。以上诸象，属于天道层面的，有坎月、坎北、震百谷、震出生、震东、屯盈之象；属于人事层面的，有颐养、震声、坎心、师行师之象；兼属天道人事的，有离五爻阴柔所含藏涵摄贯通的坎五爻阳刚之象。

三 时间过程维度下旁通卦通往本卦所符显的天道人事旁通之象

旁通卦之间的变化流转相通，又分为一卦的旁通卦通往本卦的变化流转相通与本卦通往其旁通卦的变化流转相通两种情形。借助旁通卦通往本卦的旁通历程，虞翻继而揭示了由过去到现在维度、由现在到未来维度下造化力量与万物万象生命力量、天道与人事的相关显隐一体、动变流转的旁通之象。

这里谨以虞翻《大有》《小畜》经文诠释为例，揭示过程维度下旁通卦通往本卦符显的天道人事旁通之象。

通过对《离》经文的诠释，虞翻典范揭示了现在之维下造化力量与万物万象生命力量、天道与人事的相关显隐互通一体旁通之象；而借助旁通卦比通往本卦大有、旁通卦豫通往本卦小畜的旁通历程，通过对《大有》《小畜》经文的诠释，虞翻则典范揭示了由过去到现在维度、由现在到未来维度下造化力量与万物万象生命力量、天道与人事的相关显隐一体、动变流转的旁通之象。

在时间的历程维度上，旁通的核心，是阴阳的顺次变化流转互通。消息之卦，阴阳消息顺次推进；杂卦来自消息卦阴阳的进一步往来交感，被赋能阴阳顺次变化流转，从而有了时间历程维度下杂卦间的阴阳变化流转互通的旁通之象。

（一）以旁通卦比通往本卦大有为例

大有卦（☰☰）与比卦（☷☵）六爻之位阴阳互反，构成旁通关系。在对《大有》经文诠释的过程中，虞翻于现在之维视大有卦，于大有卦的过去之维视旁通卦比，以比卦阴阳动变流转通向大有的历程，诠释逐次呈现的大有卦的卦爻之象及其意蕴，比卦是这一旁通流转的过去之维起点，大有卦是这一旁通流转的过去之维终点，从起点到终点，围绕大有卦之变动呈现，都被收摄到由过去之维到现在之维下予以审视，从而揭示造化力量与万物万象生命力量、天道与人事的相关显隐一体、动变流转的旁通之象。转换一下，这一诠释，如果于未来之维视大有卦，于现在之维视旁通卦比卦，那么比卦阴阳动变流转通向大有卦、逐次呈现大有卦的卦爻之象及其意蕴的历程，就成为未来之维所将发生的一切。在现在之维的比卦，是这一旁通流转的未来之维起点，大有卦是这一旁通流转的未来之维终点，从起点到终点，围绕大有卦之变动呈现，都被收摄到由现在之维到未来之维下予以审视，从而揭示造化力量与万物万象生命力量、天道与人事的相关显隐一体、动变流转的旁通之象。

在由过去之维到现在之维视域下，以由比到大有的阴阳动变流转旁通过程观大有之象，作为旁通起点的过去之维下的比卦（䷇）之象，初、二、三、四之阴，五之阳，上之阴，居六虚表位显现于外，大有卦（䷍）之象，初、二、三、四之阳，五之阴，上之阳，则居六虚里位隐藏于内，为比卦之象所含藏涵摄。因阴阳消息交感变生所赋阴阳变化流转性能的发挥，比卦六爻的阴阳就开始依序发生阳变阴、阴变阳的流动变化，这一变化的持续推进，使得居六虚表位的比的阴阳逐次由表入里，而居六虚里位的大有的阴阳则逐次由里来表，在显隐流转之维比卦之象由显转隐，大有之象由隐转显，在显之维比卦之象最终通向大有卦之象。具体而言，随着阴阳变化流转性能的接续发挥，比卦（䷇）初位之阴变为阳，意味着初位一阳变显于外，一阴变隐于内，意味着比卦初爻之阴由据表转为入藏居里，意味着大有卦初爻之阳由居里转为据表，下体坤上体坎的比象，转呈为下体震上体坎的屯（䷂）象于表；比卦二位之阴变为阳，意味着二位一阳变显于外，一阴变隐于内，意味着比卦二爻之阴由据表转为入藏居里,意味着大有卦二爻之阳由居里转为据表,下体坤上体坎的比象,转呈为下体兑上体坎的节(䷻)象于表;比卦三位之阴变为阳,意味着三位一阳变显于外,一阴变隐于内,意味着比卦三爻之阴由据表转为入藏居里,意味着大有卦三爻之阳由居里转为据表,下体坤上体坎的比象,转呈为下体乾上体坎的需(䷄)象于表;比卦四位之阴变为阳,意味着四位一阳变显于外,一阴变隐于内,意味着比卦四爻之阴由据表转为入藏居里,意味着大有卦四爻之阳由居里转为据表,下体坤上体坎的比象,转呈为下体乾上体兑的夬(䷪)象于表;比卦五位之阳变为阴,意味着五位一阴变显于外,一阳变隐于内,意味着比卦五爻之阳由据表转为入藏居里,意味着大有卦五爻之阴由居里转为据表,下体坤上体坎的比象,转呈为下体乾上体震的大壮(䷡)象于表;比卦上位之阴变为阳,意味着上位一阳变显于外,一阴变隐于内,意味着比卦上爻之阴由据表转为入藏居里,意味着大有卦上爻之阳由居里转为据表,下体坤上体坎的比象,转呈为下体乾上体离的大有(䷍)象于表,含藏涵摄贯通着下体坤上体坎的比(䷇)象于里,过去之维下的比象,最终变动通向了现在之维下的大有象,过去之维下的比象显现于外、含藏涵摄贯通着大有象,转化为现在之维下的大有象显现于外、含藏涵摄贯通着比象。当然,上述历程中,下体震上体坎的屯(䷂)象含藏涵摄贯通着下体巽上体离的鼎(䷱)象于里,下体兑上坎的节(䷻)象含藏涵摄贯通着下体艮上体离的旅(䷷)象于里,下体乾上体坎的需(䷄)象含藏涵摄贯通着下体坤上体离的晋(䷢)象于里,下体乾上体兑的夬(䷪)象含藏涵摄贯通着下体坤上体艮的剥(䷖)象于里,下体乾上体震的大壮(䷡)象含藏涵摄贯通着下体坤上体巽的观（☴）象于里。

在由现在之维到未来之维视域下，以将要发生的由比到大有的阴阳动变流转旁通过程观大有之象，作为旁通起点的现在之维下的比卦（䷇）之象，初、二、三、四之阴，五之阳，上之阴，居六虚表位显现于外，大有卦（䷍）之象，初、二、三、四之阳，五之阴，上之阳，则居六虚里位隐藏于内，为比卦之象所含藏涵摄。因阴阳消息交感变生所赋阴阳变化流转性能发挥的必然，比卦六爻的阴阳必然将依序发生阳变阴、阴变阳的流动变化，这一变化一旦发生则必将持续推进，从而将使得居六虚表位的比的阴阳在未来逐次由表入里，而居六虚里位的大有的阴阳则在未来逐次由里来表，在显隐流转之维比卦之象将由显转隐，大有之象将由隐转显，在显之维比卦之象最终将在可预期的未来通向大有卦之象。具体而言，随着未来阴阳变化流转性能的必然接续发挥，比卦（䷇）初位之阴一旦变为阳，意味着初位一阳即会变显于外，一阴即会变隐于内，意味着比卦初爻之阴即会由据表转为入藏居里，意味着大有卦初爻之阳即会由居里转为据表，下体坤上体坎的比象，即会转呈为下体震上体坎的屯（䷂）象于表；比卦二位之阴将继之变为阳，意味着二位一阳也将变显于外，一阴将变隐于内，意味着比卦二爻之阴将由据表转为入藏居里，意味着大有卦二爻之阳将由居里转为据表，下体坤上体坎的比象，将转呈为下体兑上体坎的节（䷻）象于表；比卦三位之阴继之将变为阳，意味着三位一阳将变显于外，一阴将变隐于内，意味着比卦三爻之阴将由据表转为入藏居里，意味着大有卦三爻之阳将由居里转为据表，下体坤上体坎的比象，将转呈为下体乾上体坎的需（䷄）象于表；比卦四位之阴继之将变为阳，意味着四位一阳将变显于外，一阴将变隐于内，意味着比卦四爻之阴将由据表转为入藏居里，意味着大有卦四爻之阳将由居里转为据表，下体坤上体坎的比象，将转呈为下体乾上体兑的夬（☱）象于表；比卦五位之阳继之将变为阴，意味着五位一阴将变显于外，一阳将变隐于内，意味着比卦五爻之阳将由据表转为入藏居里，意味着大有卦五爻之阴将由居里转为据表，下体坤上体坎的比象，将转呈为下体乾上体震的大壮（☳）象于表；比卦上位之阴继之将变为阳，意味着上位一阳将变显于外，一阴将变隐于内，意味着比卦上爻之阴将由据表转为入藏居里，意味着大有卦上爻之阳将由居里转为据表，下体坤上体坎的比象，将转呈为下体乾上体离的大有（☲）象于表，含藏涵摄贯通下体坤上体坎的比（☵）象于里，现在之维下的比象最终将变动通向未来之维下的大有象，现在之维下的比象显现于外、含藏涵摄贯通着大有象，将转化为未来之维下的大有象显现于外、含藏涵摄贯通着比象。当然，上述历程中，同样下体震上体坎的屯（☵）象含藏涵摄贯通着下体巽上体离的鼎（☲）象于里，下体兑上坎的节（☵）象含藏涵摄贯通着下体艮上体离的旅（☲）象于里，下体乾上体坎的需（☵）象含藏涵摄贯通着下体坤上体离的晋（☲）象于里，下体乾上体兑的夬（☱）象含藏涵摄贯通着下体坤上体艮的剥（☶）象于里，下体乾上体震的大壮（☳）象含藏涵摄贯通着下体坤上体巽的观（☴）象于里。

正是基于由过去到现在维度下阴阳动变流转的旁通视域，抑或由现在到未来维度下阴阳动变流转的旁通视域，以比卦为起点通往大有卦这一旁通历程观大有各象在六虚表位上渐次阶段性生成显现，虞翻对《大有》的经文作出了典范诠释，揭示了由比通向大有历程中所符显的造化力量与生命力量、天道与人事的相关显隐一体、动变流转的旁通之象。

在诠释《大有》卦辞"元亨"时，虞翻说：

> 与比旁通。柔得尊位，大中，应天而时行，故"元亨"也。①

大有卦（☰☲）与比卦（☵☷）六虚之位上各爻阴阳相反，构成旁通关系。归根结底而言，大有卦与比卦都来自消息卦乾阳坤阴的往来交感互通，因阴阳消息交感变生所赋阴阳变化流转性能，其阴阳即具备了变化流转的必然，两卦整体即具备了变化互通的必然，以大有卦为阴阳变化流转旁通的起点，大有阴阳的变化流转，其终点必然是比卦，由此呈现为大有含藏涵摄比，渐次通往比含藏涵摄大有的历程；以比卦为阴阳变化流转旁通的起点，比阴阳的变化流转，其终点必然是大有卦，由此呈现为比含藏涵摄大有，渐次通往大有含藏涵摄比。

以比卦为起点通往大有卦这一旁通历程观大有卦之象，大有作为由比卦起始的阴阳变化流转旁通的结果，其五爻之阴处上体天、王之位与中位，与下体乾中的二爻之阳相应和，应二而应乾，符显阴柔得处至尊之位，置身中的最高境地，顺应天依时序而行，所以说"元亨"。

在诠释《大有·象传》"其德刚健而文明，应乎天而时行，是以'元亨'"时，他说：

> 谓五以日应乾而行于天也。"时"，谓四时也。大有亨

---

① （清）孙堂辑：《虞翻周易注》，台北：成文出版社有限公司，1976年，第527页。

比，初动成震为春，至二，兑为秋，至三，离为夏、坎为冬，故曰"时行"。以乾亨坤，是以"元亨"。①

作为由比卦起始的阴阳变化流转旁通结果的大有卦，其五爻之阴处上体离日之象中，应和二爻之阳所处下体乾天之象，符显五以日运行于天。"时"说的是四时。大有卦与比卦旁通，在由过去到现在维度下，比卦阴阳动变流转，旁通趋大有，使大有各象在六虚表位上渐次阶段性生成显现，抑或在由现在到未来维度下，比卦阴阳动变流转，旁通趋大有卦，使大有各象在六虚表位上渐次阶段性生成显现历程中，比卦初爻之阴变化，则六虚初位显隐一体的比阴大有阳即或将变动通转，六虚初之表位即或将变现大有初爻之阳，比卦初爻之阴则即或将转居六虚初之里位，六虚表位下体遂即或将由坤变震，符显春时之象；比卦二爻之阴继之变化，则六虚二位显隐一体的比阴大有阳即或将变动通转，六虚二之表位即或将变现大有二爻之阳，比卦二爻之阴则即或将转居六虚二之里位，六虚表位下体遂即或将由坤变兑，符显秋时之象；比卦三爻之阴继之变化，则六虚三位显隐一体的比阴大有阳即或将变动通转，六虚三之表位即或将变现大有三爻之阳，比卦三爻之阴则即或将转居六虚三之里位，六虚表位下体遂即或将由坤变乾，别卦遂即或将由比变需（䷄），需三至五爻互体离，符显夏时之象，上体坎，符显冬时之象。震春、兑秋、离夏、坎冬四时之象伴随旁通历程即或将逐次生成显现，所以说"时行"。"以乾亨坤"即以乾通坤，借助阴阳的变化旁通流转，比下体坤

---

① （清）孙堂辑：《虞翻周易注》，台北：成文出版社有限公司，1976年，第528页。

含藏涵摄的大有下体乾之诸阳逐次触通坤阴，使坤最终通为乾，符显造化本原的天与地阴阳交感互通，万物因此而化生亨遂，所以"元亨"。

在诠释《大有·大象传》"君子以遏恶扬善，顺天休命"时，他说：

> "遏"，绝。"扬"，举也。乾为扬善，坤为遏恶，为顺。以乾灭坤，体夬"扬于王庭"，故"遏恶扬善"。乾为天休，二变时，巽为命，故"顺天休命"。①

大有卦（☰）由比卦（☷）阴阳变化旁通流转而来，其下体为乾，作为这一旁通流转起点的比卦下体为坤，在由过去到现在维度下抑或由现在到未来维度下，比卦阴阳变化旁通流转至三爻，则显隐一体的比下体坤即或将通转变现为大有下体乾；旁通流转至四爻，则上体坎即或将通转为兑，别卦即或将由比通转为夬（☱）。阴阳变化旁通流转至上爻，别卦比即或将完成通转为大有这一旁通的历程，至此，大有之象即或将基于六虚表位而显现于外，比卦之象则即或将基于六虚里位而隐藏于内，被大有之象含藏涵摄。在此历程中，从夬（☱）象到大有（☰）象即或将在六虚表位显现时，二爻以阳居阴位而失位失正，动变当位得正后，二至四爻互体巽。乾阳有积极主动的品质，宣扬、弘扬、发扬、号召属于积极主动之举，乾阳生生而善，于是乾符显扬善之象。阴气为一种杀气，遏阻万物生机，阻止万物生生，于万物而言不利，于是坤符显遏恶之象。坤又符显顺之象。在上述比阴

---

① （清）孙堂辑：《虞翻周易注》，台北：成文出版社有限公司，1976年，第528页。

阳变化旁通流转趋往大有历程中，流转出的大有乾象令比坤象灭隐于内，即"以乾灭坤"而"遏恶扬善"。《夬》卦辞云"扬于王庭"，夬于此符显在朝廷郑重宣布遏恶扬善之象。乾为天，乾善而美，休即美，于是乾符显天、休之象。巽为风，符显命令之象。坤顺，乾天、休，巽命，三象互连，所以说"顺天休命"。就此，潘雨廷先生诠释道："大有下卦乾为扬善，旁通比下卦坤为遏恶，由消息而以乾灭坤，所以遏绝其恶而扬举其善。于象比而屯，屯而节，节而需，又需而夬，故曰体夬扬于王庭，盖以夬卦辞明君子当遏恶扬善于王庭。比下卦坤为顺，变成乾为天为休。休，美也。夬二变时卦为革，下参巽为命，故顺天休命。"[①]这里，潘先生一一列出了由比向大有旁通流转中初比转为屯、二进而由屯转为节、三进而由节转为需、四进而由需转为夬的各象间的互转，认为二爻之变成巽命象发生在转成夬象时，夬二变则成革。笔者认为，二变发生在转成夬象到大有象的三象中：四爻旁通转为夬象，二当变而成巽；五爻旁通转为大壮象，二当变而成巽；上爻旁通转为大有象，二当变而成巽。

在诠释《大有》初九爻辞"无交害，匪咎，艰则无咎"时，他说：

> "害"谓四。四离火，为恶人，故"无交害"。初动，震为交。比坤为害。"匪"，非也。"艰"，难，谓阳动比初成屯，屯，难也。变得位，"艰则无咎"。[②]

---

① 潘雨廷：《周易虞氏易象释》，《潘雨廷著作集》伍，上海：上海古籍出版社，2016年，第96页。
② （清）孙堂辑：《虞翻周易注》，台北：成文出版社有限公司，1976年，第528—529页。

在比阴阳变化旁通流转趋往大有历程中，在由过去到现在维度下抑或由现在到未来维度下，最终大有之象即或将基于六虚表位而呈现于外，至此，四爻之阴处上体离火象中，失位失正符显恶人之象而为害。在此历程起点，比卦初爻之阴变化，下体由坤通转为震，别卦由比通转为屯，大有初阳居六虚初位而显，处震象、屯象之中。震象来自乾刚坤柔初位之交，符显交之象，坤阴杀死丧符显害之象，屯下震上坎，震刚柔始交而坎险，符显艰难之象，但大有初阳因变出现，得位得正，成此屯艰难之象，所以说"艰则无咎"。在比阴阳变化旁通转化趋往大有历程的起点，大有初阳变出遭遇祸害，在此历程的终点，又将遭遇为害的恶人，所以在大有初阳即或将出现之际，爻辞就提示时刻警惕"无交害"。

在诠释《大有》九二爻辞"大车以载，有攸往，无咎"时，他说：

> 比坤为大车，乾来积上，故"大车以载"。"往"谓之五。二失位，变得正，应五，故"有攸往，无咎"矣。[①]

作为阴阳变化流转通向大有旁通历程起点的比卦，下体为坤，坤之三阴居六虚下三个表位，大有下体为乾，乾之三阳居六虚下三个里位，坤含藏涵摄贯通着乾，乾下而坤上。在由过去到现在维度下抑或由现在到未来维度下，借助旁通流转，大有下体乾之三阳即或将转居六虚下三个表位，比下体坤之三阴即或将转居六虚下三个里位，乾即或将转而含藏涵摄贯通着坤，坤下而乾

[①] （清）孙堂辑：《虞翻周易注》，台北：成文出版社有限公司，1976年，第529页。

上。坤符显大舆之象，大舆即大舆，九二之阳所在乾三阳一体即或将转来积于其上，所以说"大舆以载"。际此比转而为需（䷇），二爻之阳以阳爻居阴位而失位，动变得正之后，则与五爻之阳相互应和，可往应五爻之阳，所以说"有攸往，无咎"。

在诠释《大有》上九爻辞"自天右之，吉，无不利"时，他说：

> 谓乾也。"右"，助也。大有通比，坤为自，乾为天，兑为右，故"自天右之"。比坤为顺，乾为信。"天之所助者顺，人之所助者信。履信思顺，又以尚贤"，故"自天右之，吉，无不利"。①

大有卦（䷍）与比卦（䷇）旁通，作为比阴阳变化流转通向大有旁通历程终点的大有卦，其上位之阳一旦转来六虚上之表位，则大有之象基于六虚表位而全显于外，而比之象基于六虚里位全隐于内，为大有之象所含藏涵摄贯通。大有卦上爻之阳与三爻之阳处在互应关系爻位上，三爻之阳处下体乾中，乾下含藏涵摄贯通着坤，又处三至五爻互体兑中。坤为腹符显自之象，乾符显天之象，兑在四正卦易场中居右西位而符显右之象，所以说"自天右之"。坤又符显顺之象，《中庸》云"诚者天之道"，乾又符显信之象。所以《系辞上传》在诠释本爻之辞时云"天之所助者顺，人之所助者信。履信思顺，又以尚贤"，所以说"自天右之，吉，无不利"。

不难发现，上述诠释中，虞翻依据由过去到现在之维抑或由

---

① （清）孙堂辑：《虞翻周易注》，台北：成文出版社有限公司，1976年，第531—532页。

现在到未来之维下旁通卦阴阳变化流转通往本卦的旁通历程，运用了该历程中旁通卦比及其转化所呈现的诸象：旁通卦比及其由初至三依次转化呈现的坤地、震春、兑秋、离夏、坎冬、乾天之象；旁通卦比及其由初至三依次变化呈现的坤遏恶、顺之象，乾扬善、天休之象，乾扬善、天休含藏涵摄贯通坤遏恶、顺之象；旁通卦比由初至四依次转化来的夬扬于王庭之象；旁通卦比及初阴动所呈现的坤害之象、震交之象、屯难之象；旁通卦比及其由初至三依次变化呈现的坤大耀之象，乾阳之象，乾阳含藏涵摄贯通坤大耀之象；旁通卦比及其由初至上依次变化呈现的坤自、顺之象，乾天、信之象，本卦大有互体兑右之象。以上诸象，属于天道层面的，有坤地、震春、兑秋、离夏、坎冬、乾天、乾天休之象；属于人事层面的，有夬扬于王庭之象；兼属天道人事的，有乾扬善、乾信、坤遏恶、坤顺、坤害、坤自、震交、屯难之象。

（二）以旁通卦豫通往本卦小畜为例

小畜卦与豫卦旁通，虞翻对《小畜》经文的诠释，仍是立足于豫卦阴阳变化流转通往小畜卦的旁通历程，从而揭示造化力量与万物万象生命力量、天道与人事的相关显隐一体、动变流转的旁通之象。

小畜卦（☰☴）与豫卦（☷☳）六爻之位阴阳亦互反，同样构成旁通关系。在对《小畜》经文诠释的过程中，虞翻于现在之维视小畜，于过去之维视旁通卦豫，以豫卦阴阳动变流转通向小畜的历程，诠释小畜卦的卦爻之象及其意蕴，在过去之维的豫卦，是这一旁通流转的过去之维起点，小畜卦是这一旁通流转的过去之维终点，从起点到终点，围绕豫卦之变通小畜，都被收摄到由过去之维到现在之维下予以审视,从而揭示造化力量与万物万象生命力量、天道与人事的相关显隐一体、动变流转的旁通之象。转换一下,这一诠释,如果于未来之维视小畜卦,于现在之维视旁通卦象,那么豫卦阴阳动变流转通向小畜卦的历程,就成为未来之维将发生的一切。在现在之维的豫卦,是这一旁通流转的未来之维起点,小畜卦是这一旁通流转的未来之维终点,从起点到终点,围绕豫卦之变通小畜,都被收摄到由现在之维到未来之维下予以审视,从而揭示造化力量与万物万象生命力量、天道与人事的相关显隐一体、动变流转的旁通之象。

在由过去之维到现在之维视域下,以由豫到小畜的阴阳动变流转旁通过程观小畜之象,作为旁通起点的过去之维下的豫卦（☷☳）之象,初、二、三之阴,四之阳,五、上之阴,居六虚表位显现于外,小畜（☰☴）之象初、二、三之阳,四之阴,五、上之阳,则居六虚里位隐藏于内,为豫卦之象所含藏涵摄。因阴阳消息交感变生所赋阴阳变化流转性能的发挥,豫卦六爻的阴阳就开始依序发生阳变阴、阴变阳的流动变化,这一变化的持续推进,使得居六虚表位的豫的阴阳逐次由表入里,而居六虚里位的小畜的阴阳则逐次由里来表,在显隐流转之维豫卦之象由显转隐,小畜之象由隐转显,在显之维豫卦之象最终通向小畜卦之象。具体而言,随着阴阳变化流转性能的接续发挥,豫卦（☷☳）初位之阴变为阳,意味着初位一阳变显于外,一阴变隐于内,意味着豫卦初爻之阴由据表转为入藏居里,意味着小畜卦初爻之阳由居里转为据表,下体坤上体震的豫象,转呈为下体震上体震的震（☳☳）象于表；豫卦二位之阴继之变为阳,意味着二位一阳变显于外,一阴变隐于内,意味着豫卦二爻之阴由据表转为入藏居里，意味着小畜卦二爻之阳由居里转为据表，下体坤上体震的豫象，转呈为下体兑上体震的归妹（☷☳）象于表；豫卦三位之阴继之变为阳，意味着三位一阳变显于外，一阴变隐于内，意味着豫卦三爻之阴由据表转为入藏居里，意味着小畜卦三爻之阳由居里转为据表，下体坤上体震的豫象，转呈为下体乾上体震的大壮（☰☳）象于表；豫卦四位之阳继之变为阴，意味着四位一阴变显于外，一阳变隐于内，意味着豫卦四爻之阳由据表转为入藏居里，意味着小畜卦四爻之阴由居里转为据表，下体坤上体震的豫象，转呈为下体乾上体坤的泰（☰☷）象于表；豫卦五位之阴继之变为阳，意味着五位一阳变显于外，一阴变隐于内，意味着豫卦五爻之阴由据表转为入藏居里，意味着小畜卦五爻之阳由居里转为据表，下体坤上体震的豫象，转呈为下体乾上体坎的需（☰☵）象于表；豫卦上位之阴继之变为阳，意味着上位一阳变显于外，一阴变隐于内，意味着豫卦上爻之阴由据表转为入藏居里，意味着小畜卦上爻之阳由居里转为据表，下体坤上体震的豫象，转呈为下体乾上体巽的小畜（☰☴）象于表，含藏涵摄贯通着下体坤上体震的豫（☷☳）象于里，过去之维下的豫象，最终变动通向了现在之维下的小畜象，过去之维下的豫象显现于外、含藏涵摄贯通着小畜象，转化为现在之维下的小畜象显现于外、含藏涵摄贯通着豫象。当然，上述历程中，下体震上体震的震（☳☳）象含藏涵摄贯通着下体巽上体巽的巽（☴☴）象于里，下体兑上体震的归妹（☷☳）象含藏涵摄贯通着下体艮上体巽的渐（☶☴）象于里，下体乾上体震的大壮（☰☳）象含藏涵摄贯通着下体坤上体巽的观（☷☴）象于里，下体乾上体坤的泰（☰☷）象含藏涵摄贯通着下体坤上体乾的否（☷☰）象于里，下体乾上体坎的需（☷☰）象含藏涵摄贯通着下体坤上体离的晋（☷☲）象于里。

在由现在之维到未来之维视域下，以将要发生的由豫到小畜的阴阳动变流转旁通过程观小畜之象，作为旁通起点的现在之维下的豫卦（☷☳）之象，初、二、三之阴，四之阳，五、上之阴，居六虚表位显现于外，小畜（☰☴）之象初、二、三之阳，四之阴，五、上之阳，则居六虚里位隐藏于内，为豫卦之象所含藏涵摄。因阴阳消息交感变生所赋阴阳变化流转性能发挥的必然，豫卦六爻的阴阳必然将依序发生阳变阴、阴变阳的流动变化，这一变化一旦发生则必将持续推进，从而将使得居六虚表位的豫的阴阳在未来逐次由表入里，而居六虚里位的小畜的阴阳则在未来逐次由里来表，在显隐流转之维豫卦之象将由显转隐，小畜之象将由隐转显，在显之维豫卦之象最终将在可预期的未来通向小畜卦之象。具体而言，随着未来阴阳变化流转性能的必然接续发挥，豫卦（☷☳）初位之阴一旦变为阳，意味着初位一阳即会变显于外，一阴即会变隐于内，意味着豫卦初爻之阴即会由据表转为入藏居里，意味着小畜卦初爻之阳即会由居里转为据表，下体坤上体震的豫象，即会转呈为下体震上体震的震（☳☳）象于表；豫卦二位之阴将继之变为阳，意味着二位一阳也将变显于外，一阴将变隐于内，意味着豫卦二爻之阴将由据表转为入藏居里，意味着小畜卦二爻之阳将由居里转为据表，下体坤上体震的豫象，将转呈为下体兑上体震的归妹（☱☳）象于表；豫卦三位之阴继之将变为阳，意味着三位一阳将变显于外，一阴将变隐于内，意味着豫卦三爻之阴将由据表转为入藏居里，意味着小畜卦三爻之阳将由居里转为据表，下体坤上体震的豫象，将转呈为下体乾上体震的大壮（☰☳）象于表；豫卦四位之阳继之将变为阴，意味着四位一阴将变显于外,一阳将变隐于内,意味着豫卦四爻之阳将由据表转为入藏居里,意味着小畜卦四爻之阴将由居里转为据表,下体坤上体震的豫象,将转呈为下体乾上体坤的泰（☷☰）象于表;豫卦五位之阴继之将变为阳,意味着五位一阳将变显于外,一阴将变隐于内,意味着豫卦五爻之阴将由据表转为入藏居里,意味着小畜卦五爻之阳将由居里转为据表,下体坤上体震的豫象,将转呈为下体乾上体坎的需（☵☰）象于表;豫卦上位之阴继之将变为阳,意味着上位一阳将变显于外,一阴将变隐于内,意味着豫卦上爻之阴将由据表转为入藏居里,意味着小畜卦上爻之阳将由居里转为据表,下体坤上体震的豫象,将转呈为下体乾上体巽的小畜（☴☰）象于表,含藏涵摄贯通下体坤上体震的豫（☳☷）象于里,现在之维下的豫象,最终将变动通向未来之维下的小畜象,现在之维下的豫象显现于外、含藏涵摄贯通着小畜象,将转化为未来之维下的小畜象显现于外、含藏涵摄贯通着豫象。当然,上述历程中,下体震上体震的震（☳☳）象含藏涵摄贯通着下体巽上体巽的巽（☴☴）象于里,下体兑上体震的归妹（☳☱）象含藏涵摄贯通着下体艮上体巽的渐（☴☶）象于里,下体乾上体震的大壮（☳☰）象含藏涵摄贯通着下体坤上体巽的观（☴☷）象于里,下体乾上体坤的泰（☷☰）象含藏涵摄贯通着下体坤上体乾的否（☰☷）象于里,下体乾上体坎的需（☵☰）象含藏涵摄贯通着下体坤上体离的晋（☲☷）象于里。

正是基于由过去到现在维度下阴阳动变流转的旁通视域,抑或由现在到未来维度下阴阳动变流转的旁通视域,以豫卦为起点通往小畜卦这一旁通历程观小畜各象,虞翻对《小畜》的相关经文作出了典范诠释,揭示了由豫通向小畜历程中所符显的造化力量与生命力量、天道与人事的相关显隐一体、动变流转的旁通之象。

在诠释《小畜·象传》"'自我西郊',施未行也"时,虞翻说:

> 与豫旁通……豫坤为自我,兑为西,乾为郊。雨生于西,故"自我西郊"。九二未变,故"施未行"矣。①

小畜卦(䷈)与豫卦(䷏)旁通,在由过去到现在之维抑或由现在到未来之维下,豫作为由豫通往小畜这一旁通历程的起点,阴阳变化流转旁通历程发生之前,含藏涵摄贯通着小畜,豫下体为坤象,居于六虚下三个表位,小畜二至四爻互体兑象,居于二至四六虚里位而为豫二至四互体艮象所含藏涵摄贯通,小畜下体为乾象,居六虚下三个里位而为豫下体坤象所含藏涵摄贯通。坤为腹符显自我之象,兑于四正卦易场居右西秋位符显西之象,《说卦传》云"乾,西北之卦也",乾符显郊之象,雨生于西郊,所以说"自我西郊"。在这一旁通流转的终点处,小畜(䷈)下体乾象,居六虚下三个表位,豫下体坤象,居六虚下三个里位而为小畜下乾象所含藏涵摄贯通,小畜二至四爻互体兑象,居于二至四六虚表位而含藏涵摄贯通着豫二至四互体艮象。坤自我、兑西、乾郊,所以说"自我西郊"。小畜二爻之阳失位失正未变,所以说"施未行"。依据"施未行"虞翻的诠释,笔者认为,"自我西郊"之象出现在旁通流转历程的终点更为合理。

---

① (清)孙堂辑:《虞翻周易注》,台北:成文出版社有限公司,1976年,第508页。

在诠释《小畜·大象传》"风行天上,小畜;君子以懿文德"时,他说:

> "君子"谓乾。"懿",美也。豫坤为文,乾为德,离为明,初至四体夬为书契,乾、离照坤,故"懿文德"也。①

作为豫阴阳变化流转旁通结果的小畜(☴)下体乾象,居于六虚下三表位而含藏涵摄贯通着居于六虚下三里位的豫下体坤象,三至五爻互体离象,居于六虚三至五表位,初至四爻四爻连互,初至三下乾,二至四互体上兑,组成夬。乾阳善符显君子、德之象,坤符显文之象,离为日符显明之象,《系辞下传》云"上古结绳而治,后世圣人易之以书契,百官以治,万民以察,盖取诸夬",于是夬符显书契之象,乾天离日之明照耀藏里之坤文,所以说"君子以懿文德"。

在诠释初九爻辞"复自道,何其咎?吉"与《小象传》"'复自道',其义'吉'也"时,他说:

> 谓从豫四之初成复卦,故"复自道"。"出入无疾,朋来无咎","何其咎?吉"。乾称"道"也。②

乾坤对待而旁通,如前分析虞翻《大畜》经文之注所言,乾九四之阳来至坤初之位而成复(☳),坤初六往至乾四之位而成小畜(☴)。复阳之小对显小畜蓄养之小。小畜旁通豫卦(☳),豫九四之阳对应复初之阳,消息卦变来自复初之阳与六四之阴的往来交感互通,此阳居阴位失正,从四爻之位返回初爻

---

① (清)孙堂辑:《虞翻周易注》,台北:成文出版社有限公司,1976年,第508页。
② 同上。

之位则回返正道成复（䷗），所以说"复自道"。在复一阳息出成震的基础上，阳息消阴、阴息消阳历程顺次展开，阳息出震依次呈现复、临、泰、大壮、夬、乾，阴息消阳而阳隐入巽依次呈现姤、遯、否、观、剥、坤，不见坎疾之象出现，临下体兑符显朋之象，此即"出入无疾，朋来无咎"而"何其咎？吉"。内中乾阳生生符显道之象。现在之维下的小畜象含藏涵摄贯通着豫象，小畜初爻之阳与四爻之阴相应，其所含藏涵摄贯通的豫初爻之阴与四爻之阳相应，豫所发生的四爻之阳与初爻之阴往来易位起始的诸象皆收摄于小畜象中，成为旁通意义域下衍生出的复杂内涵。

在诠释《小畜》九三爻辞"车说輹，夫妻反目"与《小象传》"'夫妻反目'，不能正室也"时，他说：

> 豫坤为车，为輹。至三成乾，坤象不见，故"车说輹"。马君及俗儒皆以乾为车，非也。豫震为夫，为反，巽为妻，离为目。今夫妻共在四，离火动上，目象不正，巽多白眼，"夫妻反目"。妻当在内，夫当在外，今妻乘夫而出在外，《象》曰"不能正室"。[①]

豫阴阳变化流转旁通小畜，在由过去到现在抑或由现在到未来之维下，自此旁通历程始点起，居六虚表位的豫下体坤象自初至三依序发生变化，转为豫下坤象隐居六虚里位而下体成乾象居六虚表位，乾象含藏涵摄贯通着坤象。"说"即脱。"輹"谓系缚车身与车轴的绳索或皮革之类的物件，位于车身中央如车之腹

---

① （清）孙堂辑：《虞翻周易注》，台北：成文出版社有限公司，1976 年，第 509 页。

部。坤为舆、为腹，符显车、辐之象。因阴阳的变化旁通流转，豫卦下体坤变为乾，坤车、辐之象隐藏不见，所以说"车说辐"。马融与其他儒者大概是因为由车轮滚滚运行不止联想到了天行健而运行不息，都认为小畜三爻之阳所在下体乾符显车之象，这是错误的。豫阴阳变化流转通往小畜的旁通历程完成，小畜象全显于六虚表位，在现在之维下含藏涵摄贯通着转居六虚里位的豫象。小畜三爻之阳相应爻位上的上爻处在上体巽象，下含藏涵摄贯通着豫上体震象，小畜三爻之阳又处三至五爻互体离象。震为长男符显夫之象，又因阴息消乾而成坤、阳息回返而成震，所以震又符显反之象；巽为长女符显妻之象；离符显目、火之象；巽又符显多白眼之象（《说卦传》）。现在小畜上体巽妻之象据六虚上三表位显现于外，豫上体震夫之象居六虚上三里位隐藏于下，巽妻、震夫的决定性标志之爻皆在四爻之位，离火炎上而行，离目之象不在下体、不在上体却在互体而不正，所以说"夫妻反目"。家庭中妻当主内，夫当主外，而现在小畜含藏涵摄贯通着豫，符显巽妻凌驾于震夫之上而出现在外，所以《小象传》曰"不能正室"。

在诠释《小畜》六四爻辞"有孚，血去，惕出，无咎"时，他说：

> "孚"谓五。豫坎为血，为惕。"惕"，忧也。震为出。变成小畜，坎象不见，故"血去，惕出"。得位承五，故"无咎"也。[1]

---

[1] （清）孙堂辑：《虞翻周易注》，台北：成文出版社有限公司，1976年，第510页。

这里仍然是立足于小畜与豫的旁通流转变化互通关系，以豫作为旁通历程起点，以小畜作为旁通历程终点，对《小畜》六四爻辞所表达的象作出诠释。阳在二、五之中符显孚信之象，小畜五爻之阳"有孚"。在由豫到小畜旁通流转变化的起点，豫三至五爻互体为坎，上体为震，坎为血卦、为加忧（《说卦传》），符显血、忧惕之象，震符显出之象。经历六个阶段的旁通流转，豫卦变成小畜卦，坎血、忧惕之象消隐不见，所以说"血去，惕出"。现在的小畜四爻之阴当位得正且顺承五爻之阳，所以说"无咎"。

在诠释《小畜》九五爻辞"有孚挛如，富以其邻"时，他说：

> 孚五，谓二也。"挛"，引也。巽为绳，豫艮为手。二失位，五欲其变，故曰"挛如"。"以"，及也。五贵称"富"。"邻"谓三。兑西、震东称"邻"。[1]

由豫阴阳变化流转通往小畜的旁通历程完成，终点处小畜象含藏涵摄贯通着豫象。如前所言，阳在二、五之中符显孚信之象，孚信说的是小畜五爻之阳居中孚信，与其相应的二爻之阳同样居中孚信。小畜五爻之阳处在上体巽中，其相应爻位的二爻之阳处二至四爻互体兑，兑处六虚二至四表位，其下含藏涵摄贯通着处六虚二至四里位的豫二至四爻互体艮，巽、艮分别符显绳、手之象，以手持绳系连物，说的是五爻之阳中正孚信，系连引拔爻位相应居中孚信却失位的二爻之阳，欲令其变正，所以说

---

[1] （清）孙堂辑：《虞翻周易注》，台北：成文出版社有限公司，1976年，第510页。

"有孚挛如"。五在天、天子尊贵多功之位而称"富"。"邻"指的是相对于五的三。五爻之阳所在上体巽居六虚上三表位,其所含藏涵摄贯通的豫五爻之阴所在上体震则居六虚上三里位,三爻之阳处二至四爻互体兑,四正卦易场中兑、震分居右西、左东之位,符显邻之象,所以说"富以其邻"。

不难发现,上述诠释中,虞翻依据由过去到现在之维抑或由现在到未来之维下旁通卦阴阳变化流转通往本卦的旁通历程,运用了该历程中旁通卦象及其转化所呈现的诸象:旁通卦象转化成小畜过程自起点至终点所呈现的旁通卦象下体坤自我之象,本卦小畜互体兑西之象、下体乾郊之象;旁通卦象转化至终点成小畜所呈现的本卦小畜下体乾君子、乾德、乾明之象,旁通卦象下体坤文之象,本卦小畜互体离明之象、连互夬书契之象,本卦小畜乾明之象及其含藏涵摄贯通的旁通卦象坤文之象;在旁通卦象向小畜旁通之初,旁通卦象四至初所引发的消息流转出入无坎疾、兑朋来无咎而显乾道,符显着小畜初爻内涵之象;旁通卦象及其由初至三依次变化呈现的坤车、輹之象,乾象及其含藏涵摄贯通的坤车、輹之象以及旁通历程结束呈现的小畜上体巽妻、多白眼之象在外含藏涵摄贯通旁通卦象上体震夫、反之象,互体离目、火之象;在旁通卦象向小畜旁通历程的起点呈现的旁通卦象互体坎血、惕之象与上体震出之象,终点呈现的本卦小畜互体离象含藏涵摄贯通旁通卦象互体坎血、惕之象而使后者隐而不见之象;在旁通卦象向小畜旁通历程的终点呈现的本卦小畜互体兑西之象及其含藏涵摄贯通的旁通卦象互体艮手之象,本卦小畜上体巽绳之象及其含藏涵摄贯通的旁通卦象上体震东之象。以上诸象,属于天道层面的,有兑西、乾郊、乾道、离火、震东之象;属于人事层面的,有坤自我、坤车、坤籅、乾君子、夬书契之象、坎疾、坎血、坎惕、巽妻、巽多白眼、震夫、离目、艮手、巽绳之象;兼属天道人事的,有乾德、乾明之象,坤文之象,离明之象、兑朋、震反、之象,震出之象。

四 时间过程维度下本卦通往旁通卦所符显的天道人事旁通之象

基于阴阳的变化流转,一卦的旁通卦可以通往本卦,一卦也可以通往其旁通卦。借助本卦通往旁通卦的旁通历程,虞翻继而揭示了另一种由过去到现在维度、现在到未来维度下造化力量与万物万象生命力量、天道与人事的相关显隐一体、动变流转的旁通之象。

这里谨以虞翻《豫》《蛊》经文诠释为例,揭示本卦通往其旁通卦符显的天道人事旁通之象。

借助旁通卦比通往本卦大有、旁通卦豫通往本卦小畜的旁通历程,通过对《大有》《小畜》经文的典范诠释,虞翻揭示了过去到现在维度、现在到未来维度下造化力量与万物万象生命力量、天道与人事的相关显隐一体、动变流转的旁通之象;借助本卦豫通往旁通卦小畜、本卦蛊通往旁通卦随的旁通历程,通过对《豫》《蛊》经文的典范诠释,虞翻继而揭示了另一种由过去到现在维度、现在到未来维度下造化力量与万物万象生命力量、天道与人事的相关显隐一体、动变流转的旁通之象。

(一) 以本卦豫通往旁通卦小畜为例

虞翻对《豫》经文的诠释,其理路与诠释《小畜》经文时由旁通卦通往本卦相反，是由本卦通往旁通卦，然两种诠释的旁通历程则相同，仍是立足于豫卦阴阳变化流转通往小畜卦的这一旁通历程。在对《豫》经文诠释的过程中，虞翻于现在之维视豫卦，于豫卦的未来之维视旁通卦比，以豫卦阴阳动变流转通向小畜的历程，诠释《豫》卦爻辞及传文所表达的各象，在现在之维的豫卦，是这一旁通流转的未来之维起点，小畜卦是这一旁通流转的未来之维终点，从起点到终点，围绕豫卦之变通小畜，都被收摄到由现在之维到未来之维下予以审视。转换一下，这一诠释，如果于过去之维视豫卦，于现在之维视旁通卦小畜，那么豫卦阴阳动变流转通向小畜卦的历程，就成为现在之维所已发生的一切。在过去之维的豫卦，是这一旁通流转的过去之维起点，小畜卦是这一旁通流转的过去之维终点，从起点到终点，围绕豫卦之变通小畜，都被收摄到由过去之维到现在之维下予以审视。

正是基于由现在到未来维度下阴阳动变流转的旁通视域，抑或由过去到现在维度下阴阳动变流转的旁通视域，以豫卦为起点通往小畜卦这一旁通历程观《豫》卦爻辞及传文所表达的各象，虞翻对《豫》的相关经文作出了典范诠释，揭示了由豫通向小畜历程中所符显的造化力量与生命力量、天道与人事的相关显隐一体、动变流转的旁通之象。

在诠释《豫》卦辞"利建侯、行师"时，虞翻说：

复初之四，与小畜旁通。[①]

豫卦（☷☳）与小畜卦（☴☰）六虚之位上各爻阴阳相反，构

---

① （清）孙堂辑：《虞翻周易注》，台北：成文出版社有限公司，1976年，第535页。

成旁通关系。归根结底而言，豫卦与小畜卦都来自消息卦乾阳坤阴的往来交感互通，因阴阳消息交感变生所赋阴阳变化流转性能，其阴阳同样具备了变化流转的必然，两卦整体同样具备了变化互通的必然，以豫卦为阴阳变化流转旁通的起点，豫卦阴阳的变化流转，其终点必然是小畜卦，由此呈现为豫含藏涵摄小畜，渐次通往小畜含藏涵摄豫的历程；以小畜卦为阴阳变化流转旁通的起点，小畜阴阳的变化流转，其终点必然是豫卦，由此呈现为小畜含藏涵摄豫，渐次通往小畜含藏涵摄豫。

豫卦来自十二消息卦一阳息卦复乾初之阳与坤四之阴的往来交感变生，因而其阴阳具备了变化流转旁通的性能，与小畜卦可以阴阳变化流转互通。以豫卦为起点通往小畜卦这一旁通历程审视《豫》卦爻辞及传文所表达的各象。

在诠释《豫·象传》"豫顺以动，故天地如之，而况'建侯''行师'乎！天地以顺动，故日月不过，而四时不忒"时，他说：

> 小畜乾为天，坤为地。"如之"者，谓天地亦动，以成四时。"而况建侯行师"，言其皆应而豫也。豫变通小畜，坤为地，动初至三成乾，故"天地以顺动"也。"过"谓失度。"忒"，差迭也。谓变初至需，离为日，坎为月，皆得其正，故"日月不过"。动初时，震为春；至四，兑为秋；至五，坎为冬，离为夏；四时为（"为"疑作"位"）正，故"四时不忒"。[1]

---

[1] （清）孙堂辑：《虞翻周易注》，台北：成文出版社有限公司，1976年，第535—536页。

豫卦阴阳变化流转旁通即会成为小畜卦，豫卦是这一旁通流转历程的起点，小畜卦则是这一历程的终点。豫卦下体为坤，小畜卦下体为乾。起点处豫下体坤含藏涵摄贯通着小畜下体乾，终点处小畜下体乾含藏涵摄贯通着豫下体坤。乾、坤分别符显天地之象。在天道之域，乾天坤地顺势进行阴阳消息变动流转而形成四时。在人事之域，建侯、行师之类亦顺势而进行，则必圆满达成预期目标而愉悦。豫卦阴阳变化旁通流转通往小畜卦，豫卦下体为坤，在由过去到现在维度下，豫卦阴阳动变流转，旁通趋小畜，抑或在由现在到未来维度下，豫卦阴阳动变流转，旁通趋小畜卦，豫卦由初爻一直变动到三爻，则六虚初位、二位、三位显隐一体的豫阴小畜阳即或将依次变动通转，六虚下三个表位即或将依次变现小畜初爻、二爻、三爻之阳，豫卦初爻、二爻、三爻之阴则即或将依次转居六虚初、二、三之里位，六虚表位下体遂即或将由坤变成乾，坤符显地而乾符显天，昭示坤地顺次变为乾天，所以说"天地以顺动"。豫卦从初爻变动一直变到五爻，在六虚表位形成需卦：变动到三爻，六虚表位下乾上震为大壮（䷡）。继续变动四爻、五爻，四位显隐一体的豫阳小畜阴与五位显隐一体的豫阴小畜阳即或将依次变动通转，五位即或将依次变动通转，六虚四、五表位即或将依次变现小畜四爻之阴与五爻之阳，豫卦的四爻之阳与五爻之阴则即或将依次转居六虚四、五之里位，豫卦即或将在六虚表位通转为需卦（䷄）。需卦三至五爻互体离，上体坎，离、坎分别符显日、月之象，离、坎二体各爻皆以阳爻居阳位或以阴爻居阴位而当位得正，所以说"日月不过"。豫卦初爻之阴变动时，六虚表位下体由坤通转为震，符显春时之象；动变至四爻时，六虚表位通转为泰卦（䷊），二至四爻互体为兑,符显秋时之象;动变至五爻时,六虚表位通转为需卦(䷄),上体为坎,符显冬时之象,三至五爻互体为离,符显夏时之象。震的决定性标志之爻初爻之阳、兑的决定性标志之爻四爻之阴分别当位得正,离、坎二体各爻更是皆当位得正,意味着春夏秋冬四时之象正,所以说"四时不忒"。

在诠释《豫·彖传》"圣人以顺动,则刑罚清而民服。豫之时义大矣哉"时,他说:

"清",犹明也。动初至四,兑为刑;至坎,为罚;坎、兑体正,故"刑罚清"。坤为民,乾为清,以乾乘坤,故"民服"。顺动天地,使日月、四时皆不过差,"刑罚清而民服",故"义大"也。[①]

在豫卦阴阳变动流转通往小畜的旁通历程中,豫卦自初爻动变至四爻时,六虚表位通转为泰卦(䷊),二至四爻互体为兑,动变至五爻时,六虚表位通转为需卦(䷄),上体为坎,兑为秋杀符显刑之象,坎为险符显罚之象,坎体三爻皆当位得正,兑体的决定性标志之爻四爻之阴当位得正,所以说"刑罚清"。"刑罚清"说的是量罪定刑,实施惩罚,刑罚得当而清正。作为此旁通历程起点的豫下体为坤,从动变至三爻起,六虚表位即通转出小畜下体乾,乾在表而尊处上,坤在里而处乾下,乾含藏涵摄贯通着坤,所以说"以乾乘坤"。乾阳符显君之象,坤阴即符显民之象。乾阳之气清,乾即符显清之象。坤民顺服于乾之下,所以说"民服"。借助阴阳依次的旁通流转,展示乾天坤地顺次变

[①] (清)孙堂辑:《虞翻周易注》,台北:成文出版社有限公司,1976年,第537页。

动相通，使得离日、坎月、震春、兑秋、坎冬、离夏诸正象依次出现而不产生差错过失，兑刑、坎罚正象也依次呈现而符显刑罚清明，乾清在上坤民在下之象出现而符显民服，从天道到人事，皆顺势动而至佳境，所以说"义大"。

不难发现，上述诠释中，虞翻依据由过去到现在之维抑或由现在到未来之维下本卦阴阳变化流转通往旁通卦的旁通历程，运用了该历程中本卦豫及其转化所呈现的诸象：本卦豫转化通往旁通卦小畜过程中，从初至三所呈现的坤地顺动变乾天之象，至五所呈现的离日坎月之象；上述历程中，初动时所呈现的震春之象，至四所呈现的兑秋之象，至五所呈现的坎冬、离夏之象；从初至四所呈现的兑刑之象，至五所呈现的坎罚之象；从初至三及旁通结束所呈现的坤民之象、乾清之象，乾清含藏涵摄贯通坤民之象。以上诸象，属于天道层面的，有坤地、乾天、离日、坎月、震春、兑秋、坎冬、离夏之象；属于人事层面的，有坎罚、坤民之象；兼属天道人事的，有乾清、兑刑之象。

（二）以本卦蛊通往旁通卦随为例

虞氏《易注》中，采取本卦通往旁通卦同一诠释理路，从而揭示造化力量与万物万象生命力量、天道与人事的相关显隐一体、动变流转的旁通之象的，还典型表现在对《蛊》《恒》《巽》经文以及震、巽之象的诠释上，此处仅及对《蛊》的诠释。

在诠释《蛊·彖传》"'先甲三日，后甲三日，'终则有始，天行也"时，虞翻说：

> 泰初之上，与随旁通……谓初变（堂案：《天文编》作"变初"。）成乾，乾为甲；至二成离，离为日；谓乾三爻在

前，故"先甲三日"，贲时也。变三至四，体离；至五，成乾，乾三爻在后，故"后甲三日"，无妄时也。易出震，消息历乾、坤象，乾为始，坤为终，故"终则有始"。乾为天，震为行，故"天行"也。①

蛊卦（䷑）与随卦（䷐）六爻之位阴阳亦互反，同样构成旁通关系。在由现在到未来、抑或由过去到现在维度的旁通视域下，以蛊卦为起点、随卦为终点，蛊卦六位阴阳依次变动，六虚表位巽下艮上蛊象含藏涵摄贯通着六虚里位震下兑上随象，最终即会通转为六虚表位震下兑上随象含藏涵摄贯通着六虚里位巽下艮上蛊象。蛊卦三阴三阳，由消息卦泰乾初之阳与坤上之阴交感互通变生而来，因而具有了阴阳变动流转旁通的性能。以蛊卦为起点，在由现在到未来的维度上，抑或由过去到现在的维度上，蛊卦阴阳的顺次动变，经历六个阶段，最终即会通转为随卦。动变第一阶段，蛊卦初爻之阴发生变化，六虚初之表位随卦初阳变现，蛊卦初阴入居六虚初之里位，六虚表位通转为下乾上艮大畜（䷙）象。当然，六虚里位则为下坤上兑萃（䷬）象。动变第二阶段，蛊卦二爻之阳继之发生变化，六虚二之表位随卦二阴变现，蛊卦二阳入居六虚二之里位，六虚表位通转为下离上艮贲（䷕）象。当然，六虚里位则为下坎上兑困（䷮）象。在上述两个阶段中，乾在下体出现于第一阶段大畜象呈现时，离在下体出现于第二阶段贲象呈现时，乾象在先，离象在后，乾于引动乾天坤地阴阳消息的在天八卦易场中符显甲之象，离符显日之象，乾

---

① （清）孙堂辑：《虞翻周易注》，台北：成文出版社有限公司，1976年，第544—545页。

体三爻在离体之前，所以说"先甲三日"。这一切出现于贲象继大畜象呈现时。动变第三、四阶段，蛊卦三爻之阳与四爻之阴相继发生变化，六虚三、四之表位随卦三阴、四阳依次变现，蛊卦三阳、四阴相继入居六虚三、四之里位，六虚表位依次通转为下震上艮颐（䷚）象、下震上离噬嗑（䷔）象。当然，六虚里位则依次为下巽上兑大过（䷛）象、下巽上坎井（䷯）象。动变第五阶段，蛊卦五爻之阴继之发生变化，六虚五之表位随卦五阳变现，蛊卦五阴入居六虚五之里位，六虚表位通转为下震上乾无妄（䷘）象。当然，六虚里位则为下巽上坤升（䷭）象。在上述三个阶段中，离日之象在上体出现于第四阶段噬嗑象呈现时，乾甲之象在上体出现于第五阶段无妄象呈现时，乾体三爻在离体之后，所以说"后甲三日"。这一切出现于无妄象继颐象、噬嗑象呈现时。由蛊卦向随卦的阴阳变易流转旁通，前三阶段是"出震"的历程，后三阶段是出兑显随的历程。在此历程中，乾，第一阶段出现在大畜下体，第五阶段出现在无妄上体；坤，第三阶段出现在颐二至四爻互体、三至五爻互体。这说明，由蛊向随的阴阳旁通变易令震象出现，在此阴阳变易消息旁通历程中，先后经历乾、坤之象，乾阳创始符显始之象，坤阴终结符显终之象，所以说"终则有始"。乾又符显天之象，震又符显行之象，所以说"天行"。

对于"易出震，消息历乾、坤象，乾为始，坤为终，故'终则有始'"，张惠言据蛊卦来自泰卦而以十二消息释之，后于他的清儒曾钊则以月体纳甲释之。张云："出震为复，至泰为乾，则反否而终。退巽为姤，至否为坤，则反泰而始。否泰反类，象乾坤。"曾云："谓三日震象出庚，历十五日乾象盈甲，历二十九日消乙入坤，此皆言日月之行，而其消息之象，息则如震、兑，盈则如乾，消则如巽、艮，虚则如坤，故曰：'易出震，消息历乾、坤象。'"依张惠言之见，蛊卦来自三阳息卦泰，就泰卦而言，泰卦由乾阳息消坤阴变易而来，乾一阳息出震而成复，三阳息出乾而成泰，泰反而成否，阳息消阴出乾过程终结；就否卦而言，否卦由坤阴息消乾阳变易而来，坤一阴息则乾一阳退入巽而成姤，三阴息出坤而成否，则反否而成泰，乾象又出现。阳息出震，此即"易出震"；泰否消息转换，经历乾、坤出现，此即"消息历乾、坤象"，乾坤分别符显始、终之象，此即"终则有始"。否泰之反，一如乾坤之始终。依曾钊之见，离日坎月运行于天，带来月象盈亏意义上的阴阳消息历程，阴阳消息的变易出现于新月震象，消息变易的历程历经满月乾象、晦月坤象，中间还历经阳息的上弦月兑象、阴息消阳的渐亏凸月巽象与下弦月艮象，此即"易出震，消息历乾、坤象"。笔者认为，张惠言的诠释可以纳入虞翻诠释的意义之域，但当非虞翻诠释之正解；曾钊的诠释，如果视为基于蛊流转旁通随所出现的震、乾、坤之象，则完全合情合理，这正是笔者所理解的虞翻之见的第二层序的内涵。蛊流转旁通随历经震、乾、坤之象，在天八卦易场的阴阳消息也历经震、乾、坤之象，因后者与乾天阳气坤地阴气消息直接相关，所以由前者联想到后者，是十分自然而合情合理的。在天八卦之象乾象同样符显始，坤象同样符显终，所以说"终则有始"。

朱伯崑先生将虞翻的上述诠释归结为"蛊卦五变图"（见下页），断言："此种卦变说，无非是以爻象的变易解释蛊卦辞和《彖》文。此种解释，颇具匠心，实际上与原意无涉，成为一种象数游戏。"① 虞翻旁通流转视域下的具体诠释可谓自出机杼而"颇具匠心",与《蛊》的经文及《象传》的确可能存在很大的距离,从而表现出明显的牵强而难以自洽,但是他勇于批判超越他人之见而务于提出自己特异独见的诠释立意,他的独创性诠释本身,都值得我们同情的理解,并就诠释本身所内涵的易学新意、开启的易学新的思想世界作出哲学性审视与研究,而不能简单地视之为"象数游戏",弃之如敝屣,一笑了之。正是这类新意,才使易学赢得了鲜活的时代生命力与坚实的现实影响力。

蛊	变初	变二	变三四	变五
䷑	䷗	䷚	䷕	䷘
		贲		无妄

蛊卦五变图②

不难发现,上述诠释中,虞翻依据由过去到现在之维抑或由现在到未来之维下本卦阴阳变化流转通往旁通卦的旁通历程,运用了该历程中本卦蛊及其转化随各位之阴阳所呈现的诸象:本卦蛊转化通往旁通卦随过程中,初动显随初位阳时所呈现的乾甲之象,至二显随二位阴所呈现的离日之象,至三再至四显随三位阴与四位阳所呈现的离日之象,至五显随五位阳所呈现的乾甲之象;从初至三显随下体所呈现的出震、震行之象与坤地之象,初动以及动至五所呈现的乾天之象。以上诸象,属于天道层面的,有乾甲、乾天、乾始、坤地、坤终、离日之象;属于人事层面的,有震行之象;兼属天道人事的,有震出之象。

---

① 朱伯崑:《易学哲学史》第一卷,北京:昆仑出版社,2005年,第240页。
② 同上。

五 旁通的哲学意蕴

通过以上分析，不难体会旁通厚重的易学哲学意蕴。

虞翻以旁通义例诠释经文，时见其牵强与支离，"这种解释或有牵强附会之处，不见得完全符合《周易》古经本旨"[1]，但旁通学说本身内含厚重的易学哲学意蕴，则是不容否认的事实。除上文所引高怀民先生之见外，周立升先生即指出，虞翻的旁通说"有其哲理的根据，这根据便是，世界上的一切事物，没有绝对孤立的存在，而是处于错综复杂的对待关系中。在两极对立中蕴含着统一；在统一中存在着差异和对立。既对立又统一，才组成色彩斑斓的乾坤世界"[2]。林忠军教授则指出："虞氏的卦与卦之间旁通，其大义本自《乾》《坤》之'亨'。在虞氏看来，乾为纯阳，坤为纯阴，而此两卦有'亨'之辞，说的正是阴阳相反而能相通。虞注《乾·文言》云：'乾始开通，以阳通阴，故始通也。'注《坤》卦辞云：'阴极阳生，乾流坤形。'由此看来，卦与卦之间的旁通其根本在于乾坤阴阳相通，此是对天地阴阳变化的一种反映。"[3]

依笔者拙见，虞翻所言旁通的易学哲学意蕴可归纳如下：

旁通之旁，表明旁通卦与本卦时刻依傍不离，本卦当下即含藏着其旁通卦，本卦随时即可发生与其旁通卦的变化相通；旁通

---

[1] 刘大钧：《周易概论》，成都：巴蜀书社，2010年，第46页。
[2] 周立升：《虞氏易学旁通说发微》，《象数易学研究》第一辑，济南：齐鲁书社，1996年，第74页。
[3] 林忠军：《象数易学发展史》第一卷，济南：齐鲁书社，1994年，第222页。

之通，有现在之维下本卦与其旁通卦的显隐互通，有时间历程之维下本卦通往其旁通卦与旁通卦通往本卦的通。后一种通，表位显现本卦通往旁通卦，则里位含藏旁通卦通往本卦；表位显现旁通卦通往本卦，则里位含藏本卦通往旁通卦。

旁通有十二消息的旁通与十二消息变生的杂卦的旁通。十二消息的旁通，来自离日坎月运行在天带动下造化本原乾天坤地阴阳二气互依不离、消息变动的生化本性与能量的发挥。十二消息变生的五十二杂卦的旁通，源于变生时被消息的顺次进退赋能阳刚阴柔顺次变化流转。

在旁通的视域下，由现在之维观之，十二消息之象，以复与姤、临与遯、泰与否、大壮与观、夬与剥、乾与坤两两为对的方式，以显涵摄贯通隐，互依共成一体，显之象与隐之象共同构成以显之象为主导的整全之象的一体两面；由从过去之维到现在之维、从现在之维到未来之维的时间历程视域观之，十二消息之象，不是现成已然的象，而是借阴阳消息逐渐生成、动态展开的象；十二消息间，有着动态消息进退变化相通的关系，这种动态变化相通，是一种表里显隐一体的变化相通，起点处甲象（例如复象）据表而显，乙象（例如姤象）居里而隐，甲象（例如复象）涵摄贯通乙象（例如姤象），旁通流转启动，甲象（例如复象）渐次趋隐，乙象（例如姤象）渐次转显，显隐部分仍然贯通一体，终点处乙象（例如姤象）据表而显，甲象（例如复象）居里而隐，乙象（例如姤象）涵摄贯通甲象（例如复象）。

在旁通的视域下，由现在之维观之，十二消息之象外的五十二杂卦之象，以屯与鼎、蒙与革、需与晋、讼与明夷、师与同人、比与大有……两两为对的方式，同样以显涵摄贯通隐，互依共成一体，显之象与隐之象共同构成以显之象为主导的整全之象的一体两面；由从过去之维到现在之维、从现在之维到未来之维的时间历程视域观之，五十二杂卦之象，同样不是现成已然的象，而是因消息变生时的赋能，借阴阳刚柔变化流转逐渐生成、动态展开的象；两两为对的五十二杂卦间，有着动态逐次进退变化相通的关系，这种动态变化相通，也是一种表里显隐一体的变化相通，起点处甲象（例如大有）据表而显，乙象（例如比）居里而隐，甲象（例如大有）涵摄贯通乙象（例如比），旁通流转启动，甲象（例如大有）渐次趋隐，乙象（例如比）渐次转显，显隐部分仍然贯通一体，终点处乙象（例如比）据表而显，甲象（例如大有）居里而隐，乙象（例如比）涵摄贯通甲象（例如大有）。

以旁通卦通往本卦而令本卦之象渐次生成展现的历程诠释本卦，以本卦通往其旁通卦而令其旁通卦之象渐次生成展现、自身之象则渐次消退隐藏的历程诠释本卦，有力地表明，本卦之象与其旁通卦之象，构成了本卦之象整全显隐流转视域下的一体两面。

十二消息之象，十二消息变生的五十二杂卦之象，在旁通的视域下，甲象涵摄乙象，乙象涵摄甲象，甲象通往乙象，乙象通往甲象；甲象通往乙象历程中，还会发生丙象涵摄丁象、戊象涵摄己象、丙象通往丁象、戊象通往己象……丙象通往丁象、戊象通往己象等历程中，同样还会出现更多的象与象涵摄、象与象互通。这就意味着，不仅旁通卦之间可以于现在之维涵摄相通、于历程之维显隐一体互通，而且以太极太一分化后乾阳坤阴消息流转为源头，十二消息与五十二杂卦中的任何一卦，在与自己的旁通卦相互旁通之外，可以无限开放变化流转，从而通向自身之外的其他所有卦。开放无限，卦与卦的流转相通也新新不已。这就使得六十四卦因旁通而彼此环环相通，有机一体，而且环环显隐流转无终止。因此，对六十四卦中任何一卦之象的理解，终极而言，都要立足于太极太一分化后乾阳坤阴消息流转下六十四卦环环相通一体、环环显隐流转无终止的整体历程视域。

旁通显示，人们所处的天地宇宙间、生活世界中，因阴阳消息动力作用的发挥及其对生命生生的赋能，阴阳两大造化创生力量，阳刚阴柔两大生命力量，天道人事的万物万象，在显与隐二维，广泛存在层层相互涵摄贯通，普遍发生环环彼此流转互通，使得这个宇宙与生活世界成了一个涵摄贯通场、流转相通场，人与人事成为这一涵摄贯通场、流转相通场的有机重要环节。

清儒李锐曾断言："'旁通'云者，两卦各居一旁，两相通易也……乾居一旁，坤居一旁，乾二、五之坤，坤二、五之乾，两旁相通而成坎、离，坎仍居一旁，离仍居一旁，故谓之'旁通'。至震巽特变，震变为巽，巽见于上，则震伏于下，巽变为震，震见于上，则巽伏于下，两卦重叠而不居两旁，徒以六爻皆变亦谓之'旁通'，故曰'旁通之变例'也。"[①] 实际上，从上可见，李锐所言变例恰恰是虞翻所言旁通的常例，因此，他的断言值得商榷，笔者不能赞同。

---

① （清）李锐：《周易虞氏略例》，《续修四库全书·经部·易类》第28册，上海：上海古籍出版社，2002年，第261页。

第四节 反象、上下象易、互体连互、半象等下的万象多重面相

日月之象,日月在天所成八卦之象,十二消息之象,十二消息变生杂卦之象,旁通之象,是虞翻所揭示的核心易象,这些象以流动变化生成呈现为主旋律。除此之外,虞翻还借助反象、上下象易、互体连互、半象等,进一步剖析了万象复杂的多重面相,诠释了一个由重重万象构成的易世界。反象、上下象易、互体连互、半象等,主要是在已成象基础上的象的变化或延伸。

一 反象下的万象面相

反象即一卦整体倒转而成另一卦,两卦即互为反象关系。这在前文"反象导致的卦之变"已有所涉及。这里则进一步分析在虞翻那里反象所导致的万象面相的改变。

(一) 互反之象相互对显彼此之象

互反之卦所符显的天道人事之象往往相反,借此相反,有力对显了彼此。

例如,泰卦(䷊)与否卦(䷋),泰卦整体倒转而成否卦,反之亦然,因此,两卦互为反象。《杂卦传》云:"否泰,反其类也。"虞翻则诠释说:"否反成泰,泰反成否,故'反其

类'。"① 否、泰两卦所符显的天道人事之象完全相反，彼此对显着对方与自己。

《泰》卦辞言："小往大来，吉亨。"《泰·彖传》诠释云："'泰：小往大来，吉亨。'则是天地交，而万物通也；上下交，而其志同也。内阳而外阴，内健而外顺，内君子而外小人，君子道长，小人道消也。"阳大阴小，泰卦下乾上坤，乾三阳符显大，坤三阴符显小。至外为往，至内为来，乾阳处内，坤阴处外，所以说"小往大来"。天在上而地在下，泰象则符显乾天来下，坤地往上，天地阴阳二气往来交感互通，造化创生之功得以畅施，万物得以通畅化生并被赋能生生，这是天道方面的交泰通泰之象。下乾符显王与在上者，上坤符显民与在下者，礼乐制度规范下的人文天下，王与在上者尊而居上，民与在下者卑而居下，泰象则符显，王与在上者来下，民与在下者往上，喻示上下之间生命与生命、心灵与心灵、志趣与志趣实现交感互通，志向目标达成和谐一致，这是人事方面的交泰通泰之象。下乾符显君子而在内，上坤符显小人而处外，喻示君子在核心，小人在边缘，君子之道长而进，小人之道消而退，这是人事交泰通泰所进一步带来的通泰之象。《否》卦辞言："否之匪人，不利君子贞，大往小来。"《否·彖传》诠释说："'否之匪人，不利君子贞。大往小来。'则是天地不交，而万物不通也；上下不交，而天下无邦也。内阴而外阳，内柔而外刚，内小人而外君子。小人道长，君子道消也。"否卦下坤上乾，乾三阳符显大而在外，坤三阴符显小而在内，至外为往，至内为来，所以说"大往小来"。

---

① （清）孙堂辑：《虞翻周易注》，台北：成文出版社有限公司，1976年，第926页。

否下坤符显地在下，上乾符显天在上，否象符显乾天阳气不来下，坤地阴气不往上，天地阴阳二气无法往来交感互通，造化创生之功的实施阻塞不通，万物难以通畅化生与被赋能生生，这是天道方面的否塞不通之象。王与在上者不来下，民与在下者不往上，喻示上下之间生命与生命、心灵与心灵、志趣与志趣无法实现交感互通，志向目标难以达成和谐一致，天下国家名存实亡，这是人事方面的否塞不通之象。下坤符显小人而在内，上乾符显君子而处外，喻示小人在核心，君子在边缘，小人之道长而进，君子之道消而退，这是人事否塞不通所进一步带来的否塞之象。

虞翻立足于阴阳消息，对泰、否象的互反对显有进一步的诠释。

《泰》卦辞"小往大来，吉亨"，《否》卦辞"否之匪人，不利君子贞，大往小来"虞翻分别诠释说：

> 阳息坤，反否也。坤阴诎外，为"小往"；乾阳信内，称"大来"。天地交，万物通，故"吉，亨"。[1]

> 阴消乾，又反泰也。谓三，比坤灭乾，以臣弑其君，子弑其父，故曰"匪人"。阴来灭阳，"君子道消"，故"不利君子贞"。阴信阳诎，故"大往小来"，则是"天地不交，而万物不通"。[2]

泰为三阳息卦，由乾阳以六阴坤为消的对象与息的平台，息长至三而成。作为阴阳消息已成的泰卦，整体倒转后即成其反象

---

[1] （清）孙堂辑：《虞翻周易注》，台北：成文出版社有限公司，1976年，第517页。

[2] 同上，第522—523页。

否,此即"反否"。泰卦上坤下乾,坤阴小而乾阳大,坤地而乾天,符显阴小屈居在外,阳大伸展在内,此即"小往大来"。乾天坤地阴阳二气交感互通,万物顺利化生并被赋能生生,所以吉祥亨通。

否为三阴消卦,由坤阴以六阳乾为消的对象与息的平台,息长至三而成。作为阴阳消息已成的否卦,整体倒转后即成其反象泰,此即"反泰"。否卦下坤上乾,阴息至三,下体成坤,比至坤成而乾被灭,在此之前,阴息之二,下体成艮,艮成灭乾,坤臣而乾君,艮子而乾父,符显"臣弑其君,子弑其父"而"匪人"。乾阳符显君子,坤阴符显小人,坤阴息来消灭乾阳,符显"君子道消",所以"不利君子贞"。否下坤上乾,坤阴小而乾阳大,坤地而乾天,符显阴小伸展在内,阳大屈居在外,"大往小来";符显乾天坤地阴阳二气无法交感互通,万物不能顺利化生并被赋能生生而否塞不吉。

(二)反象所带来的卦爻符显万象之变

一卦整体倒转即成其反象,倒转前后卦爻发生了转换,卦爻所符显的诸象随之发生相应转换。这些象包括六爻之象、内外二体之象、互体连互之象等。

首先,以泰卦(䷊)与否卦(䷋)互为反象为例。

泰卦(䷊)反象后即成否卦(䷋),相应地,六爻之象,发生泰初之阳转为否上之阳、泰二之阳转为否五之阳、泰三之阳转为否四之阳、泰四之阴转为否三之阴、泰五之阴转为否二之阴、泰上之阴转为否初之阴的转换;内外二体之象,发生泰下乾倒转成为否上乾、泰上坤倒转成为否下坤的转换;互体之象,发生泰二至四爻互体兑象倒转成为否三至五互体巽象、泰三至五爻互体震象倒转成为否二至四爻互体艮象的转换；连互之象，发生泰初至四爻四爻连互下乾上兑夬象（☱）倒转成为否三至上爻四爻连互下巽上乾姤象（☰）、泰二至五爻四爻连互下兑上震归妹象（☳）倒转成为否二至五爻四爻连互下艮上巽渐象（☴）、泰三至上爻四爻连互下震上坤复象（☷）倒转成为否初至四爻四爻连互下坤上艮剥象（☶）、泰初至五爻五爻连互下乾上震大壮象（☳）倒转成为否二至上爻五爻连互下艮上乾遯象（☰）、泰二至上爻五爻连互下兑上坤临象（☷）倒转成为否初至五爻五爻连互下坤上巽观象（☴）的转换。

正是基于一卦整体倒转成其反象前后，卦爻及其所符显的诸象所发生的转换，虞翻从泰、否互为反象的视域出发，对《泰》经文作出了典范诠释。

针对《泰》初九爻辞"拔茅茹以其汇"，虞翻诠释道：

"否、泰反其类"，否巽为茅，"茹"，茅根。艮为手。"汇"，类也。初应四，故"拔茅茹以汇"。[①]

否卦（☷）与泰卦（☰）互为反象，泰卦的初爻之阳与同处下体乾的二爻、三爻之阳属于同类，反象后初爻之阳即为否卦的上爻之阳，二爻、三爻之阳即成否卦五爻、四爻之阳。否象中，初爻之阴与四爻之阳互应，三至五爻互体为巽，二至四爻互体为艮，巽为草木符显茅草之象，艮符显手之象，初爻之阴在下体坤土之中符显茅草根之象。从初爻到五爻的卦爻之象，符显以艮手拔巽茅草，连根而拔起，波及否上爻之阳在下的同类五爻、

---

① （清）孙堂辑：《虞翻周易注》，台北：成文出版社有限公司，1976年，第518页。

四爻之阳。否上爻之阳即泰初爻之阳，否上爻之阳在下的同类五爻、四爻之阳即泰卦初爻之阳在上的同类二爻、三爻之阳，所以《泰》初九爻辞说"拔茅茹以其汇"。

针对《泰》上六爻辞"城复于隍"，虞翻诠释道：

> 否艮为城，故称"城"。坤为积土。"隍"，城下沟。无水称隍，有水称池。今泰反否，乾坏为土，艮城不见，而体复象，故"城复于隍"也。①

否卦（䷋）与泰卦（䷊）互为反象，泰上爻之阴反象后即成否初爻之阴，泰上爻之阴的相应爻三爻之阳反象后即成否四爻之阳。反象后的否初爻之阴（泰上爻之阴）处下体坤中，否四爻之阳（泰三爻之阳）处二至四爻互体艮象中，艮为门阙（《说卦传》）符显城门、城之象，坤为地在艮城下符显积土、城隍之象。现在反否为泰后，上体坤土之象取代了乾象，互体艮城之象消失不见转为互体震象，三至上爻四爻连互成复象（䷗）取代了否初至四爻连互成的剥象（䷖），符显艮城倒塌于坤土城隍之中，此即"城复于隍"。

其次，以损（䷨）、益（䷩）两卦互为反象为例。

损卦六爻整体倒转即成益卦，益卦六爻整体倒转则成损卦，两卦互为反象。

损（䷨）反象后即成益（䷩），相应地，六爻之象，发生损初之阳转为益上之阳、损二之阳转为益五之阳、损三之阴转为益四之阴、损四之阴转为益三之阴、损五之阴转为益二之阴、损上

---

① （清）孙堂辑：《虞翻周易注》，台北：成文出版社有限公司，1976年，第521—522页。

之阳转为益初之阳的转换；内外二体之象，发生损下兑倒转成为益上巽、损上艮倒转成为益下震的转换；互体之象，发生损二至四爻互体震象倒转成为益三至五互体艮象、损三至五爻互体坤象倒转成为益二至四爻互体坤象的转换；连互之象，发生损初至四爻四爻连互下兑上震归妹象（䷵）倒转成为益三至上爻四爻连互下艮上巽渐象（䷴）、损二至五爻四爻连互下震上坤复象（䷗）倒转成为否二至五爻四爻连互下坤上艮剥象（䷖）、损三至上爻四爻连互下坤上艮剥象（䷖）倒转成为益初至四爻四爻连互下震上坤复象（䷗）、损初至五爻五爻连互下兑上坤临象（䷒）倒转成为益二至上爻五爻连互下坤上巽观象（䷓）、损二至上爻五爻连互下震上艮颐象（䷚）倒转成为益初至五爻五爻连互下震上艮颐象（䷚）的转换。

益（䷩）反象后即成损（䷨），反象前后卦爻之象所发生的转换，反观上述损卦向益卦发生转换的情形即可明了，不再赘述。

同样基于一卦整体倒转成其反象前后，卦爻及其所符显的诸象所发生的转换，虞翻亦从损、益互为反象的视域出发，对《损》《益》相关经文作出了典范诠释。

《损》六五爻辞云："或益之十朋之龟，弗克违，元吉。"《益》六二爻辞云："或益之十朋之龟，弗克违，永贞吉。"从反象的视域观之，损卦的五爻之阴即益卦的二爻之阴，所以两爻爻辞如此高度相同，这或许就是《周易》古经已运用过反象来观象系辞之故。正如刘大钧教授所指出的："最有意思的是：有些卦的爻辞干脆就在其反对之象的另一卦里又写上了。如《损》卦䷨六五爻：'或益之十朋之龟，弗克违，元吉。'《损》卦䷨的反对之象是《益》卦☰。《损》卦六五爻画颠倒之后，即为《益》卦六二爻画，而《益》卦六二爻辞为'或益之十朋之龟，弗克违，永贞吉。'再如《既济》卦☰九三爻：'高宗伐鬼方，三年克之，小人勿用。'《既济》卦☰的反对之象是《未济》卦☰，《既济》卦之九三爻画经颠倒，变《未济》卦之九四爻画，《未济》卦九四爻辞为：'贞吉，悔亡。震用伐鬼方，三年有赏于大国。'"① 这也无疑是虞翻明确提出反象义例的重要经典依据之一。针对《益》六二爻辞，虞翻诠释说：

> 坤数十，损兑为朋；谓三变，离为龟，故"十朋之龟"。②

益卦（☰）二爻之阴处二至四爻互体坤象之中，此坤象即损卦五爻之阴所处三至五爻互体坤象的倒转，天一地二……天九地十，坤符显十之数。益二爻之阴与五爻之阳互应，五爻之阳处上体巽象之中，巽象即为损（☰）下体兑象之反象，兑二阳为朋符显朋之象。益三爻之阴失位失正，动变得正则二爻之阴所在下体成离，符显龟之象。坤十、兑朋、离龟，所以说"十朋之龟"。

针对《损》六五爻辞，虞翻则诠释说：

> 坤数十，兑为朋。③

损卦（☰）五爻之阴即益卦（☰）二爻之阴。损卦五爻之

---

① 刘大钧：《周易概论》，成都：巴蜀书社，2010 年，第 34—35 页。
② （清）孙堂辑：《虞翻周易注》，台北：成文出版社有限公司，1976 年，第 661 页。
③ 同上，第 656 页。

阴处三至五爻互体坤象之中，此坤象即益卦二至四爻互体坤象的倒转，与五爻之阴相应的二爻之阳处下体兑象之中，坤、兑分别符显十之数、朋之象。

针对《系辞下传》阐发《损》六三爻辞"三人行则损一人，一人行则得其友"意蕴的"男女构精，万物化生"，虞翻诠释说：

> 谓泰初之上成损，艮为男，兑为女，故"男女构精"。乾为精，损反成益，"万物出震"，故"万物化生"也。①

损卦（☲☶）由三阳息卦泰初爻之阳往至上爻之位，上爻之阴及其以下四爻依次递降一位而来。泰初爻之阳即下体乾初爻之阳，与上体坤上爻之阴交感。所成损卦下兑上艮，三爻之阴在下体兑中，其应爻上爻之阳处上体艮中，兑少女而艮少男，所以说"男女构精"。乾阳与坤阴往来交感，乾阳符显精之象。损卦整体倒转，即成益卦（☴☳），损三爻之阴成益四爻之阴，损上爻之阳成益初爻之阳，前者处上体巽中，后者处下体震中，巽象即为损下体兑象之反象，震象即为损上体艮象之反象。《说卦传》云："万物出乎震。"震符显万物春天出生之象，所以说"万物化生"。

再次，以夬（☰☱）、姤（☴☰）互为反象为例。

夬卦六爻整体倒转即成姤卦，姤卦六爻整体倒转则成夬卦，两卦互为反象。

夬（☰☱）反象后即成姤（☴☰），相应地，六爻之象，发生夬初、二、三、四、五之阳转为姤上、五、四、三、二之阳与夬上

---

① （清）孙堂辑：《虞翻周易注》，台北：成文出版社有限公司，1976年，第869页。

之阴转为姤初之阴的转换;内外二体之象,发生夬下乾倒转成为姤上乾、夬上兑倒转成为姤下巽的转换;互体之象,发生夬二至四爻、三至五爻互体乾象倒转成为姤三至五爻、二至四爻互体乾象的转换;连互之象,发生夬初至四爻、二至五爻四爻连互下乾上乾乾象(☰)倒转成为姤三至上爻、二至五爻四爻连互下乾上乾乾象(☰)、夬三至上爻四爻连互下乾上兑夬象(☱)成为姤初至四爻四爻连互下巽上乾姤象(☴)、夬初至五爻五爻连互下乾上乾乾象(☰)倒转成为姤二至上爻五爻连互下乾上乾乾象(☰)、夬二至上爻五爻连互下乾上兑夬象(☱)倒转成为姤初至五爻五爻连互下巽上乾姤象(☴)的转换。

姤(☴)反象后即成夬(☱),反象前后卦爻之象所发生的转换,反观上述夬卦向姤卦发生转换的情形即可明了,此处也不再赘述。

同样基于一卦整体倒转成其反象前后卦爻及其所符显的诸象所发生的转换,虞翻亦从夬、姤互为反象的视域出发,对《夬》《姤》相关经文作出了典范诠释。

《夬》九四爻辞云:"臀无肤,其行次且,牵羊悔亡,闻言不信。"《姤》九三爻辞云:"臀无肤,其行次且,厉,无大咎。"该爻《小象传》则说:"'其行次且',行未牵也。"

针对《姤》九三爻辞《小象传》虞翻诠释说:

在夬失位,故"牵羊"。在姤得正,故"未牵也"。①

以互为反象的视域观之,姤三爻之阳即夬四爻之阳,夬(☱)

---

① (清)孙堂辑:《虞翻周易注》,台北:成文出版社有限公司,1976年,第675页。

四爻之阳在上体兑象之中,以阳爻居阴位而失位失正,兑符显羊之象,失位而牵羊;姤三爻之阳在下体巽象之中,以阳爻居阳位而当位得正,兑象反而为巽象,兑羊之象不见,当位而未牵羊。

(三) **反象的易学哲学启示**

笔者认为,借助互为反象的视域,在诠释《泰》初九爻辞表达的象时,虞翻揭示的不是初九爻所在泰卦本象中的诸象,而是泰卦反象否中的巽茅、初爻之阴茅草根、艮手、四五之阳汇类诸象;在诠释《泰》上六爻辞表达的象时,揭示的既有泰的反象否的艮城、坤积土城隍诸象,又有本象泰的复象;在诠释《益》六二爻辞、《系辞下传》阐论《损》六三爻辞表达的象时,虞翻分别揭示的益反象损的兑朋之象、损反象益的震万物春天出生之象,足见虞翻以反象的诸象归属涵摄于本象,这一诠释理路俨然与旁通的现在之维下本卦诸象含藏涵摄贯通旁通卦诸象的诠释理路完全相同。

六十四卦中,除了《颐》经文诠释中虞翻所指出的颐(䷚)与乾(䷀)、坤(䷁)、坎(䷜)、离(䷝)、大过(䷛)、小过(䷼)、中孚(䷼)八个翻来覆去皆恒保本象而不衰的所谓"反复不衰"之卦外,其余五十六卦,皆有其反象。这从通行本《周易》古经的卦序图中,即可一目了然。

通行本《周易》古经六十四卦卦序图

笔者认为，纵然上述八个卦"反复不衰"，但因反象后爻的位次毕竟发生了变化，原初爻成上爻，原二爻成五爻，原三爻成四爻，原四爻成三爻，原五爻成二爻，原上爻成初爻，因此反象后诸爻以及整体卦所符显的天道人事之象，毕竟也要发生相应变化。六十四卦中，还有四组八个卦，即泰（☷☰）与否（☰☷），随（☱☳）与蛊（☶☴），渐（☴☶）与归妹（☳☱），既济（☵☲）与未济（☲☵），它们既因彼此六爻爻性互反而构成旁通关系，又因彼此整体倒转即成对方而构成互为反象关系，从而成为旁通与反象重合之卦。虽有此重合，但旁通的理路与反象的理路毕竟有差异，要在分别观之后再综合观之，兼顾两种理路与视角，对此四组八卦所符显的天道人事诸象及其关联作出深入解读。

反象启示人们，在以消息、卦变、旁通理解六十四卦诸象外，不妨增加一个新的思路，以反象的视域，借反象前后所发生的卦爻符显诸象的转换，借反思一卦由何卦反象而来，它反象后将成为何卦，推进对六十四卦符号系列涵摄符显的天道人事万象与《周易》经典厚重底蕴的理解和把握。

反象表明，天道人事的万象之间，存在着互反而相互对显的关系，存在着虽互反却密切关联的关系，存在着因互反而互涵的关系，存在着逆向颠倒即可相互转换的关系，存在着逆向反转即可通往对方的关系。以此启示人们在正向思维的同时，不妨转换一下思维理路，兼及逆向思维，在正向逆向有机结合的理路下，对万象进行分析研判，以便更好地把握万象的过去现在和未来，从而对未来作出有效规划。这一反象思维与筮占由前瞻而逆向回观有着异曲同工之处，在一定意义上是对后者的创造性转化。

二 上下象易下的万象面相

上下象易，谓一别卦的上下二体交换位置而形成另一别卦，前后两别卦之间，就是上下象易的关系。前文"上下象易导致的卦之变"已有梗概略说。这里主要针对上下象易前后卦之变所符显的万象面相之变作出进一步分析。

（一）上下易象所带来的卦爻符显万象之变

上下象易后，就六爻之象而言，本卦的初爻、二爻、三爻、四爻、五爻、上爻之象，分别变为上下象易所成卦的四爻、五爻、上爻、初爻、二爻、三爻之象；就内外二体之象而言，本卦下体与上体之象，分别变为上下象易所成卦的上体与下体之象；本卦所内含的互体连互之象，在上下象易后，也会有相应的改变。上下象易与反象理路不同而导致其差异，在此差异下，最基本的，一是前者下上二体之象直接交换位置而后者下上二体之象一体倒转，一是前者爻象发生初与四、二与五、三与上的转换而后者发生初与上、二与五、三与四的转换。

上下象易与反象的相同之处，在于上下二体的位置发生了改变；不同之处，在于前者的上下二体之象，是反向倒转的位置改变，而后者的上下二体之象，则是直接的位置的改变。例如，无妄卦（䷘）上下象易，即成大壮（䷡），无妄下震上乾，大壮下乾上震，上下象易只是无妄卦的震与乾分别交换了上下的位置，震卦与乾卦本身没有发生改变，当然，两卦各爻所在的爻位发生了改变。无妄卦（䷘）反象后则成大畜卦（䷙），不仅上下二体位置发生了改变，而且上下二体本身也有改变而发生了倒转。

上下象易前后，卦爻所符显的天道人事诸象发生了相应改变。

虞翻借助上下象易的视域，对经文作出的典范性诠释，如前所言，展现在其对《系辞下传》"盖取诸大壮""盖取诸大过""盖取诸夬"的诠释中。其对"盖取诸大壮"的诠释已见上，兹分析后两例诠释及其展现的卦爻所符显的天道人事诸象发生的相应改变。

针对《系辞下传》"古之葬者，厚衣之以薪，葬之中野，不封不树，丧期无数，后世圣人易之以棺椁，盖取诸大过"，虞翻诠释说：

> 中孚上下易象也。本无乾象，故不言"上古"。大过乾在中，故但言"古"者。巽为薪，艮为厚，乾为衣，为野，乾象在中，故"厚衣之以薪，葬之中野"。穿土称"封"。"封"，古"窆"字也。聚土为"树"。中孚无坤、坎象，故"不封不树"。坤为丧，"期"谓从斩缞至缌麻，日月之期数，无坎、离日、月、坤象，故"丧期无数"。巽为木，为入处，兑为口，乾为人。木而有口，乾人入处，棺敛之象。中孚艮为山丘，巽木在里，棺藏山陵，椁之象也，故"取诸大过"。[①]

根据经文中出现的"后世圣人易之以棺椁"中"易"这一字眼，虞翻别有会心，提出大过卦（䷛）由中孚卦（䷼）上下象易而来，中孚卦上下象易而成大过卦所符显的诸象，启迪圣人

[①] （清）孙堂辑：《虞翻周易注》，台北：成文出版社有限公司，1976年，第854—855页。

制作了棺椁，改变了以往的丧葬习俗，设立了合宜的丧葬制度。

中孚卦（䷼）下兑上巽，上下象易，即成下巽上兑的大过卦（䷛）。大过所由来的中孚，没有出现乾象，更没有在上体出现乾象，乾老符显古之象，所以不说"上古"。大过卦二至四爻、三至五爻互体两乾象在中，所以只言"古"。大过卦下体巽、内互体两乾，中孚卦三至五爻互体艮，巽草木符显薪之象，艮山符显厚之象，"后是圣人垂衣裳而天下治，盖取诸乾坤"（《系辞下传》），于是，乾符显衣之象，又符显野之象，乾象在中，所以说"厚衣之以薪，葬之中野"。"窆"谓穿土下棺而葬。坤卦符显聚土之象，坎卦阳穿坤阴符显穿土之象。中孚卦中没有坤、坎之象，所以说"不封不树"。坤符显丧之象，"期"说的是丧葬中五服从斩缞至缌麻服丧的日月期数。中孚卦中没有坎月、离日、坤丧之象，所以说"丧期无数"。中孚卦上下象易成大过卦后，大过下巽上兑，内互两乾，巽符显木、入处之象，兑符显口之象，乾符显人之象。巽木而有兑口，乾人入处其中，符显棺殓之象。中孚三至五爻互体艮符显山丘之象，上下象易后大过下体巽木在内里，符显棺藏山陵之椁之象，所以说"取诸大过"。

针对《系辞下传》"上古结绳而治，后世圣人易之以书契，百官以治，万民以察，盖取诸夬"，虞翻诠释说：

> 履上下象易也。乾象在上，故复言"上古"。巽为绳，离为罟，乾为治，故"结绳以治"。"后世圣人"，谓黄帝、尧、舜也。夬旁通剥，剥坤为书，兑为契，故"易之以书契"。乾为百，剥艮为官，坤为众臣，为万民，为迷暗，乾为治，夬反剥，以乾照坤，故"百官以治，万民以察"，故

"取诸夬"。①

根据经文中出现的"后世圣人易之以书契"中"易"这一字眼,虞翻同样别有会心,提出夬卦(䷪)由履卦(䷉)上下象易而来,履卦上下象易而成夬卦所符显的诸象,启迪圣人改变了以往结绳记事以理政的旧俗,发明了书契,以契刻文字使各级官吏据以井然有序治世,天下万民据以明晓事理。

履卦(䷉)下兑上乾,上下象易,即成下乾上兑的夬卦(䷪)。履卦乾古之象在上,所以又言"上古"。履卦三至五爻互体巽符显绳之象,二至四爻互体离符显网罟之象,上体乾为君符显治之象,所以说"结绳以治"。履卦上下象易成夬,夬又与剥卦(䷖)旁通,夬卦下体乾象含藏涵摄贯通的剥卦下体坤象为文符显书之象,夬卦上体兑为口为金为毁折符显契刻之象,以金属刀笔契刻文字取代以往结绳记事,所以说"易之以书契"。夬卦下体乾符显百之象②,夬卦上体兑含藏涵摄贯通的剥上体艮为笃实符显官之象,夬卦下体乾含藏涵摄贯通的剥下体坤阴符显众、臣、万民、迷暗之象,夬卦下体乾为君符显治之象,夬象旁通剥象,以显而在上的乾阳照耀隐而在下的坤阴,所以说"百官以治,万民以察"而"取诸夬"。

(二) 上下象易的启迪

可以看出,借助上下易象的视域,在诠释《系辞下传》"盖

---

① (清)孙堂辑:《虞翻周易注》,台北:成文出版社有限公司,1976年,第855—856页。
② 惠栋言:"乾三爻三十六,故百。略其奇八。"参见(清)惠栋《周易述(附:易汉学易例)》下册,北京:中华书局,2007年,第570页。阳爻一爻代表蓍草九揲三十六策,乾三爻共一百零八策,略其奇零八为百。

取诸大壮""盖取诸大过""盖取诸夬"所涉及的天道人事诸象时,虞翻并非仅仅着眼于大壮、大过、夬象中的诸象,而是放眼于无妄上下象易成大壮、中孚上下象易成大过、履上下象易成夬的上下象易前后所引发的卦所符显诸象之变作出诠释的。

六十四卦中,除了八个"反复不衰"之卦乾(☰)、坤(☷)、颐(䷚)、大过(䷛)、坎(䷜)、离(䷝)、中孚(䷼)、小过(䷽)外,其余五十六卦皆可有其上下象易之象。

笔者认为,类乎反象前后的情形,纵然上述八个"反复不衰"之卦上下象易之后上下二体与整个别卦看似未发生变化,但因原二体的上下位置以及构成别卦的六爻的位置毕竟发生了变化,因此上下象易后诸爻以及整体卦所符显的天道人事之象,同样毕竟也要发生相应变化。五十六卦中,还有四组八个卦,即泰(䷊)与否(䷋),咸(䷞)与损(䷨),恒(䷟)与益(䷩),既济(䷾)与未济(䷿),它们既因彼此六爻爻性互反而构成旁通关系,又因彼此上下二体交换位置即成对方而构成上下象易关系,从而成为旁通与上下象易重合之卦。还有六组十二卦,即需(䷄)与讼(䷅),师(䷆)与比(䷇),泰(䷊)与否(䷋),同人(䷌)与大有(䷍),晋(䷢)与明夷(䷣),既济(䷾)与未济(䷿),它们既因彼此整体倒转即成对方而构成互为反象关系,又因彼此上下二体交换位置即成对方而构成上下象易关系,从而成为反象与上下象易重合之卦。其中,泰(䷊)与否(䷋),既济(䷾)与未济(䷿),成为旁通、反象、上下象易三种关系重合的两组卦。虽有上述重合,但旁通的理路、反象的理路与上下象易的理路毕竟有差异,因而要在分别观之后再综合观之,兼顾两种、三种理路与视角,对此上述四组八卦、六组十二卦、两组四卦所符显的天道人事诸象及其关联作出深入解读。

上下象易启迪人们,在以消息、卦变、旁通、反象理解六十四卦诸象外,不妨再增加一个新的思路,以上下象易的视域,借上下象易前后所发生的卦爻符显诸象的变化,借反思一卦由何卦上下象易而来,它上下象易后将成为何卦,加深对六十四卦符号系列涵摄符显的天道人事万象与《周易》经典厚重底蕴的理解和把握。上卦之位为天之位,下卦之位为地之位,上下象易意味着上下二体之象天位地位的改变。

上下象易表明,天道人事的万象之间,存在着上下象易而互转的关系,存在着所处天位与地位的交换变化,存在着所处上位与下位、尊位与卑位、高位与低位的交换变化,存在着因上述交换变化所引发的进一步天道人事诸象之变。以此启迪人们在正向、逆向思维的同时,不妨再转换一下思维理路,兼及上下、尊卑、高低之位交换变化的思维,在正向、逆向、上下尊卑高低交换变化有机结合的理路下,对万象进行深度分析前瞻,予以合理预断研判。

三 互体连互与半象下的万象面相

一卦有六爻之象,下上二体之象,一卦整体之象,这是一卦之象的基本构成,属于通常意义上人们所理解的一卦本象的范畴。六爻之象,在《说卦传》表达的"昔者圣人之作《易》也,将以顺性命之理,是以立天之道曰阴与阳,立地之道曰柔与刚,立人之道曰仁与义。兼三才而两之,故《易》六画而成卦。分阴分阳,迭用柔刚,故《易》六位而成章"三才理念架构下,初、二为地位下的象，三、四为人位下的象，五、上为天位下的象。下上二体之象，下体之象为地位下的象，上体之象为天位下的象。除此之外，一别卦二至四爻、三至五爻互体，又可互出与上下二体同一位阶的两经卦之象；一别卦初至四爻、二至五爻、三至上爻以四爻连互的方式，又可互出与本卦之象同一位阶的三个别卦之象；一别卦初至五爻、二至上爻以五爻连互的方式，又可互出与本卦之象同一位阶的两个别卦之象。

（一）虞翻之前以互体连互之象诠释《易》象的先例

早在虞翻之前，西汉京房，东汉荀爽与郑玄，都已运用过互体说以诠释《易》象，郑玄更运用过连互说。更前，《左传》已有互体解卦之例。近年出土清华大学藏战国竹简《筮法》篇也有互体之例。

《左传》互体解卦之例，见于《左传》庄公二十二年记载的东周王朝史官为陈厉公幼子即未来赫赫有名的田完筮占，遇观䷓之否䷋这一案例："风为天于土上，山也。"[①] 观卦上体为巽符显风之象，否卦上体为乾符显天之象，巽卦变为乾卦，此即"风为天"。否卦下坤上乾，二至四爻互体艮，坤土、艮山、乾天，这就是巽风变为乾天在坤土之上有艮山。

清华大学藏战国竹简《筮法》篇所存有的互体之例，见诸第十二节"男女"，其云：

☰天
☶山（凡）男，上去弌（二），下去弌（一），中男乃

---

① 参见（清）洪亮吉：《春秋左传诂》卷六《庄公二十二年》，北京：中华书局，1987年，第253页。

男，女乃女。①

"上去弌，下去弌"，即别卦在上去掉五、上两爻，在下去掉初爻一爻，中间就剩三爻的经卦。"中男乃男，女乃女"，说的是剩下的三爻经卦，若为阳卦，则是男；若为阴卦，则是女。就此，刘大钧教授认为，"此段简文证明了汉代象数易学中的八卦互体之说，战国时代早已有之"②。所言甚是。"上去弌，下去弌"即所谓别卦二至四爻互体。

作为孟喜易学后传而单独立家的京房，在其《京氏易传》中广泛运用互体说诠释《易》象。

例如，针对巽宫二世卦家人，《京氏易传》云："互体见文明，家道明也。内平遇坎险象，家人难也。"③ 家人卦（☲）下体离，三至五爻互体又为离，二至四爻互体为坎。离符显文明之象，坎符显险之象。这里，京房运用了一卦三至五、二至四爻的互体之象。

作为东汉著名易学家，荀爽在京房于筮占著作《京氏易传》运用互体释卦的基础上，将互体运用到了经典文本《周易》经传的诠释上。

如，《小畜·象传》"'自我西郊'，施未行也"荀爽诠释说："体兑位秋，故曰'西郊'也。时当收敛，臣不专赏，故

---

① 李学勤等编：《清华大学藏战国竹简（肆）》下册，上海：中西书局，2013年，第96页。
② 刘大钧：《读清华简〈筮法〉》，《周易研究》2015年第2期。
③ （汉）京房著，（汉）陆绩注：《京氏易传》中，北京：中华书局，1991年，第19页。

'施未行'。喻文王也。"① 小畜卦（☴）二至四爻互体为兑象，在荀爽所秉持的八卦卦气宇宙图式中，兑象位于秋西，所以说"西郊"。秋天时节是当收敛的季节，天道如此，人事如此，人事顺应天道，臣下当收敛自己，不专擅赏赐，所以说"施未行"，用以喻示内敛自我持守臣道的文王。这里，荀爽运用了一卦二至四爻的互体之象。

又如《需》九五爻辞"需于酒食"，荀爽诠释说："五互离、坎，水在火上，酒食之象。"② 需卦（☵）九五爻处与四、上二爻互连而成的上体坎象中，又处与三、四二爻互体离象中，坎水在离火之上，符显酒食之象。这里，荀爽又运用了一卦三至五爻的互体之象。

作为东汉另一著名易学家的郑玄，其在诠释经典文本《周易》经传时，更是广泛运用了互体说，并提及了连互说。

如，其在诠释《恒》九三爻辞"不恒其德，或承之羞"时说："爻得正，互体为乾，乾有刚健之德，体在巽，巽为进退，'不恒其德'之象。又互体兑，兑为毁折，是将有羞辱也。"③ 恒卦（☳）九三爻以阳爻居阳位，当位得正，所以说"爻得正"，其处二至四爻互体乾象中，乾有刚健的卦德，其又处下体巽象中，巽符显进退之象，进而又退，不能持之以恒，符显"不恒其德"之象。其还处三至五爻互体兑象中，兑符显毁折之象，喻示将有羞辱。这里，郑玄运用了一卦二至四、三至五爻的互体之象。

---

① （清）孙堂辑：《荀爽周易注》，台北：成文出版社有限公司，1976年，第191页。
② 同上，第183页。
③ （清）孙堂辑：《郑康成周易注（附补遗一卷）》，台北：成文出版社有限公司，1976年，第346页。

再如，在诠释《大畜》卦辞"不家食吉"时郑玄说："自九三至上九有颐养象，居外是不家食吉而养贤。"① 大畜卦（䷙）三至上爻四爻连互下震上艮成颐（䷚），颐符显颐养之象，颐象居外符显不在家吃饭大吉大利贤人被朝廷养之象。这里，郑玄运用了一卦三至上爻的四爻连互之象。今存郑玄《易注》中未见五爻连互之例。

当然，1973年湖南长沙马王堆三号汉墓出土的帛书《系辞》中有如下一段文字："上【古结】绳以治，后世圣人易之以书契，百官以治，万民以察，盖取者（诸）《大有》。"② 传世通行本《系辞下传》有几乎同样的文字，只是"大有"作"夬"。刘大钧教授认为，"帛本作《大有》与今本作《夬》，名虽不同而其义无异，盖因《大有》卦初九爻至六五爻其五爻连互而成《夬》卦也……可证连互之说先秦早已有之。"③

（二）虞翻在诠释《易》象时对互体连互之象的抉发

在前人的基础上，虞翻在四爻连互之外还述及五爻连互，从而娴熟而大量运用互体连互之象来阐发《周易》经传表达的象，使六十四卦除六爻之象、上下体之象之外，还充分展示了由互体连互衍生出来的象。其借助互体连互之象诠释经文典范之例俯拾皆是，六十四卦的互体连互之象可谓被他抉发殆尽，谨举以下四例。

---

① （清）孙堂辑：《郑康成周易注（附补遗一卷）》，台北：成文出版社有限公司，1976年，第333—334页。
② 裘锡圭主编：《长沙马王堆汉墓简帛集成》叁，北京：中华书局，2014年，第75页。
③ 刘大钧：《帛书〈易传〉探析》，《今、帛、竹书〈周易〉综考》，上海：上海古籍出版社，2005年，第147—148页。

其一，针对《无妄·大象传》"先王以茂对时，育万物"，虞翻诠释言："'先王'谓乾，乾盈为茂，艮为对时，体颐养象，'万物出震'，故'以茂对时，育万物'。"①

无妄卦（䷘）下震上乾，二至四爻互体艮，初至四爻四爻连互下震上艮成颐（䷚）。乾符显先王之象，又以在天八卦盈满月象符显茂之象。《艮·彖传》云："时止则止，时行则行，动静不失其时，其道光明。"因此，艮符显对时、应时之象。颐符显颐养之象。《说卦传》云："万物出乎震。"因此，震符显万物春时出生于四正卦震位之象。这里，虞翻运用了一卦二至四爻的互体之象、初至四爻的四爻连互之象。

其二，针对《同人》九五爻辞"同人先号咷而后笑，大师克，相遇"虞翻诠释说："应在二，巽为号咷，乾为先，故'先号咷'。师震在下，故'后笑'，震为后笑也。乾为大，同人反师，故'大师'。二至五体姤，遇也，故'相遇'。"②

同人卦（䷌）与师卦（䷆）旁通。同人五爻之阳在上体乾中，与二爻之阴互应，后者处二至四爻互体巽中，乾为天在先创始万物符显先之象，巽为风符显号咷之象，所以说"先号咷"。同人卦二爻之阴所在互体巽下，含藏涵摄贯通着师二至四爻互体震，震为长男符显后之象，又为春时赋能万物生机而喜悦符显笑之象，所以说"后笑"。《乾·彖传》云"大哉乾元"，于是，五爻之阳所在乾符显大之象，"同人反师"即同人旁通师，五爻之阳所在的同人之象下含藏涵摄贯通着师之象，所以说"大

---

① （清）孙堂辑：《虞翻周易注》，台北：成文出版社有限公司，1976年，第574页。

② 同上，第527页。

师"。同人二至五爻四爻连互下巽上乾成姤（☰），《序卦传》《杂卦传》云："姤，遇也。"姤符显阴息与阳相遇之象，所以说"相遇"。这里，虞翻运用了一卦本卦与旁通卦二至四爻的互体之象，运用了一卦二至五爻的四爻连互之象。实际上，同人二至五爻四爻连互的姤象（☰）之下，含藏涵摄贯通着其旁通卦师二至五爻四爻连互的复象（☷）。

其三，针对《随》六二爻辞"系小子，失丈夫"虞翻诠释说："应在巽，巽为绳，故称'系'。'小子'谓五，兑为少，故曰'小子'。'丈夫'谓四，体大过老夫，故称'丈夫'。承四，隔三，故'失丈夫'。三至上有大过象，故与老妇、士夫同义。体咸象，夫死大过，故每有欲嫁之义也。"①

随卦（☱）二爻之阴的相应之爻五爻之阳处三至五爻互体巽中，又处上体兑中，巽符显绳系之象，兑符显少小之象，少小对应五爻之阳，所以说"系小子"。随卦三至上爻四爻连互下巽上兑成大过之象（☱），四爻之阳处此大过之象中，符显丈夫之象。二爻之阴欲顺承四爻之阳而被三爻之阴阻隔，所以说"失丈夫"。大过的五爻之阳即随卦的五爻之阳，《大过》九五爻辞云："老妇得其士夫。"说的是二爻之阴符显的妇人失掉了四爻之阳符显的丈夫，得到了五爻之阳符显的小子士夫。随卦二至上爻五爻连互下艮上兑成咸象（☱），《咸》卦辞云："取女吉。"因此，咸符显嫁娶之象。《系辞下传》云："后世圣人易之以棺椁，盖取诸大过。"因此，大过符显棺椁死丧之象。四爻之阳处大过棺椁死丧之象中，意味着二爻之阴因丈夫去世，所以常有改

---

① （清）孙堂辑：《虞翻周易注》，台北：成文出版社有限公司，1976年，第540—541页。

嫁之思。这里，虞翻运用了一卦三至五爻的互体之象，运用了一卦三至上爻的四爻连互之象与二至上爻的五爻连互之象。

其四，针对《益》六二爻辞"王用享于帝，吉"虞翻诠释说："震称'帝'，'王'谓五，否乾为王，体观象，艮为宗庙，三变，折坤牛，体噬嗑食，故'王用享于帝'。得位，故'吉'。"①

益卦（䷩）就卦变而言，是由三阴否卦变来。益卦二爻之阴处下体震中，与其相应的五爻之阳即卦变前处否卦上体乾的五爻之阳。益卦二至上爻五爻连互下坤上巽成观象（䷓），二爻之阴与五爻之阳皆处此观象中。二爻之阴又处三至五爻互体艮象、二至四爻互体坤象中。三爻之阴以阴爻居阳位失位失正，动而变正，互体坤象成坎象，益卦成家人卦（䷤）。家人初至五爻五爻连互，初至二爻下震象半见，三至五爻互上离，成噬嗑象（䷔）。《说卦传》云："帝出乎震。"因此，益卦二爻之阴所处下震符显帝之象。王说的是五爻之阳，此阳原所在否上体乾符显王之象。《观》卦辞云："盥而不荐，有孚颙若。"因此观符显宗庙祭祀之象。艮为门阙，符显宗庙之象。坤符显牛之性，三爻变正折毁坤，符显宰牛为祭祀之牺牲。《杂卦传》云："噬嗑食也。"连互噬嗑符显食之象。所以说"王用享于帝"。二爻以阴爻居阴位当位处中得正，所以吉。这里，虞翻运用了一卦三至五爻、二至四爻的互体之象，运用了一卦二至上爻、初至五爻的五爻连互之象。

---

① （清）孙堂辑：《虞翻周易注》，台北：成文出版社有限公司，1976年，第661页。

（三）互体连互在《易》象抉发中的意义

虞翻的以上诠释，具有相当的代表性，窥一斑而知全豹，据之可以概略知晓虞翻互体连互之象的理路及其在诠释《周易》经传中的具体运用。

通过析论以上虞翻对《无妄》《同人》《随》《益》所作诠释中对互体连互之象的具体运用，可以看出，在前人基础上，虞翻基于经文所示一卦六爻之象、内外二体之象及一卦整体之象，进一步开拓出三爻互体之象与四爻、五爻连互之象，构建起完备的互体连互之象理路，认定这些互体连互之象都是内在于一卦本象之中的，这就对一卦本象内含的象作了深层抉发，丰富深化了卦象的内容，丰富深化了卦所涵摄符显的天道人事之象。

值得注意的是，这些互体连互之象，都是在消息、卦变、旁通、反象、之正、权变等变易的背景下发生呈现的，成为消息、卦变、旁通、反象、之正、权变等的相对静态下的展现。在虞翻以消息、卦变、旁通、反象、之正、权变等诠释《易》象手段令六十四卦几乎全面处于流动变易状态的情势下，这些互体连互之象的存在，暂时使六十四卦之象、六十四卦涵摄符显的天道人事诸象有了一种相对安静状态的展现。

高怀民先生言："'互体'创自京房，其义乃借以表示易道之隐微……只是京氏言互体，只限于四爻，即二三四五爻，以二至四或三至五所成的三画卦为互体；到郑玄时，仍依此例。可是到了虞翻，突破此限制，言互不止于中四爻，初上爻也可用；同时四画卦可为互体，五画卦也可为互体。最后仍嫌不足，又创两画卦之'半象',于是卦象大为增加。"① 所言颇为公允中肯,富有启发意义。只是互体当非京房首创,《左传》已言及,今见清华大学藏战国竹简《筮法》也已有互体之例;郑玄在言三爻互体之外,也触及了四爻连互的问题。

(四) 半象昭示的天道人事诸象半显而未全显的可能面相

半象,顾名思义,是仅显现一半而不完整的象。在虞翻那里,半象指的是由卦中的两爻所约略呈现或将要呈现的三爻经卦之象,他往往以"某象半见"的形式表达。

具体而言,卦中两爻的组合不外 ⚌、⚏、⚍、⚎ 四种。

在 ⚌ 之下或之上分别出现一阳爻 ⚊,则 ⚌ 可视为 ☰ 乾象半见;在 ⚌ 之下出现一阴爻 ⚋,则 ⚌ 可视为 ☴ 巽象半见;在 ⚌ 之上出现一阴爻 ⚋,则 ⚌ 可视为 ☱ 兑象半见。

在 ⚏ 之下或之上出现一阴爻 ⚋,则 ⚏ 可视为 ☷ 坤象半见;在 ⚏ 之下出现一阳爻 ⚊,则 ⚏ 可视为 ☳ 震象半见;在 ⚏ 之上出现一阳爻 ⚊,则 ⚏ 可视为 ☶ 艮象半见。

在 ⚍ 之下出现一阳爻 ⚊,则 ⚍ 可视为 ☱ 兑象半见;在 ⚍ 之上出现一阳爻 ⚊,则 ⚍ 可视为 ☲ 离象半见;在 ⚍ 之下出现一阴爻 ⚋,则 ⚍ 可视为 ☵ 坎象半见;在 ⚍ 之上出现一阴爻 ⚋,则 ⚍ 可视为 ☳ 震象半见。

在 ⚎ 之下出现一阴爻 ⚋,则 ⚎ 可视为 ☶ 艮象半见;在 ⚎ 之上出现一阴爻 ⚋,则 ⚎ 可视为 ☵ 坎象半见;在 ⚎ 之下出现一阳爻 ⚊,则 ⚎ 可视为 ☲ 离象半见;在 ⚎ 之上出现一阳爻 ⚊,则 ⚎ 可视为 ☴ 巽象半见。

---

① 高怀民:《两汉易学史》,桂林:广西师范大学出版社,2007年,第154页。

可见，⚊与☷的组合，各有三种可能的半象；⚌与☷的组合，各有四种可能的半象。这些半象，在虞翻那里，昭示着半显而未全显的可能的八卦之象，昭示着半显而未全显的可能的八卦符显的天道人事诸象。

（五）半象的运用与被掩蔽的思想之光

虞翻《易》象诠释对半象的运用，主要展现在单独的半象诠释运用与连互中的半象运用，后者前文剖析连互之象时已言，这里主要分析前者。

现存虞氏《易注》中，明确提及运用半象的，有如下四处：

针对《需》九二爻辞"小有言"，虞翻诠释说：

> 二变之阴称"小"，大壮震为言，兑为口。四之五，震象半见，故"小有言"。①

需卦（䷄）由四阳息卦大壮（䷡）四爻之阳与五爻之阴易位交感所成，需卦二爻之阳以阳爻居阴位失位失正，变而得正成阴，阴符显小之象。大壮卦上体震为善鸣之马（《说卦传》），符显言之象；三至五爻互体兑，符显口之象。大壮变生需，需五爻之阳与上爻之阴的组合⚌，可视为☳震言之象半见，所以说"小有言"。这里提及运用了震的半象。

针对《讼》初六爻辞"小有言"，虞翻诠释说：

> "小有言"，谓初、四易位成震言，三"食旧德"，震象

---

① （清）孙堂辑：《虞翻周易注》，台北：成文出版社有限公司，1976年，第492页。

半见，故"小有言"。①

讼卦（䷅）初爻之阴与四爻之阳互应而皆失位失正，互易其位而皆当位得正，讼卦变为中孚卦（䷼），二至四爻互体成震符显言之象。三爻之阴以阴爻居阳位保持不变，所谓"食旧德"，不与四爻联结，导致二爻之阳与三爻之阴的组合⚎为☳震言之象半见，所以说"小有言"。这里同样提及运用了震的半象。

针对《小畜·彖传》"'密云不雨'，尚往也"，虞翻诠释说：

> 需上变为巽……"密"，小也。兑为密。需坎升天为云，坠地称雨。上变为阳，坎象半见，故"密云不雨"，上往也。②

小畜卦（䷈）二至四爻互体兑为少女，符显少小、密之象。小畜卦由需卦上爻阴变阳而来，需卦下乾上坎，坎水升天为云，坠地为雨。需卦上爻由阴变阳后，上体成巽（☴），四爻之阴与五爻之阳的组合⚎令☵坎象半见，所以说"密云不雨"。这里提及运用了坎的半象。

针对《说卦传》"兑为泽"，虞翻诠释说：

> 坎水半见，故"为泽"。③

兑卦（䷹）二爻之阳与上爻之阴的组合⚎可视为☵坎水之

---

① （清）孙堂辑：《虞翻周易注》，台北：成文出版社有限公司，1976年，第494页。
② 同上，第507页。
③ 同上，第915页。

象半见，水半见则为沼泽，所以说兑为坎水半见而符显泽之象。这里同样提及运用了坎的半象。

从上可见，半象进一步打开了人们深层开掘、发现《易》象的视野，为人们在将然的未来之维拓宽对《易》象的理解提供了思路与范例。但是由于注经的限制，虞翻的这一聪明的创见被大大遏抑，并且令人产生了诠释随意性的负评。

在正常途径下找寻不到经卦所符显的天道人事之象时，虞翻选择了半象，体现了他对象的执着与拘泥。两爻的组合在某象半见时，有三种或四种的可能，择取其中的一种可能而舍弃其他可能，透显出了诠释的随意性，当然，这种随意性是被经文所限造成的。

对此，高怀民先生有公允的评价，值得参考。他说："所有半象的决定，标准莫不取决于经文。这就叫'跟着经文打转'，如此而不招致后人指责，自然是不可能的事……站在发明易道上说，半象的创立自有不容忽视的涵义在……所谓'半象'，其含义即是'未完成的象'。何谓未完成的象？就是这个象正在趋向于变，而它的变的势能正在起作用，但尚未达到成熟的阶段……总之，在汉易家中，虞翻毕竟是佼佼出众的一个，他的创造的才智，精辟的见地，处处表现着，但因受了注经的时代学术风尚的拘束，使他未能直接倾全力在易道上发挥，而多耗费精力于琐屑的注解经文上，这是一件很可惜的事。"[①]

笔者认为，包括半象在内，虞翻的消息、卦变、旁通、反象、上下象易、互体连互等都属于学说创新、理论创造、思想发

---

① 高怀民：《两汉易学史》，桂林：广西师范大学出版社，2007年，第158—159页。

明的范畴，这些创新、创造与发明最终成了诠释经文、揭示《易》象的手段，于是，学说创新、理论创造、思想发明之光就为经典诠释中经文本身所深度掩蔽。这是历史的无奈，也是虞翻的无奈。当然，沉浸在对经典的无限崇仰中的虞翻，并没有意识到这是一种无奈。

第四章　消息语境下"大衍筮法"的重建[1]

从"易道阴阳消息下的易场"到"消息大化易场中的万物万象",展现了《周易》虞氏学在"学"的层面的基础内涵。而基于此,对大衍筮法的重建,则展现了《周易》虞氏学在"术"的层面的基本内涵。后者表现出了典型的以"学"统"术"特征。

《周易》本系卜筮之书,卜筮是《易》之"学"在用的层面的展现,属于《易》之"术"的范畴。《系辞上传》所载《易》的经典占筮之法"大衍筮法",是"今天所能见到的有关筮法最古、最完整的记录"[2]。在《易传》对本为卜筮之书的《易》作出哲学化诠释转化后,筮法之"术"有了《易》之"学"的鲜明学理支撑。此后,历代皆不乏易家对"大衍筮法"作出解读。汉末易学家虞翻,在承荟两汉易学学术成果的基础上,秉阴阳消息为主脉,创构纷繁象数体例,于解《易》过程

---

[1] 本章部分内容已发表,参见王贻琛:《以学统术:虞翻"大衍筮法"说探微》,《周易研究》2020年第2期。
[2] 刘大钧:《周易概论》,成都:巴蜀书社,2010年,第94页。

中筑显起了体系闳博的《周易》虞氏学,并借此重新诠释了"大衍筮法",令该筮法成为虞氏易"学""术"全体一贯之缩影。自清代乾嘉汉学重兴之后,虞翻易学的研究者络绎不绝,其关注重点多在虞氏具体象数体例学说,而对其占筮方面的内容虽有涉及,却未能予以应有重视。笔者尝试通过对虞翻《系辞上传》"大衍之数"章注解的梳理,由"术"见"学",进一步窥得虞氏易"学""术"一贯之貌。

第一节 虞翻所释"大衍筮法"之具体操作

虞翻对"大衍筮法"有着自己独到的见解。本章首先关注的是他对大衍筮法具体操作的诠释。为便于直观,先将虞翻所注版本的"大衍筮法"章核心文辞列示于下:

> 大衍之数五十,其用四十有九。分而为二以象两,挂一以象三,揲之以四以象四时,归奇于扐以象闰。五岁再闰,故再扐而后挂。天数五,地数五。五位相得而各有合,天数二十有五,地数三十,凡天地之数五十有五,此所以成变化而行鬼神也。乾之策二百一十有六,坤之策百四十有四,凡三百六十,当期之日。二篇之策,万有一千五百二十,当万物之数也。是故四营而成《易》,十有八变而成卦。[1]

---

[1] (清)张惠言:《周易虞氏义》,《续修四库全书·经部·易类》第26册,上海:上海古籍出版社,2002年,第509—510页。"再扐而后挂"之"挂",张惠言改为"卦",云:"'卦'旧作'挂'。"参见(清)张惠言《周易虞氏义》,《续修四库全书·经部·易类》第26册,上海:上海古籍出版社,2002年,第510页。

后世辑录的虞翻针对此段文辞所作的注解虽然并不完整,但我们仍可据现存虞翻对此部分的直接注解,结合非针对此部分却又与之相关的其他虞注,并辅以虞翻之前主要易家对此已有的见解与其后如张惠言等精研虞氏易专家的理解,对虞翻诠解的"大衍筮法"作出解读。

关于操作步骤,筮法开篇言:"大衍之数五十,其用四十有九。分而为二以象两,挂一以象三,揲之以四以象四时。"虞注缺失。但结合文义本身以及张惠言等所释可以理解为:

"衍"是指以蓍草之数所进行的筮占演算。首先,针对特定占问事项进行筮占演算时,取数目为"大衍之数"的 50 策蓍草,从中拿出 1 策不用,仅用其中的 49 策。拿出 1 策不用的原因,因未见其注,遂不知他对此的理解。然后"分而为二",将 49 策蓍草信手分为左右两束。继而"挂一",即从分为左右两束蓍草的某束中取出一策,夹于某手某指间。只因未见虞注,遂不知取自何束,夹于何处。关于此步,张惠言据虞翻对下句"归奇于扐"的注语分析后认为,"此'挂一'不在左手小指也,当在右手"①,即夹置于右手小指与无名指之间。此说或然而未必。随后"揲之以四"。揲为分数之意,指对左右两束蓍草依次分别进行四策四策的分数。

揲数完毕后,接下来便是"归奇于扐",虞翻注曰:

奇,所挂一策。扐,所揲之余,不一则二,不三则四也。取奇以归扐,扐并合挂左手之小指,为一扐。则"以

---

① (清)张惠言:《周易虞氏义》,《续修四库全书·经部·易类》第 26 册,上海:上海古籍出版社,2002 年,第 509 页。

闰月定四时成岁",故"归奇于扐,以象闰"者也。①

"奇"为之前的"挂一"之一策蓍草。"扐"指左右两束经揲数后各自剩余的蓍草。虞翻将"奇"释为"挂一",而《周易正义》载韩康伯注云:"奇,况四揲之余,不足复揲者也。"② 认为"奇"是四四揲分蓍草策数后所余数目,亦即虞翻所谓"扐"。被虞翻释为四揲余数的"扐",其前人马融云:"扐,指间也。"③ 在对"奇"与"扐"的理解上,虞翻与以上两种后世成为主流见解的观点是相异的。在他看来,取出所挂一策蓍草后,先后对左右两束蓍草四策四策地分揲。揲数完毕后,左束蓍草剩余数目为左扐,右束蓍草剩余数目为右扐,分别有1、2、3、4四种情况。具体而言,若左扐为1,则右扐必定为3;左扐为2,则右扐必定为2;左扐为3,则右扐必定为1;左扐为4,则右扐必定亦为4,故而虞翻言分揲所余数目不是一就是二,不是三就是四。最后将第一次所挂之"奇"这一策蓍草,与第一次揲数左右两束后的左右二"扐"蓍草归并在一起,置于左手小指与无名指之间,所得蓍草数,即为虞翻所谓"一扐"。此所言"一扐"之"扐",指含有左揲、右揲之余(即前所言左扐、右扐)与挂一之奇的大扐,有5、9两种情况:

$$1+3+1=5,$$
$$2+2+1=5,$$

---

① (清)孙堂辑:《虞翻周易注》,台北:成文出版社有限公司,1976年,第819页。
② (魏)王弼、(晋)韩康伯注,(唐)孔颖达疏:《周易正义》,(清)阮元校刻《十三经注疏》,北京:中华书局,2009年,第166页。
③ (清)孙堂辑:《马融周易传》,《汉魏二十一家易注》,严灵峰编:《无求备斋易经集成》第169册,台北:成文出版社有限公司,1976年,第127页。

$3+1+1=5$。

$4+4+1=9$。

随后"再扐而后挂",虞翻注曰:

> 谓已一扐,复分挂如初揲之归奇于初扐,并挂左手次小指间,为再扐则再闰也。又分扐("扐"疑作"挂")揲之如初,再挂左手第三指间,成一变,则布挂之一爻。谓已二扐,又加一,为三,并重合前二扐,为五岁,故"五岁再闰,再扐而后挂"。此"参五以变",据此,为三扐。不言三闰者,闰岁余十日,五岁闰六十日尽矣。后扐闰余分,不得言三扐二闰,故从言"再扐而后挂"者也。①

得到"一扐"后,除去"一扐"剩余的蓍草,即过揲蓍草,将是或44(49—5)、或40(49—9)策。再次以与初次同样的步骤,对合并后的44或40策蓍草,进行第二次的分二、挂一、揲四、归奇于扐操作:即将这些蓍草左右两分,然后从中取一策,夹于某手某指间,作为第二次的"奇",再对左右两束蓍草分别四四揲数,得到第二次的左右二扐。此时若左扐为1,则右扐必定为2;左扐为2,则右扐必定为1;左扐为3,则右扐必定为4;左扐为4,则右扐必定为3。最后将第二次的"奇"与第二次的左右二扐之蓍草归并,夹于左手的无名指与中指之间,所得蓍草数,虞翻称之为"二扐"。"二扐",即第二度的大扐,其数将有4、8两种情况:

---

① (清)孙堂辑:《虞翻周易注》,台北:成文出版社有限公司,1976年,第819—820页。

第四章 消息语境下"大衍筮法"的重建

$$1+2+1=4,$$
$$2+1+1=4。$$
$$3+4+1=8,$$
$$4+3+1=8。$$

得到"二扐"后,除去"二扐"剩余的蓍草,即过揲蓍草,将是或40、或36、或32策:

$$44-4=40。$$
$$40-4=36,$$
$$44-8=36。$$
$$40-8=32。$$

继而将得虞翻所言"三扐",即第三度的大扐。对合并后的40或36或32策蓍草,"又分扐(挂)揲之如初"。张惠言指出:"'扐'当为'挂'字之误。"[①] 即以与初次同样的步骤,进行第三次分二、挂一、揲四。因为与第二次所言"复分挂如初揲之归奇于初扐"不同的是,第三次虞翻言"又分挂揲之如初"而未明言"归奇"二字,对此,张惠言谓"又并所揲之余于再扐,其奇则不归也"[②],认为没有归奇于扐这一操作。对此,潘雨廷先生《周易虞氏易象释》本于《周易虞氏义》赞同张惠言观点:"唯后扐不归奇……不言三扐者,后扐无归奇也。"[③] 清儒曹元弼则对张惠言的这一观点进行了批评:"张氏申虞谓三扐不归奇,

---

① (清)张惠言:《周易虞氏义》,《续修四库全书·经部·易类》第26册,上海:上海古籍出版社,2002年,第510页。
② 同上。
③ 潘雨廷:《周易虞氏易象释》,《潘雨廷著作集》伍,上海:上海古籍出版社,2016年,第394页。

扐法不备。初时已二扐，又加一为三，三合二为五岁，以三为五，所谓'参五以变'。五岁之中而归奇备扐法者再，故实三扐而称'再扐'，象再闰，如是成一变，乃布卦之一爻。闰法积气盈朔虚，约岁余十日有奇。五岁再闰六十日，积分已尽侵入下余分，不得有三闰，而归奇于扐以象闰，又不得三扐二闰，故从五岁再闰之义。言再扐而后卦，以后扐象再闰后之下余分，以不归奇象未得置闰也，义似稍迂曲。诸家'卦'作'挂'。惠氏谓一卦两揲两扐合为五者，象五岁，五者之中，凡有再扐，象再闰，再扐之后，乃别起一挂，于传文、筮法均密合。"[1] 笔者认为，虞翻此步骤有归奇。首先，张惠言对虞翻"复分挂如初揲之归奇于初扐"一句已指出"此省文"，则"又分挂揲之如初"亦可为省文，省略了"揲之归奇于初扐"几字，将所省之文补上即"又分挂揲之如初揲之归奇于初扐"。其次，张惠言继之指出："布卦之一爻者，七八九六也，谓再扐之后，四揲之策九为九，八为八，七为七，六为六。"显然其以过揲之数确定一爻。有无归奇并不改变左右二扐的结果，第三次揲四所得的左右二扐情况与第二次相同：若左扐为1，则右扐必定为2；左扐为2，则右扐必定为1；左扐为3，则右扐必定为4；左扐为4，则右扐必定为3。如果"三扐"没有归奇，则"三扐"为3或7，其与"一扐"5或9、"二扐"4或8无法得到四揲之策九、八、七、六。因此，"三扐"乃将第三次"奇"与第三次左右二扐之蓍草归并一处，夹于左手的中指与食指之间。"三扐"之数，亦有4、8两种情况。

---

[1] （清）曹元弼：《周易集解补释》下，上海：上海人民出版社，2019年，第834页。

第四章 消息语境下"大衍筮法"的重建

得到"一扐""二扐""三扐"三大扐之数后,虞翻谓:"成一变,则布挂之一爻"。显然这是根据大扐之数确定爻。张惠言指出:"'挂'当为'卦'。"① 得到三大扐之后,即完成"一变",就可确定而画出筮占所求卦的一爻。虞翻将取得三大扐称为"成一变",其一大扐对应《系辞传》所言"十有八变而成卦"的一"变",其一"变"对应《系辞传》的三"变"。根据三大扐确定一爻,乃依据扐数5、4为一类数,9、8为一类数,其详不可确知,但与唐孔颖达、贾公彦的见解当相去不远。在诠释《系辞上传》大衍筮法时,孔颖达云:

> 每一爻有三变,谓初一揲,不五则九,是一变也。第二揲,不四则八,是二变也。第三揲,亦不四则八,是三变也。若三者俱多为老阴,谓初得九,第二、第三俱得八也。若三者俱少为老阳,谓初得五,第二第三,俱得四也。若两少一多为少阴,谓初与二、三之间,或有四或有五而有八也。或有二个四而有一个九,此为两少一多也。其两多一少为少阳者,谓三揲之间,或有一个九,有一个八而有一个四,或有二个八,而有一个五,此为两多一少也。如此三变既毕,乃定一爻。②

5、4内含一揲蓍草之数而称"少",9、8内含两揲蓍草之数而称"多"。孔颖达的一变之数,即《系辞传》所言的一变之数,相当于虞翻所言的一大扐之数。前二者的三变之数对应后者

---

① (清)张惠言:《周易虞氏义》,《续修四库全书·经部·易类》第26册,上海:上海古籍出版社,2002年,第510页。
② (魏)王弼、(晋)韩康伯注,(唐)孔颖达疏:《周易正义》,(清)阮元校刻:《十三经注疏》,北京:中华书局,2009年,第166—167页。

的三大扐之数,确定卦之一爻:

一扐之数 9 为多、二扐之数 8 为多、三扐之数 8 为多,谓之"三多",三者之和为 25,对应虞翻所言"一变"后的过揲蓍草之数 24:49 - 25 = 24。

一扐之数 5 为少、二扐之数 4 为少、三扐之数 4 为少,谓之"三少",三者之和为 13,对应虞翻所言"一变"后的过揲蓍草之数 36:49 - 13 = 36。

一扐之数 5 为少、二扐之数 4 为少、三扐之数 8 为多,谓之"两少一多",三者之和为 17,对应虞翻所言"一变"后的过揲蓍草之数 32:49 - 17 = 32。

一扐之数 5 为少、二扐之数 8 为多、三扐之数 4 为少,同样谓之"两少一多",三者之和为 17,也对应虞翻所言"一变"后的过揲蓍草之数 32。

一扐之数 9 为多、二扐之数 4 为少、三扐之数 4 为少,同样谓之"两少一多",三者之和为 17,也对应虞翻所言"一变"后的过揲蓍草之数 32。

一扐之数 9 为多、二扐之数 8 为多、三扐之数 4 为少,谓之"两多一少",三者之和为 21,对应虞翻所言"一变"后的过揲蓍草之数 28:49 - 21 = 28。

一扐之数 9 为多、二扐之数 4 为少、三扐之数 8 为多,同样谓之"两多一少",三者之和为 21,亦对应虞翻所言"一变"后的过揲蓍草之数 28。

一扐之数 5 为少、二扐之数 8 为多、三扐之数 8 为多,同样谓之"两多一少",三者之和为 21,亦对应虞翻所言"一变"后的过揲蓍草之数 28。

过揲 24 为六揲之数，映照三多，确立老阴之爻；过揲 36 为九揲之数，映照三少，确立老阳之爻；过揲 32 为八揲之数，映照两少一多，确立少阴之爻；过揲 28 为六揲之数，映照两多一少，确立少阳之爻。笔者认为，正是这种对于扐数的高度信仰与看重，才衍生出了"以钱代蓍"的简化筮法：硬币正面为多，对应扐数 9、8，硬币反面为少，对应扐数 5、4；三枚硬币抛掷一次，则有或三多、或三少、或两少一多、或两多一少四种情形，这与蓍草行占所出现的四种扐数情形完全一致，只是略去了后者以数涵象、以数通象、以数显象的丰富意蕴。

如此三变既毕，乃定一爻。

贾公彦云："就《易》文卦画七八，爻称九六，用四十九蓍。三多为交钱，六为老阴也。三少为重钱，九为老阳也。两多一少为单钱，七为少阳也。两少一多为拆钱，八为少阴也。"① 孔氏以虞翻一大扐的 5 或 4 为少，9 或 8 为多，三多为老阴，对应过揲六揲 24 策之数；三少为老阳，对应过揲九揲 36 策之数；两少一多为少阴，对应过揲八揲 32 策之数；两多一少为少阳，对应过揲七揲 28 策之数。

求得一卦需确定六爻，故而《系辞传》言："四营而成易，十有八变而成卦。"此句虞注缺，但据虞翻好友陆绩所言"'分而为二以象两'，一营也；'挂一以象三'，二营也；'揲之以四以象四时'，三营也；'归奇于扐以象闰'，四营也。谓四度营为，方成易之一爻者也"②，可知四营就是"分二、挂一、揲四、

---

① （汉）郑玄注，（唐）贾公彦疏：《周礼注疏》卷第二十四《大卜》，（清）阮元校刻：《十三经注疏》，北京：中华书局，2009 年，第 1733 页。
② （清）李道平：《周易集解纂疏》，北京：中华书局，2013 年，第 586 页。

归奇于扐"四度操作，一次四度操作确定虞翻所言一大扐，三次四度操作确定三大扐从而确定一爻，十八次四度操作确定六爻，最终占筮所求的卦得以确定。可见，虞翻定爻成卦看重的是扐数，而重视"扐"的传统由来已久，出土文献属战国中晚期的清华简《筮法》，就已体现出对"扐"的重视："各堂（当）亓（其）刲（卦），乃力（扐）占之，占之必力（扐），刲（卦）乃不訧（忒）。"① 言筮占求卦，乃是通过扐数求得，以扐定爻成卦，卦就不会出现差错。虞翻所依据的经典文本《易》借助筮占演算所得之数转换定爻，清华简《筮法》则直接以筮数的数字形式示爻。后者特别讲述了八、五、九、四四种数字之爻的爻象："凡（凡）肴（爻）象，八为风，为水，为言……×（五）象为天，为日，为贵人……九象为大獸（兽），为木，为备戒……四之象为墬（地），为圓（圆）……"② 这四种数字之爻所涉及的数，很容易使人将其与虞翻、孔颖达所言三扐之数、三变挂扐之数联想在一起，这不能不说筮人重视扐数的信仰传统由来已久。

第二节　大衍之数以数涵象

　　大衍筮法以蓍草为占问媒介，以演算蓍草策数为筮占途径，通过演算所得特定数确定与占问事项相关的爻与卦。在虞翻看来，

---

① 李学勤等编：《清华大学藏战国竹简（肆）》下册，上海：中西书局，2013年，第122页。
② 同上，第120页。

筮法操作演算过程中出现的一系列数，始于大衍之数。承自大衍之数的这些数以数显象，而作为演算起点本数的大衍之数则以数涵象。两者彰显了象数易学以数涵象、以数显象之一大特色。

对于作为筮占起点的大衍之数，虞翻借天地、五行、天干以及太一（太极）作出解释，分别建构起了数与天地、数与五行、数与天干以及数与太一（太极）相对应的诠释系统，以后者解释前者，于是前者内涵了后者之象。借大衍之数所内涵的象，虞翻视野下的《易》之学也得到了概要呈现。

一 大衍之数源自天地之数，内涵天地之象

《易传》以天数、地数、天地之数解释大衍之数，虞翻在此基础上，首先在十个自然数与天地之间建构起相互诠释的关系，指明大衍之数来自天地之数而内涵天地之象。

《易传》着眼于一至十十个自然数，称奇数为天数，偶数为地数，称天数地数之和五十五为天地之数，而大衍之数则为五十。

关于大衍之数，筮法仅于开篇提及一句"大衍之数五十"。虞翻针对此的注解虽然今已缺失，但在其对筮法另外两处相关文辞的注解中，仍可得见其对此的理解：

在诠释"凡天地之数五十有五"时，翻注曰：

> 天二十五，地三十，故"五十有五"。天地数见于此，

故大衍之数略其奇五,而言"五十"也。①

在诠释"天一,地二,天三,地四,天五,地六,天七,地八,天九,地十"时,翻注曰:

> 此则大衍之数五十有五,蓍、龟所从生。圣人"以通神明之德,以类万物之情"。②

第一处诠释,他阐释筮法之所以言"大衍之数五十",乃因天地之数为五十五,而大衍之数将其奇零五略去了。第二处诠释,他则直接称大衍之数为五十五,并指出大衍之数是以蓍草、龟甲行使筮占操作的卜筮活动的启动原点,圣人借之感通神明之德,类推万物情实。由此可见,他认为大衍之数就源自天地之数,乃至直接等同于天地之数。

对于大衍之数所来自的天地之数,他在注"天数五,地数五……天数二十有五,地数三十,凡天地之数五十有五"时,云:

> "天数五",谓一、三、五、七、九;"地数五",谓二、四、六、八、十也……一、三、五、七、九,故"二十五"也。二、四、六、八、十,故"三十"也。天二十五,地三十,故"五十有五"。③

一、三、五、七、九是天数,二、四、六、八、十是地数。

---

① (清)孙堂辑:《虞翻周易注》,台北:成文出版社有限公司,1976年,第822页。
② (清)张惠言:《周易虞氏义》,《续修四库全书·经部·易类》第26册,上海:上海古籍出版社,2002年,第512页。
③ (清)孙堂辑:《虞翻周易注》,台北:成文出版社有限公司,1976年,第820—822页。

五个天数之和与五个地数之和分别为二十五、三十，两者相加和为五十五。因此，天地之数就是十个天数地数的总和。

"一、三、五、七、九"五个奇数和"二、四、六、八、十"五个偶数被分别冠名为"天数"与"地数"，表明了这五个奇数内涵着天之象，五个偶数内涵着地之象。所以大衍之数就内涵着天地之象。这是《易传》的基本见解，也是《易传》以来包括虞翻在内的学者的基本见解。

二 大衍之数内涵五行诸象

虞翻进而在天数、地数与五行之间建构起相互诠释的关系，指明大衍之数又内涵五行诸象，包括五行、五行生成之数、五行生成之序以及五行方位之象。

《系辞上传》列述十个天数、地数，云："天一，地二，天三，地四，天五，地六，天七，地八，天九，地十。"虞翻以五行与十天干构成的组合与其一一对应而诠释之，其注曰：

> 水甲，火乙，木丙，金丁，土戊，水己，火庚，木辛，金壬，土癸。[1]

此诠释展示了"水、火、木、金、土、水、火、木、金、土""甲、乙、丙、丁、戊、己、庚、辛、壬、癸"两个序列，以配合原文展示的另外两个序列"天、地、天、地、天、地、天、地、天、地""一、二、三、四、五、六、七、八、九、十"。

---

[1]（清）孙堂辑：《虞翻周易注》，台北：成文出版社有限公司，1976年，第829—831页。

第一个五行的序列正是五行生成次序的排列，而与之相配的十天干由甲至癸的序列，则是虞翻用以佐助表明这一五行生成次序的。将它们共同对应天数地数的序列，就得到天数一与地数六对应水、地数二与天数七对应火、天数三与地数八对应木、地数四与天数九对应金、天数五与地数十对应土的五对天数、地数与五行的对应。此对应暗用并展示的，就是关于天数、地数作为五行生数、成数确立的五行生成之序与五行之位的学说。因此，在虞翻这里，大衍之数就内涵着五行、五行生成之数、五行生成之序与五行之位诸象。

以上虞翻采取的，显然是以五行生成之数诠释天地之数与大衍之数的基本理路，以五行生成之数构建其与天地之数、大衍之数间的解释系统。这一理路早在虞翻之前，郑玄就已明确提出。这就意味着虞翻认可并暗用了郑玄的见解。

正因这种认可，他才会在注解"天数五，地数五"后的"五位相得，而各有合"时，概括引述了"或以一六合水，二七合火，三八合木，四九合金，五十合土也"这一他人见解。这一见解，就是以下郑玄对"大衍之数五十"诠释所展现的见解：

> 天一生水于北，地二生火于南，天三生木于东，地四生金于西，天五生土于中，阳无偶，阴无配，未得相成。地六成水于北，与天一并；天七一成火于南，与地二并；地八成木于东，与天三并；天九成金于西，与地四并；地十成土于中，与天五并。大衍之数五十有五，五行各气并，气并而减

五，惟有五十。①

天地之数五十有五，以五行气通，凡五行减五。②

郑玄的阐释，揭示了天数、地数作为五行的生成之数，内涵着五行生成之序及其确立的五行生成之位。一、二、三、四、五与六、七、八、九、十分别为水、火、木、金、土的生数与成数，五行因之得以确立水、火、木、金、土的生成之序与水北、火南、木东、金西、土中央的五行之位。他以五行生成之数诠释天数、地数，以五行生数成数之和诠释天地之数与大衍之数。五行生数成数之和为五十五，天地之数就为五十五。大衍之数本于天地之数而来，亦是五十五，之所以言五十，是因为五行之气流行通贯一体，所以即可略去五行数之五。显然，郑玄在以五行生成之数解释天地之数与大衍之数的理路下，认为大衍之数为五十五，又最终落实为五十，这与上述虞翻以五十五和五十两个数称言大衍之数的见解是完全一致的。虞翻正是在认可接纳了郑玄这一见解的基础上，转进一步，揭示出五行生成之序与五行之位得以确立的背后依据。

三 大衍之数内涵日月运转下的阴阳消息之象

虞翻在数与十天干间建构起相互诠释的关系，指明大衍之数既内涵天干指向的五行之象与万物生化之象，又内涵天干指向的日月运转下的阴阳消息之象。前者属于虞翻认可的郑玄旧义，后

---

① （清）孙堂辑：《郑康成周易注（附补遗一卷）》，台北：成文出版社有限公司，1976年，第395—396页。
② 同上，第395页。

者属于虞翻所创发的新义。

虞翻在对"天数五，地数五"后的"五位相得，而各有合"的注解中，不仅采纳了郑玄的观点，而且通过日月运转下的阴阳消息，深化了以五行生成之数诠释的天地之数与大衍之数的内涵，指出大衍之数还内涵着日月运转下的阴阳消息之象：

> "五位"谓五行之位，甲乾、乙坤，相得合木，谓"天地定位"也；丙艮、丁兑，相得合火，"山泽通气"也；戊坎、己离，相得合土，"水火相逮"也；庚震、辛巽，相得合金，"雷风相薄"也；天壬、地癸，相得合水，言"阴阳相薄"而战于乾；故"五位相得，而各有合"。①

"'五位'谓五行之位"，表明他对郑玄观点的认可。他所认可的郑玄观点中，五行之位进一步表述为甲乙东木春，丙丁南火夏，庚辛西金秋，壬癸北水冬，戊己中央土与春夏、夏秋、秋冬、冬春四时之间，以此昭示其间所发生的万物生化流转，具体可见于张惠言诠释"两仪生四象"时节引郑玄《礼记·月令》"春其日甲乙……夏其日丙丁……中央其日戊己……秋其日庚辛……冬其日壬癸"注所云："日之行，春，东从青道，发生万物，月为之佐，时万物皆解孚甲，自抽轧而出，故名甲乙……日之行，夏，南从赤道，长育万物，月为之佐，时万物皆炳然著见而强大，故名丙丁……日之行，四时之间，从黄道，月为之佐，至此万物皆枝叶茂盛，其含秀者，抑屈而起，故名戊己……日之行，秋，西从白道，成孰万物，月为之佐，万物皆肃然改更，秀

---

① （清）孙堂辑：《虞翻周易注》，台北：成文出版社有限公司，1976年，第821页。

实新成，故名庚辛……日之行，冬，北从黑道闭藏万物，月为之佐，时万物怀任于下，揆然萌芽，故名壬癸。"①

"甲乾乙坤相得合木"云云，通过五行建立起天数、地数与天干的沟通，内涵十天干与天地之数、大衍之数的郑玄旧义与虞翻新义。

旧义，乃十天干与五行"水、火、木、金、土"、方位"东、南、西、北、中"、四时"春、夏、秋、冬、四时之间"的对应诠释系统下，五行之气带来的春夏秋冬四时更替，万物于中生化不息，并展现出以天干字体构造所表征的各种生化情状。在郑玄之前，《汉书·律历志》就曾揭示过天干的这种内涵，而为郑玄所接纳："此阴阳合德，气钟于子，化生万物者也……出甲于甲，奋轧于乙，明炳于丙，大盛于丁，丰楙于戊，理纪于己，敛更于庚，悉新于辛，怀任于壬，陈揆于癸。"② 例如，看到甲乙，就会联想到五行之木及其带来的四时之春，以及万物在春时展现的以破甲初生、出苗奋轧为标志性的生长情状；看到丙丁，就会联想到五行之火及其带来的四时之夏，以及万物在夏时展现的色泽鲜亮、活力大盛的生长情状；看到戊己，就会联想到五行之土及其带来的四时之间，以及万物在此期间展现的生长茂盛、富有条理的生长情状；看到庚辛，就会联想到五行之金及其带来的四时之秋，以及万物在秋时展现的收敛更换、除旧布新的生长情状；看到壬癸，就会联想到五行之水及其带来的四时之

---

① （清）张惠言：《周易虞氏义》，《续修四库全书·经部·易类》第26册，上海：上海古籍出版社，2002年，第513页。
② （汉）班固撰，（唐）颜师古注：《汉书》卷二十一上《律历志第一上》，北京：中华书局，1962年，第964—965页。

冬，以及万物在冬时展现的孕藏新生、揆度待发的生长情状。

新义，则是十天干与日月之象的对应。是虞翻在以上诸理论的基础上更进一步，揭示出五行的生成与方位的确立是如何实现与展开的。

此处他言及的"甲乙丙丁午己庚辛壬癸"，不再是前面"水甲，火乙，木丙"云云下的次序之义，而是指与十天干一一相配的"乾、坤、艮、兑、坎、离、震、巽、天（乾）、地（坤）"在天八卦之象、在天八卦易场及其方位。这是在十天干与日月在天所成八卦之象、在天八卦易场间建构起相互诠释关系，以此揭开大衍之数内涵的深藏于五行背后的阴阳消息之象。

这里涉及前文已论的虞翻援用"月体纳甲"学说阐发的日月运转在天所成八卦之象与八卦易场。如前所言，每月十五日，月于东方甲位呈满月乾（☰）象；三十日，于乙位呈晦月坤（☷）象；二十三日，于丙位呈下弦月艮（☶）象；初八日，于丁位呈上弦月兑（☱）象；每月晦日傍晚、朔日之晨，月之本象坎（☵）象现于中天戊位；每日正午，日之本象离（☲）象现于中天己位；初三日，于庚位呈新月的震（☳）象，十七日晨，月于辛位呈渐亏凸月的巽（☴）象；晦日，日月相会于壬癸之北，日在壬位显乾象对应天，月在癸位显坤象对应地。月消于乙位而最终藏于癸位。虞翻尝谓"乾二、五之坤，成离日、坎月"[1]，认为日月乃分别得天地之中气而成，离日坎月往返于中天，引起了月象盈亏意义上的在天八卦阴阳消息之象与在天八卦易场。故而此言"甲乾、乙坤、丙艮、丁兑、戊坎、己离、

---

[1] （清）孙堂辑：《虞翻周易注》，台北：成文出版社有限公司，1976年，第886页。《系辞下传》"定天下之吉凶，成天下之娓娓者"注语。

庚震、辛巽、壬天（乾）、癸地（坤）"。

关于此日月运转所成在天八卦之象与在天八卦易场，在虞翻这里，是具有万物生化的直接动力源意义的。其言："坎月生西南而终东北。震象出庚，兑象见丁，乾象盈甲，巽象退辛，艮象消丙，坤象穷乙，丧灭于癸，终则复始，以生万物。"[①] 又言："日月在天，动成万物。"[②] 依虞翻之见，正是日月在天运转才令万物得以化生。月在天有规律地呈现光明与晦暗此消彼长的更替之象，就是一种月象盈亏意义上的阴阳消息流转之象。月象以光明部分呈显着阳，以晦暗部分呈显着阴，通过月象的光明由微渐著与晦暗的由微渐著这一动态流转过程，呈现了由震卦到兑卦再到乾卦的阳息消阴之象，与由巽卦到艮卦再到坤卦的阴息消阳之象。它透露了日月运转带来的阴阳消息这一宇宙奥秘。天地间的万物之所以得以化生，正是因日月运转引动的阴阳消息。作为得天地中气而成的离日坎月，它们的周天运转，在带来在天八卦阴阳消息、形成在天八卦易场的同时，也带动了天地阴阳二气的消息。一个周期在天八卦的阴阳消息之象展现完成，亦即历经一次在天八卦易场，就促成了天地阴阳二气消息的一大节段。十二个周期在天八卦阴阳消息展现完成，亦即历经十二次在天八卦易场，就形成确立了由复（䷗）、临（䷒）、泰（䷊）、大壮（䷡）、夬（䷪）、乾（䷀）、姤（䷫）、遯（䷠）、否（䷋）、观（䷓）、剥（䷖）、坤（䷁）符显的十二个节段的天地阴阳消息

[①] （清）孙堂辑：《虞翻周易注》，台北：成文出版社有限公司，1976年，第640—641页。《蹇·象》"蹇之时用大矣哉"注语。

[②] （清）孙堂辑：《虞翻周易注》，台北：成文出版社有限公司，1976年，第601—602页。《离·大象传》"明两作，离"注语。

态势。虞翻曾揭示这十二大阴阳消息节段与四时的关系："泰、大壮、夬配春，乾、姤、遯配夏，否、观、剥配秋，坤、复、临配冬。谓十二月消息相变通，而周于四时也。"① 一大节段对应一月，三大节段促成一时，十二节段的阴阳消息流转，成就起四时流转。日月运转引动阴阳消息成泰、大壮、夬的态势，生成确立寅、卯之木气与辰之含木土气，带来春；阴阳消息成乾、姤、遯的态势，生成确立巳、午之火气与未之含火土气，带来夏；阴阳消息成否、观、剥的态势，生成确立申、酉之金气与戌之含金土气，带来秋；阴阳消息成坤、复、临的态势，生成确立亥、子之水气与丑之含水土气，带来冬。由是，在虞翻这里，天干不仅具有万物的生化情状义，也具有万物的生化根源义。万物的生化打上了十天干指向的在天八卦与十二消息的深刻印记。

日月所成的在天八卦之象与在天八卦易场，呼应着其所引动的乾天阳气与坤地阴气消息而成的五行之气，甲位的乾象与乙位的坤象相投，相合于此东方而生成确立五行之木，彰显着造化本源乾天坤地相合的定位。丙位的艮象与丁位的兑象相投，相合于此南方而生成确立五行之火，彰显着造化所成艮山兑泽之气的相通。戊位的坎象与己位的离象相投，相合于此中央而生成确立五行之土，彰显着消息所成坎水离火的相即不厌。庚位的震象与辛位的巽象相投，相合于此西方而生成确立五行之金，彰显着消息所成震雷巽风的相近相入。壬位的乾象与癸位的坤象相投，相合于此北方而生成确立五行之水，彰显着乾天之阳坤地之阴的迫近激荡。在天八卦之象与五行的呼应相合，以阴阳消息气的流转贯

---

① （清）孙堂辑：《虞翻周易注》，台北：成文出版社有限公司，1976年，第805页。《系辞上传》"变通配四时"注语。

通为基础，以天地、山泽、水火、雷风、阴阳的相即相合为突出表现。这里所体现的是在天八卦阴阳消息之象与乾天坤地十二消息之象的贯通，体现的是在天八卦易场与十二消息卦易场的贯通，这一贯通，带来了五行生成与流转的贯通，带来了四时形成与更迭的贯通，带来了万物生长与收藏彼此的气息贯通。

由此，虞翻揭示了五行从何而来，五行由阴阳消息而来，也揭示了阴阳如何消息，阴阳由日月运转引动消息并成十二大节段。虞翻援用月体纳甲说，以在天八卦之象与在天八卦易场，深化了天干与五行之意蕴，令其获得阴阳消息的解释，找到了五行与四时的源头。

四 大衍之数一体未分，内涵天地未分的宇宙本原太一之象

天地之前还有太极太一。《系辞上传》云："易有太极，是生两仪。"虞翻注云："'太极'，太一也，分为天地，故'生两仪'也。"[1] 太极指的就是阴阳二气尚未分化、天地尚未开辟的宇宙终极本原太一。大衍之数五十一体未分，就内涵着这一太一之象。

综上可见，在虞翻以其建构的数与天地、五行、天干、太一相对应诠释系统的诠释下，大衍之数所内涵的宇宙终极本原太一之象，内涵的由太一分化而来的天地之象，内涵的日月运转引动

---

[1] （清）孙堂辑：《虞翻周易注》，台北：成文出版社有限公司，1976年，第835页。

天阳地阴之气消息流转、化生五行之气、带来四时交替与万物生化的推进过程之象，被揭示得清晰尽致。这一针对大衍之数的诠释所揭示的内容，实际上就是《周易》虞氏学纲要式的基本表达。而筮占操作则是建立在这一易学基础上的术之用。

第三节　筮占操作以数显象

依虞翻之见，大衍之数以数涵象，筮占操作则以数显象。作为筮占活动起点的大衍之数，内涵宇宙终极本原太一之象、天地之象、五行之象以及日月运转下的阴阳消息之象，为筮法操作开展后的每一步中的数能够以数显象奠定了基础。大衍之数内涵的象，在筮占操作开启前处于寂然不动的状态，通过筮占操作令它们回应于筮问事项而显现。筮法文辞中"分二""挂一""揲四""归奇"后皆继言"以象"，表明大衍筮法占筮过程中的每一步操作皆以数显象，并最终以推演所得到的数定爻成卦，呈现与筮问事项相关的所有象。

大衍之数所内涵的象，在虞翻看来，借特定筮问事项所行筮占操作的机缘，在筮占以数的推演模拟宇宙大化的模式下，因数而次第显现，接通打开其所指向的现实的象，让内涵的象成为直接的现实，最终呈现于筮占所求得的卦上。筮占操作的过程，就是各象次第显现的过程：

"大衍之数五十"，五十策蓍草浑然未分，以及四十九策蓍草浑然未分，呼应着宇宙浑然一体的终极本原太极太一。参考虞翻对"大衍筮法"文辞后的"是故《易》有太极，是生两仪，两仪生四象"所作诠解"'太极',太一也,分为天地,故'生两仪'也。'四象',四时也"[1] 推知:备好而尚未分而为二的五十或四十九策蓍草,用以模拟太极,即太一,接通打开其象。

"分而为二以象两",四十九策蓍草信手分为左右两束,一束象征天,一束象征地,乃是模拟太极太一分化为天地两仪的过程。其后的"分而为二",则模拟开天辟地后动态消息流转着的天与地。据此数的操作,接通打开而呈现由大化终极本原太极太一处而来的流转日新的天地之象。

"挂一以象三","挂一"之一策即虞翻所谓"奇",是从象征天与地的两束蓍草中取出挂在指间的一策,于是呈现"分二"的两束蓍草与"挂一"的一策蓍草共三部分,以象征"三",据虞翻对筮法文辞中的"引而信之"所注"'引'谓庖牺引信三才"表明,"三"即为"三才","挂一"之一策蓍草象征着人,与象征天地的两束蓍草共同象征着天地人三才。这是以"挂一"的数的操作,模拟天地分后生成的人,接通打开而呈现天地人共同构成的三才之象。由浑然一气的太极太一而来的天地阴阳作为造化的力量,有造化出包括人在内的万物的必然,有造化出三才态势的必然,这一必然也就确立形成了八卦所内涵的三才基本结构。

"揲之以四以象四时",四策四策分数蓍草,用以模拟象征四时。虞翻注"两仪生四象"云:"'四象',四时也。'两仪',谓乾、坤也。乾二、五之坤,成坎、离、震、兑;震春,兑秋,

---

[1] (清)孙堂辑:《虞翻周易注》,台北:成文出版社有限公司,1976年,第835页。

坎冬，离夏，故'两仪生四象'。"① 依虞翻之见，两仪生四象意谓天地分而后生四时，揲数的蓍草，一策象征一时，四策象征四时。天地是流动着的天地，一直处在气的消息流转过程中。天地之气的消息流转，就是由天地的中和之气交感形成的离日坎月所引动。四策四策地分数左右两束属于天地的蓍草，意味着接通打开呈现消息流转着的天地所形成的四时之象以及在四时中消息流转着的天地万物之象。天地直接与四时挂钩，四时之象的呈现，就是由日月运转相会而形成的。日月运转相会一次，就形成一次在天八卦之象，呈现一次在天八卦易场，同时促成一个天地阴阳消息的态势。历经三次在天八卦之象，呈现三次在天八卦易场，对应着三个天地阴阳消息态势，促成一时。十二消息态势就促成一岁，带来五行的流转与万物的生化。据此"揲之以四"的数的操作，就接通打开而呈现由日月促成的天地阴阳消息下的四时之象。

"归奇于扐以象闰"，四四揲数后，左右两束中剩余的蓍草左右二扐，与"奇"合并，得"一扐"，模拟象征累积闰月的余日。因日月运转周期问题，造成每年多出日数最终会累积成闰月，虞翻援引《尚书·尧典》之语"以闰月定四时成岁"以指明，确定闰月后才能确定四时，进而确定一岁，使历法不出差错，以便人们在准确时序维度下，了物情，行人事。这也是虞翻之所以看重扐数的原因所在。虞翻云："日行一度，月行十三

---

① （清）孙堂辑：《虞翻周易注》，台北：成文出版社有限公司，1976年，第835页。

度。"① 即孔颖达所云："日一日一度，月一日一十三度十九分度之七，此相通之数也……二十七日，月行一周天，至二十九日强半，月及于日，与日相会，乃为一月。"② 日月一会成一月，一月约 29.5 日有余，于是就有了大月、小月与闰月之别，大月 30 日，小月 29 日，余日积成闰月。据此"归奇于扐"的数的操作，就接通打开而呈现由余日积成的闰月之象。

"五岁再闰，故再扐而后挂"，经过"分二""挂一""揲四""归奇"两度这样的操作得出"一扐""二扐"后，又进行一度"分二""挂一""揲四""归奇"的具体操作，得出"三扐"，以此三大扐完成筮法的一变，确定卦之一爻，对应模拟象征五岁中的两闰，此为虞翻所理解的"参五以变"。在他看来，"参"是三度求得三大扐的筮占操作，"五"是三度操作所对应的五岁，由前者的扐数接通打开而呈现五岁中的连续二闰，以完成定爻的一变。③ 一岁大小月确立后，余十日有余，连续五岁，余日五十有余而在六十以内。五岁内的余日，一闰后的再闰，实际不足闰月之数，而是借用了下一岁的日数补齐，所以虞翻认为"三扐"只能对应"二闰"，而不能对应三闰，所以不言"三闰"。所谓"闰岁余十日，五岁闰六十日尽矣。后扐闰余分，不得言三扐二闰，故从言'再扐而后挂'者也"。

---

① （清）孙堂辑：《虞翻周易注》，台北：成文出版社有限公司，1976 年，第 829 页。
② （汉）郑玄注，（唐）孔颖达疏：《礼记正义》卷第十四，（清）阮元校刻：《十三经注疏》，北京：中华书局，2009 年，第 2928 页。
③ 对于虞翻所释"参五以变"，张克宾教授则认为："虞氏之解以筮法三变之三扐为'三'，又以三扐重合前二扐为'五'，虽然暗合参合交互的意思，但令人殊觉牵强。"（张克宾：《从文辞到象数：论〈系辞传〉"参伍""错综"说的意义衍生》，《周易研究》2019 年第 1 期，第 30 页）可备一说。

以同样的始于大衍之数五十的筮占操作，再反复完成求得"一扐""二扐""三扐"的五度"参五以变"过程，与筮问事项相关的六爻构成的一卦就得以确定，所问事项的所有相关之象就被接通而于卦中呈现。

筮占所遇到的卦，不外六十四卦，六十四卦就有了筮占机缘下的丰富意涵。"乾之策二百一十有六，坤之策百四十有四，凡三百六十，当期之日。二篇之策，万有一千五百二十，当万物之数也。"（《系辞上传》）在虞翻那里，确定乾卦六个变爻的策数，是与5、4、4三个扐数相对应的九揲36策的过揲之数；确定坤卦六个变爻的策数，是与9、8、8三个扐数相对应的六揲24策的过揲之数。故而张惠言云："阳策三十六，阴策二十四。"① 乾卦六爻，一爻36策，六爻216策；坤卦六爻，一爻24策，六爻144策。乾坤两卦策数总计360，相当于一岁日数，对应、含藏、呈现着一岁时光之象。通行本《周易》古经上下两篇六十四卦，阳爻192，阴爻192，阳爻之策以变爻九揲36策计，共6912策；阴爻之策以六揲24策计，共4608策。六十四卦三百八十四爻共11520策，相当于万物之数，因而六十四卦就对应、含藏、呈现着万物之象。这是《易传》的基本见解。在此基础上，对虞翻而言，"当期之日"意谓着乾坤两卦，以其所涵摄的天阳地阴之气，在一岁时光中，完成其一个周期的消息流转造化万物之功、生化万物之用。阴阳消息为宇宙之根本，大千世界的一切，归根结底，都是由太极太一分化出的乾天阳气与坤地阴气消息造化而出。作为造化本源的天地，其完整发挥一次阴阳消息流转造化万

---

① （清）张惠言：《周易虞氏义》，《续修四库全书·经部·易类》第26册，上海：上海古籍出版社，2002年，第510页。

物之功的周期为一岁,在一岁前半段,以乾天阳气息显为主、坤地阴气消隐为辅,呈现复、临、泰、大壮、夬、乾六个消息态势而成就造化之功;在一岁后半段,以坤地阴气息显为主、乾天阳气消隐为辅,呈现姤、遯、否、观、剥、坤六个消息态势而发挥生化之用。在虞翻这里,乾坤策数后又言六十四卦策数,表明阴阳消息流转化生万物,乾天阳气与坤地阴气为消息本源,六十四卦呈现万物之象,于是,乾坤与六十四卦整体系统间就有了宇宙发生论意义上的本源与派生关系。筮占所遇之卦,不仅呈现与所问事项相关之物象,而且呈现天阳地阴消息之象,呈现宇宙大化流行之象。

筮占操作,以筮占的当下沟通过去、引动未来,让过去现在与未来一体呈现。筮占操作与作为筮占结果的卦,以筮问事项为机缘,其所呈现的,是自太极太一而来的宇宙大化历程之象,是在此大化历程中与筮问事项相关的各种象。宇宙大化历程之象,是以筮问事项为机缘、而以与筮问事项相关的形式所呈现出的象;筮问事项相关之象,也在这问占的机缘下,由此大化历程所显之象得以呈现。宇宙大化的历程,因筮占的机缘,让占问者本人有了直接现实的临场感,而借助这种现实临场感下一体呈现的大化历程坐标,筮问事项的吉凶祸福与应对之策,也就层层明晰化。

依笔者之见,筮占操作属于易学之用,虞翻所诠释的大衍筮法,是其所理解的易学在筮占之术中的具体应用。透过这一筮占之术,我们不难发现作为其术学理根基的虞氏易学的基本内容与表达。就此学与术的关系,我们须作出批判性反省。学彰显的是哲学与价值的理性,术体现的则是非理性的信仰。由哲学与价值的理性直接落实为非理性的信仰下的术的操作，以为模拟宇宙大化模式的筮占操作，足以接通打开呈现与筮问事项相关的宇宙大化历程下的一切，其合法性的依据并不能由作为前者的学直接给出，依据前者而进行后者，其间对二者作出沟通的仍然是一种信仰，这是我们在分析虞翻大衍筮法诠释时所必须看到的。

虞翻精于筮占的运用，关于这一点，《三国志》所载一条虞翻筮占的记录可以为证：

> 关羽既败，权使翻筮之，得兑下坎上，节，五爻变之临。翻曰："不出二日，必当断头。"果如翻言。权曰："卿不及伏羲，可与东方朔为比矣。"[1]

关羽守荆州，最终败于吴军。羽败之际，孙权令精于易学与筮占、道术兼通的虞翻行筮，结果筮遇节（䷻）之临（䷒），即节卦五爻为动爻，其他五爻皆为静爻，五爻阳动变为阴，上体由坎变坤，卦成临。据此，虞翻断言，不出二日，关羽必当断头。据言事后得到应验，受到孙权可与汉武帝宠臣东方朔相提并论的高度赞赏。

笔者认为，此次筮占中，虞翻当郑重运用了大衍筮法。利用五十策蓍草行筮的过程，当是：

确定初爻为少阳的第一大变，其三大扐之数的具体情形已不可确知，但只能是以下三种情形之一，即第一种情形，第一度的大扐之数5而对应过揲蓍草数44，第二度的大扐之数8而对应过揲蓍草数36，第三度的大扐之数8而对应过揲蓍草数28；第

---

[1] （晋）陈寿撰，（南朝宋）裴松之注：《三国志》，北京：中华书局，1982年，第1320页。

二种情形，第一度的大扐之数9而对应过揲蓍草数40，第二度的大扐之数8而对应过揲蓍草数32，第三度的大扐之数4而对应过揲蓍草数28；第三种情形，第一度的大扐之数9而对应过揲蓍草数40，第二度的大扐之数4而对应过揲蓍草数36，第三度的大扐之数8而对应过揲蓍草数28。

确定第二爻为少阳的第二大变，情形也只能是第一大变三种情形之一。

确定第三爻为少阴的第三大变，其三大扐之数的具体情形同样不可确知，但只能是以下三种情形之一，即第一种情形，第一度的大扐之数5而对应过揲蓍草数44，第二度的大扐之数4而对应过揲蓍草数40，第三度的大扐之数8而对应过揲蓍草数32；第二种情形，第一度的大扐之数5而对应过揲蓍草数44，第二度的大扐之数8而对应过揲蓍草数36，第三度的大扐之数4而对应过揲蓍草数32；第三种情形，第一度的大扐之数9而对应过揲蓍草数40，第二度的大扐之数4而对应过揲蓍草数36，第三度的大扐之数4而对应过揲蓍草数32。

确定第四爻为少阴的第四大变，其三大扐之数的具体情形，也只能是第三大变三种情形之一。

确定第五爻为老阳的第五大变，其三大扐之数的具体情形只能有如下一种，即第一度的大扐之数5而对应过揲蓍草数44，第二度的大扐之数4而对应过揲蓍草数40，第三度的大扐之数4而对应过揲蓍草数36。

确定上爻为少阴的第六大变，其三大扐之数的具体情形，同样只能是第三、第四大变的三种情形之一。

在断占时，虞翻也运用了他的消息卦生杂卦的卦变说。依据此说，其在诠释《节》卦辞时云："泰三之五。"三阴三阳的节卦（䷻），乃由三阳息卦泰（䷊）变生，泰卦三爻之阳与五爻之阴往来易位交感互通而变生节卦，因此节卦源于泰卦而受泰卦统摄。泰卦下体为乾，《说卦传》谓"乾为首"，即头。来自乾首之象的三爻之阳向上进升二位，成为节卦的五爻之阳，该阳发生变化，由阳变阴，阳为实，阴为虚，显示断头之象。二日断头大概依据泰三之阳进升二位，所以为二日。就此，尚秉和先生在《周易古筮考》中专就此作"虞翻为孙权筮关壮缪首落"筮例分析道："孙权闻关羽败，使虞翻筮之，遇节之临，占曰：'不出二日断头。'节自泰卦中来。乾为首，九三之五，凡迁二位，故有是象。按：此为第五爻动，故专即五爻推。节九五有项象，变为拆--，项断矣，故应断头。"[①] 拆即少阴之爻。

这里必须指出的是，筮占中对于筮遇的卦符显之象的运用，与《易》经文诠释中对于六十四卦符显之象的揭示，是两个既有联系又有区别的问题。筮占中对于筮遇的卦符显之象的运用，有其具体方法，这是在经文诠释中难以具体见到的。这就是说，虞翻的《周易注》，核心揭示的是六十四卦符显之象，而未涉及筮占中对于筮遇卦符显象的具体运用方法。运用之法，虞翻当另有与《周易注》配套的专论筮占之作，正是由于同时见到此作后，孔融才感叹"观象云物，察应寒温，原其祸福，与神合契，可谓探赜穷通者也"。而此作李鼎祚编定《周易集解》时未予采录，致使今人难以明其底里。就此，刘大钧教授曾指出："但案之《汉书·艺文志》卷首易类其所载'凡易十三家，二百九十

---

① 尚秉和：《周易古筮考》，《尚氏易学存稿校理》第一卷，北京：中国大百科全书出版社，2005年，第49页。

四篇'中，看来并不包括筮法，其占筮之法另载于后面的'蓍龟类'中，计有：'《周易》三十八卷'，'《周易明堂》二十六卷'，'《周易随曲射匿》五十卷'，'《大筮衍易》二十八卷'及'《易卦八具》'等占筮之书。可证汉人是把训释《易》义与讲解占筮分开的，恐怕并不混同在一本书上。这也是王弼及汉人易著中，为什么并不专讲"筮仪"及"筮法"的原因所在。"[1] 笔者专列一章"消息语境下'大衍筮法'的重建"，目的就是为全面展现《周易》虞氏学《易》象之揭示与《易》象筮占之用，以便对李鼎祚《周易集解》所造成的视野偏蔽稍作补救，使人们对《周易》虞氏学有一个更完整的印象。

---

[1] 刘大钧：《周易概论》，成都：巴蜀书社，2010年，第109页。

第五章　消息大化语境下的人文易世界愿景

因阴阳消息，形成了以在天八卦易场与十二消息卦易场为核心的宇宙造化创生气场，包括人在内的万物万象被造化创生，并被赋能生生，而在阴阳消息的大化场中，一则受阴阳消息大化力量的影响，一则受消息大化赋能后生命力量阴阳刚柔的消息进退变化的影响，呈现着各自显隐互依一体的动态生化流转着的象，展现着自身的存在历程。由太极太一分化为乾天坤地后启动的阴阳消息大化流行历程持续向前推进，推进到每一在世的人和事物，推进到可以预期的无限久远的未来，每一人和事物，万物万象，都在这统一的大化流行历程中，以阴阳消息的大化力量与阳刚阴柔的生命力量之间的互动，影响着这一历程的状态。由内在于这一历程中的人和万物万象所构成的世界，成为消息大化下人的生活的世界。消息大化的世界是由阴阳消息之道所决定的自然易世界，人的作用发挥其中的生活世界则是由顺应阴阳消息之道、推行有息有消人文之道所转化出的人文易世界。基于三才之道的构想，立足阴阳消息之道，着眼人这一才，持续转化推进人文易世界，实现人文化成的理想愿景，成为虞翻所认为的《易》的期许，实际也成为《周易》虞氏学的期许。

第一节 阴阳消息的善恶意蕴

《易传》以天地人三才与三才之道解读三爻的八卦与六爻的六十四卦，以天道展现为阴与阳、地道展现为柔与刚、人道展现为仁与义确立三才之道的基本构想，立足造化本原天与地，着眼人在世界中举足轻重的意义，以人的生命价值自觉，重新审视由天地造化的这个世界，以人的主体定位与担当规划这一世界的理想未来。由此《易传》首先有了基于生命的善恶价值。虞翻则在汉代经学的语境下，接续《易传》思想，揭示了阴阳消息的善恶意蕴。

一 《易传》开示的造化之善

《易传》认为，生命的创生就是一种最大的善、最大的美德。《系辞下传》说："天地之大德曰生。"《乾·彖传》说："大哉乾元，万物资始，乃统天。"《坤·彖传》说："至哉坤元，万物资生，乃顺承天。坤厚载物，德合无疆，含弘光大，品物咸亨。"《益·彖传》说："天施地生，其益无方。"天地是造化万物的本原，天地宇宙间万物的诞生，引发人的喜悦、震撼、感叹，触发人们对生命的肯定、敬畏，进而在报本反始的生命意识与礼乐意识下生发对造化万物的天地的赞美、敬畏、尊崇、感恩，由此天地对万物的造化创生就被解读为具有了善的德性意义，天地成为具有崇高创生大德的存在。乾天坤地交感变化创生了万物，万物因天而有其始，因地而有其生，天地一起赋能万物生生，带来了生化日新的这个世界，天地的造化创生给万物带来的利益可谓盛大至极无边界。

《系辞上传》又说："富有之谓大业，日新之谓盛德，生生之谓易。"指明天地阴阳具有无限的造化创生之功，展现着天地无限的造化创生盛德，成就了富有万物的大业，由此，天地气象日新又新，也使其赋能生生的万物气象日新又新。天地造化创生的接续不断、生生相续，被赋能生生的万物生化的接续不断、生生相续，成为人在其中的这个世界的变易的灵魂所在，成为《易》这部书"易"所表达的变易的灵魂所在。

《系辞上传》还说："一阴一阳之谓道，继之者善也，成之者性也。"指出天地间最基础的道，就是阴阳交感化生万物之道，这个世界的一切，都受到这一基础之道的制约统摄。"'继之者善也'，继，继续不断。一阴一阳之道，继续不断，生生不已，没有尽头，这就是善……'成之者性也'，气化流行，生生不已的善一旦落实而成为某一具体事物时，便是性。"[1] 能够让阴阳交感化生万物之道接续落实下去，就会有万物源源不断地被造化创生、赋能生生，这就是善，而道落实为万物的性，就是善的具体落实。这一对善的理解，就是对阴阳造化创生、赋能万物生生的价值肯定与礼赞。

---

[1] 金景芳、吕绍纲：《周易全解》，长春：吉林大学出版社，1989年，第473页。

二 虞翻之前阴阳术数、天文历法中阴阳的德刑意义

虞翻之前,在阴阳术数、天文历法中,盛行着阴阳的德刑意义说。

作为虞翻家传孟喜易学三传的京房,在其《京氏易传》卷下说:"龙德十一月在子,在坎卦,左行;虎刑五月午,在离卦,右行。"①

依照孟京卦气说,阳气息于八卦卦气图式中坎卦所在子位子月,即夏历十一月,向左息长,历艮卦所在丑位十二月二阳,艮卦所在寅位正月三阳,震卦所在卯位二月四阳,巽卦所在辰位三月五阳,至巽卦所在巳位四月六阳息成,六阳乾体全显;阴气息于八卦卦气图式中离卦所在午位五月,向右息长,历坤卦所在未位六月二阴,坤卦所在申位七月三阴,兑卦所在酉位八月四阴,乾卦所在戌位九月五阴,至乾卦所在亥位十月六阴息成,六阴坤体全显。乾天阳气是一种如龙生气,赋能万物生机活力而使其生生,有德于物,而彰显为龙德;坤地阴气是一种如虎杀气,消剥万物生机活力而使其衰退,有刑于物,而彰显为虎刑。从十一月子乾一阳之复,历十二月丑乾二阳之临,正月寅乾三阳之泰,二月卯乾四阳之大壮,三月辰乾五阳之夬,至四月巳乾六阳全显,这是乾天阳气以龙德泽物之姿息显发用、施展生生能量、赋能万物生生、由微而著的历程;从五月午坤一阴之姤,历六月未坤二阴之遯,七月申坤三阴之否,八月酉坤四阴之观,九月戌坤五阴

---

① (汉)京房著,(汉)陆绩注:《京氏易传》中,北京:中华书局,1991年,第32页。

之剥，至十月亥坤六阴全显，这是坤地阴气以虎刑杀物之姿息显发用，施展肃杀能量、消剥万物生机、由微而著的历程。赋能万物生机活力为龙德，消剥万物生机活力为虎刑，体现了对阴阳在万物造化、生化历程中发挥作用的价值判断，彰显了以万物生命为中心、敬畏守望生命价值的基本立场。

京房之说，与董仲舒、《淮南子》的相关论述相通。董仲舒曾说："天道之大者在阴阳。阳为德，阴为刑；刑主杀而德主生。"[①]《淮南子·天文训》则说："北斗之神有雌雄，十一月始建于子，月从一辰，雄左行，雌右行，五月合午谋刑，十一月合子谋德。"[②] "雌雄" 即阴阳二气。

出土的北京大学藏西汉竹书《节》有过类似论述："阳为德，阴为刑……阳生子，阴生午。"[③]

《管子·四时篇》也说过："阴阳者，天地之大理也；四时者，阴阳之大经也；刑德者，四时之合也。"[④]

这有力表明，自战国时代起，或更早从春秋时代以来，阴阳家阴阳术数之论与天文历法学说中，视阴阳相对于万物有德与刑的价值意义，是一种相当普遍的共识。

[①] （汉）班固撰，（唐）颜师古注：《汉书》卷第五十六《董仲舒传第二十六》，北京：中华书局，1962年，第2502页。
[②] 参见（汉）刘安编，何宁撰：《淮南子集释》卷三《天文训》，北京：中华书局，1998年，第278页。
[③] 参见北京大学出土文献研究所编：《北京大学藏西汉竹书》第五卷，上海：上海古籍出版社，2014年，第40页。
[④] 参见黎翔凤撰，梁运华整理：《管子校注》卷第十四《四时第四十》，北京：中华书局，2004年，第838页。

三 阳息的生生之善与阴息消阳的肃杀之恶

在《易传》天地阴阳交感则化生万物并赋能万物生生、彰显天地大德思想与以往阳德阴刑观念的基础上,虞翻发现并诠释了阳息的生生之善与阴息消阳的肃杀之恶。

（一）天道阳息的生生之善

在对《坤》初六爻辞《文言传》"积善之家,必有余庆"作出诠释时,虞翻揭示了天道阳息的生生之善。他说:

> 谓初。乾为积善,以坤牝阳,灭出复震为余庆,谓"'东北丧朋',乃终有庆"也。[1]

《坤》初六爻辞云："履霜,坚冰至。"《小象传》言："履霜坚冰,阴始凝也。驯致其道,至坚冰也。"《文言传》说："积善之家,必有余庆;积不善之家,必有余殃。臣弑其君,子弑其父,非一朝一夕之故,其所由来者渐矣,由辩之不早辩也。《易》曰'履霜,坚冰至',盖言顺也。"爻辞说的是,脚下踩着霜,最终会有坚冰来到。《小象传》指出,脚下踩着霜,最终会有坚冰来到,表明阴气开始息长凝结,顺着这种息长凝结走向,就会达到坚冰。《文言传》则进一步诠释说,天道与人事都有一个逐渐积累的过程,人们要保持高度的警惕与忧患,见微知著,防微杜渐。平常积累善行的人家,一定会有数不胜数的吉庆,福及子孙;平常积累不善行为的人家,一定会有数不胜数的

---

[1] （清）孙堂辑：《虞翻周易注》,台北：成文出版社有限公司,1976年,第477页。

祸殃，祸及后代。为人臣者弑杀其君，为人子者弑杀其父，这类恶行的发生，绝非一朝一夕，而是由恶行逐渐积累，由微而著导致的，他人未能及早辨察制止。虞翻的诠释则由人事的积渐深入到天道的阴阳消息。

虞翻不言人之所已言，不直接针对坤卦初爻本象与《文言传》人事之象作出诠释，而是以坤初息出一阳后的乾阳息长历程，诠释阳息之善及其累积，彰显天道阳息的生生之善。

虞翻的诠释采取了十二消息与在天八卦的阴阳消息两种视角。

在十二消息的视域下，坤六阴消乾六阳，坤阴之下孕育着乾阳的生息，乾阳以坤阴为消的对象与息的平台，在坤初息出一阳，形成下震上坤的复象，一阳来复与震符显恢复乾天阳气生息，恢复生生造化，恢复十二卦消息卦易场的生生之机，促成万物造化创生并被赋能生生，这无疑是阴息消阳后转来的余庆。大千世界是万物生息的舞台，阴阳大化的易场，造化者之外，万物万象是其主角，以万物万象生命为中心，审视阳气息长的造化创生万物、赋能万物生生之功，其善可谓大矣！因阴阳消息之必然，一阳息之后必然是二阳、三阳、四阳、五阳之渐息，以至六阳全部息显。这一历程，就是乾天逐渐积累其造化创生赋能之大善，带来鲜活万物万象生命存在的壮观历程。

在在天八卦阴阳消息的视域下，离日坎月运行在天，带来月象盈亏圆缺意义上的阴阳消息历程。月象光明面示阳，阴暗面示阴。在阴息消阳经历辛位巽象、丙位艮象、乙位坤象、癸位坤象，阴灭了所有阳，阳失去了其所有朋类之后，阴息消阳的历程终结，转而开始阳息消阴的历程。阳息消阴之初，庚位一阳震象呈现，阳息的生机涌出，这是劫后的余庆。顺着这一阳息消阴的大势，其后必然是丁位二阳兑象、甲位三阳乾象的渐息渐成。这一历程，同样昭示着乾天逐渐积累其造化创生赋能之大善，带来鲜活万物万象生命存在的壮观历程。

虞翻的诠释，看上去似乎文不对题，但是其目的和问题意识则很鲜明，那就是，以天道阴阳消息积渐的善恶意义，给人事善恶寻找到天道的根据，以天道彰显人道。

在虞翻看来，天道上乾天阳气息长推进的历程，就是乾天逐渐积累、施展、彰显其造化创生赋能之大善，带来鲜活万物万象生命存在的壮观历程；万物万象由此获得的阳刚生命力量如此息长推进的历程，则是这一生命力量逐渐积累、施展、落实、彰显其维系生命生机活力之大善，带来生命日新气象的历程；人事上，敬畏呵护生命价值，注重生命品质提升而令阳刚正善力量与品行如此息长推进的历程，则是人逐渐积累、落实、彰显其生命厚重内涵与大善的历程。

（二）阴息消阳的肃杀之恶

与阳息的生生之善相对的，则是阴息消阳的肃杀之恶。

由前述虞翻对阳息生生之善的揭示，不难推知其对阴息消阳肃杀之恶的认知。

在十二消息的视域下，坤阴息而消乾阳，坤阴以乾阳为消的对象与息的平台，在乾初息出一阴而消一阳，形成下巽上乾的姤象，因阴阳消息之必然，一阴息而消一阳之后，必然是二阴、三阴、四阴、五阴之渐息，以至六阴全部息显，相应地则是二阳、三阳、四阳、五阳之渐消，以至六阳全部消隐。这一历程，就是坤地阴气逐渐积累其造化肃杀闭结之不善，造成万物万象生命生机衰消的历程。

在在天八卦阴阳消息的视域下，离日坎月运行在天，带来月象盈亏圆缺意义上的阴阳消息历程。阴息消阳经历辛位巽象、丙位艮象、乙位与癸位坤象，阴灭了所有阳，阳失去了其所有朋类。这一历程，同样昭示着坤地阴气逐渐积累其造化肃杀闭结之不善，造成万物万象生命生机衰消的历程。

与上述《坤》经文诠释采纳以天道彰显人事理路形成鲜明对照的，是虞翻在对《系辞下传》推阐《噬嗑》上九爻辞意蕴之文诠释时所采纳的以人事彰显天道的理路，借助这一诠释，虞翻由人事阴阳消息积渐的善恶意蕴彰显了天道阴阳消息积渐的善恶意蕴。

《系辞下传》推阐《噬嗑》上九爻辞"何校灭耳，凶"意蕴之文云："善不积不足以成名，恶不积不足以灭身。小人以小善为无益，而弗为也，以小恶为无伤，而弗去也，故恶积而不可弇，罪大而不可解。"虞翻则诠释说：

> 乾为积善，阳称"名"，坤为积恶，为身，以乾灭坤，故"灭身"者也。"小善"谓复初。"小恶"谓姤初。谓阴息姤至遯，"子弑其父"，故"恶积而不可弇"。阴息遯成否，以臣弑君，故"罪大而不可解"也。[①]

噬嗑卦（䷔）由三阴消卦否（䷋）五爻之阳与初爻之阴易位交感变生。否卦由阴息消阳而来，阴息消阳始于姤初一阴消乾初一阳，阳善而阴恶，一阴息而消一阳，恶虽微小而不可轻忽，

[①]（清）孙堂辑：《虞翻周易注》，台北：成文出版社有限公司，1976年，第864—865页。

任其息长，至二则又消一阳，消息卦由六阳乾象转为一阴姤象之后，又转为二阴遯象，下体艮子弑杀乾父，此即"子弑其父"，恶积由微转著，难以掩盖；听之任之，至三则又消一阳，遯象转为否象，变生噬嗑卦的否象形成，下体坤臣弑杀乾君，终至"罪大而不可解"。姤初一阴符显小恶息出，复初一阳则符显小善息出。一阳息出，善虽小意义却不可小觑，顺次推进，至二则又息一阳，消息卦由六阴坤象转为一阳复象之后，又转为二阳临象，阳大之势呈现；至三则又息一阳，临象转为泰象，天地交泰、造化亨通、万物生生亨畅的善美局面震撼出现，天地阴阳消息赋能生生的大善因积累而大显，与由乾象而复象、遯象、否象积渐历程符显的恶因积累而不可掩形成鲜明对照。

不难发现，在虞翻的心目中，阴息消阳形成否象的历程，就是恶由微而著积渐的历程，就是恶不断积累，导致弑父弑君而难再掩盖的惊恐历程。这一历程由天道阴阳消息符显，昭示人事善恶的消息积累有着与天道赋能生生与闭结生机的阴阳消息之善恶积累，有着密切的同质性，后一消息积累先于前一消息积累，前一消息积累又可彰显后一消息积累。基于这一积累，乾与坤分别符显着天道与人事积善、积恶之象。

第二节 消息所成的阴阳本然之位与位的价值应然

《易传》指出，人所在的三才格局下的生活世界，造化力量的阴阳二气，造化创生赋能后万物万象生命力量的阳刚与阴柔，可以归为阴阳两大类的万物万象，有着相应的阴阳之位。找准自己的位置，定好自己的位，实现位的正，成为来自造化与生命本身的内在要求。虞翻基于阴阳消息，深化了这一思想。

一 《易传》位正、位失的价值理念

在《易传》看来，六十四卦各卦的六爻之位，初、三、五为阳位，二、四、上为阴位，阳爻居阳位，阴爻居阴位，位正，而称当位得正；阳爻居阴位，阴爻居阳位，位失，而称失位失正。阴阳之位，广泛指向三才格局下天道人事万物万象阴阳两大类位；阴阳二爻，广泛符显天道人事阴阳两大类造化力量、生命力量与事事物物。

六十四卦中，位正的典范就是既济卦（䷾）。《既济·彖传》诠释卦辞"利贞"时就说："'利贞'，刚柔正而位当也。"既济初、三、五阳居阳位，二、四、上阴居阴位，六爻皆当位得正，彰显了"利贞"的内涵。而位失的典型则是未济卦（䷿）。《未济·彖传》就说："虽不当位，刚柔应也。"未济初、三、五阴居阳位，二、四、上阳居阴位，六爻皆失位失正。既济卦初阳与四阴、二阴与五阳、三阳与上阴位正而互应；未济卦初阴与四阳、二阳与五阴、三阴与上阳位失而互应。

依《易传》之见，位正，是针对位的一种崇高价值，在三才格局的生活世界中，天、地、人、物都有一个位正、位失的严肃价值问题，趋向于位正才会彰显天道人事的神圣庄严，达至吉祥的结局；而位之失，则会偏离天道人事的神圣庄严，导致相反的结局。

《周易》古经是西周初的产物，笼罩在礼乐文化的氛围中，依照古经所进行的筮占,是周礼礼仪节目的有机组成部分。《易传》深受三代礼乐文化的影响,它以位正、位失解读六十四卦的爻位,有着人文天下意识下的礼乐尊卑价值、礼乐人文分位、礼乐伦序、礼乐制度、礼乐秩序的丰富内涵。

《易传》虽有位正、位失的价值观念,但是对于失位失正之爻,它只是下了位失的价值判断,指明了位失的吉凶祸福,却并未明确提出位失者当动变之正。

二 虞翻之前京房、郑玄、荀爽的位正、位失说

在汉代经学影响的礼乐人文天下意识下,《易传》的位正、位失说,在京房、荀爽、郑玄那里,基于天道阴阳消息,有所继承与推进,成为虞翻阴阳之位说的先导。

(一)京房的位正、位失说

京房明确基于卦气消息说,在礼乐的人文天下意识下,阐发六十四卦爻在位上的正与失。

例如,在诠释《屯》时,《京氏易传》曰:"世上见大夫,应至尊,阴阳得位,君臣相应,可以定难于草昧之世。"[1] 立足人文天下,八宫各卦六爻之位,主体指向初爻元士,二爻大夫,三爻三公,四爻诸侯,五爻天子,上爻宗庙。屯(䷂)为坎宫二世卦,世爻六二值大夫之位,应爻九五则值天子之位,六二、九五分别以阴居阴位、以阳居阳位,皆位正而相互应和,符显大夫与尊贵天子的君臣间,以天下位序之正同心相应,共克草昧之

---

[1] (汉)京房著,(汉)陆绩注:《京氏易传》上,北京:中华书局,1991年,第9页。

世的险难，同启人文天下之新局。

再如，在诠释《既济》时，《京氏易传》说："世应分君臣，刚柔得位曰既济。"① 既济卦（䷾）为坎宫三世卦，世爻九三值三公之位，应爻上六则值宗庙之位，九三、上六分别以阳刚居阳位、以阴柔居阴位，皆位正而相互应和，所以说"世应分君臣，刚柔得位曰既济"。

不仅如此，京房还在易学史上较早提出了失位失正之爻当动变之正的思想。如前所言，在诠释《大畜·彖传》"'利涉大川'，应乎天也"时，京房说："谓二变五，体坎，故'利涉大川'。五天位，故曰'应乎天'。"②

因此，京房既有位正、位失的价值观念，对于失位失正之爻下了位失的价值判断，并明确提出位失者当动变之正。而且，《京氏易传》中，六十四卦及其各爻，首先被置于了八宫爻变从而卦变的语境下。

（二）郑玄的位正、位失说

郑玄在卦气阴阳消息、爻辰的语境下，对《易传》以来的位正、位失说，同样有所继承与推进。

例如，在诠释《家人》六二爻辞"无攸遂，在中馈"时，郑玄说："二为阴爻，得正于内，五阳爻也，得正于外，犹妇人自修正于内，丈夫修正于外。'无攸遂'，言妇人无敢自遂也。"③

---

① （汉）京房著，（汉）陆绩注：《京氏易传》上，北京：中华书局，1991年，第9页。
② （清）孙堂辑：《京房〈周易〉章句》，《汉魏二十一家易注》，严灵峰编：《无求备斋易经集成》第169册，台北：成文出版社有限公司，1976年，第73页。
③ （清）孙堂辑：《郑康成周易注（附补遗一卷）》，台北：成文出版社有限公司，1976年，第353页。

家人卦（䷤）六二之阴在内卦，以阴居阴位而位正，符显妇人正定自己在家做家庭内之事；九五之阳在外卦，以阳居阳位而位正，符显丈夫则正定自己在外做事。

再如，在诠释《中孚》卦辞"豚鱼吉"时，郑玄说："三辰在亥，亥为豕。爻失正，故变而从小，名言豚耳。四辰在丑，丑为鳖蟹。鳖蟹，鱼之微者。爻得正，故变而从大，名言鱼耳。"[1]在爻辰说的语境下，中孚卦（䷼）六三之阴爻辰值亥，符显豕之象，以阴居阳位失位失正，名由大变小，所以变豕为豚；六四之阴爻辰值丑，符显鳖蟹之象，以阴居阴位当位得正，名由小变大，所以变鳖蟹为鱼。

同《易传》一样，郑玄虽有位正、位失的价值观念，但是对于失位失正之爻，同样只是下了位失的价值判断，也并未明确提出位失者当动变之正。郑玄可谓以静视卦观爻的典型。

（三）荀爽的位正、位失说

对于失位失正之爻，明确提出位失者当动变之正的，就传世文献而言，京房之后当属荀爽。

在卦气阴阳消息升降与卦变的语境下，荀爽令六十四卦及其各爻开始全面动起来。对于处在变动状态的六十四卦之爻，他不仅揭示了爻在位上的正与失，而且指明了位失之爻当借助阳变阴、阴变阳的方式或爻位升降的方式动变之正。这彻底改变了《易传》以来六十四卦的表现形态，并对虞翻产生了重大影响。

就位正与位失，在诠释《中孚》六三爻辞"或鼓或罢，或泣或歌"时，荀爽说："四得位，有位，故鼓而歌。三失位，无

---

[1] （清）孙堂辑：《郑康成周易注（附补遗一卷）》，台北：成文出版社有限公司，1976年，第380页。

实，故罢而泣之也。"① 中孚卦（䷼）六四之阴以阴居阴位，得位得正，有位而欢乐；六三之阴以阴居阳位，失位失正，无实而哀泣。这是就一卦本象言位正与位失。

就位正与位失，在诠释《困》九二爻辞"无咎"时，荀爽说："阳降来二，虽位不正，得中有实；阴虽去中，上得居正，而皆免咎，故曰'无咎'也。"② 困卦（䷮）由三阴消卦否（䷋）上爻之阳与二爻之阴易位交感变生。否卦上爻之阳以阳居阴位失位失正，降居二爻之位，仍阳居阴而失位失正，但得居下体中位而有实；否卦二爻之阴居下体阴位中位，当位得中，既正且中，升居上爻之位，虽然离开了中，但在上当位得正，一升一降的两爻皆免于灾咎。这是离开一卦本象，就本象卦变而来情形言位正与位失。

就失位之爻当借爻性阴变阳、阳变阴方式动变之正，在诠释《大过》九五爻辞"枯杨生华，老妇得其士夫"时，据虞翻所引，荀爽说："初阴失正，当变。"③ 大过卦（䷛）初爻之阴以阴居阳位，失位失正，荀爽明确地说该爻应当由阴变阳，动而变正，这可谓出于位正考量令爻发生阴阳之变的先驱之举。只是现荀爽《易注》中，不再见其他爻阴阳之变趋正之例，常见的失位之爻动变之正的方式，则是爻位升降。

就失位之爻当借爻位升降方式动变之正，在诠释《临》六五爻辞"知临，大君之宜，吉"与《小象传》"大君之宜，行中

---

① （清）孙堂辑：《荀爽周易注》，台北：成文出版社有限公司，1976年，第254页。
② 同上，第239页。
③ （清）孙堂辑：《虞翻周易注》，台北：成文出版社有限公司，1976年，第591—592页。

之谓也"时，荀爽说："五者，帝位。大君，谓二也。宜升上居五位，吉。故曰'知临，大君之宜'也。二者处中，行升居五，五亦处中，故曰'行中之谓也'。"① 临卦（䷒）二爻之阳符显圣贤，以阳居阴位臣位，失位居中，五爻之阴符显不当居帝位之人，以阴居阳位帝位，失位居中，依据阳升阴降说，前者当升居五爻阳位帝位，正定自己的位置，后者当降居二爻阴位臣位，摆正自己的位置，如此，君臣位正而互应，政治伦序正定而天下和谐。这是就一卦本象内言失位之爻当借爻的相互升降方式动变之正。

就失位之爻当借爻位升降方式动变之正，在诠释《乾》九四爻《文言传》"上下无常，非为邪也"时，荀爽说："乾者，君卦。四者，臣位也。故欲上跃居五。下者，当下居坤初，得阳正位。故曰'上下无常，非为邪也'。"② 在人文天下意识与乾升坤降语境下，乾卦符显君王之象，乾与坤对待而互通，从乾卦诸阳皆符显圣贤而有君命的角度言之，乾卦四爻之阳失位失正，屈居臣位，当升居坤卦五爻之位而正定君位；单从追求阳的正位考量，则可降居与其爻位互应相通的坤卦初爻之位。这是基于造化之本、《易》之门户乾与坤的对待互通，就乾坤两卦间言失位之爻当借相互升降往来方式动变之正。

---

① （清）孙堂辑：《荀爽周易注》，台北：成文出版社有限公司，1976年，第204页。
② 同上，第167页。

三 消息与阴阳之位的确立

在《易传》以来的阴阳之位说的基础上，虞翻基于阴阳消息，系统揭示了阴阳的本然之位与消息、卦变、旁通、反象、上下易象等流动变化状态中的位正与位失及其价值应然，从而全方位构建起阴阳消息大化与人文天下视域下的阴阳之位说。

（一）日月运转、阴阳消息与六虚之位

前文已言，在虞翻看来，离日坎月往来中天中宫周而复始的在天运行，引发了乾天坤地阴阳消息的六虚之位。六虚之位的表层内涵，就是阴阳的六位；六虚之位的深层内涵，则是离日坎月运行至中天中宫的戊己虚位与戊己虚位对应的相应日辰虚位，以此启示人们十二消息与离日坎月运行的密切关系。

六虚之位的深层内涵内在于阴阳六位深处，是阴阳之位的支撑，不再赘言。这里关注的是六虚之位的表层内涵，即六十四卦各卦六爻之位所直接符显的阴阳消息下的阴阳之位。

在这一意义上，六虚之位由离日坎月往来运行引动乾天坤地阴阳二气消息自然而必然形成。乾天坤地消息着的阴阳二气有其阴阳属性，借消息的历程，形成了与各自阴阳属性相匹配的阴阳之位，同时这一阴阳之位的形成确立，也终极决定了由其造化的阳刚阴柔两大生命力量、赋能生生的阴阳两大类事物，同样有这些阴阳之位与其相匹配。

匹配的结果，本于乾天坤地造化力量的阴阳二气，阳气与别卦六爻之位中初、三、五之位相匹配，阴气与别卦六爻之位中二、四、上之位相匹配，由此在造化大千世界的本原意义上，终

极决定了初、三、五之位是阳的本原本然之位,二、四、上之位是阴的本原本然之位。

匹配的结果,阳刚阴柔两大生命力量,应和阴阳二气两大造化创生力量,阳刚力量与别卦六爻之位中初、三、五之位相匹配,阴柔力量与别卦六爻之位中二、四、上之位相匹配,初、三、五之位成为阳刚力量自造化本原处获得的本然之位,二、四、上之位成为阴柔力量自造化本原处获得的本然之位。

匹配的结果,阴阳两大类的事物,阳性的事物与别卦六爻之位中初、三、五之位相匹配,阴性的事物与别卦六爻之位中二、四、上之位相匹配,初、三、五之位成为阳性事物自造化本原处获得的本然之位,二、四、上之位成为阴性事物自造化本原处获得的本然之位。

(二)位的正与失与失位的动之正

在虞翻看来,合乎上述匹配的,就是位正;不合乎上述匹配的,就是位失。位正,意味着找准了自己的本原本然之位,所在位置合乎自己的身份;位失,意味着偏离了自己的本原本然之位,所在位置与自己的身份不相符。位正,契合了天道阴阳之消息,顺应了生命阳刚阴柔力量的消息流转,彰显了天道人事之正及此正的神圣庄严,可致亨通吉祥;位失,有隔于天道阴阳之消息,悖逆了生命阳刚阴柔力量的消息流转,偏离了天道人事之正及此正的神圣庄严,可导致不如位正时亨通吉祥。因此,虞翻认为,位正者值得肯定,位失者应当动之正。动之正的方式,类似荀爽所言,一是爻阳变阴、阴变阳发生爻性变动,一是与相关失位之爻一起发生爻位的升降互易。

就位的正与失,在诠释《鼎·大象传》"君子以正位凝命"

时，虞翻说：

> "君子"谓三也。鼎五爻失正，独三得位，故"以正位"。①

鼎卦（䷱）三爻之阳符显君子之象，居三爻阳位，当位得正。而其他五爻，初爻阴居阳位，二爻阳居阴位，四爻阳居阴位，五爻阴居阳位，上爻阳居阴位，皆失位失正。唯独三爻一阳当位得正，反显了其他阴阳的不正，君子义薄云天的凛然风范赫然展露，不正者自当变正。

就失位之爻当动变之正，在诠释《噬嗑》六五爻辞"噬乾肉，得黄金，贞厉，无咎"时，虞翻说：

> "贞"，正。"厉"，危也。变而得正，故"无咎"。②

噬嗑卦（䷔）五爻之阴，阴居阳位，失位失正，所以厉危；当动变之正，所以爻辞提示"贞"字；动变得正后，不利局面得以化解，所以说"无咎"。这里诠释的，是失位之爻阳变阴、阴变阳的爻性变化之正方式。

同样是就失位之爻当动变之正，在诠释《咸》九四爻辞"贞吉，悔亡。憧憧往来，朋从尔思"时，虞翻说：

> 失位，"悔"也。应初，动得正，故"贞吉"而"悔亡"矣。"憧憧"，怀思虑也。之内为"来"，之外为"往"。欲感上隔五，感初隔三，故"憧憧往来"矣。兑为

---

① （清）孙堂辑：《虞翻周易注》，台北：成文出版社有限公司，1976年，第703页。

② 同上，第559页。

朋，少女也。艮初变之四，坎心为思，故曰"朋从尔思"也。①

咸卦（䷞）四爻之阳，阳居阴位，失位失正，所以导致后悔发生，与初爻之阴互应，动来应初，阳居阳位，当位得正，所以"贞吉"而"悔亡"。四爻之阳欲上感上爻之阴，却被五爻之阳所隔，欲下感初爻之阴，却被三爻之阴所隔，所以"憧憧往来"。上体兑符显朋、少女之象。初爻之阴，阴居阳位，也失位失正，在四爻之阳动来初位之际，动往四爻之位，变而得正，卦成既济（䷾），六爻皆当位得正，四爻所在上体变坎，符显心思之象，所以说"朋从尔思"。这里诠释的，是失位之爻间互作爻位升降交换的之正方式。本例中，两失位之爻间，是阴阳互应的关系。

同样是就失位之爻当动变之正，在诠释《颐》卦辞"贞吉"时，虞翻说：

谓三之正，五、上易位，故"颐：贞吉"。②

颐卦（䷚）三爻之阴、五爻之阴，分别阴居阳位，上爻之阳，阳居阴位，皆失位失正。卦辞"贞吉"提示的就是它们当变而之正，之正则吉祥。其中，三爻之阴阴变阳而得正，五爻之阴与上爻之阳变换其位而得正。这里诠释的，是失位之爻阳变阴、阴变阳的爻性变化之正方式与失位之爻间互作爻位升降交换的之正方式。本例中，两失位之爻间，非阴阳互应的关系。

---

① （清）孙堂辑：《虞翻周易注》，台北：成文出版社有限公司，1976年，第607—608页。

② 同上，第583页。

在诠释《鼎》卦辞"元吉，亨"时，虞翻说："大壮上之初，与屯旁通。"① 在诠释《噬嗑》卦辞"噬嗑：亨，利用狱"时，他说："否五之坤初，坤初之五，刚柔交。"② 在诠释《咸》卦辞"咸：亨，利贞，取女吉"时说："'坤三之上成女，乾上之三成男，乾坤气交以相与。"③ 在诠释《颐》卦辞"贞吉"时又说："晋四之初，与大过旁通。五、上易位，故'颐：贞吉'。反复不衰，与乾、坤、坎、离、大过、小过、中孚同义，故不从临、观四阴二阳之例。或以临二之上，兑为口，故有口实也。"④

笔者认为，虞翻的诠释告诉人们，对于六十四卦各爻的位正与位失，对于各失正之爻的动之正，乃至对于各卦涵摄符显诸象的把握理解，必须放宽视野，从消息、卦变、旁通等视域出发。

鼎卦（䷱）是由四阳息卦大壮（䷡）变生，与十二消息卦、十二消息历程密切相关；又与屯（䷂）互为旁通关系，而处在旁通状态中。因此，对于鼎卦各爻当位失位及失位宜动之正的把握，乃至对于鼎卦涵摄符显各象的认识，都应当立足于消息、卦变、旁通诸视域。

噬嗑卦（䷔）是由三阴消卦否（䷋）变生，与十二消息卦、十二消息历程密切相关，因此，对于噬嗑卦各爻当位失位及失位宜变正的把握，乃至对于噬嗑卦涵摄符显各象的认识，都应当立足于消息、卦变诸视域。

咸卦（䷞）是由三阴消卦否（䷋）变生。与十二消息卦、

---

① （清）孙堂辑：《虞翻周易注》，台北：成文出版社有限公司，1976年，第701页。
② 同上，第557页。
③ 同上，第605页。
④ 同上，第583页。

十二消息历程密切相关,因此,对于咸卦各爻当位失位及失位宜变正的把握,乃至对于咸卦涵摄符显各象的认识,都应当立足于消息、卦变诸视域。

颐卦(䷚)是由杂卦晋(䷢)或二阳息卦临变生,因此与十二消息卦、十二消息历程有着更为复杂的关系;又与大过卦互为旁通关系,而处在旁通状态中。因此,对于颐卦各爻当位失位及失位宜动之正的把握,乃至对于颐卦涵摄符显各象的认识,都应当立足于消息、卦变、旁通诸视域。

在以上几例中,虞翻虽然没有提及反象、上下象易等,但是统观虞氏《易注》所体现的虞翻易学思想,不难体认到,对于以上诸例各爻当位失位及失位宜变正的把握,在消息、卦变、旁通诸视域外,自然可加上反象、上下象易等视域。消息、卦变、旁通、反象、上下象易等的共同特征是动态变化,在某一位上爻的基本特征则是静态不变,动变之正的两种方式其共同特征也是变,因此,人们应以包括消息、卦变、旁通、反象、上下象易等在内的动态的视域审视爻的正与失及其变动方向与变动应然。

四 既济定的理想境地与美好愿景

一卦各爻皆当位得正,卦成既济定,这是卦的理想归宿。依据这一理想归宿,虞翻既揭示了天地宇宙阴阳消息大化的理想境地,更揭示了人文天下即人文易世界的美好愿景。这成为《周易》虞氏学的终极旨归。至此,完整的《周易》虞氏学思想体系和盘托出。

《杂卦传》云:"既济,定也。"虞翻诠释说:"济成六爻,得位定也。"① 既济符显着造化者与造化力量,生命与生命力量,天道与人事中的万物万象,生活世界中的林林总总,人文天下即人文易世界的各构成要素,皆各当其位而以正的气象展示于外,并与相应之位上的他者和谐互应,整体位序井然。虞翻认为,成既济定是六十四卦各卦的共同归宿,它符显着天道人事的理想境地,符显着生活世界、人文天下即人文易世界的美好愿景。

(一) 阴阳消息造化创生的理想境地

虞翻认为,成既济,首先符显的,就是阴阳消息造化创生赋能万物生生的理想境地。

针对乾天坤地阴阳消息造化创生的既济定理想境地,在诠释《乾·彖传》"云行雨施,品物流形"时,虞翻说:

已成既济,上坎为云,下坎为雨,故"云行雨施"。乾以云雨流坤之形,万物化成,故曰"品物流形"也。②

乾天阳气以坤地阴气为消的对象与息的平台,历十二消息卦易场子位一阳复象、丑位二阳临象、寅位三阳泰象、卯位四阳大壮象、辰位五阳夬象,至巳位六阳乾象全显,由微而著持续发挥着造化创生赋能生生之功,这是发生在周历从正月到六月、夏历从十一月到四月的一切。乾象中,初爻、三爻、五爻之阳位正外,二爻、四爻、上爻之阳皆失位失正。失位失正的三阳动变之正后,卦成既济,六爻阴阳皆得其正,符显乾天之阳与坤地之阴皆当位而得正,位序井然,和谐互应交通。既济(䷾)上体为

---

① (清)孙堂辑:《虞翻周易注》,台北:成文出版社有限公司,1976年,第930页。
② 同上,第464页。

坎，符显水升天而为云；二至四爻互体为坎，符显水降地而为雨，此即"云行雨施"。乾天以兴云降雨的方式，与坤地交感，使坤地之形流动变化，以此化成了万物，赋能各品类各品级的生命性事物流动成形、生息繁衍，顺利施展了造化创生赋能生生之功。这是典型的阴阳消息造化创生赋能万物生生的理想境地。

针对乾天坤地阴阳消息造化创生的既济定理想境地，在诠释《说卦传》"水火相逮，雷风不相悖，山泽通气，然后能变化，既成万物也"时，虞翻又说：

> 谓乾变而坤化。"乾道变化，各正性命"，成既济定，故"既成万物"矣。①

作为造化力量的乾天阳气与坤地阴气消息进退交感互通，乾天阳气造化赋能使万物变，坤地阴气造化赋能使万物化，乾天阳气从子月到巳月渐次消坤地阴气而息显，乾象初、三、五之阳位正保持不变，二、四、上之阳位失动变之正，乾阳与坤阴各正其位，卦成既济定，符显天道变化，地道顺成，天阳地阴位正、序正而又和洽交通互应；万物各被赋能生生，获得了正性、正命，阳性事物位居初、三、五所符显的阳位而亲和于天阳，阴性事物位居二、四、上所符显的阴位而亲和于地阴，进而开启两类事物间彼此的阴阳应和。造化者天阳地阴之间，达至位序正定、关系正定的既济佳境；被造化创生赋能的万物之间，获得性命正定、位序正定、关系正定可期的既济佳境；整个天地宇宙间，天地与万物间、万物之间基于位序的和谐有了来自造化本原的坚实根

---

① （清）孙堂辑：《虞翻周易注》，台北：成文出版社有限公司，1976年，第901页。

基。这是典型的阴阳消息造化创生赋能万物生生的理想境地，虞翻的诠释继《易传》之后，深入到性命、位序、关系领域。

（二）人事关联天道的既济定理想境地

人是造化赋能生生的万物中的有机成员，且成为与造化本原天地可以并立为三的三才之一，他的生命的生生与人事的开展，由他所促成的人文天下即人文易世界的理想境地，都与造化的理想境地直接相关。

针对人事关联天道的既济定理想境地，在诠释《贲·彖传》"观乎人文，以化成天下"时，虞翻说：

> 泰乾为人，五上动，体既济，贲离象重明丽正，故"以化成天下"也。①

贲卦（䷕）是由三阳息卦泰（䷊）下体乾二爻之阳与上体坤上爻之阴易位交感变生，因此，与十二消息卦、十二消息历程密切相关。泰卦下体为乾，乾阳生生符显人之象。贲卦五爻之阴与上爻之阳，一则以阴爻居阳位，一则以阳爻居阴位，皆失位失正，两爻互易其位，或分别阴变阳、阳变阴动变之正，卦整体变成了既济，六爻皆当位得正。既济（䷾）下离，三至五爻互体又一离，两离相重，其下含藏涵摄贯通着相重的两坎象，离日而坎月，此即"重明丽正"。这一既济之象由贲卦变来，所以言"贲离象重明丽正"。《离·彖传》"重明以丽乎正，乃化成天下"虞翻诠释说："两象，故'重明'。'正'谓五阳。阳变之

---

① （清）孙堂辑：《虞翻周易注》，台北：成文出版社有限公司，1976年，第561页。

坤来化乾，以成万物，谓离日'化成天下'也。"① 乾天坤地中气相互交通形成离日坎月，下离日上离日的离象与下坎月上坎月的坎象相互旁通，两离象下含藏涵摄贯通着两坎象，下离日之象位正，下坎月之象位不正而附丽于离日之正，上离日之象不正而附丽于上坎月之象，离日坎月重明附丽于正，作为动力源，带动乾天坤地阴阳二气的消息交感，发挥其造化创生之功，化成天下万物，赋能天下万物生生日新，充满生命的生机活力，展现生命精彩纷呈的风采。

作为三才之一的人，要充分体认到，天道阴阳消息尤其是阳息生生化化万物创生生命之大善，以敬畏顺应造化的人生高品位赞美保护生命，敬畏生命价值，努力让天地的造化创生赋能之功得以顺利实现，进而将敬畏生命价值落实到善待天下万民，让天下万民借由天地阴阳消息造化所赋生生之能、所赋正性正命正位，顺利实现自己的人生，活出生命的质量，活出生命的风采。

这一切又由天地宇宙转向了三才中人为主角的生活世界与人文天下即人文易世界，其中就有人文礼乐的价值理念、礼乐的制度规范与秩序得以层层落实的问题，其关键就是，以人文精神化成天下的问题。人文精神化成天下，其基本标志就是人人有着敬畏造化、敬畏生命、敬畏人生的崇高人生品位，遵礼守乐，居仁由义，守住生命的正性正命正位，展现彬彬儒雅的君子风范与君子人生。

笔者认为，《贲·象传》所言"化成天下"本谓以人文的精神来教化化成天下，虞翻却将其直接解释为离日坎月运行引动乾

---

① （清）孙堂辑：《虞翻周易注》，台北：成文出版社有限公司，1976年，第601页。

天坤地阴阳消息化成万物,化成的不是天下万民而是天下万物,这不能简单地理解为故意曲解经义,却只能合理地理解为,天地阴阳消息化成天下万物,是天地宇宙间、生活世界中、人文天下即人文易世界内头等大事,生活世界与人文天下即人文易世界要以让此头等大事顺利实现为一切事务的基本出发点,要把敬畏善待包括天下万民在内的万物生命价值作为头等大事,使人文天下即人文易世界成为一个生命得到应有的珍视,进而使生命活得有内涵、活得有品位的天下与世界。

（三）制度建设在营造人文天下理想愿景中的作用

针对人事既济定理想境地的营造,在诠释《节·象传》"节以制度,不伤财,不害民"时,虞翻说:

> 艮手称"制",坤数十为度,坤又为害,为民,为财。二动体剥,剥为伤。三出复位,成既济定,坤、剥不见,故"节以制度,不伤财,不害民"。[①]

节卦（䷻）由三阳息卦泰（䷊）下体乾三爻之阳与上体坤五爻之阴易位交感变生,因此,与十二消息卦、十二消息历程密切相关,人文天下一切制度的设计与建设,都要以顺应天道阴阳消息、敬畏造化生生之善、呵护生命价值为基本出发点。节卦三至五爻互体艮为手符显制之象,卦变由来的泰卦上体坤数十符显度之象,坤阴杀又符显害之象,与乾君相对而符显民之象,以地富有万物又符显财之象。节卦二爻之阳、三爻之阴分别以阳居阴位、以阴居阳位,皆失位失正,当动变之正。二爻之阴动变之

---

① （清）孙堂辑:《虞翻周易注》,台北:成文出版社有限公司,1976年,第768页。

正,节卦成屯卦(☷☳),二至五爻四爻连互下坤上艮成剥,符显伤之象。三爻之阴动变,令三爻之阳由内而出,恢复阳的本然正位,卦成既济定,意味着因制度设计与建设的到位,人文天下的各种因素、各项事务都走上了正轨,一切各就各位、井然有序,坤害、剥伤之象不见,所以说"节以制度,不伤财,不害民"。

可见,人文天下系统礼乐制度的设计与建设,对于达成人文天下即人文易世界理想愿景何其重要。

(四)精神感通在通向人文天下理想愿景中的效用

针对人文天下即人文易世界既济定理想境地在精神领域的深化,在诠释《咸·彖传》"圣人感人心而天下和平"时,虞翻说:

> 乾为圣人,初、四易位成既济,坎为心,为平,故"圣人感人心而天下和平"。此"保合太和","品物流形"也。[1]

咸卦(☶☱)由三阴消卦否(☰☷)下体坤三爻之阴与上体乾上爻之阳换位交感变生,因此与十二消息卦、十二消息历程密切相关,人文天下一切事务的推行,如前所言,都要以顺应天道阴阳消息、敬畏造化生生之善、呵护生命价值为基本出发点。咸卦卦变由来的泰卦下体乾符显圣人之象。咸卦初爻之阴、四爻之阳分别以阴居阳位、阳居阴位,皆失位失正,当动变之正,两爻互易其位,当位得正,卦成既济定。既济卦上体坎为心病(《说卦传》)、为水,符显心、平之象。《乾·彖传》言:"乾道变化,

---

[1] (清)孙堂辑:《虞翻周易注》,台北:成文出版社有限公司,1976年,第605—606页。

各正性命，保合太和，乃利贞。"又言："云行雨施，品物流形。"如前所言，乾天坤地阴阳消息交感互通，造化创生天下万物，赋能万物生生，并赋予万物生命的正性正命正位，令其能够彼此进入位序井然有序、关系和谐互通的太和状态，彰显位正的神圣价值。圣人在上治理天下，其典范作为，就是顺应天道阴阳消息，守望生生之善，敬畏生命价值，尊重万民，以与天下万民形上精神与心灵的感通，达成上下的内在和谐，使根于造化的太和状态转进为深入精神与心灵的太和境地。

阴阳的感通，实现了万物的化生；生命与生命的感通，促进了生命的交流与和谐；心灵与心灵、精神与精神的感通，将更推进彼此的相互善待与内在和谐，达成人文天下即人文易世界从形上到形下的一致有序祥和。这一切的实现，才是人文天下即人文易世界理想愿景的最终实现。

上述思想与理念，同今天的生态发展战略、国家治理理念、命运共同体意识有颇多契合之处，值得予以创造性转化与创新性发展。

在虞翻看来，《易》以其符号系列符显、文字系列表达了大千世界、人文天下的万物万象，同时也立足大千世界、人文天下之整体，启示了万物万象的理想境地。

日月作为天地阴阳发动流转的动力源头，初步泄露了宇宙阴阳消息的奥秘，由其所引起的阴阳两大造化力量的消息流通，更是全面显现了阴阳消息的宇宙根本之道。万象中的人，作为三才之一，就应遵循阴阳消息之道，顺应阴阳的消息，终极设计天道人事的一切。

阴阳两大造化力量，造化出阳刚阴柔两大类事物，赋予它们阳刚阴柔两大生命力量与彼此相对而互补的内在关联，形成了属于它们的正位。两大类事物各当其位，互相应和，相益互补，才是它们的最佳选择。物物如此，大千世界就会进入和谐祥和的境地。作为三才的人，尤其是作为天下实际统御者的王，以及圣贤君子，应当将此作为努力的方向，这是人宜有的宇宙关怀。这是《易》各卦之象说外爻位爻象、当位之正、互应往来、成既济诸说所符显的核心内容。

两大类事物中的人，也有着阳刚阴柔两大生命力量与彼此相对而互补的内在关联，有着男女、夫妇、父子、君臣、上下等阳尊阴卑两大类人文身份角色礼乐分位。人人明确各自的身份角色，找到属于自己的礼乐分位，安身立命，开展人生，男女夫妇互相应和，父子君臣相益互补，上下之间良性互动，人文天下同样就会达致和谐祥和的境地。王应通过礼乐的王道努力领导推进这一切，其他人士亦应向这一目标迈进。这是王与圣贤君子应有的天下担当。这是《易》各卦之象说外爻位爻象、当位之正、互应往来、成既济诸说所符显的人文实质内容。前文诠《易》典范之例中"益：否上之初"与"大畜：大壮初至上"，则分别符显了王施惠于民仁政德治的王道与尊贤养贤的圣政，王与民、王与贤往来和顺与天下和谐繁荣之局可期。《周易》虞氏学所标举的《易》这部王者之书的经典宗旨遂一目了然。

德国古典哲学家黑格尔曾说："哲学是被把握在思想中的它的时代。"[①] 借用他的思路，我们可以说，在虞翻那里，《周易》就是被把握在思想中的每个时代，就是被把握在思想中的宇宙人

---

① ［德］黑格尔：《法哲学原理》，北京：商务印书馆，1961年，第236页。

生的过去、现在和未来。以《周易》的智慧与现实结合,《周易》就会不仅在思想中,而且活在现实里,发挥它的卓越启示指导作用。

(五) 虞翻既济定理想愿景与荀爽成既济意涵的差异

虞翻之前,荀爽提出了乾坤成两既济之说,虞翻的成既济定说,当受过此说的影响,但两学说间已产生了很大差异。

荀爽基于其乾升坤降说,提出了乾坤成两既济之说。此说见于其对《乾·文言传》"云行雨施,天下平也"所作诠释:

> 乾升于坤曰"云行",坤降于乾曰"雨施"。乾坤二卦,成两既济,阴阳和均而得其正,故曰"天下平"。[①]

从总体大势而言,乾阳升往坤而坤阴降来乾。乾阳升的理想之地是坤五爻之位,坤阴降的理想之地是乾二爻之位。若不能达成这一理想目标,退而求其次,失位乾阳降相应坤阴之位,失位坤阴升相应乾阳之位,其他当位乾阳与坤阴亦可互应相通,即除乾二之阳与坤五之阴一升一降外,乾四之阳与坤初之阴一降一升,乾上之阳与坤三之阴一降一升,乾坤两卦即可形成两个既济卦。既济卦(䷾)上坎水在上符显云之象,二至四爻互体坎水在下符显雨之象,所以言"云行雨施"。每个既济卦皆有三阳三阴,阴阳均衡,它们各当其位又互应和洽,此即"阴阳和均而得其正",阴阳和均又正,带来的整体景象自然是"天下平"。

荀爽的成既济,仅仅发生在作为造化本原的乾天之阳与坤地之阴间,而未出现在其他卦,虞翻则进而揭示了六十四卦成既济

[①] (清)孙堂辑:《荀爽周易注》,台北:成文出版社有限公司,1976年,第170页。

定。荀爽的成既济，着眼的只是由乾坤生将交通成两既济所符显的天下阴阳的均衡、位正与和谐，虞翻的成既济定，着眼的则是，每一卦成既济符显的基于造化本原阴阳消息，从天道到人事，万物万象的位正有序与和洽的理想境地。可以说，虞翻的成既济定是对荀爽成既济的有力拓展深化。

（六）**既济背后的忧思**

依照虞翻消息说、旁通说所揭示的六虚之位的阴阳关系，我们知道，六虚之位有表位与里位之分，表位的阴阳与里位的阴阳构成旁通关系，前者当下居表位显于外，含藏涵摄贯通着居里位隐于内的后者，未来，二者又可以发生显与隐的旁通流转。这就意味着，所成既济是一显于外的象，就当下而言，其下就含藏涵摄贯通着一未济象，二象显隐互依一体，不可只见前者而忽视后者；就未来而言，显于外的既济象与隐于内的未济象，又可能发生显与隐的旁通流转，不可为当下的一切冲昏头脑，而忽视未来可能的转化。这就需要人们时刻保持高度的忧患意识，将乐观的理想主义与严肃的现实主义有机结合，既忧患敬畏又刚健自强。

（七）**成既济定说简评**

成既济定充分表明了虞翻对造化、生命和生活的热爱，表达了他对生活世界、人文天下即人文易世界的性正、命正、位正、关系正、井然有序、和谐融洽的深挚追求，这是立足于阴阳消息之天道，守护天地人三才之格局，发扬礼乐文化之精神，高标人文意识，坚定理想信念的经学精神的集中体现。这是值得高度肯定的。

而每卦成既济，虽有失位之爻应当动变之正的价值理由，但是，失位者发生变化，是需要天时地利人和等一定条件的，没有合适的条件,变化难以发生,纵然发生,也会因条件的不成熟而使结果不理想甚至有害无益。因此虞翻的成既济过于理想化。其次,易学的基本精神是变动不居的精神,是要因时因地因事而打破常规的精神,正如《系辞下传》说:"《易》之为书也不可远,为道也屡迁,变动不居,周流六虚,上下无常,刚柔相易,不可为典要,唯变所适。"《周易》六十四卦符显着丰富多彩的不同的象,符显着复杂多样的天道人事境遇情势,这些象和境遇情势,指向现实生活世界与人生的现实、过去或可能,应对之法,应当契合这些象与境遇情势,因此应对之法的多样性及其结局的多样性是必然的,虞翻将应对之法及其结局一律归为位的变正成既济,这显然有违于《易》"不可为典要"的精神,其现实可操作性也值得怀疑。由旁通观之,既济在过去、现在、未来三个时间维度上皆通于未济,虞翻就此未着深思。高怀民先生评价说:"虞氏此项'成既济定'之注易法则,自然是根据十翼阴阳当位而来,但不与十翼原意相类,十翼是就已成象的当位、不当位而言,虞翻乃就未成象处言,这一点当是受了荀爽的影响。"[1] 这是有一定道理的。

---

[1] 高怀民:《两汉易学史》,桂林:广西师范大学出版社,2007年,第154页。

第六章 《周易》虞氏学思想衡评

虞翻透过诠释《周易》，构建起《周易》虞氏学思想体系，集两汉象数易学之大成，并对后世产生了重要影响。影响既有正面的也有负面的，评价既有褒扬的亦有贬损的，可谓见仁见智，众说纷纭，难归于一。

第一节 集汉代象数易学之大成的虞翻

虞翻诠释《易》的支点是象，为了诠释《易》的象，在前人思想的基础上，他构建起了一个相当系统完备的象数体例与学说体系，借以对《易》作出了系统全面诠释，树立了一个以象解《易》的典范，成为世人效法或批判性超越的范型。虞翻构建象数体例与学说体系的过程，就是批判性集两汉象数易学之大成乃至集以往象数易学之大成的过程。

面对六十四卦的符号，在《易传》那里，基本的诠释，常常是一别卦的六爻之象，六爻的当位失位之象，六爻间的乘承比应之象，一别卦的下体之象与上体之象，一别卦的下体上体相连所呈之象，一别卦的整体之象。这些象就是一卦整体呈现的本象，这就透显出《易传》着眼一卦本象诠释《易》的以象解《易》理路。《系辞下传》所说："《易》之为书也不可远，为道也屡迁，变动不居，周流六虚，上下无常，刚柔相易，不可为典要，唯变所适。""爻也者，效天下之动者也。"《系辞上传》所说："爻者，言乎变者也。"更多地表现为以语言的形式表达变动，而不是以让爻、卦发生实际变化从而带来一卦本象变化的形式展现、诠释变动。在这种着眼一卦本象的以象解《易》理路下，《易传》对六十四卦之象的诠释，每卦皆层次井然，整体清晰，义理的呈现因象的明晰也水到渠成般明朗。

作为虞翻家学资源的孟喜卦气说，让六十四卦整体进入卦气阴阳消息的语境中，符显着动态的宇宙阴阳消息进退的节律，以及作为这一节律具体表现的物候节气时节之气及其更迭。六十四卦本身不发生变化，但是，六十四卦所符显的宇宙阴阳消息进退的节律及其表现形式的物候节气时节之气，则是动态变化的。

作为孟喜易学三传的京房，较早提出失位失正之爻当动变之正的观念。不仅如此，八宫易学，在让六十四卦整体进入卦气阴阳消息语境之外，又进一步整体进入八宫卦变的语境。八宫卦变的语境，使得人们在审视一别卦之象时，不再单纯局限于审视其本象，还要依据本原性创生与被创生的卦变关系，基于一宫八卦、八宫六十四卦的整体视域，审视该卦之象。在具体审视诠释一卦之象时，京房八宫易学还在《左传》筮占解卦运用互体说的基础上，于一卦的下体之象、上体之象、整体之象之外，进一步揭示了其内含的互体之象。尤有进者，他还在基于阴阳的互反对待关系，揭示了基于世爻的阴阳飞伏与世爻所在经卦的飞伏，揭示了八宫纯卦的相互飞伏，从而在一卦的本象之外，转进到其飞伏显隐两面之象。

《易纬》各篇，有孟喜一系的六十四卦卦气易学诠释，在一卦本象不变的情况下，符显着阴阳消息宇宙节律下天道人事的各种动态之象；有发展了的《说卦传》八卦卦气宇宙图式之象，符显着八卦卦气宇宙阴阳消息节律下的天道人事各种动态之象；等等。

孟喜、京房、《易纬》着眼的是卦气易学体系的建构重建，着眼的是这一体系在现实天道人事中的落实，着眼的是这一体系的占验之用。

汉末易学家郑玄、荀爽等，则将主要精力转入到对经典文本《周易》的诠释，开虞翻诠释《周易》风气之先。

在诠释六十四卦的过程中，郑玄在《易传》关注的作为本象范畴的一别卦的六爻之象、六爻的当位失位之象、六爻间的乘承比应之象、一别卦的下体之象与上体之象、一别卦的下体上体相连所呈之象、一别卦的整体之象外，又进一步揭示了相关别卦的互体与四爻连互之象。不仅如此，郑玄还借爻深化、拓展卦象，基于六子经卦决定性标志之爻震为初爻之阳，巽为初爻之阴，坎为二爻之阳，离为二爻之阴，艮为上爻之阳，兑为上爻之阴，进一步揭示了一别卦初、四之阳为震爻而体震，初、四之阴为巽爻体巽，二、五之阳为坎爻体坎，二、五之阴为离爻体离，三、上之阳为艮爻体艮，三、上之阴为兑爻体兑，推出了视爻为卦的爻体之象，这是对一卦本象的进一步突破。进而，他基于乾坤为六十四卦之本，更进一步借爻深化、拓展卦象，以乾坤六阳六阴为准，为六十四卦各爻纳辰，符显星象、生肖、八卦卦气与十二候卦气之象等，使六十四卦整体上有了本原性创生与被创生、卦气阴阳消息宇宙节律的深层内涵。郑玄所揭示的上述卦爻之象，都是在卦爻处在不变的状态之下呈现的，这一点上他与《易传》的诠释相类似。他的本象之外的卦爻之象诠释，大大突破了本象，往往给人一种喧宾夺主式的迂曲铺张印象，造成对一卦本象和主题的遮蔽。

荀爽在诠释六十四卦的过程中，除《易传》所关注的六十四卦的本象之外，他同样关注到一卦的互体之象。不仅如此，他还揭示了八卦卦气宇宙节律与宇宙图式之象，揭示了十二消息的宇宙节律之象，揭示了八卦卦气易场与十二消息历程的对应之象，使十二消息历程依附于八卦卦气易场，并有了彼此间的飞伏之象，十二消息之象飞显于外，八卦卦气易场之象伏藏于内。这一飞伏之象，呈现了宇宙阴阳消息的飞伏两面，它既源于京房的八宫飞伏说，又不同于后者飞伏的内涵。十二消息引入对卦爻之象的诠释，乾坤十二爻之象有了与十二消息之象的一一对应关系，这体现了以动变视域释爻解卦的高度自觉。在此基础上，他又以乾坤为本，以乾升坤降、阴阳升降达至五、二圆满之位或阴阳正位，进一步揭示了升降变动中的六十四卦之象。不仅如此，他又以消息卦变生杂卦，以乾坤生六子，揭示了六十四卦间、八卦间本原性创生与被创生的卦变关系。他还继京房之后揭示了失位之爻的动变得正，包括爻性变化的当位得正与爻位升降的当位得正。在动态的消息、升降、卦变、爻变视域下，六十四卦不变状态下完整全显的各卦本象，转为变动状态下的各卦本象的生成之象与本象的流变之象，本象的生成之象与本象的流变之象成了关注的中心，而本象本身及本象所呈现的主题则往往成为被遗忘忽视遮蔽的角落，落入诠释的盲区。荀爽的这种动态的诠释视域，彻底改观了郑玄的爻卦不变状态下的诠释理路。

魏伯阳的《周易参同契》在指导炼丹过程中揭示的月体纳甲功法，昭示了日月运转下以一月为周期的阴阳消息八卦之象；其十二消息功法，昭示了十二消息之象与十二消息的宇宙节律；其乾坤坎离与六十卦互分的六十四卦功法，昭示了月复一月的宇宙阴阳消息节律。

生在以上留下大名与没有留下名姓的治《易》者们之后的虞翻，全面性批判总结了以往理解、诠释《易》象的视域与理路，构建起逻辑层次清晰的象数体例与学说，名副其实地集两汉象数易学之大成，进而在自觉勾连伏羲意义上，集以往象数易学之大成，完整诠释了《易》象与《易》文本，构建起以推倒旧说、标新立异为突出特色的《周易》虞氏学思想体系。

虞翻全面接受了《易传》以来所揭示的六十四卦各卦本象范畴内的诸象，丰富发展了互体连互之象，使其有了三爻互体、四爻连互、五爻连互之象的完整序列。

他创造性转化《周易参同契》等的月体纳甲、日月为易说，揭示了《易》最具本原意义的象日月之象与日月在天所成八卦之象，揭示了日月在天所成八卦阴阳消息易场及其在乾天坤地阴阳二气消息进退上的动力源引动意义，解构了以往的八卦卦气宇宙图式与八卦卦气宇宙易场。郑玄揭示的"伏羲作十言之教……曰乾坤震巽坎离艮兑消息"，在他这里首先落实为在天八卦的阴阳消息。

他全面继承了孟喜及《易纬》的六十四卦卦气说，借鉴郑玄爻辰下的十二消息，借鉴荀爽、《周易参同契》的十二消息说，剔除郑玄的爻辰与《易纬》、荀爽的八卦卦气图式，将十二消息从六十四卦中独立出来，推出了离日坎月运行引动的十二消息显隐流转之象与十二消息卦宇宙造化节律易场，在郑玄以爻辰令十二消息贯穿六十四卦各爻之外，让十二消息以不同于郑玄爻辰的方式同样流贯到了六十四卦各爻中，六十四卦成为乾坤阴阳消息进退下的有机整体。郑玄揭示的伏羲十言之教，又进一步落实为十二消息显隐流转之象及其在六十四卦中的流贯。

他继承了《易传》中《乾·彖传》"大哉乾元，万物资始，乃统天"、《坤·彖传》"至哉坤元，万物资生，乃顺承天"以及《说卦传》"乾坤生六子说"所昭示的本原性创生与被创生观念，受京房八宫六十四卦体系本原性创生与被创生观念的启发，吸纳荀爽不甚完善的消息卦生杂卦说，首次提出了系统完备的消息卦生杂卦的卦变说，继十二消息流贯六十四卦各爻之后，在六十四卦间建构起本原性创生与被创生关系，深刻揭示了天阳地阴消息往来交感互通，则大化畅通，万物生生，一通百通的天地交泰、万物通泰的天地之根本大义，宇宙生化之根本大道，昭示了人事契合天地阴阳交泰根本大义，顺应宇宙生化根本大道，通过阴阳交感互通，则生命代代传承永续，人事亨通永久。阴阳交感互通，由此也成为人道阴阳之大义。郑玄揭示的伏羲十言之教，又进一步落实为十二消息往来交感互通化生之象。

他创造性借鉴转化了京房八宫六十四卦中爻的递次变化与卦爻的飞伏，批判性地超越了荀爽十二消息之象与八卦卦气易场之象的飞伏关系，推出了成熟完备的旁通说，在六十四卦间又建构起显隐互依一体、变化流转相通的旁通关系，成功揭示了十二消息两两阴阳互反之象间与十二消息变生的两两阴阳互反的诸杂卦之象间现在之维下的显隐互通、依傍不离，时间过程维度下的显隐流转、变化相通，如前所言，以此深刻揭示了人们所处的天地宇宙间、生活世界中，因阴阳消息动力作用的发挥及其对生命生生的赋能，阴阳两大造化创生力量，阳刚阴柔两大生命力量，天道人事的万物万象，在显与隐二维，广泛存在层层相互涵摄贯通，普遍发生环环彼此流转互通，使得这个宇宙与生活世界成了一个涵摄贯通场、流转相通场，人与人事成为这一涵摄贯通场、流转相通场的有机重要环节。

他在《周易》经传及前人相关象数学说的基础上，进一步推出了反象、上下象易，并结合互体连互之象，推出了半象，从而继日月之象、日月在天所成八卦之象、十二消息之象、十二消息变生杂卦之象、旁通之象后，进一步剖析了万象复杂的多重面相，诠释了一个由重重万象构成的易世界。

他在《易传》当位失位说，京房、荀爽失位失正之爻当借助爻位升降往来互易其位或爻性变化而当位得正说的基础上，全面揭示当位得正的正当性与失位失正的不正当性，全面揭示失位失正者应当通过爻性变化或爻位移动以达至当位得正的理想目标，从而在荀爽的乾坤两卦阴阳升降成两既济说启迪下，推出了普遍适用于六十四卦的成既济定说，以成既济定符显天道人事的理想境地，符显生活世界、人文天下的美好愿景，宣示了《周易》虞氏学的终极旨归。

在虞翻的诠释理路下，通过日月之象、日月在天所成八卦之象、十二消息之象、十二消息变生杂卦之象、旁通之象、反象、上下象易之象、互体连互之象、半象、动之正与成既济之象等全方位多层次多方面涵盖动静而以动变为主导的诠释，六十四卦之象，继荀爽动态消息、升降、卦变、爻变视域诠释之后，全方位多层次多方面进入显隐一体的变动状态，透显出鲜明的动态生成变化品格。具体表现为，一卦本象有其消息生成或变动生成，有其本原性创生与被创生，有其依傍不离的他者与之共在，有其与依傍不离的他者彼此流转相通，有其整体的倒转，有其上下象易，有其互体连互与象的半见，有其爻动之正与成既济等，本象的生成，本象向他象的变动，本象与其依傍不离他者的显隐一体相互流转，成为诠释的主体内容，本象本身反而成为被严重忽视的内容，致使六十四卦每卦整体特有的思想主题得不到清晰体现，让读者所见到的，往往是众多细节诠释，欠缺细节间的整体有机关联。

第二节　《周易》虞氏学的贡献、影响与不足

虞翻所建构的《周易》虞氏学对易学的发展与经学的整体发展作出了重大贡献，在当时及其后都产生了广泛深远的影响。当然，它所存在的不足也是十分突出的，这成为人们批判性反省的重要对象。

一　突出贡献

《周易》虞氏学的贡献是多方面的，择其要者而言，则有以下两端：一是揭示了象世界的临场感，给人们提供了一个象思维

的范例；二是在为阴阳消息之道的易学构建一个典范的体系的同时，又为阴阳消息之道的易学向性命之理的易学的历史转换提供了重要铺垫。

其一，象世界的临场感揭示。

借助于对《周易》经典文本的诠释，虞翻揭示了宇宙人生、生活世界、人文天下丰富多彩的象的世界，这些象，涵盖造化力量与被造化者，涵盖天道与人事，它们皆因阴阳消息与阴阳消息赋能的生化而处在显隐一体的消息进退变化流转过程中，是在此过程中呈现着的生动鲜活的象，是在太极太一分化为天地之后由日月运转所引动的同一天地阴阳消息历程中所呈现着的象。这些象，对于生活在现实中的人们而言，都具有从太极太一而来的同一历程一体流贯的强烈切身的临场感。通过对大衍筮法的诠释，虞翻揭示了大衍之数以数涵象，筮占操作以数显象，筮占操作的过程依次接通感通打开自太极太一而来的大化历程各象，让占问者本人因筮占的机缘接通过去连接未来，对各象有了直接现实的临场感，而借助这种现实临场感下一体呈现的大化历程坐标，判断筮问事项的吉凶祸福与应对之策。筮占操作中实现的人对各象的临场感，源于现实生活中人与各象的本来的临场，虞翻所希望的，是这两种临场对于人们的相互启迪。对于各象临场感的揭示，虞翻构建起了《周易》虞氏学的生存论生活世界场景，给人们提供了一个象思维的范例，为人们以此理解生命真谛，感悟人生价值，确立三才之一的人的角色担当，构设规划人文天下理想愿景，提供了重要智慧启迪。

其二，阴阳消息之道的易学典范体系的构建与易学转型的铺垫。

虞翻以日月在天成八卦的阴阳消息，以由此引动的乾天坤地阴阳的十二消息，以十二消息阴阳的往来交感互通的生化赋能（由卦变符显），以十二消息的显隐流转与十二消息阴阳往来交感互通赋能后的阳刚阴柔显隐流转（由旁通符显），以阴阳刚柔的守望位正、动变趋既济定，全方位系统深化了《易传》的阴阳之道，深化了汉代经学的阴阳的天道，升华了本天道成王道、和阴阳定天下的经学时代主题，并为这一时代主题的落实作了有力理论论证。虞翻由此给阴阳之道的易学构建了一个典范体系，并因其阴阳赋能生化的系统深刻论述，而对生命作了独到揭示，为易学由以阴阳为主题向以性命为主题的转换，打下了厚实的基础，做出了扎实的铺垫。

汉代易学的主题就是阴阳，强调的就是阴阳消息之道，突显的是经学尊崇的阴阳的天道。《周易参同契》的易学，是道教由阴阳大化的易学落实于生命修炼的易学，是易学由以阴阳为主题向以性命为主题转换的先声。由于虞翻对阴阳消息大化的过分偏爱，对修炼成仙的不信[1]，使得他只接受了魏伯阳阴阳消息思想的影响，而未能接受其易学向性命主题转换的影响，也就未能就这一转换作出自己的直接历史性贡献。理学奠基人北宋五子之一的周敦颐，在其著作《通书》中明确提出："大哉《易》也，性命之源乎！"[2] 正式揭开了以性命为主题的易学发展的大幕，《易传》阴阳之道与性命之理有机结合的易学，在汉代得到阴阳消

---

[1] 《三国志》载："权与张昭论及神仙，翻指昭曰：'彼皆死人，而语神仙，世岂有仙人！'"参见（晋）陈寿撰，（南朝宋）裴松之注：《三国志》，北京：中华书局，1982年，第1321页）

[2] （宋）周敦颐：《通书·诚上第一》，《周敦颐集》，北京：中华书局，1990年，第14页。

息之道下的深化之后，又开启了性命之理下的深化历程。性命是以阴阳大化赋能生化为基础的，离开了以虞翻为代表的阴阳消息之道下的易学成就，很难想象这一易学转换能够如此顺利实现。

二 重大影响

《周易》虞氏学是两汉象数易学发展的一面镜子，达到了这一时代易学发展的最高境地，它所构建的系统条理、层次井然的象数体例与学说，它所提供的以象解《易》诠释理路与诠释范式，它所呈现的易学思想体系，都代表着汉代象数易学的最高成就，成为后世治《易》者不可逾越的一个范型，发挥着广泛深远的重大影响。

这些影响主要表现在：

正是在以《周易》虞氏学为代表的汉代象数易学思想成就的基础上，王弼才提出"尽意莫若象，尽象莫若言。言生于象，故可寻言以观象；象生于意，故可寻象以观意"[1]的著名论断，这一论断的提出，无论如何不能低估《周易》虞氏学象数易学成就的影响力。正是借此影响提出上述论断的前提下，王弼才进一步提出"得意在忘象，得象在忘言"[2]的论断，正式转进到易学义理学派象数为工具、义理为目标的诠释理路与范式。

正是在《周易》虞氏学思想成就的基础上，蜀才才提出了他的消息卦生杂卦的卦变说；南宋易学家、理学家朱熹才提出以下著名论断："'易'字义只是阴阳。""易，只消道'阴阳'二

---

[1] （魏）王弼：《周易注（附周易略例）》，北京：中华书局，2011年，第414页。
[2] 同上，第415页。

字括尽。""易只是个阴阳。庄生曰'《易》以道阴阳',亦不为无见。如奇耦、刚柔,便只是阴阳做了易。等而下之,如医技养生家之说,皆不离阴阳二者。"① 朱熹并在虞翻消息卦生杂卦的卦变说的基础上,突破虞翻所未曾突破的经文诠释的限制,以学理逻辑的自洽为准则,完善起消息卦生杂卦的卦变体系。这一体系分为如下条目:

凡一阴一阳之卦各六,皆自复、姤而来(五阴五阳卦同图异);

凡二阴二阳之卦各十有五,皆自临、遯而来(四阴四阳卦同图异);

凡三阴三阳之卦各二十,皆自泰、否而来;

凡四阴四阳之卦各十有五,皆自大壮、观而来(二阴二阳图已见前);

凡五阴五阳之卦各六,皆自夬、剥而来(一阴一阳图已见前)。②

朱熹的这一卦变体系,实现了乾坤之外的消息卦变生杂卦的全覆盖,不存在变例、特例的情形。虞翻出现变例、特例的情形,一是因为经文,一是因为消息卦升降往来仅限于一阴一阳。朱熹消除变例、特例,则一是因为不再受经文限制,一是因为消息升降往来扩大到二阴二阳、三阴三阳。例如,在虞翻那里,作为特例的小过(䷽)、中孚(䷼)二卦,在朱熹二阴二阳的卦变

---

① (宋)黎靖德编:《朱子语类》卷第六十五,北京:中华书局,1986年,第1605页。
② (宋)朱熹:《周易本义》,北京:中华书局,2009年,第19—28页。

序列中，分别由二阳息卦临（☷☳）初、二两阳同时与三、四两阴升降往来、互易其位变生小过，由二阴消卦遯（☰☶）初、二两阴同时与三、四两阳升降往来、互易其位变生中孚；在朱熹四阴四阳的卦变序列中，分别由四阳息卦大壮（☳☰）三、四两阳同时与五、上两阴升降往来、互易其位变生中孚，由四阴消卦观（☴☷）三、四两阴同时与五、上两阳升降往来、互易其位变生小过。

同时，在诠释经文的过程中，朱熹还经常效法虞翻杂卦生杂卦之说，用以灵活诠释经文之象，而不完全遵从他的上述消息卦生杂卦说。例如，《贲》卦辞"亨，小利有攸往"注云："卦自损来者，柔自三来而文二，刚自二上而文三。自既济而来者，柔自上来而文五，刚自五上而文上。"① 依照上述朱熹消息卦生杂卦的卦变说，贲卦（☶☲）三阴三阳，由三阳息卦泰（☷☰）二爻之阳与上爻之阴往来易位变生，由三阴消卦否（☰☷）初、三之阴与四、五之阳往来易位变生，而在这里却未遵从这一卦变规则，却提出贲卦由杂卦损（☶☱）二爻之阳与三爻之阴往来易位、或杂卦既济（☵☲）五爻之阳与上爻之阴往来易位变生。

正是《周易》虞氏学的旁通、反象学说启迪了后世易学的错综思想。典型代表人物即明代的来知德与明清之际的王夫之。

来知德以错综为核心视角诠释《易》，众所周知，其所谓"错"即虞翻所言旁通，其所谓"综"即虞翻所言反象。《周易集注》来知德释"错"云：

> 错者，阴与阳相对也。父与母错，长男与长女错，中男

---

① （宋）朱熹：《周易本义》，北京：中华书局，2009年，第104页。

与中女错,少男与少女错,八卦相错,六十四卦皆不外此错也。天地造化之理,独阴独阳不能生成,故有刚必有柔,有男必有女,所以八卦相错。八卦既相错,所以象即寓于错之中。如乾错坤,乾为马,坤即"利牝马之贞";履卦兑错艮,艮为虎,文王即以虎言之;革卦上体乃兑,周公九五爻亦以虎言之;又睽卦上九纯用错卦;师卦"王三锡命"纯用天火,同人之错,皆其证也。又有以中爻之错言者,如小畜言"云",因中爻离错坎故也;六四言"血"者,坎为血也;言"惕"者,坎为加忧。又如艮卦九三中爻坎,爻辞曰"薰心",坎水安得薰心?以错离有火烟也。①

阴与阳互反对待的卦构成相错的关系。乾与坤、震与巽、坎与离、艮与兑相错,六十四卦两两阴阳互反对待的卦相错,相错者其所符显的象彼此相互涵摄。乾与坤相错,坤象之中即涵摄着乾马之象,所以《坤》卦辞云"利牝马之贞"。履卦(䷉)与谦卦(䷎)相错,履卦下体兑与谦卦下体艮相错,兑象涵摄着艮虎之象,作卦辞的文王就以虎言《履》而说"履虎尾"。革卦(䷰)与蒙卦(䷃)相错,革卦上体兑与蒙卦上体艮相错,兑象涵摄着艮虎之象,所以作《革》九五爻辞的周公也以虎言《革》而说"大人虎变"。睽卦(䷥)与蹇卦(䷦)相错,睽卦上体离与蹇卦上体坎相错,离象涵摄着坎象。《睽》上九爻辞:"见豕负涂,载鬼一车,先张之,而后说之。"来知德注云:"离错坎,坎为豕,又为水,豕负涂之象也。坎为隐伏,载鬼之象也。

---

① (明)来知德:《周易集注》上册,北京:中华书局,2019年,第78—79页。

又为弓,又为狐疑,张弓、说弓、心狐疑不定之象也。"① 爻辞所言"见豕负涂,载鬼一车,先张之弧,而后说之弧"各象,都是离象之下所涵摄的错卦坎符显的象,此即"纯用错卦"。《师》九二爻辞言"王三锡命",来之德注云:"本卦错同人,乾在上,王之象;离在下,三之象;中爻巽,锡命之象:全以错卦取象。"② 师卦(☷)与同人卦(☰)相错,师的下坎上坤之象与二至四爻互体震象,涵摄着同人的下离上乾之象与二至四爻互体巽象,乾符显王之象,离三爻符显三之象,巽为风符显锡(赐)命之象,所以爻辞全用错卦之象。"中爻"即中间四爻中的三爻互体。以互体言错,如,小畜卦(☰)与豫卦(☷)相错,小畜三至五爻互体离之象涵摄着错卦豫三至五爻互体坎之象,《小畜》卦辞言"密云不雨",就是因为离卦的错卦坎符显云之象;《小畜》六四爻辞言"血去惕出",就是因为离卦的错卦坎符显血、加忧之象。又如,艮卦(☶)与兑卦(☱)相错,艮卦二至四爻互体坎之象涵摄着错卦兑二至四爻互体离之象,《艮》九三爻辞曰"薰心",坎水显然不能符显薰心之象,言薰心是因坎的错卦离有火烟之象。

在《周易集注》来知德释"综"云:

> 综字之义,即织布帛之综,或上或下,颠之倒之者也。如乾、坤、坎、离四正之卦,则或上或下。巽、兑、艮、震四隅之卦,则巽即为兑,艮即为震,其卦名则不同。如屯、蒙相综,在屯则为雷,在蒙则为山是也。如履、小畜相综,

---

① (明)来知德:《周易集注》下册,北京:中华书局,2019年,第432页。
② (明)来知德:《周易集注》上册,北京:中华书局,2019年,第232页。

在履则为泽,在小畜则为风是也。如损、益相综,损之六五即益之六二,特倒转耳,故其象皆"十朋之龟"。夬、姤相综,夬之九四即姤之九三,故其象皆"臀无肤"。综卦之妙如此,非山中研穷三十年安能知之?①

卦的整体颠倒带来综象。由邵雍朱熹所揭示的先天八卦图式中,乾、坤、坎、离位于图式的四正之位,属于四正卦;巽、兑、艮、震位于图式的四隅之位,属于四隅卦。四正卦的综象只有上下颠倒之别,而无卦的整体变化;四隅卦的综象,巽与兑互综,艮与震互综,卦整体发生了变化。如屯卦(䷂)与蒙卦(䷃)相综,屯卦的下体震雷之象,在蒙则成为艮山之象。又如履卦(䷉)与小畜卦(䷈)相综,履卦的下体兑泽之象,在小畜则成为巽风之象。再如损卦(䷨)与益卦(䷩)相综,损卦的六五即益卦的六二,所以《损》六五爻辞与《益》六二爻辞皆言"十朋之龟"之象。夬卦(䷪)与姤卦(䷫)相综,夬卦的九四即姤卦的九三,所以《夬》九四爻辞与《姤》六二爻辞皆言"臀无肤"之象。来知德自豪地认为,正是凭借自己山中三十年的辛勤研索,才体悟到综卦的奇妙。

来知德阅读过虞翻《易注》,曾对虞翻的卦变说提出批评:"以某卦自某卦变者,此虞翻之说也,后儒信而从之。如,讼卦'刚来而得中',乃以为自遯卦来,不知乃综卦也。"② 实际上,平心而论,来知德的错综之论,在很大程度上受启于《周易》虞氏学旁通、反象思想智慧的影响。

---

① (明)来知德:《周易集注》上册,北京:中华书局,2019年,第79—80页。
② 同上,第9页。

王夫之是明清之际杰出的易学家，他在其易学著作中曾经猛烈批评过虞翻象数易学之弊端："汉儒泥象，多取附会。流及于虞翻，而约象互体，半象变爻，曲以象物者，繁杂琐屈，不可胜纪。"① 但是，他的易学错综思想，同样深受《周易》虞氏学旁通、反象思想智慧的影响。针对六十四卦的错综，王夫之曾精辟指出："若夫五十六卦之综也，捷往捷来，而不期以早暮；乾、坤、坎、离、大过、颐、中孚、小过之错也，捷反捷复，而不期以渐次。"② 这样的论述与虞翻的旁通、反象的相关论述显然是先后相通、相益互补的。

清儒惠栋、张惠言、李锐、李道平等，同样正是在《周易》虞氏学旁通、反象思想智慧的影响下，对《周易》虞氏学及易学本身作出了有见识的梳理与诠释。清儒焦循，则在《周易》虞氏学旁通、反象思想智慧的启发下，进一步创造性地推出了自己堪称《周易》焦氏学的三大支柱旁通、相错、时行说。就此学界已有深入研究，笔者不再赘论。③

《周易》虞氏学对后世的重大影响，由此可见一斑。

三　不足之处

《周易》虞氏学存在诸多不足之处，其不足首先突出表现在

---

① （清）王夫之：《周易外传》卷六《系辞下传第三章》，北京：中华书局，1977年，第213页。
② （清）王夫之：《周易外传》卷五《系辞上传第四章》，北京：中华书局，1977年，第175页。
③ 陈居渊：《焦循儒学思想与易学研究》，济南：齐鲁书社，2000年；赖贵三：《焦循〈雕菰楼易学〉研究》，台北：花木兰文化出版社，2008年；张沛：《焦循易学的旁通说及其仁学意蕴》，《周易研究》2018年第4期。

经文诠释的牵强支离，难以自洽。前文各章节在分析《周易》虞氏学思想体系时已分别有所揭示。这里再举王引之对其旁通诠《易》支离之弊的批评以资参照。

前文已言，在诠释《师》六三爻辞"师或舆尸"时，虞翻用了师卦与同人的旁通关系。王引之批评道：

> 《师》六三"师或舆尸，凶"，虞注曰："同人离为戈兵，为折首，故'舆尸凶'矣。"（《集解》误作卢氏说，张氏皋闻订为虞翻说）。引之谨案：此谓师与同人旁通也。案同人上乾下离，师则上坤下坎，刚柔相反，不得取象于同人也。如相反者而亦可取象，则《乾》之初九亦可取象于《坤》而曰"履霜"，《坤》之初六亦可取象于《乾》而曰"潜龙"矣，而可乎？夫圣人设卦观象，象本即卦而具，所谓视而可识，察而可见也。今乃舍本卦而取于旁通，刚爻而从柔义，消卦而以息解，不适以滋天下之惑乎？虞仲翔以旁通说《易》，动辄支离，所谓大道以多歧亡羊者也。虞说不可枚举，略举一爻以例其余，有识者必能推类以尽之。①

《周易》虞氏学的象数体例与学说本身具有重要原创性的思想意蕴，富有重要的思想、智慧启迪意义，是易学思想发展的重要标志性成果，但是，用于经典文本的诠释，则未必圆融自洽。这就是我们在阅读虞翻《周易注》时经常会发现支离、牵强、琐细弊端的原因所在。

除了上述不足，还有王弼所揭示的，仅关注象的细节诠释，

---

① （清）王引之：《经义述闻》卷一《周易上·师或舆尸》，上海：上海书店出版社，2012年，第31—32页。

而疏忽了借象所要表达的义理这一核心目标："是故触类可为其象，合义可为其征。义苟在健，何必马乎？类苟在顺，何必牛乎？爻苟合顺，何必坤乃为牛？义苟应健，何必乾乃为马？而或者定马于乾，案文责卦，有马无乾，则伪说滋漫，难可纪矣。互体不足，遂及卦变；变又不足，推致五行。一失其原，巧愈弥甚。纵复或值，而义无所取。盖存象忘意之由也。忘象以求其意，义斯见矣。"① 王弼象为工具、义理才是目标的理念，对于虞翻的《易》象执着，的确是切中要害，尖锐点破了《周易》虞氏学的严重不足。② 宋代朱震亦切中其弊，说："虞氏论象太密，则失之于牵合，而牵合之弊，或至于无说，此可删也。"③ 高怀民先生说得好："虞翻易实在是以'象'为重心的易学，卦变、互体、半象是就本卦象内增加象之用，旁通与八卦逸象是就本卦象外增加象之用。虞氏如此肆意而为，创增卦象，虽受后世易家批评指责，也算得上'豪气干云'了。"④ 正是由于对于《易》象的过分执着，使得每一卦的独特思想意旨与义理主题往往被细节繁乱的《易》象诠释所遮蔽，这与《易传》诠释的清晰明朗，与王弼诠释的简洁明了，形成了鲜明的反差。

当然，其他的不足还有不少。例如，《周易》虞氏学以在天

---

① （魏）王弼：《周易注（附周易略例）》，北京：中华书局，2011年，第415页。
② 当然，王弼在批评的同时，却暗用相关象数学说。正如宋朱震所指出的那样："王弼讥互体、卦变，然注《睽》六二曰'始虽受困，终获刚助'，睽自初至五成困，此用互体也。注《损》九二曰'柔不可全益，刚不可全削，下不可以无正'，初九已损刚以顺柔，九二履中而复损己以益柔，则剥道成焉，此卦变也。"参见（宋）朱震：《周易丛说》，《汉上易传》下册，北京：中华书局，2020年，第685页。
③ （宋）朱震：《周易丛说》，《汉上易传》下册，北京：中华书局，2020年，第686页。
④ 高怀民：《两汉易学史》，桂林：广西师范大学出版社，2007年，第162页。

八卦阴阳消息图式与易场，否定《说卦传》以来已成为其前与同时代人们生活世界坚定信仰的八卦卦气图式与易场，这是其一大败笔，深深影响了它在后世应有的正面影响力，这令笔者也为它而惋惜。

不足归不足，瑕不掩瑜，《周易》虞氏学的思想性贡献与影响还是第一位的。虞翻与王弼，《周易》虞氏学与《周易》王氏学，持有不同的《周易》诠释理路与范式，彼此都有不可相互取代的独到价值。《周易》虞氏学对于生活世界象的临场感细致入微的揭示与执着，自有其生活世界生存场景的真切把握，在它那里，把握了这一切，义理不言自明，无须再费笔墨。依照当代哲学诠释学，文本的思想意旨，就其现实性而言，是由原作者与读者共同建构起来的，原作者与读者的视域融合，使得文本走进新时代，展现新面目，发挥新作用，成为时代耀眼经典。正如洪汉鼎先生所言："按照伽达默尔的看法，任何理解都绝不是一种复制性的原样理解，而是理解者根据自己的当前语境和现实问题对一直传承到自己的传承文本的把握，这里既有理解者的具体境遇和效果历史前理解，又有传承物本身经历的效果历史，因而我们的理解本身就是一种具体的效果历史事件。"[①] 可以毫不夸张地说，作为视域融合的一部典范作品虞翻《周易注》，作为视域融合的一项典范成果《周易》虞氏学，在充实《周易》经典意蕴、令其成为时代耀眼经典方面，作出过不可替代的重大贡献。"我们研究古人的思想，切不可拘于'合乎古训与否'作为评价

---

① 洪汉鼎：《诠释学：它的历史和当代发展》（修订版），北京：中国人民大学出版社，2018年，"再版序"第4页。

标准,应视其是否具有真正思想上的意义。"①《周易》虞氏学思想的某些内容或许已经过时,但其所内涵的卓异智慧却具有穿越时空的永恒意义,值得我们与其进行创造性视域融合,令其立足新的时代问题意识,展现新的易学智慧风采,发挥应有作用。

---

① 高怀民:《两汉易学史》,桂林:广西师范大学出版社,2007年,第115页。

参考文献

著作

1. 《虞翻周易注》，（清）孙堂辑：《汉魏二十一家易注》，严灵峰编：《无求备斋易经集成》第170册，台北：成文出版社有限公司，1976年。

2. 《虞翻易注》，（清）黄奭辑：《汉学堂经解》，扬州：广陵书社，2004年。

3. （清）张惠言：《周易虞氏义》，《续修四库全书·经部·易类》第26册，上海：上海古籍出版社，2002年。

4. （清）张惠言：《周易虞氏消息》，《续修四库全书·经部·易类》第26册，上海：上海古籍出版社，2002年。

5. （清）张惠言：《虞氏易言》《虞氏易言补》《虞氏易礼》《虞氏易事》《虞氏易候》，《续修四库全书·经部·易类》第26册，上海：上海古籍出版社，2002年。

6. （清）李锐：《周易虞氏略例》，《续修四库全书·经部·易类》第28册，上海：上海古籍出版社，2002年。

7. （清）胡祥麟：《虞氏易消息图说》，《续修四库全书·经部·易类》第28册，上海：上海古籍出版社，2002年。

8. （清）方申：《虞氏易象汇编》，《续修四库全书·经部·易类》第

30册，上海：上海古籍出版社，2002年。

9. （清）曾钊：《周易虞氏义笺》，《续修四库全书·经部·易类》第32册，上海：上海古籍出版社，2002年。

10. （清）纪磊：《虞氏逸象考正》及其《续纂》、《虞氏易义补注》及其《附录》，《续修四库全书·经部·易类》第35册，上海：上海古籍出版社，2002年。

11. 李翊灼：《周易虞氏义笺订》，北京：九州出版社，2015年。

12. 廖名春：《马王堆帛书周易经传释文》，《续修四库全书·经部·易类》第1册，上海：上海古籍出版社，2002年。

13. （汉）孟喜：《孟喜周易章句》，（清）孙堂辑：《汉魏二十一家易注》，严灵峰编：《无求备斋易经集成》第169册，台北：成文出版社有限公司，1976年。

14. （汉）京房：《京房〈周易〉章句》，（清）孙堂辑：《汉魏二十一家易注》，严灵峰编：《无求备斋易经集成》第169册，台北：成文出版社有限公司，1976年。

15. （汉）京房著，（汉）陆绩注：《京氏易传》，北京：中华书局，1991年。

16. 徐昂：《京氏易传笺》，《徐昂著作集》卷一，上海：复旦大学出版社，2019年。

17. （清）赵在翰辑：《七纬（附论语谶)》，北京：中华书局，2012年。

18. ［日］安居香山、中村璋八：《纬书集成》，石家庄：河北人民出版社，1994年。

19. （汉）马融：《马融周易传》，（清）孙堂辑：《汉魏二十一家易注》，严灵峰编：《无求备斋易经集成》第169册，台北：成文出版社有限公司，1976年。

20. （汉）荀爽：《荀爽周易注》，（清）孙堂辑：《汉魏二十一家易注》，严灵峰编：《无求备斋易经集成》第169册，台北：成文出版社有限公司，1976年。

21. （汉）郑玄：《郑康成周易注（附补遗一卷）》，（清）孙堂辑：《汉魏二十一家易注》，严灵峰编：《无求备斋易经集成》第169册，台北：成文出版社有限公司，1976年。

22. （汉）魏伯阳撰，章伟文译注：《周易参同契》，北京：中华书局，2020年。

23. 原题无名氏注：《周易参同契注》，《正统道藏·太玄部》第622册，上海：涵芬楼影印，1925年。

24. （清）马国翰：《玉函山房辑佚书》之《经编易类》，上海：上海古籍出版社，1990年。

25. （清）张惠言：《周易郑荀义》，《续修四库全书·经部·易类》第26册，上海：上海古籍出版社，2002年。

26. 裘锡圭主编：《长沙马王堆汉墓简帛集成》叁，北京：中华书局，2014年。

27. 李学勤等编：《清华大学藏战国竹简（肆）》上下册，上海：中西书局，2013年。

28. 北京大学出土文献研究所编：《北京大学藏西汉竹书》第五卷，上海：上海古籍出版社，2014年。

29. （魏）王弼、（晋）韩康伯注，（唐）孔颖达疏：《周易正义》，（清）阮元校刻：《十三经注疏》，北京：中华书局，2009年。

30. （魏）王弼：《周易注（附周易略例）》，北京：中华书局，2011年。

31. （唐）李鼎祚：《周易集解》，上海：上海古籍出版社，1989年。

32. （清）焦循：《雕菰楼易学五种》，南京：凤凰出版社，2017年。

33. （汉）司马迁：《史记》，北京：中华书局，2011年。

34. ［日］泷川资言：《史记会注考证》，上海：上海古籍出版社，2015年。

35. （汉）班固撰，（唐）颜师古注：《汉书》，北京：中华书局，1962年。

36. （清）王先谦：《汉书补注》，上海：上海古籍出版社，2008年。

37.（宋）范晔：《后汉书》，北京：中华书局，1982年。

38.（清）王先谦：《后汉书集解》，北京：中华书局，1983年。

39.（晋）陈寿撰，（南朝宋）裴松之注：《三国志》，北京：中华书局，1982年。

40.（晋）陈寿撰，（南朝宋）裴松之注，卢弼集解：《三国志集解》第八册，上海：上海古籍出版社，2012年。

41.（清）康发祥：《三国志补义·吴书》，清咸丰十年刻本。

42.（唐）魏徵等：《隋书》，北京：中华书局，1973年。

43.（后晋）刘昫等：《旧唐书》，北京：中华书局，1975年。

44.（宋）欧阳修等：《新唐书》，北京：中华书局，1975年。

45.（宋）司马光编著，（元）胡三省音注：《资治通鉴》，北京：中华书局，1956年。

46.（清）严可均校辑：《全上古三代秦汉三国六朝文》，北京：中华书局，1995年。

47.（汉）许慎：《说文解字》，天津：天津古籍出版社，1991年。

48.（唐）陆德明：《经典释文》，（清）阮元校刻：《十三经注疏》，北京：中华书局，2009年。

49.（汉）郑玄等：《十三经古注》，北京：中华书局，2014年。

50.（清）永瑢等：《四库全书总目》，北京：中华书局，1965年。

51.（宋）周敦颐：《周敦颐集》，北京：中华书局，1990年。

52.（宋）朱震：《汉上易传》上下册，北京：中华书局，2020年。

53.（宋）朱熹：《周易本义》，北京：中华书局，2009年。

54.（宋）黎靖德编：《朱子语类》，北京：中华书局，1986年。

55.（宋）朱熹：《朱子全书》，上海：上海古籍出版社；合肥：安徽教育出版社，2002年。

56.（明）来知德：《周易集注》上下册，北京：中华书局，2019年。

57.（清）顾炎武著，黄汝成集释：《日知录集释》，上海：上海古籍出版社，2014年。

58.（清）黄宗羲：《易学象数论（外二种）》，北京：中华书局，2019年。

59.（清）黄宗羲：《黄宗羲全集》第九册，杭州：浙江古籍出版社，1992年。

60.（清）王夫之：《周易外传》，北京：中华书局，1977年。

61.（清）王夫之：《船山全书》，长沙：岳麓书社，1998年。

62.（清）惠栋：《周易述（附：易汉学易例）》上下册，北京：中华书局，2007年。

63.（清）李道平：《周易集解纂疏》，北京：中华书局，2013年。

64.（清）孙星衍：《孙氏周易集解》上下册，北京：中华书局，2018年。

65.（清）曹元弼：《周易集解补释》上下册，上海：上海人民出版社，2019年。

66.（清）王引之：《经义述闻》，上海：上海书店出版社，2012年。

67.（清）皮锡瑞：《经学历史》，北京：中华书局，1959年。

68.（清）皮锡瑞：《经学通论》，北京：中华书局，1954年。

69.（清）唐晏：《两汉三国学案》，北京：中华书局，1986年。

70.（唐）孔颖达疏：《尚书正义》，（清）阮元校刻：《十三经注疏》，北京：中华书局，2009年。

71. 杜泽逊主编：《尚书注疏汇校》，北京：中华书局，2018年。

72.（汉）郑玄注，（唐）贾公彦疏：《周礼注疏》，（清）阮元校刻：《十三经注疏》，北京：中华书局，2009年。

73.（汉）郑玄注，（唐）孔颖达疏：《礼记正义》，（清）阮元校刻：《十三经注疏》，北京：中华书局，2009年。

74.（清）洪亮吉：《春秋左传诂》，北京：中华书局，1987年。

75. 徐元诰：《国语集解》，北京：中华书局，1987年。

76.（清）郭庆藩：《庄子集释》，北京：中华书局，2012年。

77. 黎翔凤撰，梁运华整理：《管子校注》，北京：中华书局，2004年。

78. 许维遹：《吕氏春秋集释》，北京：中华书局，2009年。

79. （汉）董仲舒：《春秋繁露》，上海：上海书店出版社，2012年。

80. 刘文典：《淮南鸿烈集解》，北京：中华书局，1989年。

81. （汉）刘安编，何宁撰：《淮南子集释》，北京：中华书局，1998年。

82. （宋）司马光：《太玄集注》，北京：中华书局，1998年。

83. 刘黎明校注：《焦氏易林校注》，成都：巴蜀书社，2011年。

84. （清）永瑢等：《四库全书总目提要》，北京：中华书局，1965年。

85. 徐昂：《徐昂著作集》，上海：复旦大学出版社，2019年。

86. 尚秉和：《周易尚氏学》，北京：中华书局，1980年。

87. 尚秉和：《周易古筮考》，《尚氏易学存稿校理》第一卷，北京：中国大百科全书出版社，2005年。

88. 黄寿祺、张善文：《周易研究论文集》第一辑，北京：北京师范大学出版社，1988年。

89. 刘大钧：《周易概论》，成都：巴蜀书社，2010年。

90. 刘大钧：《今、帛、竹书〈周易〉综考》，上海：上海古籍出版社，2005年。

91. 刘大钧主编：《百年易学菁华集成初编》，上海：上海科学技术文献出版社，2010年。

92. 牟宗三：《周易的自然哲学与道德函义》，台北：文津出版社，1988年。

93. 牟宗三：《周易哲学演讲录》，上海：华东师范大学出版社，2004年。

94. 牟宗三：《牟宗三先生全集》，台北：联经出版事业公司，2003年。

95. 高亨：《周易古经今注》，北京：中华书局，1984年。

96. 高亨：《周易大传今注》，济南：齐鲁书社，1979年。

97. 黄寿祺：《易学群书平议》，北京：北京师范大学出版社，1988年。

98. 屈万里：《先秦汉魏易例述评》，《屈万里先生全集》第二辑第8册，台北：联经出版事业公司，1984年。

99. 胡自逢：《周易郑氏学》，台北：文史哲出版社，1969年。

100. 黄庆萱：《周易纵横谈》，台北：东大图书公司，1985年。
101. 高怀民：《先秦易学史》，桂林：广西师范大学出版社，2007年。
102. 高怀民：《两汉易学史》，台北：文津出版社，1971年。
103. 高怀民：《两汉易学史》，桂林：广西师范大学出版社，2007年。
104. 高怀民：《宋元明易学史》，桂林：广西师范大学出版社，2007年。
105. 黄寿祺、张善文：《周易译注》，上海：上海古籍出版社，2007年。
106. 朱伯崑：《易学哲学史》上，北京：北京大学出版社，1986年。
107. 朱伯崑：《易学哲学史》第一卷，北京：昆仑出版社，2005年。
108. 朱伯崑主编：《周易通释》，北京：昆仑出版社，2004年。
109. 金景芳、吕绍纲：《周易全解》，长春：吉林大学出版社，1989年。
110. 戴琏璋：《易传之形成及其思想》，台北：文津出版社，1989年。
111. 徐芹庭：《易经源流—中国易经学史》，北京：中国书店，2008年。
112. 徐芹庭：《虞氏易述解》，台北：五洲出版社，1974年。
113. 徐芹庭：《汉易阐微》，北京：中国书店，2010年。
114. 简博贤：《今存三国两晋经学遗籍考》，台北：三民书局，1986年。
115. 张立文：《周易思想研究》，武汉：湖北人民出版社，1980年。
116. 潘雨廷：《潘雨廷著作集》，上海：上海古籍出版社，2016年。
117. 余敦康：《内圣外王的贯通——北宋易学的现代阐释》，上海：学林出版社，1997年。
118. 余敦康：《汉宋易学解读》，北京：华夏出版社，2006年。
119. 周立升：《两汉易学与道家思想》，上海：上海文化出版社，2001年。
120. 郑万耕：《易学源流》，沈阳：沈阳出版社，1997年。
121. 萧汉明：《阴阳大化与人生》，广州：广东人民出版社，1998年。
122. 钟肇鹏：《谶纬论略》，沈阳：辽宁教育出版社，1992年。
123. 萧洪恩：《易纬文化揭秘》，北京：中国书店，2008年。
124. 李学勤：《周易溯源》，成都：巴蜀书社，2006年。
125. 廖名春：《〈周易〉经传十五讲》第二版，北京：北京大学出版社，2012年。

126. 廖名春：《周易研究史》，长沙：湖南出版社，1991年。

127. 黄黎星：《先秦易筮研究》，北京：人民出版社，2015年。

128. 陈仁仁：《战国楚竹书〈周易〉研究》，武汉：武汉大学出版社，2010年。

129. 丁四新：《郭店楚墓竹简思想研究》，北京：东方出版社，2000年。

130. 丁四新：《马王堆汉墓帛书〈周易〉》，《儒藏》精华编第281册，北京：北京大学出版社，2012年。

131. 丁四新：《楚竹书与汉帛书周易校注》，上海：上海古籍出版社，2011年。

132. 丁四新：《先秦哲学探索》，北京：商务印书馆，2015年。

133. 丁四新：《周易溯源与早期易学考论》，北京：中国人民大学出版社，2017年。

134. 问永宁：《太玄与易学史存稿》，北京：商务印书馆，2017年。

135. 陈居渊：《焦循儒学思想与易学研究》，济南：齐鲁书社，2000年。

136. 陈居渊：《焦循阮元评传》，南京：南京大学出版社，2006年。

137. 陈居渊：《周易今古文考证》，北京：商务印书馆，2015年。

138. 陈居渊：《汉魏易注综合研究》，济南：齐鲁书社，2017年。

139. 赖贵三：《焦循〈雕菰楼易学〉研究》，台北：花木兰文化出版社，2008年。

140. 张其成：《象数易学》，北京：中国书店，2003年。

141. 廖名春、康学伟、梁韦弦：《周易研究史》，长沙：湖南出版社，1991年。

142. 林忠军：《象数易学发展史》第一卷，济南：齐鲁书社，1994年。

143. 林忠军：《象数易学发展史》第二卷，济南：齐鲁书社，1998年。

144. 林忠军：《易纬导读》，济南：齐鲁书社，2002年。

145. 林忠军：《周易郑氏学阐微》，上海：上海古籍出版社，2005年。

146. 林忠军：《易学源流与现代阐释》，上海：上海古籍出版社，2012年。

147. 林忠军等：《明代易学史》，济南：齐鲁书社，2016年。

148. 林忠军等：《清代易学史》，济南：齐鲁书社，2018年。

149. 刘玉建：《两汉象数易学研究》上下册，南宁：广西教育出版社，1996年。

150. 刘玉建：《汉代易学通论》，济南：齐鲁书社，2012年。

151. 杨庆中：《周易经传研究》，北京：商务印书馆，2005年。

152. 杨庆中：《二十世纪中国易学史》，北京：人民出版社，2000年。

153. 梁韦弦：《汉易卦气学研究》，济南：齐鲁书社，2007年。

154. 王新春：《周易虞氏学》上下册，台北：顶渊文化事业有限公司，1999年。

155. 王新春：《易学与中国哲学》，北京：人民出版社，2012年。

156. 张涛：《秦汉易学思想研究》，北京：中华书局，2005年。

157. 李尚信：《卦序与解卦理路》，成都：巴蜀书社，2008年。

158. 温海明：《周易明意：周易哲学新探》，北京：北京大学出版社，2019年。

159. 刘彬等：《帛书〈易传〉新释暨孔子易学思想研究》，北京：社会科学文献出版社，2016年。

160. 刘彬：《〈易纬〉占术研究》，台北：花木兰文化出版社，2014年。

161. 张文智：《周易集解导读》，济南：齐鲁书社，2005年。

162. 张文智：《孟焦京易学新探》，济南：齐鲁书社，2013年。

163. 刘保贞：《易图明辨导读》，济南：齐鲁书社，2004年。

164. 刘震：《〈周易〉导读——帛书〈易传〉》，上海：上海科学技术文献出版社，2016年。

165. 刘震：《〈周易〉导读：纳甲筮法》，上海：上海科学技术文献出版社，2016年。

166. 黄忠天：《二程易说》，桃园：丽文文化事业股份有限公司，2016年。

167. 向世陵:《理学与易学》,长春:长春出版社,2011 年。
168. 张克宾:《朱熹易学思想研究》,北京:人民出版社,2015 年。
169. 唐琳:《朱熹易学研究》,北京:商务印书馆,2016 年。
170. 谷继明:《王船山〈周易外传〉笺疏》,上海:上海人民出版社,2016 年。
171. 谢金良:《〈周易禅解〉研究》,成都:巴蜀书社,2006 年。
172. 任俊华:《易学与儒学:再塑民族之魂》,北京:中国书店,2001 年。
173. 史少博:《儒学视野下的易学》,广州:华南理工大学出版社,2017 年。
174. 魏元珪:《老子思想体系探索》,台北:新文丰出版公司,1997 年。
175. 郭沂:《郭店竹简与先秦学术思想》,上海:上海教育出版社,2001 年。
176. 梁涛:《郭店竹简与思孟学派》,北京:中国人民大学出版社,2008 年。
177. 曹峰:《近年出土黄老思想文献研究》,北京:中国社会科学出版社,2015 年。
178. 苗润田:《解构与传承:孔子、儒学及其现代价值研究》,济南:齐鲁书社,2002 年。
179. 谭明冉:《儒道同源》,济南:山东人民出版社,2018 年。
180. 邓联合:《庄子哲学精神的渊源与酿生》,北京:光明日报出版社,2011 年。
181. 吴根友:《道家思想及其现代诠释》,上海:上海交通大学出版社,2018 年。
182. 钱穆:《两汉经学今古文平议》,北京:商务印书馆,2001 年。
183. 顾颉刚:《秦汉的方士与儒生》,上海:上海世纪出版集团,2006 年。
184. 顾颉刚:《汉代学术史略》,北京:东方出版社,2005 年。
185. 徐复观:《两汉思想史》,上海:华东师范大学出版社,2001 年。
186. 余英时:《士与中国文化》,上海:上海人民出版社,2003 年。
187. 王葆玹:《今古文经学新论》,北京:中国社会科学出版社,1997 年。

188. 姜广辉主编：《中国经学思想史》，北京：中国社会科学出版社，2003年。

189. 冯友兰：《中国哲学史新编卷》上中下，北京：人民出版社，1998年。

190. 张岱年：《中国哲学大纲》，北京：中国社会科学出版社，1982年。

191. 任继愈主编：《中国哲学发展史》（秦汉），北京：人民出版社，1985年。

192. 劳思光：《新编中国哲学史》，桂林：广西师范大学出版社，2005年。

193. 侯外庐主编：《中国思想通史》，北京：人民出版社，1992年。

194. 陈来：《仁学本体论》，北京：生活·读书·新知三联书店，2014年。

195. 金春峰：《汉代思想史》，北京：中国社会科学出版社，1987年。

196. 王钧林：《中国儒学史·先秦卷》，广州：广东教育出版社，1998年。

197. 余治平：《春秋公羊夷夏论——儒家以文明教化为本位的一种天下秩序设计》，上海：上海书店出版社，2014年。

198. 徐兴无：《谶纬文献与汉代文化建构》，北京：中华书局，2003年。

199. 李延仓：《早期全真道教思想探源》，济南：齐鲁书社，2014年。

200. 蔡仁厚：《宋明理学·北宋篇》，长春：吉林出版集团有限责任公司，2009年。

201. 蔡仁厚：《宋明理学·南宋篇》，长春：吉林出版集团有限责任公司，2009年。

202. 蔡方鹿：《中国经学与宋明理学研究》，北京：人民出版社，2011年。

203. 何俊：《南宋儒学建构》，上海：上海人民出版社，2013年。

204. 王晓毅：《王弼评传（附何晏评传)》，南京：南京大学出版社，1996年。

205. 王晓毅：《儒释道与魏晋玄学形成》，北京：中华书局，2003年。

206. 涂可国：《儒学与人的发展》，济南：齐鲁书社，2011年。

207. 高奇主编：《传统文化与治国理政》，北京：中华书局，2018年。

208. 乔清举：《泽及草木 恩至水土（儒家生态文化)》，济南：山东教育出版社，2020年。

209. 杨泽波：《贡献与终结——牟宗三儒学思想研究》，上海：上海人民出版社，2014年。

210. ［德］黑格尔：《法哲学原理》，北京：商务印书馆，1961年。

211. 唐力权：《周易与怀德海之间》，沈阳：辽宁大学出版社，1997年。

212. 王树人：《回归原创之思"象思维"视野下的中国智慧》，南京：江苏人民出版社，2005年。

213. 张祥龙：《海德格尔思想与中国天道——终极视域的开启与交融》，北京：中国人民大学出版社，2010年。

214. 洪汉鼎：《诠释学：它的历史和当代发展》（修订版），北京：中国人民大学出版社，2018年。

215. 洪汉鼎：《〈真理与方法〉解读》，北京：商务印书馆，2019年。

216. 林安梧：《人文学方法论：诠释的存有学探源》，上海：上海人民出版社，2016年。

217. 杜保瑞：《中国哲学方法论》，台北：台湾商务印书馆股份有限公司，2013年。

学术论文

218. 孔怀：《虞翻》，《中华易学》1985年第11期。

219. 李周龙：《虞翻易说探原》，《孔孟学报》第56期，1988年。

220. 刘大钧：《虞氏易集义：乾卦（上）》，《周易研究》2018年第5期。

221. 刘大钧：《虞氏易集义：乾卦（下）》，《周易研究》2018年第6期。

222. 刘大钧：《"卦气"溯源》，《中国社会科学》2000年第5期。

223. 刘大钧：《〈周易〉古义考》，《中国社会科学》2002年第5期。

224. 刘大钧：《〈太一生水〉篇管窥》，《周易研究》2001年第4期。

225. 刘大钧：《虞翻著作考释》，《周易研究》1990年第2期。

226. 刘大钧：《读清华简〈筮法〉》，《周易研究》2015年第2期。

227. 周立升：《虞氏易学旁通说发微》，《象数易学研究》第一辑，济南：齐鲁书社，1996年。

228. 周立升：《虞翻的易说与老学》，《道家文化研究》第12辑，北京：生活·读书·新知三联书店，1998年。

229. 周立升：《〈周易参同契〉的月体纳甲学》，《周易研究》2000年第4期。

230. 林忠军：《虞翻卦变说探微》，《大易集述》，济南：齐鲁书社，1993年。

231. 林忠军：《论虞翻纳甲说》，《易学心知》，北京：华夏出版社，1995年。

232. 林忠军：《论虞翻卦变说对若镛易学之影响》，《孔子研究》2019年第3期。

233. 林忠军：《郑玄易学思想评述》，《周易研究》1993年第1期。

234. 李学勤：《易纬〈乾凿度〉几点研究——兼论帛书周易与汉易关系》，《清华汉学研究》第1辑，1994年。

235. 廖名春：《帛书〈易传〉象数学说考释》，《象数易学研究》第一辑，济南：齐鲁书社，1996年。

236. 陈来：《孔门易学的不同诠释与发展》，《本体诠释学》第2辑，北京：北京大学出版社，2002年。

237. 张涛：《略论〈易纬〉的易学思想》，《河北学刊》1999年第2期。

238. 丁四新：《汉末易学的象数逻辑与"中"的人文价值理念的象数化》，《哲学研究》2019年第5期。

239. 丁四新：《郑氏易义》，《象数易学研究》第二辑，济南：齐鲁书社，1997年。

240. 刘玉建：《论虞翻易学批评》，《象数易学研究》第一辑，济南：齐鲁书社，1996年。

241. 刘玉建：《论虞翻别卦逸象》，《象数易学研究》第一辑，济南：

齐鲁书社，1996年。

242. 刘玉建：《论虞氏易的震巽特变及权变》，《管子学刊》1996年第3期。

243. 刘玉建：《论虞翻易学中的月体纳甲说》，《益阳师专学报》1996年第4期。

244. 刘玉建：《郑玄爻辰说述评》，《周易研究》1995年第3期。

245. 王新春：《也论虞氏易学的卦变说》，《象数易学研究》第三辑，成都：巴蜀书社，2003年。

246. 王新春：《清华简〈筮法〉的学术史意义》，《周易研究》2014年第6期。

247. 王新春：《虞氏易学的两大理论支柱："卦气说"与"月体纳甲说"》，《象数易学研究》第一辑，济南：齐鲁书社，1996年。

248. 王新春：《试论虞氏易学"旁通说"的易理内涵》，《周易研究》1996年第3期。

249. 王新春：《虞翻易学旁通说的哲理内涵》，《哲学研究》2001年第9期。

250. 王新春：《虞翻易学十二消息说语境下的宇宙大化》，《中国哲学史》2011年第2期。

251. 杨效雷：《爻辰说：郑玄〈易〉注的显著特色》，载刘大钧主编《郑学论丛》，上海：上海科学技术文献出版社，2013年。

252. 张克宾：《从文辞到象数：论〈系辞传〉"参伍""错综"说的意义衍生》，《周易研究》2019年第1期。

253. 张克宾：《海昏竹书〈易占〉干支配卦探微》，《哲学研究》2021年第8期。

254. 张沛：《焦循易学的旁通说及其仁学意蕴》，《周易研究》2018年第4期。

255. 蔡家和：《朱子哲学体系建构的方法学》，《朱子学刊》2017年第

1辑。

256. 李阿慧：《从汉魏学术之变论虞翻易学渊源》，《国际儒学论丛》2019年第2辑。

257. 文平：《虞翻易学"成既济定"说刍议》，《洛阳理工学院学报（社会科学版）》2013年第2期。

258. 文平：《虞氏易之研究意义和方法等详列》，《求索》2012年第12期。

259. 李利：《虞翻〈易〉注的几个问题》，《周易研究》2012年第5期。

260. 李利：《虞翻"卦变"说、"成既济定"说管窥》，《中华文化论坛》2011年第6期。

261. 田胜利：《论虞氏易学的文脉渊源与新变意义——以虞翻〈易〉注术语为中心》，《中华文化论坛》2018年第4期。

262. 张涛：《略论虞翻易学》，《山东师范大学学报（人文社会科学版）》2016年第4期。

263. 傅永军：《现代诠释学类型阐论》，《中国社会科学》2020年第3期。

264. 任蜜林：《〈太一生水〉：一篇并不完整的哲学文献》，《哲学研究》2021年第1期。

265. 王贻琛：《虞翻象视域下的〈周易〉诠释探微》，《周易研究》2019年第4期。

266. 王贻琛：《以学统术：虞翻"大衍筮法"说探微》，《周易研究》2020年第2期。

267. 蔡祥元：《易象的现象学阐释》，《南京大学学报（哲学·人文科学·社会科学）》2020年第1期。

硕博士学位论文

268. 杨淑琼：《虞翻易学研究——以卦变和旁通为中心的展开》，2003

年中兴大学硕士学位论文。

269. 廖婉利：《虞翻易学思想研究》，2004年高雄师范大学硕士学位论文。

270. 韩慧英：《荀氏易学初探》，2004年山东大学硕士学位论文。

271. 黎馨平：《〈周易虞氏消息〉研究》，2004年山东大学博士学位论文。

272. 井海明：《汉易象数学研究》，2006年山东大学博士学位论文。

273. 马宗军：《〈周易参同契〉思想研究》，2006年山东大学博士学位论文。

274. 李秋丽：《胡一桂易学思想研究》，2006年山东大学博士学位论文。

275. 张克宾：《帛书〈易传〉诠释理路论要》，2007年山东大学硕士学位论文。

276. 兰甲云：《周易古礼研究》，2007年湖南大学博士学位论文。

277. 朱玉周：《汉代谶纬天论研究》，2007年山东大学博士学位论文。

278. 官岳：《来知德易学研究》，2008年山东大学博士学位论文。

279. 王棋：《荀爽易学研究》，2009年山东大学博士学位论文。

280. 张文智：《西汉孟、焦、京易学新探》，2010年山东大学博士学位论文。

281. 夏博：《浅析尚秉和对虞氏易学的批判》，2010年山东大学硕士学位论文。

282. 乔宗方：《江永易学思想研究》，2010年山东大学博士学位论文。

283. 崔朝辅：《〈易纬〉易学思想研究》，2011年山东大学博士学位论文。

284. 李烁：《象数易学视域下的两汉自然哲学之研究——两汉象数易学与天文历法关系之探讨》，2011年山东大学硕士学位论文。

285. 姜喜任：《陆绩易学思想研究》，2013年山东大学硕士学位论文。

286. 秦洁：《交易与升降——荀氏象数易例覆议》，2014年山东大学硕士学位论文。

287. 曹发武:《〈易传〉对汉代象数易学的影响》,2014年山东大学硕士学位论文。

288. 刘春雷:《西汉易学卦气说研究》,2016年山东大学博士学位论文。

289. 杨燕群:《扬雄法言与士人生命主体意识自觉——从经学的语境看》,2016年山东大学硕士学位论文。

290. 高雨龙:《荀爽易学体系下的"爻位说"初探》,2016年中国政法大学硕士学位论文。

291. 陶英娜:《朱震易学哲学探微》,2016年山东大学博士学位论文。

292. 董春:《易学视域下的儒道会通——以王弼易学为中心》,2017年山东大学博士学位论文。

293. 陈盟:《汉代经学视野中的郑氏易学研究》,2018年山东大学博士学位论文。

294. 苏建强:《消息视域下张惠言易学思想研究》,2018年山东大学博士学位论文。

295. 赵晓翠:《惠栋易学研究——以范式转移为视角》,2018年山东大学博士学位论文。

296. 卜章敏:《虞翻象数易学思想新探》,2019年山东大学博士学位论文。

297. 李元骏:《郑玄易学研究》,2019年中国人民大学博士学位论文。

298. 陈凤英:《以礼经世视域下的张惠言易学思想研究》,2019年山东大学博士学位论文。

299. 牟晓琳:《论虞氏阴阳消息之易学哲学》,2019年山东大学硕士学位论文。

后　记

　　本书得以出版，首先要感谢我的恩师刘大钧先生。自硕士研究生时，我就有幸投入先生门下，在先生的辛劳培育下，我的硕士学位论文《程颢易学研究》得以获评2018年山东省优秀学位论文。承蒙先生厚爱，使我能在博士研究生培养阶段继续跟随先生从事易学专业的学习与研究。先生每年都讲授的"象数学研究"课程，使包括我在内的众多学子对易学产生了浓厚兴趣，产生了深远影响。在博士论文开题期间与撰写过程中，先生都在百忙之中对我予以悉心的指导与鼓励，对我的学位论文修改提出意见，予我以深切关心。正是有了先生的指导与鼓励，才有了如今这篇学位论文的撰写完成。先生不仅是我学业上的导师，更是我人生的导师。

　　感谢苗润田教授、林安梧教授、林忠军教授、刘玉建教授、李尚信教授、王新春教授、张文智教授、高奇教授、邓联合教授、谭明冉教授、李延仓教授、刘保贞教授、张克宾教授、李秋丽教授、黎心平教授、张沛教授于我在读期间对我的谆谆教诲，令我受到了系统的中国哲学专业课程教育。在这四年里，苗润田老师、王新春老师、邓联合老师共同讲授的"中国哲学前沿问题"课程,使我了解到了更多中国哲学专业方面的学界前沿问题,开阔了我的学术视野与思路。林忠军老师讲授的"中国易学史"、李尚信老师讲授的"早期易学研究"、王新春老师讲授的"理学与易学研究"、张文智老师讲授的"易学思维方式研究"、张克宾老师讲授的"简帛文献思想研读"、李秋丽老师讲授的"易学与儒家哲学"等易学专门研究课程,令我在易学专业的学习与研究上获益匪浅。专业英语课上,从第一次上台发言时的紧张到后来再上台主讲时变得自信,都是 Ivanov Ivan Valentinov 教授在课上课下对我不断鼓励的功劳。在博士学位论文开题时,林忠军教授、李尚信教授、苗润田教授、谭明冉教授就我论文的思路分别提出了诸多宝贵意见。感谢张克宾教授无私地将他尚未发表的最新研究成果分享于我,并对我的论文提供了细致的修改建议。感谢论文盲审专家对本论文的高度肯定与中肯建议,感谢答辩委员会陈居渊教授、王钧林教授、苗润田教授、李尚信教授、谭明冉教授、张克宾教授在答辩过程中对本论文的细心评阅指导。

感谢我的导师刘大钧先生与李尚信老师给予我参与《周易研究》期刊编辑出版工作的宝贵机会,让我得到了多方面的锻炼;在参与这项工作过程中,我也受到了张文智教授、张克宾教授、李秋丽教授、张沛教授、董春师兄、杨学祥师兄、秦洁师兄、张兵、陈彦杰等众位师友的悉心帮助。自硕士研究生起,我有幸参与了中心由导师刘大钧先生为首席专家所承担的国家社科基金重大项目"百年易学菁华集成",从对文献的把握到科研能力的提升,都有令人感恩的收获,感谢黎馨平教授、秦洁师兄在

后　记

我参与这项工作过程中对我的帮助。感谢黄忠天教授将著作《二程易说》赠予我。感谢丁四新教授给予我参加"两宋易学与理学的开展"学术研讨会的宝贵机会，后又将著作《洪范大义与忠恕之道》赠予我。感谢刘震教授给予我参加第九届海峡两岸《周易》学术研讨会及担任"人文化成"系列讲座主持的难得学习机会。感谢傅永军教授、蔡家和教授、吴进安教授、赖贵三教授、刘彬教授、刘杰教授、傅有德教授、李章印教授、黄启祥教授、陈治国教授、牛建科教授、杜泽逊教授、宋开玉教授、王承略教授、黄玉顺教授、杨泽波教授、陈京伟教授、韩锋教授、刘森林教授、陈坚教授、阚铮老师、郑倩老师、何立光老师、赵莹老师、李永卫老师等诸位老师在课里课外对我学业、生活与人生成长上的提携与帮助。

感谢三年来时常关心我学习的两位师兄刘春雷师兄和陈盟师兄，刘师兄对我的论文撰写提出了宝贵修改意见，陈师兄不仅在学业上向我分享其专业知识学习的经验与心得，而且在生活上也时常关心我的身体健康，教我保护眼睛在内的许多锻炼方法，令我在论文撰写期间有一个健康的体魄。感谢王广师兄、苏晓晗师姐、张路园师姐、温磊师姐、邹真珍师姐、丁巧玲师姐、董春师兄、张丽丽师姐、杨学祥师兄、秦洁师兄、卢璐师姐、唐青州师姐、赖祖龙师兄、许伟师兄、于宗妮师妹对我学习与生活上的关怀与帮助。感谢与我同宿舍的杨鹏、韩文彬、李常清及与我同级的刘兴明、张梓波、廖一鸣、刘柯言、毛凤祥、冯争、王琳琳、石晓洁等诸位同学好友课内课外的相伴。感谢硕士同学张兵、李政勋、王楠、马士彪、穆洪竹、陈宇、张鑫、赵丹丹、崔兵、尹天齐等的友好交流。

感谢父母的养育之恩，没有父母一直以来的爱与付出，怎会有今天的我。

感谢《儒道释博士论文丛书》评审专家的厚爱，感谢编委会给予本书出版的机会，感谢巴蜀书社编辑先生在出版过程中的悉心指导帮助。得悉本书即将出版，导师刘大钧先生欣然应允为本书作序，感恩莫名！

王贻琛

2023 年 7 月

《儒道释博士论文丛书》已出书目

第一批(1999年)
道教斋醮科仪研究　　　张泽洪著
道教炼养心理学引论　　张　钦著
道教劝善书研究　　　　陈　霞著
道教与神魔小说　　　　苟　波著
净明道研究　　　　　　黄小石著

第二批(2000年)
神圣礼乐
　　——正统道教科仪音乐研究
　　　　　　　　　　　蒲亨强著
魏晋玄学人格美研究　　高华平著
明清全真教论稿　　　　王志忠著
佛教与儒教的冲突与融合
　　　　　　　　　　　彭自强著
经验主义的孔子道德思想及其
　　历史演变　　　　　邓思平著

第三批(2001年)
宋元老学研究　　　　　刘固盛著
道教内丹学探微　　　　戈国龙著
汉魏六朝道教教育思想研究
　　　　　　　　　　　汤伟侠著
般若与老庄　　　　　　蔡　宏著
刘一明修道思想研究　　刘　宁著

晚明自我观研究　　　　傅小凡著

第四批(2002年)
近现代以佛摄儒研究　　李远杰著
礼宜乐和的文化思想　　金尚礼著
生死超越与人间关怀
　　——神仙信仰在道教与
　　　民间的互动　　　李小光著
近现代居士佛学研究　　刘成有著
生命的层级
　　——冯友兰人生境界说研究
　　　　　　　　　　　刘东超著

第五批(2003年)
中国佛教僧团发展及其研究
　　　　　　　　　　　王永会著
实相本体与涅槃境界　　余日昌著
斋醮科仪　天师神韵　　傅利民著
荷泽宗研究　　　　　　聂　清著
精神分析与佛学的比较研究
　　　　　　　　　　　尹　立著
太虚对中国佛教现代化
　　道路的抉择　　　　罗同兵著
终极信仰与多元价值的融通
　　　　　　　　　　　姚才刚著

第六批(2004年)

西学东渐与明清实学　　李志军著
上清派修道思想研究　　张崇富著
北宋《老子》注研究　　尹志华著
相国寺
　　——在唐宋帝国的神圣与
　　　凡俗之间　　　　段玉明著
熊十力本体论哲学研究　郭美华著
关于知识的本体论研究
　　——本质　结构　形态
　　　　　　　　　　昌家立著
明代王学研究　　　　　鲍世斌著
中国技术思想研究
　　——古代机械设计与方法
　　　　　　　　　　刘克明著
朱熹与《参同契》文本　钦伟刚著
中国律宗思想研究　　　王建光著

第七批(2005年)

元代庙学
　　——无法割舍的儒学教育链
　　　　　　　　　　胡　务著
牟宗三"道德的形而上学"研究
　　　　　　　　　　闵仕君著
隋唐五代道教美学思想研究
　　　　　　　　　　李　裴著
宋元道教易学初探　　　章伟文著
杜光庭《道德真经广圣义》的
　　道教哲学研究　　　金兑勇著
天台判教论　　　　　　韩焕忠著

杜光庭道教小说研究　　罗争鸣著
魏源思想探析　　　　　李素平著
泰州学派新论　　　　　季芳桐著
《文子》成书及其思想　葛刚岩著
傅金铨内丹思想研究　　谢正强著

第八批(2006年)

汉末魏晋南北朝道教戒律
　　规范研究　　　　　伍成泉著
两性关系本乎阴阳
　　——先秦儒家、道家经典中的
　　　性别意识研究　　贺璋瑢著
陈撄宁与道教文化的现代转型
　　　　　　　　　　刘延刚著
扬雄《法言》思想研究　郭君铭著
《周易禅解》研究　　　谢金良著
明清道教与戏剧研究　　李　艳著
王弼易学解经体例探源
　　　　　　　　　　尹锡珉著
唐代道教管理制度研究　林西朗著
四念处研究　　　　　　哈　磊著
天人之际的理学新诠释
　　——王夫之《读四书大全说》
　　　思想研究　　　　周　兵著

第九批(2007年)

晚明狂禅思潮与文学思想研究
　　　　　　　　　　赵　伟著
先秦儒家孝道研究　　　王长坤著
致良知论
　　——王阳明去恶思想研究
　　　　　　　　　　胡永中著

伍守阳内丹思想研究　丁常春著
贝叶上的傣族文明
——云南德宏南传上座部佛教
　　社会考察研究　　吴之清著
朱子论"曾点气象"研究　田智忠著
二十世纪中国道教学术的
　　新开展　　　　　　傅凤英著
道教与基督教生态思想
　　比较研究　　　　　毛丽娅著
汉晋文学中的《庄子》接受
　　　　　　　　　　　杨　柳著
马祖道一禅法思想研究　邱　环著
道教自然观研究　　　　赵　芃著

第十批(2008年)
王船山礼学思想研究　　陈力祥著
王船山美学基础
　　——以身体观和诠释学
　　　为进路的考察　　韩振华著
马来西亚华人佛教信仰研究
　　　　　　　　　　　白玉国著
《管子》哲学思想研究　张连伟著
东晋佛教思想与文学研究
　　　　　　　　　　　释慧莲著
北宋禅宗思想及其渊源
　　　　　　　　　　土屋太祐著
早期道教教职研究　　　丁　强著
隋唐五代道教诗歌的审美管窥
　　　　　　　　　　　田晓膺著
道教与明清文人画研究　张明学著

道教戒律研究　　　　　唐　怡著

第十一批(2009年)
驯服自我
　　——王常月修道思想研究
　　　　　　　　　　　朱展炎著
道经图像研究　　　　　许宜兰著
阳明学与佛道关系研究　刘　聪著
清代净土宗著述研究　　于海波著
宗教律法与社会秩序
　　——以道教戒律为例的研究
　　　　　　　　　　　刘绍云著
老子及其遗著研究
　　——关于战国楚简《老子》、《太
　　一生水》、《恒先》的考察
　　　　　　　　　　　谭宝刚著
汉唐道教修炼方式与道教
　　女性观之变化研究　岳齐琼著
宋元三教融合与道教发展研究
　　　　　　　　　　　杨　军著
都市佛寺的社会交换研究
　　　　　　　　　　　肖尧中著
早期天台学对唯识古学的
　　吸收与抉择　　　　刘朝霞著

第十二批(2010年)
道教社会伦理思想之研究
　　　　　　　　　　　何立芳著
印度佛教净土思想研究　汪志强著
社会转型下的宗教与健康
　　关系研究　　　　　冯小林著

教化与工夫
　　——工夫论视域中的阳明
　　　心学系统　　　陈多旭著
心性灵明之阶
　　——早期全真道情欲论思想研究
　　　　　　　　　刘　恒著
中古道书语言研究　　冯利华著
近现代禅净合流研究　　许　颖著
永明延寿心学研究　　田青青著
中国传统社会宗教的世俗化研究
　　——以金元时期全真教社会
　　　思想与传播为个案
　　　　　　　　　夏当英著
成玄英《庄子疏》研究　崔珍皙著

第十三批（2011年）

道医陶弘景研究　　刘永霞著
汉代内学
　　——纬书思想通论　任蜜林著
一心与圆教
　　——永明延寿思想研究
　　　　　　　　　杨文斌著
三教关系视野中的陈景元
　　思想研究　　　隋思喜著
蒙文通道学思想研究　罗映光著
敦煌本《太玄真一本际经》
　　思想研究　　　黄崑威著
总持之智
　　——太虚大师研究　丁小平著

明清民间宗教思想研究
　　——以神灵观为中心　刘雄峰著
东晋宋齐梁陈比丘尼研究
　　　　　　　　　唐　嘉著
《贞观政要》治道研究　杨　琪著

第十四批（2012年）

老子八十一化图研究　胡春涛著
马一浮思想研究　　李国红著
《老子》思想溯源　　刘鹤丹著
"仙佛合宗"修道思想研究
　　　　　　　　　卢笑迎著
方东美论道家思想　施保国著
湛甘泉哲学思想研究　王文娟著
仪式的建构与表达
　　——滇南建水祭孔仪式
　　　的文化与记忆　曾　黎著
智旭佛学易哲学研究　张韶宇著
悟道·修道·弘道
　　——丘处机道论及其
　　　历史地位　　赵玉玲著
隋唐道教与习俗　　周　波著

第十五批（2013年）

庄子哲学的后现代解读　郭继明著
法藏圆融之"理"研究　孙业成著
汉传佛教寺院经济演变研究
　　　　　　　　　于　飞著
魏晋南北朝社会生活与道教文化
　　　　　　　　　刘　志著

中古道官制度研究 刘康乐著
金元道教信仰与图像表现
　　——以永乐宫壁画为中心
　　　　　　　　　　刘　科著
元代道教戏剧研究 廖　敏著
明代灵济道派研究 王福梅著
中国宗教的慈善参与新发展
　　及机制研究 明世法著
两晋南北朝时期河陇佛教
　　地理研究 杨发鹏著

第十六批(2014 年)

道教气论学说研究 路永照著
历史中的镜像——论晚明
　　僧人视域中的《庄子》 周黄琴著
从玄解到证悟——论中土
　　佛理诗之发展演变 张君梅著
回归诚明——李翱《复性书》
　　研究 韩丽华著
图像与信仰——中古中国
　　维摩诘变相研究 肖建军著
中国道教经籍在十九世纪
　　英语世界的译介研究 俞森林著
四川道教宫观建筑艺术研究
　　　　　　　　　　李星丽著
道与艺——《庄子》的哲学、
　　美学思想与文学艺术 胡晓薇著
李光地易学思想研究 冯静武著
显隐哲学视域中的文艺
审美 杨继勇著

第十七批(2015 年)

赞宁《宋高僧传》研究 杨志飞著
自我与圣域——现代性
　　视野中的唐君毅哲学 胡　岩著
明代道教文化与社会生活
　　　　　　　　　　寇凤凯著
道教医世思想溯源 杨　洋著
近代以来中国佛教慈善事
　　业研究 李湖江著
现代性和中国佛耶关系
　　(1911—1949) 周晓微著
西域佛教演变研究 彭无情著
藏族古典寓言小说研究
　　　　　　　　　觉乃·云才让著
藏传佛教判教研究 何杰峰著
藏彝走廊北部地区藏传
　　佛教寺院研究 李顺庆著

第十八批(2016 年)

重庆华岩寺佛教仪式音乐
　　与传承 陈　芳著
明末清初临济宗圆悟、法
　　藏纷争始末考论 吕真观著
《文子》思想研究 姜李勤著
汉末至五代道教书法美学
　　研究 沈　路著
佛教传统的价值重估与重建

——太虚与印顺判教
思想研究　　　邓莉雅著
边缘与归属：道教认同的
　文化史考察　　郭硕知著
道教时日禁忌探源　廖　宇著
清代清修内丹思想比较
　研究——以柳华阳、闵
　一得、黄元吉为对象　张　涛著
闵一得研究　　　陈　云著

第十九批(2017年)
中医运气学说与道教关
　系研究　　　　金　权著
《道枢》研究　　　张　阳著
全真教制初探　　高丽杨著
道教师道思想研究　孙瑞雪著
生命哲学视域下的道教
　服食研究　　　徐　刚著
"真心观"与宋元明文艺
　思想研究　　　曹　磊著
礼法与天理：朱熹《家礼》
　思想研究　　　彭卫民著
儒佛融摄视野下的马一
　浮、熊十力思想
　比较研究　　　王　毓著
道教与书法关系研究　阳志辉著
近代城市宫观与地方
　社会——以杭州玉
　皇山福星观为中心　郭　峰著

第二十批(2018年)
法相唯识学认知思想研究
　　　　　　　　石文山著
禅观影像论　　　史　文著
早期道教经韵授度体系
　研究　　　　　陈文安著
明清禅宗"牧牛诗组"之
　研究　　　　　林孟蓉著
道教内外丹关系研究　盖　菲著
先秦道家人性论研究　周　耿著
王弼易学研究
——以体用论为中心　张二平著
究天人之际
——从《尚书》上探儒
　家本色　　　　黄靖雅著
上阳子陈致虚生平及思想
　研究　　　　　周　冶著

第二十一批(2019年)
《春秋》纬与汉代思想世界
　　　　　　　　王小明著
道教与唐前志怪小说专题
　研究　　　　　徐胜男著
康有为、梁启超、谭嗣同佛
　教思想研究　　赵建华著
先秦儒道本体论研究　王先亮著
典式科教——张万福与
　唐初道教仪式的形成　田　禾著

"三纲九目":朱子《小学》
　思想研究　　　　　　徐国明著
先秦儒家天命鬼神观研究　胡静静著
汉末道教的"真道"观及其
　展开——基于《太平经》
　《老子想尔注》《周易参
　同契》的研究　　　　孙功进著
道德与解脱:中晚明士人
　对儒家生死问题的辩论
　与诠释　　　　　　　刘琳娜著
王阳明与其及门四大弟子
　的情论研究　　　　　张翅飞著
大道鸿烈——《淮南子》汉
　代黄老新"道治"思想
　研究　　　　　　　　高　旭著

第二十二批(2020年)

元代理学与社会　　　　朱　军著
《晏子春秋》研究　　　袁　青著
明代寺院经济研究　　　周上群著
《老子指归》的哲学研究　袁永飞著
南宋士人笔记中的宋代
　道士形象研究　　　　武清旸著
唐玄宗道儒佛思想研究
　——以注疏三经为中心
　　　　　　　　　　　王玲霞著
陈景元美学思想研究　　罗崇蓉著
敦煌本《大乘百法明门论》
　注疏研究　　　　　　张　磊著

川北地区道教宫观建筑
　思想及历史文化研究　王鲁辛著
德国巴伐利亚州立图书
　馆藏三类金门瑶经书
　抄本研究　　　　　　肖　习著

第二十三批(2021年)

元代《春秋》学研究　　张立恩著
《楞严经》思想体系研究　段新龙著
困境与机遇——民国成都
　道教生存状况研究　　金恺文著
早期禅宗般若思想研究　陆杰峰著
聚云吹万广真研究　　　王廷法著
邵以正与明初净明道　　叶文学著
清代道教事务管理研究　由　申著
四川三台县云台观研究　袁春霞著
宋代道教炼度研究　　　刘　陶著

第二十四批(2023年)

《周易》虞氏学思想研究　王贻琛著
"十方腔"研究　　　　　胡炜光著
《吕氏春秋》"以生为本"
　思想研究　　　　　　许　亮著
宋代道教与法律的关系
　研究　　　　　　　　张龙成著
道教与影视　　　　　　袁方明著
杭州洞霄宫研究　　　　刘　凯著
四川仁寿元皇派研究　　张军龙著
老子哲学关系范畴研究　王　婧著

图书在版编目（CIP）数据

《周易》虞氏学思想研究 / 王贻琛著. --成都：巴蜀书社, 2024.8. --ISBN 978-7-5531-2238-0

Ⅰ. B221.5

中国国家版本馆CIP数据核字第2024R5Z185号

《周易》虞氏学思想研究
ZHOUYI YUSHIXUE SIXIANG YANJIU

王贻琛 著

责任编辑	谢正强
责任印制	田东洋　谷雨婷
出　　版	巴蜀书社
	成都市锦江区三色路238号新华之星A座36层
	邮政编码：610023
	总编室电话：(028) 86361843
网　　址	www.bsbook.com
发　　行	巴蜀书社
	发行科电话：(028) 86361852
经　　销	新华书店
印　　刷	四川宏丰印务有限公司
	电话：(028) 84622418　13689082673
版　　次	2025年1月第1版
印　　次	2025年1月第1次印刷
成品尺寸	203mm×140mm
印　　张	15.75
字　　数	380千字
书　　号	ISBN 978-7-5531-2238-0
定　　价	88.00元

本书如有印装质量问题，请与印刷厂调换